Z

18909

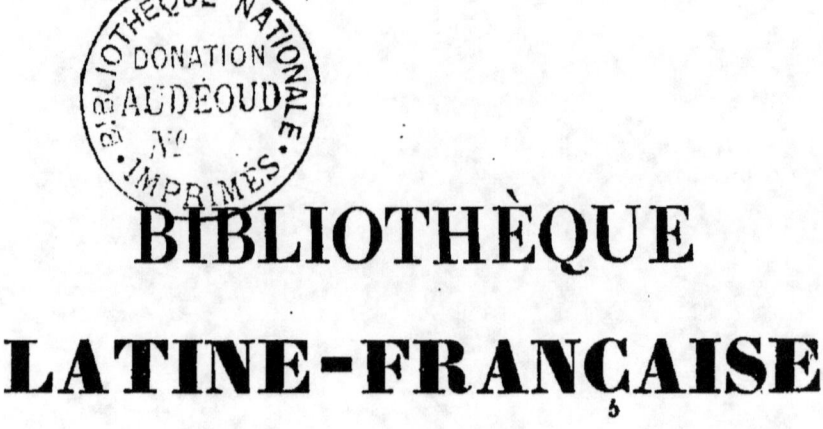

BIBLIOTHÈQUE
LATINE-FRANÇAISE

PUBLIÉE

PAR

C. L. F. PANCKOUCKE.

IMPRIMERIE DE C. L. F. PANCKOUCKE,
RUE DES POITEVINS, N° 14.

OEUVRES

COMPLÈTES

DE VIRGILE

TRADUCTION NOUVELLE

PAR M. VILLENAVE.

TOME DEUXIÈME.

PARIS
C. L. F. PANCKOUCKE
MEMBRE DE L'ORDRE ROYAL DE LA LÉGION D'HONNEUR
ÉDITEUR, RUE DES POITEVINS, N° 14

M DCCC XXXI.

AVANT-PROPOS.

VIRGILE semble avoir dit à chacun de ses nombreux traducteurs ce qu'il fait dire à Créüse par Énée : *Longe servet vestigia.*

Tous, sans exception, l'ont suivi *de loin*. Les degrés manquent dans le rapprochement : ils ne sont que dans des distances plus ou moins inégales.

La carrière sera long-temps ouverte aux nouveaux traducteurs : ils pourront se dépasser, le poète seul ne peut être atteint.

De toutes les traductions en vers de l'*Énéide*, faites en France depuis le seizième siècle jusqu'à nos jours, on ne lit plus guère que celle de Delille. Gaston est, dans la sienne, plus précis, sans être plus fidèle : il n'a ni les formes poétiques, ni la grâce, ni l'élégance brillante et facile de son rival.

L'un et l'autre, sans respect pour le texte, ont ajouté et retranché. Delille, abusant de l'ancien privilège donné aux poètes, *quidlibet audendi*, passe volontairement jusqu'à quatre vers de suite[1] ; et, par compensa-

---
[1] *Voyez* les notes du 1er livre, page 92.

tion, il en ajoute beaucoup d'autres dont on chercherait en vain la trace dans l'original. Son travail est trop souvent moins une version fidèle qu'une agréable imitation, qu'un jeu savant sur le texte, semblable à ces variations que font les musiciens sur des airs connus. Le nombre des vers du poète traducteur l'emporte de près d'un tiers sur ceux du poète traduit[1]. Plus d'une fois Delille embellit son modèle : il lui donne l'esprit du dix-huitième siècle, celui de sa nation; et, sous ce rapport du moins, il a mérité d'être appelé *le Virgile français.*

Gaston annonce lui-même qu'il a quelquefois osé *supprimer* et *ajouter* à un poète qui pourtant, dit-il, *avait une si juste mesure des choses.* C'est ainsi qu'il s'excuse de n'avoir point reproduit la tradition fabuleuse de la peau de bœuf, qui, découpée en lanières, devait former l'enceinte de Carthage, parce qu'il suppose que cette circonstance *ne peut nous intéresser,* et que *ces détails résistent à la noblesse de notre style épique.*

Delille et Gaston ont-ils eu raison ou tort de faire au texte des additions et des retranchemens? Ce n'est peut-être pas aux traducteurs en prose qu'il convient

---

[1] Les douze livres de *l'Énéide* de Virgile contiennent 9901 vers. Les douze livres de *l'Énéide* de Delille en renferment 14198. Il y a donc, dans la traduction, 4297 vers de plus que dans l'original.

de prononcer ; mais ils peuvent se permettre de dire, parce qu'il y a quelque modestie dans cette opinion, que si, toujours pressé par les exigeances de la mesure et de la rime, qui le forcent de resserrer le texte ou de le paraphraser, le traducteur en vers peut néanmoins faire connaître mieux le poète, le traducteur en prose doit nécessairement faire mieux connaître le poëme; et c'est ainsi que peut se résoudre la question, si long-temps controversée, de la prétendue nécessité de ne traduire les poètes qu'en vers. Les versions en prose auront toujours leur avantage et leur utilité.

Celles de l'*Énéide* ont été nombreuses, et plusieurs ont joui d'un succès qui a été plus ou moins durable. Ainsi, vers le milieu du xviiie siècle, l'abbé Desfontaines fit oublier le père Catrou, qui lui-même avait fait oublier Martignac et tous ceux qui l'avaient précédé. La traduction de l'abbé Remy, revue par quatre professeurs de l'université, moins bien écrite que celle de l'abbé Desfontaines, obtint d'être plus estimée pour sa fidélité ; mais comme cette version décolorée était sans attrait, et celle de Desfontaines sans confiance, Binet entreprit de remanier le travail des quatre professeurs. Le style acquit plus de souplesse, plus de facilité : mais la force et l'élévation y manquèrent encore; et cependant comme cette traduction, en partie revue, en partie refaite, était, il y a vingt ans, ce qu'on avait de mieux, elle fut adoptée dans les écoles, et plusieurs fois réimprimée.

Néanmoins deux autres professeurs, MM. Morin et de Guerle, eurent raison de croire qu'on pouvait donner une version en prose de l'*Énéide* dans un style plus élevé, et que les dieux et les héros devaient s'exprimer autrement que ne le font Tityre et Mélibée. M. Mollevaut partagea sans doute cette opinion, mais il se fit un système de fidélité si rigoureuse aux formes de la langue de Virgile, que ce système devint une véritable infidélité au génie du poète latin. Plus libre dans sa marche, M. de Guerle alla trop loin, et souvent, à l'instar des poètes, il imite plus qu'il ne traduit. On peut remarquer, dans une nouvelle traduction de M. Delestre, d'heureux efforts, mais aussi des défauts, que je laisse à d'autres le soin de signaler. De tous les interprètes de Virgile, M. Morin est celui qui me paraît avoir fait jusqu'ici le travail le plus estimable, et qui aura le plus de durée.

Dans ses savantes *Études sur Virgile*, M. Tissot a traduit, avec une grande supériorité, une trop faible partie de l'*Énéide*; et si j'ai osé entreprendre une version nouvelle, c'est parce que l'habile professeur n'a fait passer dans notre langue que des fragmens du poëme latin : c'est aussi parce qu'il m'a semblé que, tout estimable que soit la traduction de M. Morin, il était possible de lutter encore, et de donner au style plus de nerf et plus d'élévation.

Je ne me flatte point d'y avoir réussi : j'expose seulement les motifs qui m'ont porté à l'essayer. Ce ne serait sans doute être ni droit ni adroit que de décrier les travaux plus ou moins estimables qu'ont faits nos prédécesseurs dans une carrière ingrate et difficile, mais tout nouveau traducteur doit du moins expliquer, avec franchise, les raisons qui l'ont déterminé à refaire ce que tant d'autres avaient fait avant lui.

On a beaucoup écrit sur l'*Énéide* depuis Servius et Donat jusqu'à Burmann, et au plus érudit de ses derniers interprètes, Heyne. Après tant d'immenses commentaires, tant de dissertations, tant de volumes ; après le *Traité du poëme épique* de Le Bossu, l'*Essai* de Voltaire, le *Discours* de l'abbé Vatry, *sur la fable de l'Énéide* [1] ; après Marmontel, Batteux, La Harpe, et beaucoup d'autres, il était possible de faire encore, sur le poëme de Virgile, des observations nouvelles ; mais depuis que M. Tissot a publié ses *Études*, il ne reste plus rien à dire : on ne pourrait que citer, et c'est ce que j'ai fait assez souvent dans les notes.

Il eût été facile de multiplier ces notes sur la géographie, sur la mythologie, sur l'histoire, et de recueillir tous

---

[1] *Mémoires de l'Académie des Belles-Lettres*, tome XIX, page 245.

les passages que Virgile a imités d'Homère. Ce dernier travail est utile, et il a été exécuté dans ces derniers temps. Je me suis attaché, avec plus de soin, à indiquer les vers de l'*Énéide* qui ont paru suspects d'interpolation, et les altérations que ce poëme a dû recevoir dans le cours de quinze siècles, par ce que Heyne appelle la stupidité des copistes (*librariorum stupores*), ou par l'ambitieuse ignorance des rhéteurs, qui ont voulu compléter des sens et des vers que Virgile, surpris par la mort, avaient laissés imparfaits.

J'ai ignalé aussi les emprunts assez nombreux que le poète latin n'a pas dédaigné de faire à Ennius, à Livius Andronicus, à Lucrèce, et à d'autres écrivains antérieurs au siècle d'Auguste; j'ai rappelé enfin les principales imitations que les anciens et les modernes ont faites de divers passages de l'*Énéide*.

C'est l'ensemble de ce travail qui ne rendra peut-être pas inutiles et sans quelque intérêt les notes de ma traduction, après celles de mes prédécesseurs, que j'ai d'ailleurs consultées, et citées quand elles m'ont paru mériter assentiment, examen ou réfutation.

VILLENAVE.

VIRGILE.

L'ÉNÉIDE.

ÆNEIDOS

LIBER PRIMUS.

Arma virumque cano, Trojæ qui primus ab oris
Italiam, fato profugus, Lavinia venit
Littora; multum ille et terris jactatus, et alto,
Vi superum, sævæ memorem Junonis ob iram.
Multa quoque et bello passus, dum conderet urbem,
Inferretque deos Latio; genus unde Latinum,
Albanique patres, atque altæ mœnia Romæ.

Musa, mihi causas memora, quo numine læso,
Quidve dolens regina deum tot volvere casus
Insignem pietate virum, tot adire labores,
Impulerit : tantæne animis cœlestibus iræ!

Urbs antiqua fuit; Tyrii tenuere coloni;
Carthago, Italiam contra Tiberinaque longe
Ostia, dives opum, studiisque asperrima belli :
Quam Juno fertur terris magis omnibus unam

L'ÉNÉIDE

LIVRE PREMIER.

Je chante les combats et ce héros qui, jouet du destin, fuyant les campagnes de Troie, vint en Italie, et le premier descendit au rivage de Lavinium. Long-temps il fut poursuivi, sur la terre et sur les mers, par la puissance des dieux que, dans la colère de ses souvenirs, excitait l'implacable Junon. Il souffrit aussi beaucoup par la guerre, avant qu'il pût fonder la ville éternelle, et établir ses dieux dans le Latium, berceau du peuple latin, des rois d'Albe et des fondateurs de la superbe Rome.

Muse, rappelle-moi pour quel sujet, pour quelle offense à sa divinité, et pour quelle injure la reine des dieux, profondément blessée, précipita un héros, illustre par sa piété, dans des travaux si nombreux et de si longs dangers. Entre-t-il donc tant de haine dans l'âme des immortels!

Il fut une ville antique (des colons de Tyr la fondèrent), Carthage, qui s'élevait sur la rive africaine opposée à l'Italie, et de loin regardait les bouches du Tibre. Elle était puissante par ses richesses, et redoutable par ses guerriers. On dit que Junon la préférait au reste

Posthabita coluisse Samo; hic illius arma,
Hic currus fuit; hoc regnum dea gentibus esse,
Si qua fata sinant, jam tum tenditque fovetque.

PROGENIEM sed enim Trojano a sanguine duci
Audierat, Tyrias olim quæ verteret arces;
Hinc populum, late regem, belloque superbum,
Venturum excidio Libyæ : sic volvere Parcas.

ID metuens, veterisque memor Saturnia belli,
Prima quod ad Trojam pro caris gesserat Argis;
Necdum etiam causæ irarum, sævique dolores
Exciderant animo; manet alta mente repostum
Judicium Paridis, spretæque injuria formæ,
Et genus invisum, et rapti Ganymedis honores :
His accensa super, jactatos æquore toto
Troas, relliquias Danaum atque immitis Achillei,
Arcebat longe Latio; multosque per annos
Errabant acti fatis maria omnia circum :
Tantæ molis erat Romanam condere gentem!

VIX e conspectu Siculæ telluris in altum
Vela dabant læti, et spumas salis ære ruebant,
Quum Juno, æternum servans sub pectore vulnus,
Hæc secum : Mene incepto desistere victam!
Nec posse Italia Teucrorum avertere regem!
Quippe vetor fatis. Pallasne exurere classem
Argivum, atque ipsos potuit submergere ponto,
Unius ob noxam et furias Ajacis Oilei!

de la terre : Samos même avait pour elle moins d'attraits. Là, reposaient ses armes et son char ; et déjà elle tendait, si les destins l'eussent permis, à donner à Carthage l'empire du monde.

Mais elle avait appris qu'une race de guerriers, sortie du sang troyen, renverserait un jour les murs de Carthage ; que ce peuple-roi, dominateur au loin, superbe arbitre de la guerre, viendrait pour la ruine de la Libye. Ainsi déjà les Parques filaient ces grands évènemens.

A cette crainte de la fille de Saturne, se joint le souvenir des combats qu'elle a livrés, sous les remparts d'Ilion, pour les Argiens qu'elle protège. Dans son cœur demeurent profondément gravés, avec le jugement de Pâris, l'injure de sa beauté méprisée, sa haine contre une race odieuse, l'enlèvement et les honneurs de Ganymède. Enflammée par ces outrages, elle repoussait loin du Latium les Troyens, jouets des flots, restes de la fureur des Grecs et de l'impitoyable Achille. Depuis sept ans, poursuivis par le destin, ils erraient sur toutes les mers : tant il était difficile de fonder l'empire romain !

A peine les terres de Sicile disparaissaient aux regards des Troyens, qui, joyeux, dirigeaient leurs voiles vers la pleine mer, et de leurs proues d'airain fendaient les vagues écumantes, Junon, qui garde au fond de son cœur sa blessure éternelle : « Eh quoi, dit-elle, moi, vaincue, j'abandonnerais ce que j'ai commencé ! je ne pourrais détourner des rivages de l'Italie les chefs des Troyens ! et les destins voudraient me le défendre ! Eh quoi, Pallas a pu, pour la faute d'un seul, pour châtier les fureurs du fils d'Oïlée, brûler la flotte des Grecs, et les

Ipsa, Jovis rapidum jaculata e nubibus ignem,
Disjecitque rates, evertitque æquora ventis;
Illum, exspirantem transfixo pectore flammas,
Turbine corripuit, scopuloque infixit acuto.
Ast ego, quæ divum incedo regina, Jovisque
Et soror et conjux, una cum gente tot annos
Bella gero! Et quisquam numen Junonis adoret
Præterea, aut supplex aris imponat honorem?

TALIA flammato secum dea corde volutans,
Nimborum in patriam, loca feta furentibus austris,
Æoliam venit. Hic vasto rex Æolus antro
Luctantes ventos tempestatesque sonoras
Imperio premit, ac vinclis et carcere frenat.
Illi indignantes magno cum murmure montis
Circum claustra fremunt. Celsa sedet Æolus arce,
Sceptra tenens; mollitque animos, et temperat iras.
Ni faciat, maria ac terras cœlumque profundum
Quippe ferant rapidi secum, verrantque per auras.
Sed pater omnipotens speluncis abdidit atris,
Hoc metuens; molemque et montes insuper altos
Imposuit; regemque dedit, qui fœdere certo
Et premere, et laxas sciret dare jussus habenas.
AD quem tum Juno supplex his vocibus usa est:
Æole, namque tibi divum pater atque hominum rex
Et mulcere dedit fluctus, et tollere vento,
Gens inimica mihi Tyrrhenum navigat æquor,

submerger au sein des vastes mers ! Elle-même, lançant, de la nue embrasée, les feux rapides de Jupiter, a pu déchaîner les vents, disperser les vaisseaux argiens, bouleverser les ondes, enlever dans un tourbillon Ajax, dont le sein, percé par la foudre, exhalait la flamme, et l'attacher mourant au sommet aigu d'un rocher ! Et moi qui marche, reine des dieux, moi, la sœur et l'épouse de Jupiter, c'est en vain que, depuis tant d'années, je fais la guerre à une seule nation ! Qui voudra désormais adorer la divinité de Junon, et porter, en suppliant, des vœux à ses autels ? »

Roulant ces pensées dans son cœur enflammé, la déesse arrive dans la patrie des nuages, l'Éolie, où s'engendrent les autans furieux. C'est là que, roi de cet empire, Éole comprime, dans de vastes cavernes, les vents tumultueux et les orages grondans. Les vents s'indignent, enchaînés dans leurs prisons, et la montagne retentit au loin de leurs frémissemens. Assis sur un roc élevé, et le sceptre à la main, Éole modère leur fougue, et dompte leur furie. S'il n'avait ce pouvoir, les mers, la terre et les cieux immenses, entraînés dans leur vol rapide, rouleraient confondus dans l'espace ; mais, craignant ce désordre, le père des dieux enferma les vents dans des antres profonds ; il entassa sur eux de hautes masses de rochers, et leur donna un roi qui, soumis lui-même à ses ordres suprêmes, sut tantôt retenir, et tantôt abandonner les rênes à leur fureur.

C'est à lui que Junon suppliante adresse ce discours : « Éole, roi des vents (car c'est à toi que le père des dieux et le maître des hommes a donné le pouvoir d'apaiser les flots, et de les soulever), un peuple, qui m'est ennemi, navigue sur la mer de Tyrrhène, portant en Italie Ilion

Ilium in Italiam portans, victosque Penates :
Incute vim ventis, submersasque obrue puppes;
Aut age diversos; et disjice corpora ponto.
Sunt mihi bis septem præstanti corpore Nymphæ,
Quarum, quæ forma pulcherrima, Deiopeam
Connubio jungam stabili, propriamque dicabo :
Omnes ut tecum meritis pro talibus annos
Exigat, et pulchra faciat te prole parentem.
Æolus hæc contra : Tuus, o regina, quid optes
Explorare labor; mihi jussa capessere fas est.
Tu mihi, quodcumque hoc regni, tu sceptra Jovemque
Concilias; tu das epulis accumbere divum,
Nimborumque facis tempestatumque potentem.

Hæc ubi dicta, cavum conversa cuspide montem
Impulit in latus; ac venti, velut agmine facto,
Qua data porta, ruunt, et terras turbine perflant.
Incubuere mari, totumque a sedibus imis
Una Eurusque Notusque ruunt, creberque procellis
Africus, et vastos volvunt ad littora fluctus.
Insequitur clamorque virum stridorque rudentum.
Eripiunt subito nubes cœlumque diemque
Teucrorum ex oculis; ponto nox incubat atra.
Intonuere poli, et crebris micat ignibus æther;
Præsentemque viris intentant omnia mortem.
Extemplo Æneæ solvuntur frigore membra :
Ingemit, et, duplices tendens ad sidera palmas,

et ses pénates vaincus. Déchaîne la fureur des vents, brise et submerge ses vaisseaux, ou disperse au loin leurs débris, et que les corps des Troyens roulent à la merci des ondes. J'ai quatorze nymphes d'une éclatante beauté : la plus belle de toutes, Deiopée, sera le prix du service que j'attends de toi : elle t'appartiendra par les saints nœuds de l'hyménée ; et, compagne éternelle de tes jours, cette nymphe te donnera des enfans qui seront beaux comme elle. »

« Reine, répond Éole, à vous il appartient de commander, à moi d'exécuter vos ordres. Tout ce que j'ai de pouvoir en ce royaume, c'est de vous que je le tiens ; c'est à vous que je dois mon sceptre et la faveur de Jupiter ; c'est vous qui m'avez fait asseoir à la table des dieux ; et c'est par vous que je commande aux nuages et aux tempêtes. »

Il dit ; et, du revers de sa lance, il frappe et ouvre les flancs de la montagne. Soudain, par cette issue, se précipitent en tourbillons les vents : ils ravagent la terre, et s'étendent sur les mers. L'Eurus, et le Notus, et le vent d'Afrique, fécond en orages, soulèvent dans leurs abîmes les ondes, et roulent leurs vastes flots mugissans sur la grève. Alors s'élèvent confondus et les cris des nochers, et le sifflement des cordages. La nue épaisse dérobe aux Troyens et le ciel et le jour : une effroyable nuit pèse sur les eaux ; les cieux tonnent, des feux rapides sillonnent l'éther, et tout présente aux nautonniers la mort inévitable.

Dans ce danger Énée sent ses membres glacés ; il gémit, et levant ses mains vers les cieux : « O trois et

Talia voce refert : O terque quaterque beati,
Queis ante ora patrum, Trojæ sub mœnibus altis,
Contigit oppetere ! O Danaum fortissime gentis
Tydide ! mene Iliacis occumbere campis
Non potuisse, tuaque animam hanc effundere dextra,
Sævus ubi Æacidæ telo jacet Hector, ubi ingens
Sarpedon ; ubi tot Simois correpta sub undis
Scuta virum galeasque et fortia corpora volvit !
TALIA jactanti stridens aquilone procella
Velum adversa ferit, fluctusque ad sidera tollit.
Franguntur remi ; tum prora avertit, et undis
Dat latus : insequitur cumulo præruptus aquæ mons.
Hi summo in fluctu pendent ; his unda dehiscens
Terram inter fluctus aperit : furit æstus arenis.
Tres Notus abreptas in saxa latentia torquet :
Saxa vocant Itali, mediis quæ in fluctibus, Aras :
Dorsum immane mari summo. Tres Eurus ab alto
In brevia et syrtes urget, miserabile visu !
Illiditque vadis, atque aggere cingit arenæ.

UNAM, quæ Lycios fidumque vehebat Orontem,
Ipsius ante oculos ingens a vertice pontus
In puppim ferit : excutitur, pronusque magister
Volvitur in caput ; ast illam ter fluctus ibidem
Torquet agens circum, et rapidus vorat æquore vortex.
Apparent rari nantes in gurgite vasto ;
Arma virum, tabulæque, et Troia gaza per undas.

quatre fois heureux, s'écrie-t-il, ceux qui, devant les yeux de leurs parens, sont tombés sous les remparts de Troie ! O le plus vaillant des Grecs, fils de Tydée, que n'ai-je pu succomber sous l'effort de ton bras dans ces champs d'Ilion, où Hector a été renversé par la lance d'Achille, où a été enseveli le grand Sarpedon, où le Simoïs a roulé, dans ses ondes, tant de boucliers et tant de casques, et les corps de tant de héros ! »

Mais, tandis qu'il exhale ces plaintes, la tempête qui gronde, agitée par l'aquilon, frappe de côté la voile, et lance les flots vers les astres. Les rames se brisent, la proue est détournée, et le navire présente ses flancs aux ondes soulevées. Les flots pressés s'élèvent en montagnes. Parmi les nochers, les uns sont à la cime des vagues, suspendus ; les autres voient le sable bouillonnant dans le sein entr'ouvert de l'abîme. Trois navires, qu'emporte le Notus, sont jetés sur ces rochers cachés sous l'onde, que l'Italie nomme les Autels, et dont le dos immense se prolonge à la surface des eaux. Entraînés par l'Eurus, trois autres navires (ô spectacle déplorable !) sont lancés sur des syrtes, échoués sur l'arène, et ceints d'un rempart de sables mouvans.

Une nef, qui portait les Lyciens et le fidèle Oronte, est assaillie, sous les yeux d'Énée, par une vague énorme qui s'élève au dessus de ses flancs, et retombe sur la poupe. Le pilote courbé sous cette masse, roule, la tête inclinée, dans les flots. Le navire tourne trois fois sur lui-même, et le gouffre rapide le dévore. Il n'apparaît que quelques malheureux nageant sur le vaste abîme, où flottent les armes des guerriers, les tables du naufrage et les trésors de Troie. Déjà le puissant navire d'Iliouée,

Jam validam Ilionei navem, jam fortis Achatæ,
Et qua vectus Abas, et qua grandævus Alethes,
Vicit hiems; laxis laterum compagibus, omnes
Accipiunt inimicum imbrem, rimisque fatiscunt.

INTEREA magno misceri murmure pontum,
Emissamque hiemem sensit Neptunus, et imis
Stagna refusa vadis : graviter commotus, et alto
Prospiciens, summa placidum caput extulit unda.
Disjectam Æneæ toto videt æquore classem;
Fluctibus oppressos Troas cœlique ruina.
Nec latuere doli fratrem Junonis et iræ.
Eurum ad se Zephyrumque vocat; dehinc talia fatur :
Tantane vos generis tenuit fiducia vestri?
Jam cœlum terramque, meo sine numine, venti,
Miscere, et tantas audetis tollere moles?
Quos ego... Sed motos præstat componere fluctus.
Post mihi non simili pœna commissa luetis.
Maturate fugam, regique hæc dicite vestro :
Non illi imperium pelagi sævumque tridentem,
Sed mihi sorte datum. Tenet ille immania saxa,
Vestras, Eure, domos; illa se jactet in aula
Æolus, et clauso ventorum carcere regnet.

SIC ait, et dicto citius tumida æquora placat;
Collectasque fugat nubes, solemque reducit.
Cymothoe, simul et Triton adnixus, acuto
Detrudunt naves scopulo : levat ipse tridenti;

déjà celui du généreux Achate, et ceux qui portent le vaillant Abas et le vieil Aléthès, sont vaincus par la tempête. Leurs flancs, dont les ais se disjoignent, reçoivent l'onde ennemie, et s'entr'ouvrent de toutes parts.

Cependant, par le grand murmure des ondes, Neptune est averti que la tempête les agite dans leurs profondeurs. Gravement ému, et portant au loin sa pensée, il élève un front calme au dessus des vagues. Il voit les vaisseaux d'Énée luttant épars sur la vaste mer, et les Troyens qu'accablent les flots soulevés et les cieux en courroux. Il reconnaît les artifices et les fureurs de Junon. Il appelle Eurus et Zéphyre : « Tant d'audace, dit-il, vous vient-elle de votre origine ? Vents rebelles, vous osez sans mon aveu agiter le ciel et la terre, et ébranler de si puissantes masses ? Je devrais... Mais avant tout il faut calmer les flots émus. Dorénavant, pour un tel attentat, vous recevrez un autre châtiment. Fuyez, et dites à votre roi que ce n'est pas à lui, mais à moi, que sont échus l'empire des mers et le trident redoutable. Éole possède d'affreux rochers qui sont, Eurus, votre demeure ; qu'il soit vain de son pouvoir dans ce palais, et qu'il règne sur la prison obscure des vents. »

Il dit ; et soudain il abaisse et calme les flots ; il chasse les nues amoncelées, ramène le jour ; et, tandis que, réunissant leurs efforts, Cymothoé et Triton dégagent les navires suspendus aux pointes des rochers, lui-même il les soulève de son trident, ouvre les vastes syrtes qui

Et vastas aperit syrtes, et temperat æquor;
Atque rotis summas levibus perlabitur undas.
Ac, veluti magno in populo quum sæpe coorta est
Seditio, sævitque animis ignobile vulgus;
Jamque faces et saxa volant; furor arma ministrat:
Tum, pietate gravem ac meritis si forte virum quem
Conspexere, silent, arrectisque auribus adstant;
Iste regit dictis animos, et pectora mulcet:
Sic cunctus pelagi cecidit fragor, æquora postquam
Prospiciens genitor, cœloque invectus aperto,
Flectit equos, curruque volans dat lora secundo.
DEFESSI Æneadæ, quæ proxima, littora cursu
Contendunt petere, et Libyæ vertuntur ad oras.
Est in secessu longo locus: insula portum
Efficit objectu laterum, quibus omnis ab alto
Frangitur, inque sinus scindit sese unda reductos.
Hinc atque hinc vastæ rupes, geminique minantur
In cœlum scopuli, quorum sub vertice late
Æquora tuta silent; tum silvis scena coruscis
Desuper, horrentique atrum nemus imminet umbra.
Fronte sub adversa scopulis pendentibus antrum;
Intus aquæ dulces, vivoque sedilia saxo;
Nympharum domus: hic fessas non vincula naves
Ulla tenent; unco non alligat anchora morsu.
Huc septem Æneas collectis navibus omni
Ex numero subit; ac, magno telluris amore

les arrêtent, aplanit les ondes, et, des roues légères de son char, effleure la surface des mers. Ainsi, quand la sédition s'élève dans une grande cité, et qu'une multitude aveugle s'y laisse emporter, la flamme et les pierres volent de toutes parts, et la fureur donne des armes. Mais qu'en ce moment paraisse un homme vénéré pour sa vertu et pour les services qu'il a rendus, tout se tait; la foule s'empresse pour l'entendre; toutes les oreilles sont attentives : il parle, et sa voix puissante gouverne les esprits et soumet les cœurs. Ainsi tombe tout le bruit des vagues, dès que le dieu des mers jette un regard sur son empire, et que, pressant ses coursiers sous un ciel devenu serein, il fait voler son char sur la plaine liquide.

Fatigués d'un si long travail, les Troyens cherchent le plus prochain rivage, et tournent la proue vers les bords de la Libye. Il est, dans une baie profonde, un port dont une île défend l'entrée. Les ondes mugissantes se brisent sur ses flancs, se divisent et roulent paisibles dans deux bras rétrécis. De l'un et l'autre côté s'élèvent des promontoires dont la cime menace les cieux, et, sous leur abri, les flots au loin dorment en silence. Au dessus, s'étend en amphithéâtre une épaisse forêt qui prolonge, sur les eaux, la noire épaisseur de son ombre. Du côté de l'île qui regarde le port, des rochers suspendus forment un antre spacieux, où l'onde est toujours tranquille, où des sièges s'offrent sur la pierre vive : c'est la demeure des nymphes. Là, les navires fatigués par les orages, n'ont besoin d'être ni arrêtés par l'ancre à la dent recourbée, ni retenus par aucun lien. C'est là qu'Énée introduit sept vaisseaux, les seuls de sa flotte qu'il ait pu réunir. Empressés de toucher la terre, les Troyens s'élancent, jouissent du rivage si long-temps

Egressi, optata potiuntur Troes arena,
Et sale tabentes artus in littore ponunt.
Ac primum silici scintillam excudit Achates,
Suscepitque ignem foliis, atque arida circum
Nutrimenta dedit, rapuitque in fomite flammam.
Tum Cererem corruptam undis, Cerealiaque arma
Expediunt fessi rerum; frugesque receptas
Et torrere parant flammis, et frangere saxo.
Æneas scopulum interea conscendit, et omnem
Prospectum late pelago petit; Anthea si quem
Jactatum vento videat, Phrygiasque biremes,
Aut Capyn, aut celsis in puppibus arma Caici.
Navem in conspectu nullam; tres littore cervos
Prospicit errantes : hos tota armenta sequuntur
A tergo, et longum per valles pascitur agmen.
Constitit hic, arcumque manu celeresque sagittas
Corripuit, fidus quæ tela gerebat Achates;
Ductoresque ipsos primum, capita alta ferentes
Cornibus arboreis, sternit; tum vulgus, et omnem
Miscet agens telis nemora inter frondea turbam;
Nec prius absistit, quam septem ingentia victor
Corpora fundat humi, et numerum cum navibus æquet.

Hinc portum petit, et socios partitur in omnes.
Vina bonus quæ deinde cadis onerarat Acestes
Littore Trinacrio, dederatque abeuntibus heros,
Dividit, et dictis mœrentia pectora mulcet :

désiré, et reposent sur la grève leurs membres pénétrés du sel des mers.

D'abord Achate fait jaillir d'un caillou l'étincelle : il la reçoit sur des feuilles desséchées, rassemble, pour nourrir le feu, des branches arides, et bientôt s'élève de ce foyer la flamme pétillante. Alors, malgré la fatigue, les Troyens retirent des vaisseaux les doux trésors de Cérès qu'ont altérés les ondes, et les instrumens qui doivent les préparer. Ils font sécher le grain sauvé du naufrage, et la pierre va bientôt le broyer.

Cependant Énée s'élance au sommet d'un rocher, et porte au loin ses regards sur la vaste mer. Il cherche le vaisseau d'Anthée qu'égara la tempête, les birèmes phrygiennes, celle de Capys, et les armes de Caïcus peintes sur sa poupe élevée. Nul vaisseau ne s'offre à sa vue ; mais il aperçoit trois cerfs errans sur la plage ; ils sont suivis par d'autres qui paissent, en long troupeau, dans la vallée. Il s'arrête, saisit son arc et ses flèches rapides que porte le fidèle Achate, et d'abord il renverse les trois chefs du troupeau qui élevaient leurs têtes, fiers d'une haute ramure. Il dirige ensuite ses traits sur la masse vulgaire, la disperse dans la forêt, et ne cesse de la poursuivre qu'après avoir abattu sept des cerfs les plus grands, et égalé ainsi leur nombre à celui de ses vaisseaux.

Il regagne le port, et partage le produit de sa chasse entre ses compagnons. Il leur distribue aussi le vin dont le généreux Aceste chargea ses navires au départ de la Sicile, et console en ces mots leurs cœurs affligés : « Chers compagnons, ce n'est pas d'aujourd'hui que nous con-

O socii, neque enim ignari sumus ante malorum,
O passi graviora! dabit deus his quoque finem.
Vos et Scyllæam rabiem, penitusque sonantes
Accestis scopulos; vos et Cyclopia saxa
Experti : revocate animos, mœstumque timorem
Mittite : forsan et hæc olim meminisse juvabit.
Per varios casus, per tot discrimina rerum,
Tendimus in Latium, sedes ubi fata quietas
Ostendunt : illic fas regna resurgere Trojæ :
Durate, et vosmet rebus servate secundis.
TALIA voce refert; curisque ingentibus æger
Spem vultu simulat, premit altum corde dolorem.
Illi se prædæ accingunt dapibusque futuris;
Tergora diripiunt costis et viscera nudant.
Pars in frusta secant, veribusque trementia figunt;
Littore ahena locant alii, flammasque ministrant.
Tum victu revocant vires; fusique per herbam
Implentur veteris Bacchi, pinguisque ferinæ.
Postquam exempta fames epulis, mensæque remotæ,
Amissos longo socios sermone requirunt;
Spemque metumque inter dubii, seu vivere credant,
Sive extrema pati, nec jam exaudire vocatos.
Præcipue pius Æneas, nunc acris Oronti,
Nunc Amyci casum gemit, et crudelia secum
Fata Lyci, fortemque Gyan, fortemque Cloanthum.

naissons les revers ; nous en avons souffert de plus grands : un dieu donnera encore fin à celui-ci. Vous avez vu de près la rage de Scylla et ses rochers retentissans. Vous avez connu les antres affreux des Cyclopes. Rappelez votre courage ! chassez la triste crainte ! et peut-être qu'un jour ces souvenirs auront pour vous des charmes. Enfin, à travers tant de hasards et tant de dangers, nous tendons vers le Latium, où les destins nous montrent des demeures paisibles. C'est là qu'il nous sera permis de ressusciter l'empire de Troie. Persévérez dans votre constance, et réservez-vous pour ce grand avenir. »

Ainsi parle Énée. Dévoré de vastes soucis, ses yeux feignent l'espoir, et son cœur cache une douleur profonde. Cependant les Troyens s'empressent après leur proie. Ils dépouillent les côtes, et mettent à nu les entrailles. Les uns les divisent en parties, et enfoncent un bois aigu dans les chairs palpitantes ; les autres disposent sur le rivage des vases d'airain, et nourrissent le feu qui les entoure. Bientôt les mets préparés rendent au corps ses forces épuisées. Couchés sur l'herbe, les Troyens jouissent des présens de la chasse, et s'abreuvent d'un vin généreux. Quand l'abondance a chassé la faim, et qu'on a éloigné les débris du banquet, ils déplorent en longs entretiens la perte de leurs compagnons. Partagés par l'espoir et la crainte, ils doutent s'ils vivent encore, ou si, ayant trouvé leur dernière journée, ils ne sont pas sourds pour jamais à la voix qui les appelle. Le pieux Énée surtout gémit, tantôt sur le sort de l'ardent Oronte, tantôt sur celui d'Amycus. Il déplore en secret les cruels destins de Lycus : il regrette et le brave Gyas et le brave Cloanthe.

Et jam finis erat, quum Jupiter æthere summo
Despiciens mare velivolum, terrasque jacentes,
Littoraque, et latos populos, sic vertice cœli
Constitit, et Libyæ defixit lumina regnis.
Atque illum tales jactantem pectore curas
Tristior, et lacrymis oculos suffusa nitentes,
Alloquitur Venus : O qui res hominumque deumque
Æternis regis imperiis, et fulmine terres,
Quid meus Æneas in te committere tantum,
Quid Troes potuere? quibus tot funera passis
Cunctus ob Italiam terrarum clauditur orbis?
Certe hinc Romanos olim volventibus annis,
Hinc fore ductores, revocato a sanguine Teucri,
Qui mare, qui terras omni ditione tenerent,
Pollicitus : quæ te, genitor, sententia vertit?
Hoc equidem occasum Trojæ tristesque ruinas
Solabar, fatis contraria fata rependens.
Nunc eadem fortuna viros tot casibus actos
Insequitur : quem das finem, rex magne, laborum?
Antenor potuit, mediis elapsus Achivis,
Illyricos penetrare sinus atque intima tutus
Regna Liburnorum, et fontem superare Timavi,
Unde per ora novem vasto cum murmure montis
It mare proruptum, et pelago premit arva sonanti.
Hic tamen ille urbem Patavi sedesque locavit
Teucrorum, et genti nomen dedit, armaque fixit

Les plaintes avaient cessé quand, du haut de l'Olympe, le souverain des dieux regardant la mer et ses longs rivages, la terre, et toutes les nations qui l'habitent, s'arrête au sommet de la voûte éternelle, et attache son regard sur le royaume de Libye. Tandis que les soins de la terre occupent sa pensée, triste, et plus belle encore des pleurs qui brillent dans ses yeux, Vénus lui adresse ce discours : « O toi dont les volontés éternelles gouvernent les hommes et les dieux, toi dont les foudres effraient l'univers ! quel si grand crime mon Énée, et quel autre crime les Troyens ont-ils pu commettre envers toi ? Faut-il, après tant de funérailles, que, pour les éloigner de l'Italie, le monde entier leur soit fermé ? Et cependant, c'est d'eux qu'un jour, dans les rapides révolutions des âges, c'est de ce reste infortuné du sang de Teucer, que naîtront les Romains, dont la domination absolue doit embrasser la terre et les mers. Vous l'aviez promis, ô mon père ! qui vous a fait changer ? Dans cet espoir, je me consolais de la chute et des tristes ruines de Troie, en opposant des destins enfin propices à des destins si long-temps contraires. Mais aujourd'hui, après tant de malheurs, la même fortune poursuit les Troyens. Quel terme, grand roi de l'univers, assignez-vous à leurs travaux ? Antenor, échappé à la fureur des Grecs, a pu pénétrer dans le golfe d'Illyrie, traverser sans péril les terres des Liburniens, et franchir les sources du Timave qui, sorti, par neuf bouches, en torrens bruyans, du sein des montagnes, roule, mer impétueuse, et presse la plaine de ses flots mugissans. C'est là qu'Antenor a fondé pour les enfans de Teucer la ville de Padoue, qu'il a donné son nom à sa colonie, et que, suspendant les armes de Troie, il vit plein de

Troïa; nunc placida compostus pace quiescit.
Nos, tua progenies, cœli quibus annuis arcem,
Navibus (infandum) amissis, unius ob iram
Prodimur, atque Italis longe disjungimur oris.
Hic pietatis honos? sic nos in sceptra reponis?

Olli subridens hominum sator atque deorum,
Vultu quo cœlum tempestatesque serenat,
Oscula libavit natæ; dehinc talia fatur:
Parce metu, Cytherea; manent immota tuorum
Fata tibi : cernes urbem et promissa Lavini
Mœnia, sublimemque feres ad sidera cœli
Magnanimum Ænean; neque me sententia vertit.
Hic (tibi fabor enim, quando hæc te cura remordet,
Longius et volvens fatorum arcana movebo)
Bellum ingens geret Italia, populosque feroces
Contundet, moresque viris et mœnia ponet,
Tertia dum Latio regnantem viderit æstas,
Ternaque transierint Rutulis hiberna subactis.
At puer Ascanius, cui nunc cognomen Iulo
Additur (Ilus erat, dum res stetit Ilia regno),
Triginta magnos volvendis mensibus orbes
Imperio explebit, regnumque ab sede Lavini
Transferet, et longam multa vi muniet Albam.
Hic jam ter centum totos regnabitur annos
Gente sub Hectorea, donec regina sacerdos,
Marte gravis, geminam partu dabit Ilia prolem.

jours heureux dans une paix profonde. Et nous qui sommes vos enfans, nous à qui furent promis par vous les honneurs de l'Olympe, abandonnés à la colère d'un seul ennemi, nous sommes, ô comble d'infortune! privés de nos vaisseaux, et rejetés loin des bords du Latium! Est-ce là le prix de la piété? Est-ce donc ainsi que vous relevez notre empire? »

Le père des dieux et des hommes, souriant à la déesse de cet air qui rend le ciel serein et calme les tempêtes, effleure d'un baiser léger les lèvres de sa fille, et la rassure par ce discours : « Cythérée, calme ta crainte; les destinées de tes Troyens demeurent immuables. Tu verras cette ville et ces murs de Lavinium qui te sont promis, et tu conduiras en triomphe le magnanime Énée au séjour des immortels. Rien n'est changé dans ma résolution; mais, puisque de tels soucis t'agitent, je vais dérouler à tes yeux, dans tout leur cours, les secrets du destin. Énée soutiendra en Italie une grande guerre, il domptera des peuples belliqueux, leur donnera des villes et des lois jusqu'à ce que trois étés l'aient vu régner dans le Latium, et que trois hivers se soient écoulés depuis la soumission des Rutules. Alors son fils Ascagne, qui maintenant porte le nom d'Iule (il s'appelait Ilus quand Ilion et sa gloire étaient debout), remplira de son règne le long cercle de mois qui forme trente années. Il transportera le siège de l'empire hors de Lavinium, et ceindra de puissantes murailles Albe-la-Longue. Là, durant trois cents ans, règnera la race d'Hector, jusqu'à ce qu'une prêtresse, du sang des rois, Ilia, visitée du dieu Mars, enfante deux jumeaux. Fier de porter la dépouille sauvage d'une louve qui aura été sa nourrice, Romulus recevra le sceptre, bâtira la ville de Mars,

Inde lupæ fulvo nutricis tegmine lætus
Romulus excipiet gentem, et Mavortia condet
Moenia, Romanosque suo de nomine dicet.
His ego nec metas rerum nec tempora pono;
Imperium sine fine dedi. Quin aspera Juno,
Quæ mare nunc, terrasque metu coelumque fatigat,
Consilia in melius referet, mecumque fovebit
Romanos rerum dominos, gentemque togatam.
Sic placitum. Veniet lustris labentibus ætas,
Quum domus Assaraci Phthiam clarasque Mycenas
Servitio premet, ac victis dominabitur Argis.
Nascetur pulchra Trojanus origine Cæsar,
Imperium Oceano, famam qui terminet astris,
Julius, a magno demissum nomen Iulo :
Hunc tu olim coelo, spoliis Orientis onustum,
Accipies secura; vocabitur hic quoque votis.
Aspera tum positis mitescent sæcula bellis.
Cana fides, et Vesta, Remo cum fratre Quirinus,
Jura dabunt; diræ ferro et compagibus arctis
Claudentur Belli portæ; Furor impius intus,
Sæva sedens super arma, et centum vinctus ahenis
Post tergum nodis, fremet horridus ore cruento.

Hæc ait : et Maia genitum demittit ab alto,
Ut terræ, utque novæ pateant Carthaginis arces
Hospitio Teucris : ne fati nescia Dido
Finibus arceret. Volat ille per aera magnum

et donnera son nom aux Romains. Je n'assigne aucun terme à la durée de ce peuple, aucun terme à sa puissance : je lui donne un empire sans fin. Junon même qui fatigue aujourd'hui de ses vengeances et la terre, et la mer, et les cieux, déposera sa haine, et, avec moi, protègera la nation qui porte la toge, le peuple roi de l'univers : telle est ma volonté. Dans la suite des âges, viendra le jour où les descendans d'Assaracus presseront du joug la ville de Phthie et la célèbre Mycènes, et domineront vainqueurs dans Argos. Du sang le plus illustre des Troyens naîtra César, dont l'empire n'aura de bornes que l'Océan, et dont la renommée montera jusqu'aux astres : c'est du grand nom d'Iule qu'il tirera le sien. Toi-même un jour, plus tranquille, tu recevras dans l'Olympe ce héros chargé des dépouilles de l'Orient, et la terre lui élevera des autels. Alors des siècles rudes et grossiers s'adouciront dans la paix. L'antique probité, Vesta, Remus et Quirinus son frère, donneront au monde des lois. Les redoutables portes de la Guerre seront fermées par des barrières de fer, et la Discorde impie, assise au fond du temple, sur un faisceau d'armes homicides, les mains liées sur son dos par cent nœuds d'airain, horrible, et la bouche sanglante, frémira dans son impuissante fureur. »

Il dit ; et, du haut de l'Olympe, il envoie le fils de Maïa tout disposer pour ouvrir aux Troyens une terre hospitalière, et les remparts de la nouvelle Carthage ; car il craint qu'ignorant les arrêts du destin, Didon ne les éloigne de ses états. Le dieu, déployant ses ailes ra-

Remigio alarum, ac Libyæ citus adstitit oris.
Et jam jussa facit; ponuntque ferocia Pœni
Corda, volente deo : in primis regina quietum
Accipit in Teucros animum mentemque benignam.

AT pius Æneas, per noctem plurima volvens,
Ut primum lux alma data est, exire, locosque
Explorare novos; quas vento accesserit oras,
Qui teneant (nam inculta videt) hominesne feræne,
Quærere constituit, sociisque exacta referre.
Classem in convexo nemorum, sub rupe cavata,
Arboribus clausam circum atque horrentibus umbris
Occulit; ipse uno graditur comitatus Achate,
Bina manu lato crispans hastilia ferro.

CUI mater media sese tulit obvia silva,
Virginis os habitumque gerens, et virginis arma
Spartanæ; vel qualis equos Threissa fatigat
Harpalyce, volucremque fuga prævertitur Eurum.
Namque humeris de more habilem suspenderat arcum
Venatrix, dederatque comam diffundere ventis;
Nuda genu, nodoque sinus collecta fluentes.
Ac prior : Heus! inquit, juvenes, monstrate mearum
Vidistis si quam hic errantem forte sororum,
Succinctam pharetra et maculosæ tegmine lyncis,
Aut spumantis apri cursum clamore prementem.
Sic Venus; et Veneris contra sic filius orsus :
Nulla tuarum audita mihi, neque visa sororum,

pides, fend les plaines de l'éther, et bientôt il atteint les rivages de Libye; il exécute les ordres qu'il a reçus. Déjà les Phéniciens déposent, à son gré, la rudesse de leur caractère; déjà leur reine a pour les Troyens des dispositions pacifiques et des sentimens favorables.

Cependant le sage Énée, dont mille pensers divers ont, durant la nuit, éloigné le sommeil, veut, dès que le jour chassera les ténèbres, parcourir et visiter ces rivages nouveaux, reconnaître sur quelles côtes les vents ont jeté sa fortune, et si cette terre, qui lui semble inculte, a pour habitans des humains ou des monstres sauvages. Ses compagnons auront le récit fidèle de ce qu'il aura vu. Ses vaisseaux sont cachés dans l'enfoncement de la forêt, sous des rochers, que des arbres touffus couvrent d'une sombre horreur. Il part accompagné du seul Achate, et dans sa main se balancent deux javelots armés d'un large fer.

Au milieu de la forêt, s'offre à ses yeux sa mère: elle a les traits, la démarche et les armes d'une vierge de Sparte. Telle on voit, dans la Thrace, Harpalyce fatiguer ses coursiers et devancer l'Eurus dans son vol rapide. L'arc léger des nymphes chasseresses est suspendu à son épaule, et, sur un genou découvert, un nœud rassemble les plis de sa robe ondoyante.

« Jeunes guerriers, dit-elle, le hasard vous aurait-il fait voir une de mes sœurs errante dans ces bois, portant sur la peau tigrée d'un lynx son carquois, et peut-être pressant de ses cris la course d'un sanglier écumant? » Elle se tait, et son fils lui répond: « Aucune de vos compagnes n'a été ni rencontrée, ni entendue par nous. Mais, ô vierge! quel nom faut-il vous donner? car, ni

O, quam te memorem! virgo, namque haud tibi vultus
Mortalis, nec vox hominem sonat; o dea certe;
An Phœbi soror, an Nympharum sanguinis una?
Sis felix, nostrumque leves, quæcumque, laborem :
Et, quo sub cœlo tandem, quibus orbis in oris
Jactemur, doceas. Ignari hominumque locorumque
Erramus, vento huc et vastis fluctibus acti.
Multa tibi ante aras nostra cadet hostia dextra.
Tum Venus : Haud equidem tali me dignor honore;
Virginibus Tyriis mos est gestare pharetram,
Purpureoque alte suras vincire cothurno.
Punica regna vides, Tyrios, et Agenoris urbem :
Sed fines Libyci, genus intractabile bello.
Imperium Dido Tyria regit urbe profecta,
Germanum fugiens : longa est injuria, longæ
Ambages; sed summa sequar fastigia rerum.

Huic conjux Sychæus erat, ditissimus agri
Phœnicum, et magno miseræ dilectus amore :
Cui pater intactam dederat, primisque jugarat
Ominibus. Sed regna Tyri germanus habebat
Pygmalion, scelere ante alios immanior omnes.
Quos inter medius venit Furor : ille Sychæum
Impius ante aras, atque auri cæcus amore,
Clam ferro incautum superat, securus amorum
Germanæ; factumque diu celavit, et ægram,
Multa malus simulans, vana spe lusit amantem.

votre air, ni votre voix ne sont d'une mortelle. Certes, vous êtes une divinité, ou la sœur d'Apollon, ou une nymphe de ces bois. Mais, qui que vous soyez, montrez-vous propice, et allégez le poids de nos malheurs. Dites-nous sous quel ciel et sur quels rivages nous sommes jetés : jouets des vents et des flots, nous errons, ignorant et ces lieux et leurs habitans. Pour prix de ce bienfait, nos mains feront tomber, sur vos autels, de nombreuses victimes. »

« Non, dit la déesse, ces honneurs ne me sont pas dus. C'est l'usage des vierges de Tyr de porter le carquois, de chausser un cothurne de pourpre. Vous voyez ici les terres puniques des Tyriens, une ville des enfans d'Agenor; plus loin, sont les Libyens, peuple indomptable dans la guerre. Didon qui, pour fuir un frère perfide, s'est éloignée de Tyr, gouverne ce naissant empire. Le long enchaînement de ses malheurs demanderait un long récit : je ne choisirai que les traits les plus saillans.

« Sichée, le plus riche des Phéniciens, était l'époux de Didon. L'infortunée l'aimait d'un amour tendre. C'est à lui que, jeune vierge, elle avait été donnée par son père, et unie, sous les auspices des dieux, par un premier hymen. Mais alors, dans Tyr, régnait Pygmalion, frère de Sichée, et le plus féroce des mortels. La Discorde, avec ses fureurs, vint au milieu des deux frères. Aveuglé par la passion de l'or, impie envers les dieux, et sans égard pour sa sœur, Pygmalion surprend Sichée sans défense, et l'égorge en secret au pied des autels. Long-temps il céla son crime, long-temps, par mille impostures, il abusa d'un faux espoir une amante désolée.

Ipsa sed in somnis inhumati venit imago
Conjugis, ora modis attollens pallida miris:
Crudeles aras trajectaque pectora ferro
Nudavit, caecumque domus scelus omne retexit.
Tum celerare fugam, patriaque excedere suadet;
Auxiliumque viae veteres tellure recludit
Thesauros, ignotum argenti pondus et auri.
His commota, fugam Dido sociosque parabat.
Conveniunt, quibus aut odium crudele tyranni,
Aut metus acer erat; naves, quae forte paratae,
Corripiunt, onerantque auro; portantur avari
Pygmalionis opes pelago: dux femina facti.
Devenere locos, ubi nunc ingentia cernes
Moenia, surgentemque novae Carthaginis arcem;
Mercatique solum, facti de nomine Byrsam,
Taurino quantum possent circumdare tergo.
Sed vos qui tandem? quibus aut venistis ab oris?
Quove tenetis iter? Quaerenti talibus ille
Suspirans, imoque trahens a pectore vocem:
O DEA, si prima repetens ab origine pergam,
Et vacet annales nostrorum audire laborum,
Ante diem clauso componet vesper Olympo.
Nos Troja antiqua, si vestras forte per aures
Trojae nomen iit, diversa per aequora vectos
Forte sua Libycis tempestas appulit oris.

SUM pius Aeneas, raptos qui ex hoste Penates

Mais une nuit, apparaît en songe, à Didon, son époux privé de sépulture. Le fantôme pâle et sanglant lui montre l'autel homicide, son sein ouvert par le glaive, et dévoile le crime couvert des ombres du palais. Il conseille, loin de la patrie, une fuite rapide ; et, pour la rendre plus facile, il découvre de vieux trésors confiés à la terre, amas immense d'argent et d'or qui était ignoré. Dans son effroi, Didon prépare tout pour le départ, et cherche des compagnons qui suivent sa fortune. Près d'elle se rassemblent ceux qu'excite la haine contre le tyran, et ceux que la crainte décide. Le hasard leur offre des vaisseaux prêts à livrer la voile aux vents : ils s'en emparent, et les chargent d'or. Les richesses de l'avare Pygmalion sont emportées sur les mers. Ils arrivent aux lieux où vous allez voir s'élever les remparts de la nouvelle Carthage. C'est là qu'ils ont acheté autant d'espace que les lanières d'un cuir de taureau pouvaient en embrasser : ce qui a fait donner à la ville le nom de Byrsa. Mais vous enfin, qui êtes-vous? de quels bords êtes-vous partis? où s'adressent vos pas?» A ces questions, le héros soupire, et le cœur profondément ému :

« O déesse, dit-il, si je remontais à la source de nos malheurs, et que vous eussiez le loisir d'en écouter la déplorable histoire, avant la fin de ce récit, Vesper aurait fermé l'Olympe et les portes du jour.

« Partis de l'antique Troie (si par hasard le nom de Troie est venu jusqu'à vous), nous avons erré long-temps sur diverses mers, et la tempête enfin nous a jetés sur les côtes de la Libye.

« Je suis le pieux Énée, qui emporte avec moi, sur

Classe veho mecum, fama super æthera notus.
Italiam quæro patriam, genus ab Jove summo.
Bis denis Phrygium conscendi navibus æquor,
Matre dea monstrante viam, data fata secutus.
Vix septem convulsæ undis Euroque supersunt.
Ipse ignotus, egens, Libyæ deserta peragro,
Europa atque Asia pulsus.

Nec plura querentem
Passa Venus, medio sic interfata dolore est :
Quisquis es, haud, credo, invisus cœlestibus auras
Vitales carpis, Tyriam qui adveneris urbem.
Perge modo, atque hinc te reginæ ad limina perfer.
Namque tibi reduces socios classemque relatam
Nuntio, et in tutum versis aquilonibus actam :
Ni frustra augurium vani docuere parentes.
Aspice bis senos lætantes agmine cycnos,
Ætheria quos lapsa plaga Jovis ales aperto
Turbabat cœlo ; nunc terras ordine longo
Aut capere, aut captas jam despectare videntur.
Ut reduces illi ludunt stridentibus alis,
Et cœtu cinxere polum, cantusque dedere :
Haud aliter puppesque tuæ, pubesque tuorum,
Aut portum tenet, aut pleno subit ostia velo.
Perge modo, et qua te ducit via dirige gressum.

Dixit, et avertens rosea cervice refulsit,

mes vaisseaux, les dieux de Troie enlevés à ses vainqueurs. La renommée a porté mon nom jusqu'aux astres. Je cherche l'Italie, berceau de mes aïeux : car je tire mon origine du grand Jupiter. Je suis parti des mers de la Phrygie avec vingt vaisseaux : une déesse, qui est ma mère, me montrant le chemin ; je l'ai suivi, allant où les destins m'appellent. Il me reste à peine sept navires endommagés par les vents et par les ondes. Moi-même, inconnu sur cette plage, dénué de tout, je suis errant dans ces déserts, repoussé de l'Asie et de l'Europe tour-à-tour. »

Vénus ne peut entendre plus long-temps son fils déplorer ses malheurs ; et, interrompant ses douloureuses plaintes : « Qui que vous soyez, dit-elle, vous vivez, et les dieux, je le crois, ne vous sont point contraires, puisqu'ils vous ont conduit à la ville des Tyriens. Poursuivez donc votre route, et rendez-vous au palais de la reine ; car je vous annonce le retour de vos compagnons et de vos vaisseaux, si toutefois mes parens ne m'ont pas vainement enseigné l'art des augures. Regardez ces douze cygnes que l'oiseau de Jupiter, fondant des régions éthérées, troublait dans les plaines du ciel. Déjà, en colonne allongée, ils s'abattent sur la terre, ou regardent la place qu'ils vont choisir. De même que leur troupe réunie vole en cercle dans les airs, exprimant sa joie par le battement des ailes, et par des chants harmonieux, de même vos vaisseaux et vos guerriers ou sont déjà entrés dans le port, ou y entrent à pleines voiles. Hâtez donc votre marche : ce chemin dirigera vos pas. »

Elle dit, détourne la tête, et son cou brille de l'incarnat

Ambrosiæque comæ divinum vertice odorem
Spiravere; pedes vestis defluxit ad imos,
Et vera incessu patuit dea. Ille, ubi matrem
Agnovit, tali fugientem est voce secutus :
Quid natum toties, crudelis, tu quoque falsis
Ludis imaginibus? cur dextræ jungere dextram
Non datur, ac veras audire et reddere voces?
Talibus incusat, gressumque ad mœnia tendit.
At Venus obscuro gradientes aere sepsit,
Et multo nebulæ circum dea fudit amictu;
Cernere ne quis eos, neu quis contingere posset,
Molirive moram, aut veniendi poscere causas.
Ipsa Paphum sublimis abit, sedesque revisit
Læta suas, ubi templum illi, centumque Sabæo
Thure calent aræ, sertisque recentibus halant.

CORRIPUERE viam interea, qua semita monstrat.
Jamque ascendebant collem, qui plurimus urbi
Imminet, adversasque adspectat desuper arces.
Miratur molem Æneas, magalia quondam :
Miratur portas, strepitumque, et strata viarum.
Instant ardentes Tyrii : pars ducere muros,
Molirique arcem, et manibus subvolvere saxa :
Pars optare locum tecto, et concludere sulco.
Jura magistratusque legunt, sanctumque senatum.
Hic portus alii effodiunt : hic alta theatris
Fundamenta locant alii, immanesque columnas

des roses; ses cheveux exhalent l'odeur céleste de l'ambroisie; sa robe, en plis mouvans, ondoie jusqu'à ses pieds, et sa démarche révèle une déesse. Énée a reconnu sa mère, et sa voix la suivant quand elle fuit devant lui : « Cruelle! s'écrie-t-il; et vous aussi, pourquoi si souvent abusez-vous votre fils par de trompeuses images? Pourquoi ne m'est-il pas donné de joindre ma main à votre main? Pourquoi ne puis-je, sans déguisement, et vous entendre, et vous répondre? » C'est ainsi qu'il se plaint, et il s'avance vers Carthage. Tandis qu'il marche avec Achate, Vénus obscurcit l'air qui les environne, et les couvre d'un nuage impénétrable, afin que personne ne puisse ni les voir, ni les approcher, ni retarder leur marche, ni s'enquérir du sujet de leur voyage. Alors elle-même, s'élevant dans les airs, revole vers Paphos, et se plaît à revoir ce séjour qu'elle aime, où son temple et cent autels exhalent les doux parfums de l'encens de Saba, et des guirlandes tressées avec les fleurs les plus nouvelles.

Cependant les deux guerriers s'avancent d'un pas rapide dans le sentier qui les conduit. Déjà ils gravissent le coteau qui domine Carthage, et d'où l'œil découvre ses tours et ses remparts. Énée admire cette grande masse d'édifices là où furent d'humbles cabanes. Il admire les portes et les rues qu'on bâtit, et leurs bruyantes avenues. Les Tyriens ardens pressent leurs travaux. Les uns prolongent les murs d'enceinte, élèvent la citadelle, et leurs mains roulent d'énormes rochers. Les autres choisissent le terrain où sera leur toit, et le soc l'entoure d'un sillon. Ici on crée des lois, on élit des magistrats, on forme un sénat auguste; là on creuse le port; là on jette les fondemens d'un grand amphithéâtre, et l'on

Rupibus excidunt, scenis decora alta futuris.
Qualis apes æstate nova per florea rura
Exercet sub sole labor, quum gentis adultos
Educunt fœtus; aut quum liquentia mella
Stipant, et dulci distendunt nectare cellas,
Aut onera accipiunt venientum, aut, agmine facto,
Ignavum fucos pecus a præsepibus arcent :
Fervet opus, redolentque thymo fragrantia mella.
O fortunati, quorum jam mœnia surgunt!
Æneas ait, et fastigia suspicit urbis.
Infert se septus nebula (mirabile dictu)
Per medios, miscetque viris; neque cernitur ulli.

Lucus in urbe fuit media, lætissimus umbra,
Quo primum, jactati undis et turbine, Pœni
Effodere loco signum, quod regia Juno
Monstrarat, caput acris equi : sic nam fore bello
Egregiam, et facilem victu per secula gentem.
Hic templum Junoni ingens Sidonia Dido
Condebat, donis opulentum et numine divæ :
Ærea cui gradibus surgebant limina, nexæque
Ære trabes, foribus cardo stridebat ahenis.

Hoc primum in luco nova res oblata timorem
Leniit : hic primum Æneas sperare salutem
Ausus, et afflictis melius confidere rebus.

taille dans la carrière ces hautes colonnes, ornemens pompeux de la scène future. Telles les abeilles, quand le printemps est de retour, hâtent leur travail sous un ciel pur, dans les campagnes fleuries. Soit qu'elles conduisent, hors de la ruche, le jeune essaim qu'elles ont élevé; soit qu'épaississant le miel liquide, elles gonflent leurs cellules de ce doux nectar ; ou qu'elles déchargent, du fardeau qu'elles portent, leurs compagnes voyageuses; ou que, rangées en bataille, elles chassent, loin de leurs demeures, la troupe paresseuse des frelons : tout est action, et le miel se parfume du thym odorant. « O peuple heureux, dont déjà se construisent les remparts ! » s'écrie Énée en admirant les hautes tours qui dominent la ville. Et, à la faveur du nuage qui le couvre, ô prodige ! il s'avance au milieu des Tyriens, et se mêle à la foule sans être aperçu.

Aux lieux même où s'élève Carthage, était un bois sacré dont on recherchait l'ombre. C'est là que d'abord s'arrêtèrent les Phéniciens, après avoir erré à la merci des flots et des vents. C'est là que, creusant la terre, ils trouvèrent le signe qu'avait indiqué la puissante Junon, la tête d'un cheval ardent, présage pour la nation que, pendant plusieurs siècles, elle vaincrait par les armes, et s'enrichirait par les arts. Là, Didon faisait élever à la reine des dieux un temple immense, orné des plus riches offrandes, et plein de sa divinité. Sur les degrés, que couronne un seuil d'airain, l'airain assujettit les poutres, et des portes d'airain roulent criant sur des gonds d'airain.

Dans ce temple saint, s'offre aux regards d'Énée un spectacle nouveau, qui vient, pour la première fois, calmer ses craintes. C'est là que, pour la première fois,

Namque, sub ingenti lustrat dum singula templo,
Reginam opperiens; dum, quæ fortuna sit urbi,
Artificumque manus inter se, operumque laborem
Miratur; videt Iliacas ex ordine pugnas,
Bellaque jam fama totum vulgata per orbem;
Atriden, Priamumque, et sævum ambobus Achillem.
Constitit, et lacrymans : Quis jam locus, inquit, Achate,
Quæ regio in terris nostri non plena laboris?
En Priamus : sunt hic etiam sua præmia laudi :
Sunt lacrymæ rerum, et mentem mortalia tangunt.
Solve metus : feret hæc aliquam tibi fama salutem.

Sic ait, atque animum pictura pascit inani,
Multa gemens, largoque humectat flumine vultum.
Namque videbat uti bellantes Pergama circum
Hac fugerent Graii, premeret Trojana juventus;
Hac Phryges, instaret curru cristatus Achilles.
Nec procul hinc Rhesi niveis tentoria velis
Agnoscit lacrymans, primo quæ prodita somno
Tydides multa vastabat cæde cruentus;
Ardentesque avertit equos in castra, priusquam
Pabula gustassent Trojæ, Xanthumque bibissent.

Parte alia fugiens amissis Troïlus armis,
Infelix puer, atque impar congressus Achilli,
Fertur equis, curruque hæret resupinus inani,

il ose espérer le salut des Troyens, et se confier dans un avenir plus heureux. Tandis qu'il examine tout ce que le vaste édifice offre à ses regards étonnés, et qu'en attendant la reine il admire la fortune de Carthage, la puissance des arts et leurs œuvres superbes, il voit représentés, dans l'ordre des temps, les combats d'Ilion, et le souvenir de ces guerres, déjà porté par la renommée dans tout l'univers. Il reconnaît le fils d'Atrée, le vieux Priam, et cet Achille à tous les deux terrible. Il s'arrête, et ne pouvant retenir ses larmes : « Achate, dit-il, quel lieu n'a retenti, et quelle contrée de la terre n'est pleine du bruit de nos malheurs! jusque dans ces déserts, il est pour la vertu des récompenses! Il est des larmes pour les grandes infortunes : elles touchent le cœur des mortels. Cesse de craindre, notre renommée fera notre salut. »

Il dit, et nourrit sa douleur des illusions de ces simulacres. Il gémit long-temps, et les pleurs inondent son visage, car il voyait les combats livrés autour de Pergame : ici, les Grecs fuyant poursuivis par les jeunes Troyens; là, les Troyens que presse le char, et qu'épouvante le panache d'Achille. Non loin il reconnaît, et ses pleurs coulent encore, les toiles, plus blanches que la neige, des tentes de Rhesus : un traître les livre, dans le temps du premier sommeil, au fils de Tydée, qui, couvert de sang, les remplit d'un vaste carnage, et détourne, vers le camp des Grecs, les ardens chevaux de Rhesus, avant qu'ils aient connu les pâturages de Troie et bu les eaux du Xanthe.

D'un autre côté, fuyait Troïle, ayant perdu ses armes. Jeune infortuné, il combattit Achille avec des forces trop inégales. Emporté par ses coursiers, renversé de son

Lora tenens tamen : huic cervixque comæque trahuntur
Per terram, et versa pulvis inscribitur hasta.

INTEREA ad templum non æquæ Palladis ibant
Crinibus Iliades passis, peplumque ferebant
Suppliciter tristes, et tunsæ pectora palmis.
Diva solo fixos oculos aversa tenebat.
Ter circum Iliacos raptaverat Hectora muros,
Exanimumque auro corpus vendebat Achilles.
Tum vero ingentem gemitum dat pectore ab imo,
Ut spolia, ut currus, ut ipsum corpus amici,
Tendentemque manus Priamum conspexit inermes.
Se quoque principibus permixtum agnovit Achivis,
Eoasque acies, et nigri Memnonis arma.
Ducit Amazonidum lunatis agmina peltis
Penthesilea furens, mediisque in millibus ardet,
Aurea subnectens exsertæ cingula mammæ
Bellatrix, audetque viris concurrere virgo.

HÆC dum Dardanio Æneæ miranda videntur,
Dum stupet, obtutuque hæret defixus in uno :
Regina ad templum, forma pulcherrima, Dido
Incessit, magna juvenum stipante caterva.
Qualis in Eurotæ ripis, aut per juga Cynthi
Exercet Diana choros, quam mille secutæ
Hinc atque hinc glomerantur Oreades : illa pharetram
Fert humero, gradiensque deas supereminet omnes :
Latonæ tacitum pertentant gaudia pectus.

char, mais tenant encore les rênes, sa tête et ses cheveux traînent à terre, et le fer de sa lance trace sur l'arène un long sillon.

Cependant les femmes de Troie allaient vers le temple de Pallas irritée, tristes et suppliantes, les cheveux épars, se meurtrissant le sein, et portant à la déesse le peplum, vêtement sacré. Mais toujours inflexible, Pallas tenait ses regards attachés à la terre. L'impitoyable Achille avait traîné trois fois Hector autour des remparts de Troie, et vendait, au poids de l'or, son cadavre sanglant. A cet aspect, sortent du sein d'Énée, de longs gémissemens. Il aperçoit les dépouilles, le char, les froides reliques de son ami, et Priam qui tend au vainqueur des mains défaillantes. Lui-même il se retrouve dans la mêlée, avec les chefs ennemis. Il reconnaît les phalanges de l'Orient et les armes du noir Memnon, et la terrible Penthésilée, conduisant les Amazones armées de boucliers en forme de croissant. L'ardente héroïne combat, portant un baudrier noué sur un sein découvert ; et une femme ose affronter les plus intrépides guerriers !

Mais tandis que le fils d'Anchise, immobile, tenait ses regards attachés sur ces grandes images, la reine, éclatante de beauté, entre dans le temple, suivie du nombreux cortège de la jeunesse de Tyr. Telle, sur les rives de l'Eurotas, ou sur les hauteurs du Cynthe, paraît Diane conduisant le chœur des nymphes : mille Oréades s'empressent sur ses pas. La déesse marche le carquois sur l'épaule, surpasse de la tête toutes ces immortelles, et le cœur de Latone palpite en secret de joie. Telle était Didon ; telle elle marchait au milieu de son peu-

Talis erat Dido, talem se læta ferebat
Per medios, instans operi regnisque futuris.

Tum foribus divæ, media testudine templi,
Septa armis, solioque alte subnixa, resedit.
Jura dabat legesque viris, operumque laborem
Partibus æquabat justis, aut sorte trahebat :
Quum subito Æneas concursu accedere magno
Anthea Sergestumque videt, fortemque Cloanthum,
Teucrorumque alios, ater quos æquore turbo
Dispulerat, penitusque alias advexerat oras.
Obstupuit simul ipse, simul perculsus Achates
Lætitiaque metuque: avidi conjungere dextras
Ardebant; sed res animos incognita turbat.
Dissimulant, et nube cava speculantur amicti,
Quæ fortuna viris, classem quo littore linquant,
Quid veniant : cunctis nam lecti navibus ibant
Orantes veniam, et templum clamore petebant.
Postquam introgressi, et coram data copia fandi,
Maximus Ilioneus placido sic pectore cœpit :

O REGINA, novam cui condere Jupiter urbem,
Justitiaque dedit gentes frenare superbas,
Troes te miseri, ventis maria omnia vecti,
Oramus : prohibe infandos a navibus ignes,

ple, hâtant les travaux et la future grandeur de son empire.

Près du sanctuaire, et sous le dôme du temple, entourée de ses gardes, elle s'assied sur un trône élevé. Là, elle rendait la justice, et dictait des lois à ses sujets; elle faisait une part égale des travaux, ou leur donnait le sort pour arbitre, quand tout à coup Énée voit s'avancer, ouvrant la foule qui les presse, Anthée et Ségeste, et le vaillant Cloanthe, avec d'autres Troyens, que les noirs Aquilons avaient égarés sur les ondes, et rejetés, loin de leur chef, sur d'autres rivages. A cette vue le héros s'étonne, immobile; et, comme lui, le fidèle Achate est frappé de joie et de crainte. Ils sont impatiens, avides de presser la main de leurs compagnons : mais une secrète inquiétude les trouble et les retient. Invisibles dans le nuage qui les couvre, ils veulent, avant tout, connaître le destin de leurs amis, apprendre sur quels bords ils ont laissé leurs navires, et quel motif les conduit à Carthage : c'étaient les députés de toute la flotte, qui venaient implorer la protection de la reine, et s'avançaient dans le temple au milieu des publiques clameurs. Admis devant le trône, et, libres d'exposer leur message, le plus âgé de tous, Ilionée, le front serein, s'exprime en ces termes :

« O reine, à qui Jupiter a donné la gloire de fonder un empire, et d'imposer à des peuples indomptés le frein des lois, nous sommes des Troyens malheureux, jouets des vents sur toutes les mers. Écartez de nos vaisseaux les feux qui les menacent sur ces bords. Épargnez un

Parce pio generi, et propius res adspice nostras.
Non nos aut ferro libycos populare penates
Venimus, aut raptas ad littora vertere prædas.
Non ea vis animo, nec tanta superbia victis.
Est locus, Hesperiam Graii cognomine dicunt,
Terra antiqua, potens armis, atque ubere glebæ :
OEnotri coluere viri; nunc fama, minores
Italiam dixisse ducis de nomine gentem.
Huc cursus fuit :
Quum subito assurgens fluctu nimbosus Orion
In vada cæca tulit, penitusque procacibus Austris
Perque undas, superante salo, perque invia saxa
Dispulit : huc pauci vestris adnavimus oris.
Quod genus hoc hominum? quæve hunc tam barbara morem
Permittit patria? hospitio prohibemur arenæ !
Bella cient, primaque vetant consistere terra.
Si genus humanum et mortalia temnitis arma,
At sperate deos memores fandi atque nefandi.
Rex erat Æneas nobis, quo justior alter
Nec pietate fuit, nec bello major et armis ;
Quem si fata virum servant, si vescitur aura
Ætherea, neque adhuc crudelibus occubat umbris,
Non metus; officio nec te certasse priorem
Pœniteat. Sunt et Siculis regionibus urbes,
Arvaque, Trojanoque a sanguine clarus Acestes.
Quassatam ventis liceat subducere classem,

peuple qui honore les dieux, et connaissez qui nous sommes. Nous ne venons point détruire vos pénates, enlever vos richesses, et les emporter sur les mers. Cette violence n'est point dans nos esprits, et tant d'audace siérait mal à des vaincus. Il est un pays que les Grecs appellent Hespérie, terre antique, puissante par les armes et par ses riches moissons. Les OEnotriens jadis l'ont habitée, et l'on dit que leurs descendans l'ont depuis appelée Italie, du nom d'un roi de ces contrées. C'est là que se dirigeait notre course, quand soudain l'orageux Orion, se levant sur les mers, nous jeta sur des écueils cachés, et nous livrant aux fureurs des vents, à la merci des ondes, nous dispersa sur le vaste abîme, entre des rocs inaccessibles. Peu d'entre nous ont touché ces bords : mais quelle est cette race d'hommes qui les habitent? et quel pays barbare autorise de telles coutumes? L'asile du rivage nous est interdit, et nous en sommes repoussés par le glaive! Que si vous méprisez les droits du malheur, et les armes des mortels, songez du moins qu'il est des dieux, et qu'ils n'oublient ni le crime, ni la vertu.

« Nous avions pour chef Énée : nul autre ne fut plus grand par sa justice et par ses armes. Si les destins ont conservé ce héros, s'il respire encore, et n'est point enseveli dans les cruelles ombres du trépas, ne craignez point le repentir de l'avoir prévenu par vos bienfaits. Nous avons dans la Sicile des villes amies, des champs fertiles, et, pour allié, un roi illustre, Aceste, issu du sang troyen. Qu'il nous soit permis de retirer, sur vos rivages, nos vaisseaux endommagés par la tempête; de choisir, dans vos forêts, des arbres pour les réparer,

Et silvis aptare trabes, et stringere remos;
Si datur Italiam, sociis et rege recepto,
Tendere, ut Italiam læti Latiumque petamus :
Sin absumpta salus, et te, pater optime Teucrum,
Pontus habet Libyæ, nec spes jam restat Iuli;
At freta Sicaniæ saltem, sedesque paratas,
Unde huc advecti, regemque petamus Acesten.

Talibus Ilioneus : cuncti simul ore fremebant
Dardanidæ.

Tum breviter Dido, vultum demissa, profatur :
Solvite corde metum, Teucri, secludite curas.
Res dura, et regni novitas me talia cogunt
Moliri, et late fines custode tueri.
Quis genus Æneadum, quis Trojæ nesciat urbem,
Virtutesque, virosque, et tanti incendia belli?
Non obtusa adeo gestamus pectora Pœni;
Nec tam aversus equos Tyria Sol jungit ab urbe.
Seu vos Hesperiam magnam, Saturniaque arva,
Sive Erycis fines, regemque optatis Acesten;
Auxilio tutos dimittam, opibusque juvabo.
Vultis et his mecum pariter considere regnis?
Urbem quam statuo, vestra est : subducite naves :
Tros Tyriusque mihi nullo discrimine agetur.
Atque utinam rex ipse, Noto compulsus eodem,
Afforet Æneas! Equidem per littora certos
Dimittam, et Libyæ lustrare extrema jubebo,

pour les munir de rames; et si, retrouvant nos compagnons et notre chef, le chemin de l'Italie nous est encore permis, nous voguerons avec joie vers le Latium : ou, s'il nous est fermé sans retour, si les mers de la Libye vous ont enseveli, ô père généreux des Troyens; et si le jeune Iule, notre dernière espérance, a cessé de vivre, du moins nous regagnerons la Sicile, et nous retrouverons auprès du magnanime Aceste les terres hospitalières d'où nous sommes partis. »

Ainsi dit Ilionée, et tous les Troyens font entendre un murmure approbateur.

Didon, les yeux baissés, répond en peu de mots : « Troyens, que vos cœurs cessent de craindre! bannissez vos alarmes! une dure nécessité, et les dangers d'un empire naissant exigent ces rigueurs et cette garde qui veille au loin sur mes frontières. Mais, qui ne connaît Énée et son origine? qui peut ignorer la ville de Troie, et sa puissance, et ses combats, et le vaste embrasement d'une guerre si mémorable? Les Phéniciens n'ont pas des esprits si grossiers, et le soleil n'attèle point ses coursiers si loin de Carthage! Soit que vous désiriez la grande Hespérie et les champs de Saturne, soit que vous préfériez les campagnes d'Éryx et le royaume d'Aceste, je protègerai votre départ de ma puissance, et l'aiderai de mes trésors : ou si vous voulez fixer dans mes états votre demeure, cette ville, que je fonde, est aussi la vôtre. Confiez vos nefs à ces rivages : le Troyen et le Tyrien seront égaux pour moi. Plût au ciel que votre chef, conduit par les mêmes vents, Énée, eût avec vous touché ces bords! mais j'enverrai des sujets fidèles explorer toutes les côtes, et s'informer jusqu'aux confins de la

Si quibus ejectus silvis aut urbibus errat.

His animum arrecti dictis, et fortis Achates,
Et pater Æneas, jamdudum erumpere nubem
Ardebant. Prior Ænean compellat Achates :
Nate dea, quæ nunc animo sententia surgit?
Omnia tuta vides, classem, sociosque receptos.
Unus abest, medio in fluctu quem vidimus ipsi
Submersum : dictis respondent cetera matris.
Vix ea fatus erat, quum circumfusa repente
Scindit se nubes, et in æthera purgat apertum.
Restitit Æneas, claraque in luce refulsit,
Os humerosque deo similis : namque ipsa decoram
Cæsariem nato genitrix, lumenque juventæ
Purpureum, et lætos oculis afflarat honores.
Quàle manus addunt ebori decus, aut ubi flavo
Argentum Pariusve lapis, circumdatur auro.
Tum sic reginam alloquitur, cunctisque repente
Improvisus ait : Coram, quem quæritis, adsum
Troius Æneas, Libycis ereptus ab undis.
O sola infandos Trojæ miserata labores!
Quæ nos, relliquias Danaum, terræque marisque
Omnibus exhaustos jam casibus, omnium egenos,
Urbe, domo, socias! Grates persolvere dignas
Non opis est nostræ, Dido; nec quidquid ubique est
Gentis Dardaniæ, magnum quæ sparsa per orbem.
Di tibi (si qua pios respectant numina, si quid

Libye, s'il n'est point errant au milieu des forêts, ou dans quelque cité lointaine. »

A ces paroles, qui les rassurent, déjà le vaillant Achate et le sage Énée étaient impatiens de percer le nuage qui les couvre. Achate, le premier, s'adressant au prince troyen : « Fils d'une déesse, quelle pensée maintenant s'élève dans votre âme ? vous le voyez, il n'est plus de péril : vous avez retrouvé votre flotte et vos compagnons. Il manque un seul navire que nous avons vu s'engloutir dans les ondes. Tout répond d'ailleurs au discours de votre mère. »

Il achevait ces mots, soudain le nuage qui les enveloppe se déchire et s'évapore dans les airs. Énée paraît resplendissant d'une vive lumière. Il a les traits d'un dieu, avec sa majesté; Vénus elle-même a, d'un souffle de sa bouche, donné à ses cheveux une grâce nouvelle; elle a paré son front des roses du jeune âge, et tempéré, par un doux éclat, le feu de ses regards. Tel brille l'ivoire, que la main de l'ouvrier a poli; tel l'argent, ou le marbre de Paros, dans l'or pur dont ils sont incrustés.

Le héros, s'adressant à Didon, devant tout un peuple qu'étonne sa présence soudaine : « Je suis celui que vous cherchez, le Troyen Énée, arraché aux flots de la Libye. Seule, vous prenez donc pitié des grands malheurs de Troie! Tristes restes de la fureur des Grecs, épuisés par tous les fléaux de la terre et des mers, dénués de tout, vous nous offrez une patrie dans votre empire! Reconnaître un tel bienfait n'est point, ô reine, en notre pouvoir; et il ne pourrait être acquitté par ce qui reste de la nation de Dardanus, dispersée dans tout l'univers. Que les dieux, s'il en est qui honorent la vertu; que les mortels, s'il est quelque justice sur la terre; et

Usquam justitiæ est), et mens sibi conscia recti,
Præmia digna ferant. Quæ te tam læta tulerunt
Secula? qui tanti talem genuere parentes?
In freta dum fluvii current, dum montibus umbræ
Lustrabunt convexa, polus dum sidera pascet:
Semper honos, nomenque tuum, laudesque manebunt,
Quæ me cumque vocant terræ. Sic fatus, amicum
Ilionea petit dextra, lævaque Segestum;
Post alios, fortemque Gyan, fortemque Cloanthum.

Obstupuit primo aspectu Sidonia Dido,
Casu deinde viri tanto, et sic ore locuta est:
Quis te, nate dea, per tanta pericula casus
Insequitur? quæ vis immanibus applicat oris?
Tune ille Æneas, quem Dardanio Anchisæ
Alma Venus Phrygii genuit Simoëntis ad undam?
Atque equidem Teucrum memini Sidona venire,
Finibus expulsum patriis, nova regna petentem
Auxilio Beli. Genitor tum Belus opimam
Vastabat Cyprum, et victor ditione tenebat.
Tempore jam ex illo casus mihi cognitus urbis
Trojanæ, nomenque tuum, regesque Pelasgi.
Ipse hostis Teucros insigni laude ferebat,
Seque ortum antiqua Teucrorum a stirpe volebat.
Quare agite, o, tectis, juvenes, succedite nostris.
Me quoque per multos similis fortuna labores
Jactatam, hac demum voluit consistere terra.
Non ignara mali, miseris succurrere disco.

surtout que, dans votre âme, la conscience du bien, vous donnent la récompense méritée! Quels siècles fortunés vous ont vue naître! et quels parens illustres vous donnèrent le jour! Tant que les fleuves auront leur course vers les mers, tant qu'on verra les ombres se projeter sur les montagnes, tant que le pôle fournira leur nourriture aux astres, quelles que soient les terres où le destin m'appelle, sans cesse vivront pour moi votre gloire, votre nom et vos bienfaits. » Il dit, et tend la main droite à son ami Ilionée, la gauche à Ségeste, puis aux autres, au brave Gyas, au valeureux Cloanthe.

La reine émue à l'aspect du héros, et touchée de ses infortunes: « Fils d'une déesse, dit-elle, quel sort contraire vous poursuit dans de si grands dangers? Et quelle puissance vous a jeté sur ces rives barbares? Vous êtes donc cet Énée, qu'après avoir reçu Anchise dans ses bras, l'auguste Vénus enfanta sur les bords du Simoïs! Je me souviens que Teucer, banni de sa patrie, et cherchant un nouvel empire, vint, à Sidon, implorer le secours de Belus. Alors Belus, mon père, ravageait l'opulente Cypre, et, vainqueur, la tenait sous ses lois. Dès ce temps, je connus les malheurs de Troie, et votre nom, et les rois de la Grèce. Quoiqu'ennemi des Troyens, Teucer lui-même exaltait leurs exploits, et se disait issu des chefs antiques de Troie. Venez donc, vaillans guerriers, partager nos demeures. Et moi aussi, j'ai trouvé comme vous, dans de longs travaux, la fortune contraire, avant qu'elle ait voulu me fixer enfin sur ces rivages. N'ignorant point le malheur, j'ai appris à secourir les malheureux. »

Sic memorat : simul Æneaṅ in regia ducit
Tecta; simul divum templis indicit honorem.
Nec minus interea sociis ad littora mittit
Viginti tauros, magnorum horrentia centum
Terga suum, pingues centum cum matribus agnos,
Munera, lætitiamque dei.
At domus interior regali splendida luxu
Instruitur, mediisque parant convivia tectis.
Arte laboratæ vestes, ostroque superbo :
Ingens argentum mensis, cælataque in auro
Fortia facta patrum, series longissima rerum,
Per tot ducta viros antiqua ab origine gentis.

Æneas (neque enim patrius consistere mentem
Passus amor) rapidum ad naves præmittit Achaten :
Ascanio ferat hæc, ipsumque ad mœnia ducat.
Omnis in Ascanio cari stat cura parentis.
Munera præterea, Iliacis erepta ruinis,
Ferre jubet; pallam signis auroque rigentem,
Et circumtextum croceo velamen acantho,
Ornatus Argivæ Helenæ, quos illa Mycenis,
Pergama quum peteret, inconcessosque hymenæos,
Extulerat, matris Ledæ mirabile donum :
Præterea sceptrum, Ilione quod gesserat olim,
Maxima natarum Priami, colloque monile
Baccatum, et duplicem gemmis auroque coronam.
Hæc celerans, iter ad naves tendebat Achates.

Elle dit, et conduit Énée dans son palais. En même temps, elle ordonne que l'encens fume aux autels des dieux, et qu'on envoie aux Troyens, restés sur le rivage, vingt taureaux, cent porcs pesans dont le dos se hérisse de soies, cent agneaux gras avec leurs mères bêlantes, et les dons aimables de Bacchus qui font naître la joie.

Cependant l'intérieur du palais est décoré avec un luxe royal, et le banquet se dispose sous de riches lambris. Là, sont étendus de riches tapis de pourpre, où l'art fait admirer son travail; là, brillent sur des tables, en nombre immense, des vases d'argent et des coupes d'or où sont gravés les hauts faits des aïeux de Didon : longue série de l'histoire de Tyr et de ses rois depuis leur antique origine.

Énée (car l'amour paternel ne laisse point de repos à son cœur) envoie, vers ses vaisseaux, le diligent Achate, qui portera ces nouvelles au jeune Ascagne, et l'amènera dans les murs de Carthage : toutes les sollicitudes du héros sont pour son cher Ascagne. En même temps, il ordonne qu'on apporte, pour en faire des présens, les richesses arrachées aux ruines de Troie : un manteau où l'aiguille a relevé des figures en or, un voile qu'entoure l'acanthe dorée, don magnifique qu'Hélène avait reçu de Léda, sa mère, qu'elle apporta de Mycènes, et qui parait son sein quand Pergame vit son funeste hyménée. Le héros veut qu'on ajoute à ces ornemens le sceptre que jadis portait Ilioné, la plus âgée des filles de Priam, son collier de perles, et sa couronne où l'or se mêle à l'éclat des pierreries. Empressé d'exécuter ces ordres, Achate suit rapidement le chemin qui conduit au rivage.

At Cytherea novas artes, nova pectore versat
Consilia: ut faciem mutatus et ora Cupido
Pro dulci Ascanio veniat, donisque furentem
Incendat reginam, atque ossibus implicet ignem.
Quippe domum timet ambiguam, Tyriosque bilingues;
Urit atrox Juno, et sub noctem cura recursat.
Ergo his aligerum dictis affatur Amorem:
Nate, meae vires, mea magna potentia, solus,
Nate, patris summi qui tela Typhoea temnis,
Ad te confugio, et supplex tua numina posco.
Frater ut Aeneas pelago tuus omnia circum
Littora jactetur, odiis Junonis iniquae,
Nota tibi; et nostro doluisti saepe dolore.
Nunc Phoenissa tenet Dido, blandisque moratur
Vocibus; et vereor quo se Junonia vertant
Hospitia; haud tanto cessabit cardine rerum.
Quocirca capere ante dolis et cingere flamma
Reginam meditor; ne quo se numine mutet,
Sed magno Aeneae mecum teneatur amore.
Qua facere id possis, nostram nunc accipe mentem.
Regius, accitu cari genitoris, ad urbem
Sidoniam puer ire parat, mea maxima cura,
Dona ferens, pelago et flammis restantia Trojae.
Hunc ego sopitum somno, super alta Cythera,
Aut super Idalium, sacrata sede recondam;
Ne qua scire dolos, mediusve occurrere possit.

Cependant, Cythérée roule dans son esprit de nouveaux projets et de nouvelles ruses. Elle veut que, changeant son air et ses traits, Cupidon vienne à la place du jeune Ascagne, et qu'en offrant les présens d'Énée il embrase les sens de la reine, et la pénètre de tous ses feux : car la déesse craint un palais suspect, et les Tyriens au double langage; surtout elle redoute l'implacable Junon, et son inquiétude veille au milieu de la nuit. S'adressant donc au dieu qui porte des ailes : « Mon fils, dit-elle, toi qui seul fais ma force et mon pouvoir suprême, mon fils, toi qui seul méprises les traits dont Jupiter foudroya Typhée, c'est à toi que j'ai recours, et, suppliante, je viens implorer ta puissance. Tu sais comment ton frère Énée est rejeté de rivage en rivage par la haîne de l'odieuse Junon. Tu connais ma douleur, et souvent tu l'as partagée. Ton frère est maintenant dans le palais de Didon, retenu par des paroles amies. Mais je crains l'hospitalité de Junon qui, dans un moment si favorable, ne restera point oisive, et je songe à la prévenir. Il faut enflammer la reine, afin qu'elle ne change point au gré d'une divinité contraire, et qu'un invincible amour l'attache, comme je suis attachée moi-même, aux intérêts d'Énée. Pour l'exécution de ce dessein, connais quelle est ma pensée. Appelé par son père, le jeune Ascagne, si cher à mon amour, se prépare à porter, dans le palais de Carthage, des dons précieux, qu'ont respectés la tempête et les flammes de Troie. Je vais, le livrant au sommeil, l'enlever et le cacher dans un des bois sacrés de Cythère ou d'Idalie, afin qu'il ne puisse ni voir notre stratagème, ni le rendre vain par sa présence. Toi, pour une nuit seulement, emprunte son image : enfant toi-même, prends les traits de cet enfant;

Tu faciem illius, noctem non amplius unam,
Falle dolo, et notos pueri puer indue vultus;
Ut, quum te gremio accipiet laetissima Dido,
Regales inter mensas laticemque Lyaeum,
Quum dabit amplexus, atque oscula dulcia figet,
Occultum inspires ignem, fallasque veneno.

PARET Amor dictis carae genitricis, et alas
Exuit, et gressu gaudens incedit Iuli.
At Venus Ascanio placidam per membra quietem
Irrigat, et fotum gremio dea tollit in altos
Idaliae lucos, ubi mollis amaracus illum
Floribus et dulci aspirans complectitur umbra.

JAMQUE ibat, dicto parens, et dona Cupido
Regia portabat Tyriis, duce laetus Achate.
Quum venit, aulaeis jam se regina superbis
Aurea composuit sponda, mediamque locavit.
Jam pater Aeneas, et jam trojana juventus
Conveniunt, stratoque super discumbitur ostro.
Dant famuli manibus lymphas, Cereremque canistris
Expediunt, tonsisque ferunt mantilia villis.
Quinquaginta intus famulae, quibus ordine longo
Cura penum struere, et flammis adolere Penates.
Centum aliae, totidemque pares aetate ministri,
Qui dapibus mensas onerant, et pocula ponunt.
Nec non et Tyrii per limina laeta frequentes
Convenere, toris jussi discumbere pictis.

et lorsque, en ses doux transports, Didon te recevra sur ses genoux, au milieu du banquet royal et des joies que fait naître le vin; lorsque, te pressant dans ses bras, elle t'imprimera de tendres baisers, souffle un feu secret dans son sein, et glisse dans ses veines tes perfides poisons. »

L'Amour obéit à la voix d'une mère chérie; il dépose ses ailes, imite la démarche d'Iule, et s'applaudit. Cependant Vénus verse sur les membres d'Ascagne un doux repos, et, le berçant sur son sein, s'élève vers les bois sacrés d'Idalie, où la molle marjolaine le reçoit sur ses fleurs odorantes, et le couvre d'un doux ombrage.

Fidèle aux ordres de sa mère, l'Amour, conduit par Achate, allait gaîment porter, à Carthage, les présens des Troyens. Il arrive : et déjà, sur un lit de pourpre et d'or, la reine s'est placée au milieu du banquet. Déjà Énée et les Troyens prennent leur rang sur les tapis de Tyr. Des esclaves versent l'onde pure sur les mains des convives, présentent les blancs tissus d'une laine légère, et retirent des corbeilles les dons de Cérès. Dans l'intérieur, cinquante femmes préparent la longue ordonnance du festin, et veillent près des foyers ardens. Cent autres jeunes filles de Tyr, et un pareil nombre de Tyriens du même âge, placent, sur la table, les mets, les coupes et le vin. De leur côté, les chefs de l'armée et de la cour de Carthage entrent en foule dans la salle joyeuse du banquet, et prennent sur des lits brodés leurs places assignées. Ils admirent les présens d'Énée; ils admirent le jeune Iule, le front pur et brillant du dieu, la

Mirantur dona Æneæ, mirantur Iulum,
Flagrantesque dei vultus, simulataque verba,
Pallamque, et pictum croceo velamen acantho.
Præcipue infelix, pesti devota futuræ,
Expleri mentem nequit, ardescitque tuendo
Phœnissa, et pariter puero donisque movetur.
Ille, ubi complexu Æneæ colloque pependit,
Et magnum falsi implevit genitoris amorem,
Reginam petit : hæc oculis, hæc pectore toto
Hæret, et interdum gremio fovet, inscia Dido
Insidat quantus miseræ deus! at memor ille
Matris Acidaliæ, paulatim abolere Sichæum
Incipit, et vivo tentat prævertere amore
Jampridem resides animos desuetaque corda.

POSTQUAM prima quies epulis, mensæque remotæ,
Crateras magnos statuunt, et vina coronant.
Fit strepitus tectis, vocemque per ampla volutant
Atria : dependent lychni laquearibus aureis
Incensi, et noctem flammis funalia vincunt.
Hic regina gravem gemmis auroque poposcit,
Implevitque mero pateram, quam Belus et omnes
A Belo soliti. Tum facta silentia tectis :
Jupiter (hospitibus nam te dare jura loquuntur),
Hunc lætum Tyriisque diem Trojaque profectis
Esse velis, nostrosque hujus meminisse minores.
Adsit lætitiæ Bacchus dator, et bona Juno :

feinte douceur de son langage, et le manteau de pourpre, et le voile où l'acanthe enlace ses feuilles d'or. Didon surtout, la malheureuse Didon, dévouée aux fureurs prochaines de Vénus, ne peut calmer le trouble secret qui l'agite. Elle regarde et s'enflamme, également émue par les dons d'Énée, et par l'enfant qui les présente. Après avoir embrassé le héros troyen, et lorsque, suspendu à son cou, il a flatté sa tendresse abusée, le faux Ascagne se présente à la reine : elle attache sur lui ses regards, toute son âme. Quelquefois, elle le presse sur son sein, et ne sait pas, l'infortunée ! quel dieu terrible se joue entre ses bras. Mais lui, se souvenant des vœux de sa mère, efface par degrés, dans le cœur de Didon, l'image de Sichée, et cherche à glisser un feu vif et nouveau dans des sens depuis long-temps paisibles, dans ce cœur qui avait oublié l'amour.

Après le premier repos du banquet, et lorsque les mets ont été enlevés, on apporte de larges coupes dont un vin généreux couronne les bords. Alors le bruit signale la gaîté des convives, et leurs voix confondues roulent en éclats sous les vastes lambris. A l'or des plafonds sont suspendus des lustres dont les feux brillent, et triomphent des ombres de la nuit : alors, la reine se fait apporter, et remplit de vin le cratère d'or, enchâssé de pierreries, dont s'étaient servis Belus et les rois ses descendans. Soudain, tous gardent le silence : « O Jupiter, s'écrie-t-elle, car c'est toi qu'on dit avoir donné les lois de l'hospitalité : fais que ce jour soit heureux pour les enfans de Tyr, pour les enfans de Troie, et que nos neveux en gardent la mémoire immortelle !

Et vos, o, cœtum, Tyrii, celebrate faventes.

Dixit : et in mensam laticum libavit honorem,
Primaque, libato, summo tenus attigit ore.
Tum Bitiæ dedit increpitans : ille impiger hausit
Spumantem pateram, et pleno se proluit auro :
Post, alii proceres. Cithara crinitus Iopas
Personat aurata, docuit quæ maximus Atlas.
Hic canit errantem Lunam, Solisque labores ;
Unde hominum genus, et pecudes; unde imber, et ignes;
Arcturum, pluviasque Hyadas, geminosque Triones;
Quid tantum Oceano properent se tingere soles
Hyberni, vel quæ tardis mora noctibus obstet.
Ingeminant plausu Tyrii, Troesque sequuntur.

Nec non et vario noctem sermone trahebat
Infelix Dido, longumque bibebat amorem;
Multa super Priamo rogitans, super Hectore multa :
Nunc, quibus Auroræ venisset filius armis;
Nunc, quales Diomedis equi; nunc quantus Achilles.
Imo age, et a prima dic, hospes, origine nobis
Insidias, inquit, Danaum, casusque tuorum,
Erroresque tuos : nam te jam septima portat
Omnibus errantem terris et fluctibus æstas.

Que Bacchus, qui fait naître la joie ; que Junon favorable président à nos vœux ! Et vous, Tyriens, célébrez cette heureuse union ! »

Elle dit, épand en libation, sur la table, les prémices de la liqueur, effleure la coupe de ses lèvres, et, la présentant à Bitias, le provoque et défie son courage. Le Tyrien intrépide reçoit le vase écumant, s'inonde de ce qu'il contient, et le vide d'un trait. Et tandis que les autres convives suivent son exemple, Iopas, à la longue chevelure, répète, sur sa lyre d'or, les chants qui lui furent appris par le grand Atlas : il dit la course errante de Phœbé, et les travaux du Soleil; l'origine des hommes et des animaux; comment se forment la pluie et les feux de l'Éther; il chante Arcturus, les Hyades orageuses, le char glacé des deux Ourses. Il raconte comment les soleils de l'hiver hâtent leur course dans l'Océan, et quel obstacle, pendant l'été, rend la nuit paresseuse. Les Tyriens font entendre leurs applaudissemens, et les Troyens y répondent.

Cependant, la malheureuse Didon prolongeait la nuit par divers entretiens, et s'enivrait d'un long amour. Sans cesse, elle interroge Énée et sur Priam et sur Hector. Tantôt elle veut savoir avec quelles armes était venu le fils de l'Aurore; tantôt quels étaient les noms des coursiers de Diomède; tantôt combien grand était Achille : « Mais plutôt, dit-elle, hôte illustre, reprenez, dès leur origine, les artifices des Grecs, les malheurs des Troyens, et vos propres infortunes : car voilà le septième été qui vous voit errant sur tous les rivages et sur toutes les mers. »

NOTES

DU LIVRE PREMIER.

1. Dans un assez grand nombre d'éditions et de traductions de l'*Énéide*, ce poëme commence par les vers suivans :

> *Ille ego qui quondam gracili modulatus avena*
> *Carmen, et, egressus silvis, vicina coegi*
> *Ut quamvis avido parerent arva colono,*
> *Gratum opus agricolis; at nunc horrentia Martis*
> *Arma virumque cano.....*

« Moi qui, jadis, sur un léger chalumeau, modulai des airs champêtres; qui « depuis, abandonnant les bois, forçai les champs d'obéir aux vœux du labou-« reur avide, et sus lui plaire par mes leçons : aujourd'hui, suivant les horri-« bles travaux de Mars, je chante les combats, etc. »

Ces vers ne semblent point appartenir à l'*Énéide*, dont le début, dans plusieurs anciens manuscrits et dans un assez grand nombre d'éditions, commence plus dignement par : *Arma virumque cano*. Cependant divers commentateurs ont pensé que le poëte avait placé ces quatre vers au commencement de l'*Énéide*, dans le but de fixer, pour la postérité, le souvenir de ses ouvrages. Le plus ancien biographe de Virgile (Donat) rapporte que Varius et Tucca, amis du poëte, chargés par lui et par Auguste de publier l'*Énéide*, en retranchèrent les quatre premiers vers. D'autres commentateurs ont cru que ces vers étaient l'ouvrage de quelque grammairien du moyen âge, lequel aurait voulu imiter les rhapsodes, qui avaient ajouté à un des poëmes d'Hésiode un début de leur façon. Burmann fait connaître les savans qui ont rejeté les quatre vers. Ovide, Martial et d'autres poëtes ont parlé de l'*Énéide* comme commençant par *Arma virumque cano*. Je n'ai donc pas cru devoir suivre l'exemple de Heyne, de Delille et de plusieurs autres, qui ont conservé les quatre vers, en présumant que Virgile avait pu vouloir imiter le début du poëme des *Argonautes*, attribué à Orphée, et où de précédens ouvrages se trouvent rappelés.

La plupart des anciens éditeurs ont conservé séparément ces vers dans les opuscules du poëte latin.

2. — Page 2. . . . . *Qui primus ab oris*
Italiam, fato profugus, Lavinia venit
Littora.

Quelques critiques ont pensé que *primus* signifie ici *chef*, et non *le premier*, parce qu'Anténor était venu, avant Énée, fonder une colonie dans la Gaule Cisalpine. Antérieurement encore, les OEnotriens, Évandre et Hercule avaient abordé en Italie. Virgile a voulu dire sans doute que le fils d'Anchise fut le premier Troyen qui aborda dans le *Latium*. C'est par anticipation que le poète désigne, par *Lavinia littora*, la contrée où le héros devait bâtir la ville de Lavinie. Le *Latium*, où le vieux roi Janus avait reçu Saturne, chassé du ciel, s'étendait depuis le Tibre jusqu'au Vulturne. Dans les temps héroïques, les royaumes et les républiques se composaient d'un petit territoire ou de l'enceinte d'une ville.

3. — Page 2. . . . . *Sævæ memorem Junonis ob iram.*

Cette colère qui se souvient est une beauté hardie qui ne peut passer dans notre langue. Tite-Live dit qu'Appius perdit la vue *memori deorum ira.*

4. — Page 2. *Musa, mihi causas memora.*

Boileau a tort de dire, dans son *Art poétique*, que Virgile,

. . . . Pour donner beaucoup, ne nous promet que peu.

Virgile promet les aventures d'un héros législateur et guerrier, long-temps errant sur la terre et les mers, poursuivi par les dieux, *vi superum;* livrant des combats, donnant à l'Italie et ses dieux et ses lois, et jetant les fondemens de l'empire romain. Eh! quoi de plus grand pouvait-il promettre? Il fallait donc louer Virgile, non du *peu* qu'il *promet*, mais des grandes choses promises par lui avec simplicité. « Il mériterait au contraire, dit avec raison l'ingénieux et savant auteur des *Études sur Virgile*, le reproche de témérité pour des promesses qui surpassent tout ce qu'Homère a pu tenir en deux immortelles épopées. »

Le Tasse, Camoëns et Voltaire, ont imité le début de l'*Énéide*; Milton et Klopstock ont pris pour modèle celui de l'*Iliade*.

Virgile trace, dans l'exposition, le plan des deux parties de son poëme. La matière des six premiers chants, contenant les voyages du héros jusqu'à son arrivée en Italie, est indiquée par ces vers :

> . . . . . . Multum ille et terris jactatus et alto,
> Vi superum, sævæ memorem Junonis ob iram.

Le sujet des six derniers chants, où le poète doit dire les combats, chanter le roi législateur et le berceau de l'empire du monde, est compris dans ces vers :

> Multa quoque et bello passus, dum conderet urbem,
> Inferretque deos Latio : genus unde Latinum,
> Albanique patres, atque altæ mœnia Romæ.

5. — Page 2. . . . . . *Tantæne animis cœlestibus iræ!*

On voit ici les progrès déjà faits par la philosophie, dans le siècle d'Auguste. Virgile accuse les dieux de se livrer à des passions coupables : Homère se contente de les montrer injustes et cruels; mais il n'a garde de les accuser. « Il trouvait tout simple, dit Delille, que les dieux eussent des passions, et il en avait besoin pour la marche de son poëme. Des dieux impassibles ne sont point épiques; ils peuvent être imposans, mais non intéressans. Ce n'est qu'en les rabaissant jusqu'à lui, que l'homme s'élève jusqu'à eux. Les prophètes même donnent au vrai dieu la colère et la vengeance. Peut-être Virgile aurait-il dû profiter des avantages de ce merveilleux sans en faire sentir le ridicule et l'inconséquence. »

Boileau a imité Virgile dans ce vers du *Lutrin* :

> Tant de fiel entre-t-il dans l'âme des dévots!

Et Delille, imitant Boileau, a dit :

> Tant de fiel entre-t-il dans les âmes des dieux!

Mais ces mots, *tant de fiel*, sont loin d'avoir l'énergie et la noblesse de *tantæ iræ*. Gaston a cru se montrer plus fidèle au texte, en disant :

> Eh quoi! les dieux aussi connaissent donc la haine!

Mais la *haine* peut être sans emportement et sans crime : elle est vertu contre le vice. Mais Virgile donne aux dieux des haines violentes et criminelles : *Tantæne animis cœlestibus iræ!*

6. — Page 2. *Urbs antiqua fuit*

Carthage, détruite par Scipion l'Africain, l'an 608 de la fondation de Rome, c'est-à-dire, près d'un siècle et demi avant l'époque où Virgile écrivit l'*Énéide*. Carthage était moins éloignée de l'extrémité méridionale de l'Italie, qu'elle ne l'était de l'embouchure du Tibre. Cette ville n'est appelée *antiqua*, par le poète, que parce qu'il s'était écoulé huit siècles depuis sa fondation.

7. — Page 4. . . . . *Hic illius arma,*
　　　　　　　Hic currus fuit.

C'est aussi à Carthage qu'Ovide place les armes et le char de Junon. Il fait dire à la déesse elle-même :

> Pœniteat, quod non foveo Carthaginis arces,
> 　Quum mea sint illo currus et arma loco.
> 　　　　　　(*Fast.*, lib. vi, vers. 45.)

Les anciens donnaient à Junon deux chars, l'un attelé de deux paons, l'autre de deux coursiers; le premier pour traverser les airs, le second pour combattre au milieu des mortels. Quelques commentateurs se sont avisés de rechercher lequel des deux chars était conservé dans Carthage : *in tenui labor*. Il suffisait de voir qu'en joignant les armes et le char, le poète désignait le char de guerre.

Junon avait son temple le plus célèbre dans l'île de Samos (Hérodote, liv. iii, 60). Argos, Sparte, Mycènes, lui avaient aussi élevé des autels.

8. — Page 4. *Judicium Paridis, spretæque injuria formæ,*
　　　　　Et genus invisum, et rapti Ganymedis honores.

Junon et Pallas, qui avaient d'abord protégé Troie, voulurent la détruire après le jugement de Pâris. Ovide fait dire à Junon, dans les *Fastes* (l. vi, v. 43) :

> Caussa duplex iræ : rapto Ganymede dolebam;
> 　Forma quoque, Idæo judice, victa mea est.

9. — Page 4. *Errabant acti fatis maria omnia circum.*

Virgile représente les Troyens poursuivis par les destins, errant depuis sept ans sur toutes les mers *(maria omnia)*, toujours écartés par les destins des bords de l'Italie; et, six vers plus bas, Junon se plaint des destins, qui l'empêchent d'écarter les Troyens de l'Italie :

> Nec posse Italia Teucrorum avertere regem !
> Quippe vetor fatis.

C'est une contradiction. Le poète a-t-il voulu dire que les destins, après avoir servi pendant sept ans la colère de Junon, cesseraient enfin de lui prêter leur appui ? Mais c'est ce qu'il fallait exprimer.

Le destin était plus puissant que les dieux. Jupiter lui-même pouvait dire *vetor fatis* : ainsi, dès les premiers temps du monde, le roi des dieux et des hommes pouvait moins que ce qu'il voulait, et l'autorité suprême avait ses limites.

10. — Page 4. *Tantæ molis erat Romanam condere gentem!*

Vers remarquable par son harmonie, par sa noblesse, et qui annonce la grandeur du sujet.

11. — Page 4 *Unius ob noxam et furias Ajacis Oilei!*

Quintus Calaber raconte avec de longs détails la triste fin du fils d'Oïlée (lib. XXIV, v. 420 sqq.)

12. — Page 6. *Ast ego, quæ divum incedo regina, Jovisque*
Et soror et conjux.

Si, au lieu d'*incedo regina*, le poète eût dit *sum regina*, la pensée était la même, mais l'image de la majesté divine eût disparu. Properce a dit aussi :

> .....Incedit vel Jove digna soror.
> (*Eleg.*, II, 6, v. 360.)

Racine a senti la beauté de l'expression de Virgile, lorsqu'il fait dire à Mathan, dans *Athalie.*

> Je ceignis la tiare, et marchai son égal.

DU LIVRE PREMIER.

Le poète français semble avoir encore imité ce passage dans *Britannicus*, où Agrippine dit à Burrhus :

> Moi fille, femme, sœur et mère de vos maîtres.

On peut opposer avec quelque avantage la traduction du discours de Junon, par Ségrais, à celle de Delille. Ces mots, *unius ob noxam*, sont rendus ainsi par ce dernier ;

> Soldats, chefs, matelots, tout périt sous ses yeux :
> Pourquoi ? Pour quelques torts d'un jeune furieux.

Il y a plus de précision dans ce vers de Ségrais :

> Pour la faute d'un seul perdre mille vaisseaux !

Virgile avait imité Homère (*Iliade*, l. xviii, v. 360) ; Boileau a imité Virgile. La discorde se plaint, dans le *Lutrin*, comme le fait Junon dans l'*Énéide* :

> Quoi ? dit-elle, d'un ton qui fit trembler les vitres,
> J'aurai pu jusqu'ici brouiller tous les chapitres,
> Diviser Cordeliers, Carmes et Célestins ;
> J'aurai fait soutenir un siège aux Augustins ;
> Et cette église seule, à mes ordres rebelle,
> Nourrira dans son sein une paix éternelle !
> Suis-je donc la Discorde ? Et parmi les mortels
> Qui voudra désormais encenser mes autels ?

13. — Page 6. . . . .*Et quisquam numen Junonis adoret!*

Ovide a imité Virgile dans le iiie livre des *Amours* (iii, v. 33) :

> Et quisquam pia thura focis imponere curet.

Le commentateur Lacerda, et Rollin, dans son *Traité des Études*, ont savamment analysé le discours de Junon.

14. — Page 6. . . . .*Hic vasto rex Æolus antro*
> *Luctantes ventos tempestatesque sonoras*
> *Imperio premit.*

La plupart des traducteurs ont mal saisi le sens de Virgile, en représentant Éole régnant au fond d'une vaste caverne, et en même temps assis sur le haut d'un rocher (*Voyez* Binet, De Guerle, etc.). Les vents sont seuls emprisonnés dans les flancs de la montagne, et Virgile n'enferme point Éole avec ses prisonniers : *Celsa sedet Æolus arce.*

Virgile, en imitant Homère, le surpasse quelquefois. Éole est représenté dans l'*Odyssée* (liv. x) tenant les vents renfermés dans une outre. M. Tissot remarque avec raison qu'Homère offense le bon sens par cette *puérile invention*. « Virgile, en corrigeant son maître, a rendu la fiction presque aussi croyable que la vérité. »

Valerius Flaccus a employé la même allégorie ; mais combien il est inférieur à Virgile !

Les îles Éoliennes, aujourd'hui îles de Lipari, sont au nombre de sept, et voisines de la Sicile. Les anciens les appelaient *Vulcaniæ* et *Ephæstiades*.

Virgile a peint le bruit terrible des antres d'Éole, dans ce vers fameux :

Luctantes ventos, tempestatesque sonoras.

C'est la répétition de la lettre *t* qui produit ici l'harmonie imitative.

15. — Page 6. *Illi indignantes magno cum murmure montis*
Circum claustra fremunt.

Lucrèce avait dit : *speluncas*

. . . . Venti cum tempestate coorta
Implerunt, magno indignantur murmure clausi.
(Lib. vi, v. 196.)

Le même poète avait dit aussi : (l. 1, v. 280) *corpora cæca*,

Quæ mare, quæ terras, quæ denique nubila cœli
Verrunt, ac subito vexantia turbine raptant.

Les poëtes de l'antiquité sont pleins de ces imitations, qui passeraient aujourd'hui pour des larcins et des plagiats.

16. — Page 6. *Ad quem tum Juno supplex.*

Junon suppliante offre un contraste singulier, mais naturel, avec la protection qu'elle promet à un dieu subalterne. Combien de fois n'a-t-on pas vu de grands personnages supplier avec hauteur un chef de bureau dont ils avaient besoin !

En promettant à Éole de beaux enfans, Junon semble faire allusion à Sisyphe, qui était déjà fils d'Éole, et devait peu flatter son orgueil paternel.

17. — Page 8. *Extemplo Æneæ solvuntur frigore membra.*

C'est la première fois que Virgile nomme Énée, et il le peint tremblant comme une femme, dès que commence la tempête. Voilà le successeur d'Hector découragé : il regrette de n'avoir pas trouvé la mort dans les champs de Troie. On a beaucoup reproché au poète les frayeurs de son héros. « Pleurant au lieu d'agir, il ressemble trop à Octave, caché sur la flotte d'Agrippa pendant la bataille d'Actium. » (*Études sur Virgile*, t. 1, p. 38.)

Mais le professeur Binet prétend qu'*il n'est point ici question d'une frayeur lâche et pusillanime*, et qu'*Énée éprouve un saisissement qui n'est point celui de la crainte*; car, dit-il, *il gémit, mais il ne pleure pas. Le soupir qui lui échappe est d'un noble désespoir : il est glacé, non de crainte, mais d'horreur.*

Ce raisonnement est à peu près celui de tous les commentateurs de Virgile : « Que je plains, dit Gaston, celui qui le premier a osé accuser de lâcheté un guerrier qui gémit de mourir sans gloire, un prince religieux qui n'espère pas même obtenir les honneurs funèbres ! »

Les anciens croyaient que le corps d'un naufragé était à jamais privé de sépulture, et cette croyance dut nuire long-temps aux progrès de la navigation. On voit par la pompe funèbre de Misène, au vi^e livre de l'*Énéide*, et par la prière de Palinure, toute l'importance que l'antiquité payenne attachait, sous les rapports de la vie future, à l'inhumation des corps dans les tombeaux.

On a dit encore, pour justifier Virgile, qu'Homère a représenté Achille lui-même saisi d'horreur en voyant le Xanthe enfler et soulever ses ondes; qu'Homère faisait pleurer ses héros; qu'Énée, enviant le sort des guerriers tombés avec honneur devant Troie, et rappelant son combat avec Diomède, faisait assez voir que ce n'était pas la mort qu'il craignait, mais le genre de mort dont il était menacé.

Cependant on ne peut s'empêcher de reconnaître tout ce qu'il y a de vrai dans les réflexions suivantes : « Observons que, lorsque Achille et Ulysse, l'un dans l'*Iliade*, l'autre dans l'*Odyssée*, expriment les mêmes sentimens qu'Énée, personne, excepté les dieux, ne peut les voir ou les entendre ; leur désespoir, bien autrement motivé que celui d'Énée, n'éclate point devant un peuple qui se croit marqué au sceau du malheur, et dont le courage a besoin de trouver dans ses chefs l'exemple d'une constance à toute épreuve (*Études sur Virgile*, tom. 1, pag. 88). » M. Tissot aurait dû s'arrêter là, et ne pas ajouter : « D'ailleurs leur faiblesse, si c'en est une, repose encore sur la crainte de mourir d'une mort obscure, sans tombeau et sans apothéose. » Car cette crainte pouvait être aussi celle du héros troyen.

18 — Page 10. *Saxa vocant Itali, mediis quæ in fluctibus, Aras.*

Virgile désigne ici les îles *Égates*, voisines d'*Érix*, et qu'on appelait *Phorbantia*, *Hiera* et *OEgusa* (aujourd'hui *Maritimo*, *Levanto* et *Favagnana*.) C'est dans les eaux de ces îles que le consul Lutatius vainquit la flotte carthaginoise, et termina, par un traité, la première guerre punique.

19. — Page 10. *Apparent rari nantes in gurgite vasto.*

Ce vers, devenu proverbe, est détaché par le poète comme un trait, après la submersion du navire. Delille l'a confondu en le déplaçant, et en terminant par lui le tableau du naufrage :

> Alors de toutes parts s'offre un confus amas
> D'armes et d'avirons, de voiles et de mâts.....
> Et quelques malheureux sur un abîme immense.

L'image est affaiblie.

C'est le vers de Virgile qui a fourni au Poussin l'idée de sa fameuse composition du Déluge. Le peintre, comme le poète, ne montre que peu de malheureux luttant sur l'abîme des ondes.

Il n'est point d'épopée où ne se trouve la description d'une tempête. Thomas, en comparant la tempête de Virgile à celles d'Homère, d'Ovide, de Lucain et de Voltaire, dit : « Celle de Virgile est composée avec plus de calme : il a choisi avec art tous les traits de son tableau. Il peint à l'oreille et aux yeux ; mais *il ne fait point passer jusqu'à l'âme la sensation et le trouble de sa tempête : on admire son talent et l'on reste de sang-froid.* »

Tel est aussi le jugement que porte M. Tissot : « Après les exclamations d'Énée, le poète achève sa peinture : on voit, on entend ce qu'il vient de décrire, et *cependant il nous laisse froids, parce que toute espèce de mouvement dramatique et d'accent des passions manque à la scène.* » (*Études sur Virgile*, tom. 1, p. 23.) Si *l'accent des passions* manque, il y a du moins des effets dramatiques. Ne voit-on pas les Troyens suspendus au sommet des vagues, la mort partout présente, et ce vaisseau du fidèle Oronte, qui tourne trois fois sur lui-même, et disparaît englouti dans les flots ; et ces malheureux, qu'on aperçoit luttant sur le gouffre immense ? Virgile ne se borne point à peindre *à l'oreille et aux yeux*, et il y a bien quelques *émotions* dans ces grandes images. Mais si Homère est plus dramatique, Ovide plus touchant, aucune tempête n'égale celle de Virgile en rapidité, en mouvement, en vérité effrayante, en images variées. L'exagération de Lucain touche au ridicule : il fait passer la mer de Tyrrhène dans la mer Égée, et la mer Adriatique dans la mer d'Ionie. Les sommets des montagnes sont abattus, les planètes ébranlées, et les étoiles fixes près de se détacher.

20. — Page 12. . . . . *Graviter commotus, et alto*
Prospiciens, summa placidum caput extulit unda.

La plupart des traducteurs de l'*Énéide* n'ont pas fait attention que *alto prospiciens* ne pouvait signifier ici *il regarde, il porte en haut ses regards* (*voyez* les quatre professeurs, Binet, etc.). Neptune n'a pas encore élevé sa tête au dessus des eaux. *Prospiciens* veut dire également *qui regarde devant soi, qui a la prescience, qui prévoit*. Ce mot est employé dans ce dernier sens par Térence, par Cicéron, par d'autres auteurs latins. La prescience est un des attributs de la divinité, et Virgile la donne à Neptune. Il connaît avant de voir (*sensit*), que son empire est troublé par la tempête, contre sa volonté ; il est vivement ému (*graviter commotus*) ; il prévoit ce qui peut arriver (*alto prospiciens*) ; il élève la tête au dessus des flots (*caput extulit undis*) ; il voit (*videt*) : voilà la progression et le sens, tels qu'ils sont dans Virgile et tels qu'il faut les conserver. Le plus ancien commentateur de ce poète, Servius, explique le mot *alto prospiciens* par *mari providens*. Heyne veut, sans raison, que *alto* signifie *ex fundo maris ;* mais quelle serait donc cette image de Neptune regardant du fond de la mer, lorsqu'immédiatement il élève sa tête au dessus des flots (*caput extulit undis*), pour voir ce qui se passe, et qu'il voit la flotte d'Énée dispersée :

Disjectam Æneæ toto videt æquore classem.

Ces mots, *graviter commotus* et *placidum caput*, paraîtraient contradictoires, si la colère des dieux devait ressembler à celle des mortels. Quand l'Apollon du Belvédère va percer le serpent Python, le dieu est irrité, mais son front tranquille n'a rien perdu de sa grâce et de sa majesté.

21. — Page 12. *Tantane vos generis tenuit fiducia vestri?*

Neptune semble reprocher aux vents l'obscurité de leur origine, que les poètes et les mythes anciens ne font pas bien connaître.

22. — Page 12. *Quos ego.... Sed motos præstat componere fluctus.*

Ce vers fameux a été burlesquement travesti par Scarron :

> Par la mort.... Il n'acheva pas,
> Car il avait l'âme trop bonne :
> « Allez, dit-il, je vous pardonne ;
> Une autre fois n'y venez pas. »

On est d'abord étonné de voir le même dieu qui avait servi les vengeances de Junon contre les Troyens, protéger ici les débris d'un empire qu'il a concouru à détruire lui-même; mais les dieux se piquaient peu de constance dans leurs affections et dans leurs ressentimens. On les voit plus d'une fois changer de parti dans les querelles des mortels; et, suivant Euripide (dans son *Hécube*), immédiatement après le sac de Troie, Neptune s'était repenti d'avoir renversé de son trident les antiques murailles qu'il avait bâties avec Laomédon.

Les anciens employaient rarement les réticences : ils n'avaient pas comme nous la ressource et l'abus des points. On trouve quelques heureux exemples de cette figure dans Racine et dans Voltaire.

Agrippine dit, dans *Britannicus* :

> . . . . Et le même Burrhus
> Qui depuis.... Rome alors estimait ses vertus.

Aricie, dans *Phèdre*, dit à Thésée :

> . . . . Et vous en laissez vivre
> Un..... Votre fils, seigneur, me défend de poursuivre.

Athalie s'écrie dans sa fureur :

> Je devrais sur l'autel où ta main sacrifie
> Te..... Du prix que l'on m'offre il faut me contenter.

Dans la *Henriade*, le poète parle ainsi de Biron :

> Qui depuis...... Mais alors il était vertueux.

23. — Page 14. *Ac veluti magno in populo quum sæpe coorta est
Seditio.*

Comparaison justement admirée, qui plaît par sa vérité, et comme tirée de la vie humaine : elle rappelle le sage et courageux Molé, arrêtant par sa seule présence les fureurs de la sédition.

Rosset a traduit cette comparaison dans le sixième chant de son poëme de l'*Agriculture* :

> On se tait, on écoute, et ses discours vainqueurs
> Commandent aux esprits et subjuguent les cœurs.

Ces vers rendent bien le sens de Virgile ; et Delille, désespérant de mieux l'exprimer, ne s'est point fait scrupule de se les approprier avec un léger changement.

> On se tait, on écoute, et ses discours vainqueurs
> *Gouvernent les* esprits et subjuguent les cœurs.

24. — Page 14. *Est in secessu longo locus : insula portum
Efficit.*

Ce vers a beaucoup exercé la sagacité des commentateurs. Un moine, assez bon littérateur, le chartreux D'Argone, qui s'est caché, dans ses *Mélanges*, sous le nom de *Vigneul-Marville*, dit : On aurait bien de la peine à trouver, sur toute cette côte, un endroit qui ressemblât à cette description. Le pays est fort chaud, fort sec et très-peu couvert de bois, et cependant le poète en met un très-épais et très-sombre sur le bord de la mer..... J'ai toujours été choqué de ces deux vers (310-311) :

> Classem in convexo nemorum, sub rupe cavata,
> Arboribus clausam circum atque horrentibus umbris.

Virgile parle de cette forêt noire, *atrum nemus*, dont l'ombre était effrayante, *horrenti umbra*.

Les opinions des savans étaient partagées : les uns pensaient que Virgile avait voulu imiter la description du port qu'on trouve dans l'*Iliade*, liv. XIII, ou celle du port de Phorcyne, à Ithaque (*Odyssée*, liv. IX) ; d'autres prétendaient que Virgile avait voulu décrire le port de Carthagène ou la baie de Naples ; d'autres enfin, que le port où Virgile fait entrer Énée, n'avait existé que dans l'imagination du poète, lorsque le docteur Schaw est venu nous apprendre que le port décrit par l'auteur de l'*Énéide* se voyait encore à quelque distance de l'ancienne Carthage. M. de Châteaubriand ne doute pas que le docteur anglais n'ait fait cette découverte, et il la rapporte dans son *Itinéraire de Paris à Jérusalem*, tom. III, pag. 182, édit. de 1822.

« L'*Arvha-Reah*, l'Aquilaria des anciens, est à deux lieues à l'est de Seedy-Doude, un peu au sud du promontoire de Mercure.... La montagne située entre le bord de la mer et le village, où il n'y a qu'un demi-mille de distance, est à vingt ou trente pieds au dessus du niveau de la mer, fort artistement taillée, et percée en quelques endroits pour faire entrer l'air dans les voûtes que l'on y a pratiquées. On voit encore dans ces voûtes, à des distances réglées, de grosses colonnes et des arches pour soutenir la montagne. Ce sont ici les carrières dont parle Strabon, d'où les habitans de Carthage, d'Utique et de plusieurs autres villes voisines, pouvaient tirer des pierres pour leurs bâtimens; et comme le dehors de la montagne est tout couvert d'arbres, que les voûtes qu'on y a faites s'ouvrent du côté de la mer, qu'il y a un grand rocher de chaque côté de cette ouverture, vis-à-vis de laquelle est l'île d'Ægimurus, et que, de plus, on y trouve des sources qui sortent du roc, et des reposoirs pour les travailleurs, on ne saurait presque douter, vu que les circonstances y répondent si exactement, que ce ne soit ici la caverne que Virgile place quelque part dans le golfe, etc.

Mais quelques points de ressemblance qu'il y ait entre la baie de Virgile et celle du docteur Schaw, la description du poète latin ressemble beaucoup plus encore à celle qu'Homère a faite du port de Phorcyne. *Voyez* la 6ᵉ digression de Heyne sur l'opinion du docteur Schaw, adoptée par M. de Châteaubriand. La question reste encore indécise.

25. — Page 16. *Et sale tabentes artus in littore ponunt.*

Ce vers a fait croire à plusieurs médecins que les anciens connaissaient l'action des parties salines sur le corps humain, et la maladie du scorbut.

26. — Page 16. *Suscepitque ignem foliis, atque arida circum*
Nutrimenta dedit, rapuitque in fomite flammam.

On trouve, dans le *Lutrin*, une imitation de ces vers :

Des veines d'un caillou, qu'il frappe au même instant,

Il fait jaillir un feu qui pétille en sortant ;
Et bientôt un brasier, d'une mèche enflammée,
Montre, à l'aide du soufre, une cire allumée.

27. — Page 16. . . . . *Frugesque receptas*
Et torrere parant flammis, et frangere saxo.

Les anciens faisaient sécher le grain avant de le broyer sous la pierre. Pline parle de cet usage, et Virgile dit encore dans les *Géorgiques* (lib. 1, v. 267) :

Nunc torrete igni fruges, nunc frangite saxo.

On ne connaissait point alors le levain qui fait fermenter la farine. Les moulins n'étaient pas encore inventés : on faisait rôtir ou sécher le blé dans des vases d'airain. Tant ont été lents les travaux de la civilisation ! *Voyez* GOGUET, *Origine des lois*, tom. 1, liv. II, art. 2.

On trouve dans le *Moretum*, poëme attribué à Virgile, une description curieuse de la boulangerie des Romains.

28. — Page 16. . . . . . . *Aut celsis in puppibus arma Caici.*

Plusieurs traducteurs ont cru qu'il s'agissait d'un dépôt d'armes placé sur la poupe de Caïcus. L'abbé Remy, auteur de la traduction *des quatre professeurs*, dit dans une note : « Les anciens avaient coutume d'arranger, sur la poupe de leurs vaisseaux, leurs armes offensives et défensives. » D'autres interprètes n'ont vu que des armes peintes (*aplustra*, ornemens de navire); mais les armes étaient peintes à la proue, et non sur la poupe. MM. Mollevaut, de Guerle et Morin ont adopté les armes peintes. Delille a évité la difficulté, en omettant tout ce que Virgile dit du vaisseau d'Anthée, des birèmes phrygiennes, de celles de Capys et de Caïcus. A la place de l'énumération du poëte latin, on ne trouve que ce vers :

Le vaisseau de Capys ou du fidèle Anthée.

29. — Page 18. *O socii, neque enim ignari sumus ante malorum,*
O passi graviora ! dabit deus his quoque finem.

Servius dit, dans ses vieux commentaires, que tout ce discours d'Énée est emprunté de Névius *(totus hic locus de Naevio Belli punici lib. translatus est).* Mais Névius l'avait pris dans l'*Odyssée*, et, suivant Macrobe (*Saturn.*, v, sat. 11), Virgile est en cet endroit plus riche qu'Homère.

Horace fait parler, dans le même sens, Teucer à ses compagnons (*Od.*, liv. 1, 7), et il les console comme Énée cherche à consoler les siens :

> Sic tristes affatus amicos :
> Quo nos cumque feret melior fortuna parente,
> Ibimus, o socii, comitesque.
> Nil desperandum Teucro duce, et auspice Teucro.
> Certus enim promisit Apollo
> Ambiguam tellure nova Salamina futuram.
> O fortes, pejoraque passi
> Mecum sæpe viri, nunc vino pellite curas :
> Cras ingens iterabimus æquor.

Ces imitations sont fréquentes chez les anciens.

. . . . . . Forsan et hæc olim meminisse juvabit.

Énée rappelle à ses compagnons ce qu'ils ont souffert, depuis sept ans qu'ils errent sur les mers, et dit : « Peut-être qu'un jour ces souvenirs auront pour vous des charmes. » Le professeur Binet a eu tort de restreindre ces souvenirs à la position fâcheuse où les Troyens se trouvent sur les bords de la Libye : « Peut-être un jour le souvenir de ce que vous souffrez *maintenant* aura pour vous quelque charme. »

Ulysse dit, dans le xve livre de l'*Odyssée* : « Trouvons quelque plaisir dans le souvenir de nos souffrances; celui qui a beaucoup souffert dans de nombreuses traverses, se plaît dans le récit de ses malheurs. »

30. — Page 18. *Spem vultu simulat, premit altum corde dolorem.*

« Ainsi toujours en défiance des dieux, il désespère toujours de sa fortune. Un tel homme est-il donc fait pour gouverner les passions et les volontés de ses semblables! » (Tissot, *Études sur Virgile.*) Ce jugement peut paraître sévère, le vers de Virgile ne semble pas assez le motiver.

31. — Page 18. . . . . *Fortemque Gyan, fortemque Cloanthum.*

Virgile ne nomme jamais ce Cloanthe sans lui donner la même épithète, comme si elle devait nécessairement précéder son nom.

32. — Page 20. *Despiciens mare velivolum.*

L'épithète *velivolum* conviendrait mieux aux navires qu'à la mer. Ovide dit (*Ex Ponto*, 1, 4) :

Et freta velivolas non habitura rates.

33. — Page 20. . . . . *Sic vertice cœli*
Constitit.

Presque tous les traducteurs de Virgile ont fait de ce sommet du ciel le sommet de l'Olympe. Il y a dans le texte, d'abord *œthere summo*, et ensuite *vertice cœli* : ce sont ces doubles images qui plaisent dans les poètes latins, et qui font le désespoir de ceux qui les traduisent dans une langue moins riche. De Guerle est le seul qui ait essayé de rendre les deux images ; il a traduit *œthere summo* par *assis sur le trône des cieux*, et *vertice cœli* par *du haut de la voûte éthérée.*

34. — Page 20. *Alloquitur Venus : O qui res hominumque deumque.*

Macrobe prétend que Virgile a pris dans le 1er livre de la *Guerre punique*, de Névius, les plaintes de Vénus à Jupiter, et la réponse du souverain des dieux et des hommes, comme il lui avait déjà pris la description de la tempête [1].

Le professeur Binet fait une analyse scholastique du discours de Vénus : « Le début est affectueux, elle parle à un père, elle rend hommage à son pouvoir suprême. Connaissant sa justice, elle semble craindre qu'Énée et les Troyens n'aient mérité leur malheur par quelque faute qu'elle ignore : cependant elle ne le pense pas. » Après une assez longue série de réflexions de même force, le professeur dit : « Conclusion : Jupiter devrait mieux rendre justice à la vertu. »

Vient ensuite l'analyse du discours de Jupiter.

35. — Page 20. . . . . *Et fontem superare Timavi.*

La manière dont le P. Catrou a traduit ce passage pourra paraî-

---

[1] *In principio Æneidos tempestas describitur, et Venus apud Jovem queritur de periculis filii, et Jupiter eam de futurorum prosperitate solatur. Hic locus totus a Nævio sumtus est ex primo libro Belli punici. Illic enim æque Venus Trojanis tempestate laborantibus cum Jove queritur : et sequuntur verba Jovis filiam consolantis spe futurorum.*

tre incroyable : « Antenor, Troyen comme eux, aura bien pu... remonter au delà des sources du Timave, arriver dans ces lieux d'où la mer, divisée par neuf embouchures de fleuves, se retire après avoir frappé la terre de ses flots bruyans, avec un grand fracas dans les montagnes. »

Le Timave, qui descend des montagnes du Frioul et se jette dans l'Adriatique, entre Aquilée et Trieste, est aujourd'hui un faible ruisseau souvent à sec, et à peine connu dans le pays même où il suit obscurément son cours.

36. — Page 20. *Hic tamen ille urbem Patavi sedesque locavit*
Teucrorum, et genti nomen dedit.

M. Delestre-Boulage, nouveau traducteur de l'*Énéide*, a rendu ainsi ces vers : « Il a pu fonder, avec Patavium, la demeure de ses Troyens; » contre-sens singulier, si Antenor a eu pour coopérateur Patavius; ou phrase non moins singulièrement construite, si *avec Patavium* veut dire *dans Patavium*.

Quant à *genti nomen dedit*, presque tous les traducteurs, ne voyant aucun rapport entre *Antenor* et *Patavi*, ont traduit : « Il donna *un nom* à son peuple (*voyez* MM. Mollevaut, Morin, Delestre) », ou : « Il donna à sa nation le nom qu'elle porte (*voyez* Remy, Binet). « Si ce n'est un contre-sens, c'est du moins un sens vague, incomplet. Tous ces traducteurs n'auraient point été embarrassés sur le véritable sens du texte, s'ils s'étaient souvenus que Tite-Live, né à Padoue, nous apprend que cette ville, fondée par Antenor, porta dans l'origine le nom de Troie, et que ses premiers habitans furent appelés *Antenorides*. Ainsi c'est bien *son nom*, et non pas *un nom*, qu'Antenor donna à sa colonie, *genti nomen dedit*.

On montre encore à Padoue le tombeau d'Antenor et de Tite-Live. Cette ville est bâtie sur la Brenta, dans cette partie de la Gaule Cisalpine qu'on appela Vénétie, du nom des *Hénètes* ou *Vénètes*, colonie d'Asie qui s'était embarquée avec Antenor.

Antenor donna son nom aux premiers habitans de Padoue : c'est un avantage que n'aura point Énée, puisque les Troyens qui le suivent en Italie perdront leur nom pour prendre celui des Latins :

. . . . . Faciamque omnes uno ore Latinos.
Æneid., lib. xii, v. 837.

37. — Page 22. *Parce metu, Cytherea ; manent immota tuorum.*

« Virgile a eu l'intention de faire de l'*Énéide* un poëme national. Il a voulu flatter l'orgueil d'un peuple qui se regardait comme choisi par les dieux pour donner des lois à l'univers.... Sans doute aussi les Pollion, les Tucca, les Varius et les Agrippa, ornemens de la cour d'Auguste, ont entendu avec enthousiasme cette magnifique description de la grandeur romaine; mais, en présence du maître qui attendait sa part d'éloges avec une curiosité secrète, quels transports d'admiration ont dû accueillir l'apothéose d'Auguste et cette admirable peinture de la discorde enchaînée par sa sagesse! Comme les courtisans, les favoris et Mécène, qui savait combien l'oreille des rois est chatouilleuse, ont approuvé le silence prudent de Jupiter sur les guerres civiles et les proscriptions! Comme Virgile s'est insinué dans les bonnes grâces d'Auguste par des éloges si délicats, et plus encore par cette adroite omission qui a permis de substituer à des images funestes le tableau de la paix du monde, cette grande excuse d'Auguste pour les crimes d'Octave ! » (Tissot, *Études sur Virgile.*)

38 — Page 22. *Ternaque transierint Rutulis.*

Les Rutules, ancien peuple du Latium, dont Turnus était le roi, et Ardée la capitale, habitaient le long de la mer, entre le fleuve Numicus et la ville d'Antium, qui appartenait aux Volsques.

39. — Page 22. .... *Et longam multa vi muniet Albam.*

Il y avait deux villes d'Albe en Italie. Albe-la-Longue prit cette dénomination de sa longueur : elle s'étendait entre la montagne et le lac d'Albe, à onze milles de Rome. Les historiens font régner dans cette ville la postérité d'Iule, pendant plus de 400 ans. Albe ne fut soumise aux Romains que par la victoire des Horaces sur les Curiaces. La ville d'Albano s'élève aujourd'hui près des ruines d'Albe, et le lac a neuf milles de tour.

40. — Page 22. *Hic jam ter centum totos regnabitur annos.*

Le poète adopte tout le merveilleux que les anciens Romains imaginèrent pour illustrer leur origine, et que les historiens adoptèrent sans examen.

41. — Page 24. *Romanos rerum dominos, gentemque togatam.*

Suétone nous apprend qu'Auguste citait souvent ce vers, et Macrobe prétend que Virgile l'avait pris de Labienus (*Saturn.*, VI, 5). Les Romains portaient la toge, et les Grecs le manteau : la toge était une robe longue et blanche.

M. Morin, dont la version est d'ailleurs très-estimable, dit qu'il n'a point traduit *gentemque togatam*, « de peur d'affaiblir la première pensée *rerum dominos*. » Mais c'est se montrer plus sévère dans son goût que Virgile lui-même; et d'ailleurs est-il permis au prosateur, comme il semble l'être au poète, de choisir et de rejeter dans le texte qu'il traduit?

42. — Page 24. *Nascetur pulchra Trojanus origine Cæsar,*
Imperium Oceano, famam qui terminet astris.

Virgile fait entendre ici, comme dans le 1er livre des *Géorgiques* (vers 42), que les honneurs divins doivent être rendus à Auguste. Le professeur Binet, dans son système de tout admirer ou de tout excuser dans l'auteur qu'il traduit, trouve Auguste flatté avec délicatesse : « Cette flatterie est d'autant plus délicate, dit-il, que le prince n'y est pas nommé. » Gaston pense que « Virgile loue Auguste sans bassesse; » mais M. Tissot juge Virgile comme Homère a peint ses héros : « Il n'en fait point des modèles accomplis en dissimulant leurs vices; » il déclare « qu'en donnant *toutes les perfections* à ses principaux personnages, Auguste et Énée, Virgile « a méconnu la nature et s'est privé des ressources que lui aurait fournies une imitation plus fidèle de la vérité. »

43. — Page 24. *Cana fides, et Vesta, Remo cum fratre Quirinus,*
Jura dabunt.

Parmi les commentateurs, les uns ont cru qu'il s'agissait, dans ce vers, de Remus et de Romulus, sans faire attention qu'il serait ridicule de parler de leur règne après celui de César; les autres ont pensé, avec plus de raison, que c'était une allégorie par laquelle Virgile désignait Auguste et Agrippa, son gendre et son collègue dans le consulat, dans la censure, et comme associé à l'empire. On sait que Romulus fut appelé *Quirinus*, et qu'Auguste aimait à s'entendre donner ce nom.

44. — Page 24. *Claudentur Belli portæ.*

Ce vers a fait croire à plusieurs commentateurs que les portes du temple de Janus ayant été fermées par la paix, l'an de Rome 725, cette année fut l'époque où Virgile écrivit le premier livre de l'*Énéide* : mais ce n'est là qu'une conjecture. Le temple de Janus fut fermé trois fois par Auguste : il ne l'avait été que deux fois depuis Numa.

Louis Racine a faiblement imité Virgile, dans ces vers du IVe chant de *la Religion* :

> Il est fermé ce temple, où par cent nœuds d'airain
> La Discorde attachée, et déplorant en vain
> Tant de complots détruits, tant de fureurs trompées,
> Gémit sur un amas de lances et d'épées.

On remarquera que le discours de Jupiter contient une seconde exposition du sujet de l'*Énéide*. Delille la trouve convenable, parce qu'elle est, dit-il, *plus imposante* dans la bouche du souverain des dieux qu'elle ne l'avait été dans celle du poëte. Mais Virgile revient trop souvent sur le sujet de son poëme : Junon, Jupiter, Vénus, Apollon, le grand-prêtre Helenus, Céleno, reine des Harpyes, la Sibylle, d'autres oracles, et Anchise, annoncent successivement le but de l'entreprise, ses difficultés et ses résultats.

45. — Page 26. *Cui mater media sese tulit obvia silva.*

On peut comparer ce tableau si gracieux à celui qui, dans le VIIe livre de l'*Odyssée*, représente Minerve apparaissant à Ulysse sous les traits d'une jeune bergère, portant une urne sur la tête, et racontant au roi d'Ithaque l'histoire d'Alcinoüs.

46. — Page 26. ...... *Volucremque fuga prævertitur Eurum.*

Les anciennes éditions ont *Hebrum* au lieu d'*Eurum*. Daniel Huet a remarqué, après Servius, que l'Hèbre de Thrace a un cours fort lent, et que la légèreté d'Harpalyce était singulièrement exprimée par ce vers. Le savant évêque d'Avranches le corrigeait ainsi heureusement :

> .... Volucremque fuga prævertitur *Eurum.*

« Elle était, dans sa fuite, plus rapide que le vent. » J'ai cru devoir adopter cette correction, à l'exemple des quatre professeurs et de Binet, qui n'a guère fait que remanier leur version.

Heliez, dans sa *Géographie de Virgile*, se trompe, en faisant de l'Hèbre de Thrace un fleuve *très-rapide*. Né au pied de l'Hémus, l'Hèbre, qui roula dans ses flots la tête d'Orphée, coule entre l'Hémus et le Rhodope, arrose Philippolis et Olympiade (aujourd'hui Andrinople), et se jette dans la mer Égée, près d'Ænos, vis-à-vis l'île de Samothrace. Virgile a semblé commettre une autre erreur dans sa comparaison. L'Hèbre est dans la Thrace européenne, et les Amazones habitaient la Thrace asiatique.

47. — Page 28. *Purpureoque alte suras vincire cothurno.*

Livius Andronicus avait dit :

> Jam nunc purpureo suras include cothurno;

et Virgile dit encore dans la viie églogue, v. 32 :

> Puniceo stabis suras evincta cothurno.

C'était le cothurne de chasse de la Diane des anciens.

48. — Page 28. *Punica regna vides.*

Les Carthaginois étaient une colonie de Tyriens. Virgile n'ignorait pas qu'Élise, plus connue sous le nom de Didon, fille de Belus II, roi de Tyr, vivait plus de 300 ans après la guerre de Troie; mais profitant de l'obscurité des temps héroïques, le poète a feint qu'Énée et Didon étaient contemporains, afin de pouvoir faire entrer dans son épopée les grands intérêts qui divisèrent Rome et Carthage.

49. — Page 28. *Huic conjux Sichæus erat, ditissimus agri*
Phœnicum.

Huet croit qu'il faut lire *ditissimus auri*. Les Phéniciens, dit-il, étaient riches par le grand commerce qu'ils faisaient dans la Méditerranée : c'est un fait dont tous les auteurs anciens conviennent; mais ils possédaient peu de biens en fonds, et leur domination était peu étendue du côté des terres. D'ailleurs, comme d'autres critiques l'ont remarqué, lorsque Virgile parle des motifs qui portèrent Pygmalion à faire mourir son frère Sichée, il dit que c'était pour avoir son or :

> Ille Sichæum
> Impius ante aras, atque *auri* cæcus amore,
> Clam ferro incautum superat.

Justin, qui rapporte l'histoire de Sichée (liv. XVIII), raconte que ce prince possédait de grandes richesses, mais qu'il les tenait cachées. Il ajoute qu'on ne savait où était son trésor, qu'il ne le gardait pas dans son palais, mais qu'on soupçonnait qu'il avait beaucoup d'or et d'argent. C'est aussi ce que dit Virgile :

> Tellure recludit
> *Thesauros*, ignotum *argenti* pondus et *auri*.

Parlant ensuite du départ de Didon et de ses compagnons, le poète ajoute :

> Naves, quæ forte paratæ,
> Corripiunt, onerantque auro : portantur avari
> Pygmalionis opes pelago.

La correction *ditissimus auri*, proposée par Huet, paraît avoir dû être le texte primitif, qu'auraient depuis altéré les copistes.

Sichée, nommé aussi Sicharbas, était fils de Phatmis, frère de Belus et prêtre d'Hercule. C'est ainsi que le roi Helenus était en même temps prêtre d'Apollon. Les premiers Césars réunissaient le pontificat à l'empire.

Lorsqu'Élise bâtissait la ville de Carthage, ses sujets la pressèrent d'épouser Iarbas, roi de Mauritanie. Mais fidèle à la mémoire de Sichée, elle demanda trois mois de délai, et employa ce temps à préparer ses funérailles : elle se tua d'un coup de poignard, et c'est alors que son nom d'Élise fut changé en celui de Didon, qui signifie *femme de résolution*.

L'histoire de Didon, racontée par Vénus, prépare avec art les évènemens du IVe livre.

50. — Page 28. . . . . *Primisque jugarat*
    Ominibus.

Allusion à la coutume des Romains, qui, avant toute entreprise importante, consultaient les dieux par le vol ou par le chant des oiseaux, ou par l'inspection des entrailles des victimes.

51. — Page 30. . . . . . . *Ora modis attollens pallida miris.*

On trouve dans Lucrèce :

> . . . . Simulacra modis pallentia miris.

52. — Page 3o. . . . .*Facti de nomine Byrsam.*

Le nom de *Byrsa*, donné à la citadelle de Carthage, signifie en grec *cuir*, et de ce mot est venu celui de *bourse*, sans doute parce que les premières bourses furent faites de cuir.

Le conte de la ruse employée par Didon, pour tromper Iarbas, semble avoir été imaginé par les Romains, au temps des guerres puniques, pour faire connaître la mauvaise foi des Carthaginois. Didon achète le terrain que peut contenir la peau d'un bœuf, et fait couper cette peau en lanières très-fines : mais, quelque déliées qu'elles fussent, elles ne pouvaient renfermer la vaste enceinte que Virgile donne à Carthage, ornée de temples, de théâtres, de palais, de places, d'un port, etc. Cette ville fut long-temps appelée *Carthada*, qui signifie, en phénicien, *ville nouvelle*. Il est prouvé par l'histoire que des colonies de Tyriens s'étaient établies sur les côtes d'Afrique, long-temps avant l'arrivée de Didon.

Gaston s'excuse de n'avoir pas traduit la fable de la peau de bœuf, sous prétexte que cette circonstance *ne peut nous intéresser*, et que *ces détails résistent à la noblesse de notre style épique*. Il ajoute : « Je me permets rarement de supprimer, d'ajouter à un poète qui avait une si juste mesure des choses : mais le latin exprime ici, en deux vers, ce qui demanderait en français une longue périphrase..... J'ai pratiqué ici le précepte de Delille. » Mais il ne suit pas son exemple, car Delille a traduit ainsi ces deux vers :

> Et leur ruse innocente achète autant d'espace
> Que la peau d'un taureau, dépouillé par leur main,
> Pourrait en s'étendant embrasser de terrain :
> Leur ville en prit le nom.

53. — Page 3o *Ante diem clauso componet vesper Olympo.*

Le discours d'Énée à sa mère semble imité de celui qu'Ulysse adresse à Nausicaa (*Odyssée*, liv. VI).

La poésie vit d'images. Dans la traduction en vers d'un poëme, il ne faut pas effacer celles qui s'y trouvent. Virgile peint l'étoile du soir chassant le jour, et les portes de l'Olympe fermées pendant la nuit. Delille se contente de dire :

> Dans ce triste récit j'épuiserais le jour.

L'image a disparu.

54. — Pages 30-32. *Sum pius Æneas,..............*
.........*Fama super œthera notus.*

Cette épithète de *pius*, souvent donnée au héros par le poëte, est devenue comme son prénom. Horace l'appelle *chaste*, sans doute parce qu'il sacrifia sa femme et sa maîtresse à la volonté des dieux :

> Castus Æneas patriæ superstes.
> (*Carmen Seculare*, v. 42.)

Dans l'antiquité, les hommes célèbres se décernaient eux-mêmes l'immortalité, sans blesser les convenances et les usages reçus. Ulysse, dans l'*Odyssée*, dit devant Alcinoüs : « Je suis Ulysse, fils de Laërte, connu de tous les mortels par mon adresse, et dont la gloire s'élève jusqu'aux astres. » Horace parle du monument, plus durable que l'airain, qu'il s'est élevé par ses écrits : *Exegi monumentum ære perennius*. Ovide n'est pas plus modeste à la fin de ses *Métamorphoses*.

Parmi les modernes, Corneille a dit avec fierté :

> Je ne dois qu'à moi seul toute ma renommée.

55. — Page 32. *Italiam quæro patriam, genus ab Jove summo.*

Virgile suit ici la fable qui faisait descendre Dardanus de Corythe, Tyrrhénien. Il revient sur cette origine (liv. II, v. 620; III, v. 94 et 170; IV, v. 45; VII, v. 209 et 240; VIII, v. 134).

56. — Page 32. *Aspice bis senos lætantes agmine cycnos.*

Servius et Lacerda expliquent cet augure en disant que le cygne était toujours, pour les nautoniers, d'un présage heureux, parce qu'il ne plonge jamais son corps dans les ondes, *quia nunquam mergitur undis*. Cet oiseau était d'ailleurs, comme la colombe, attelé au char de Vénus. Le nombre des cygnes montré par la déesse est celui des vaisseaux que la tempête avait séparés de ceux avec lesquels Énée venait d'aborder aux rivages libyens. Le vaisseau d'Oronte avait péri sous les yeux du héros.

57. — Page 32. *Dixit, et avertens rosea cervice refulsit.*

Les anciens croyaient qu'on ne pouvait reconnaître les dieux que par derrière. L'ange dit à Moïse, dans l'*Exode* : « *Videbis posteriora mea; faciem autem meam videre non poteris.*

Quand Vénus va disparaître aux regards d'Énée, elle se retourne, et alors, dit Virgile, son cou brille de l'éclat des roses. M. De Guerle a jugé à propos de mettre le front de la déesse à la place du derrière de sa tête : *Son front de rose brille d'un éclat céleste;* c'est un contre-sens. *Cervix* veut dire *cou* et quelquefois *tête,* mais jamais *front.*

58. — Page 34. *Et vera incessu patuit dea.*

C'est aussi à la démarche des dieux que les mortels pouvaient les reconnaître. Virgile a déjà fait dire à Didon :

> Ast ego quæ divum *incedo* regina.

Il faut encore remarquer, dans le ve livre, la démarche divine de Vénus, *divino incessu.*

Fénélon compare la poésie à ces divinités fabuleuses, qui semblent glisser dans l'air plutôt que marcher sur la terre. Saint-Simon dit de la duchesse de Bourgogne : « Elle avait la démarche d'une déesse sur la nue. »

Gaston dit, dans sa traduction :

> Sa robe sur ses pieds en plis d'azur s'abaisse;
> Elle marche, et son port révèle une déesse.

Delille s'est emparé de ces deux vers :

> Sa robe en plis flottans jusqu'à ses pieds s'abaisse;
> Elle marche, et son port révèle une déesse.

Gaston réclame, dans ses notes, contre ce plagiat, en faisant l'observation qu'il avait publié la première partie de sa traduction avant que celle de Delille parût. Il ajoute poliment : « *Est-ce une rencontre fortuite? je l'ignore.* » On peut signaler, dans le 1er liv., trois de ces rencontres avec Rosset, Gaston et Gilbert. La mémoire de Delille était bien perfide, si elle lui fournissait, à son insu, de semblables rencontres.

59. — Page 34. *Et multo nebulæ circum dea fudit amictu.*

Dans le xive livre de l'*Odyssée*, Pallas couvre d'un nuage Ulysse, lorsqu'il entre dans la ville des Phéaciens. Virgile a trouvé, dans le même livre, l'idée de l'apparition subite d'Énée aux yeux de la reine de Carthage, celle de la description de cette ville, et aussi celle du récit que fait de ses aventures le héros troyen.

60. — Page 34. *Ipsa Paphum sublimis abit.*

Paphos, aujourd'hui Baffo, dans l'île de Chypre. Le sang ne coulait jamais sur les autels de la déesse : on ne lui offrait que de l'encens et des fleurs.

61. — Page 34. . . . . *Hic alta theatris*
Fundamenta locant alii.

La magnificence des théâtres anciens n'a rien, chez les modernes, qu'on puisse lui comparer. Trois cent soixante colonnes décoraient le théâtre de Scaurus : Pline dit qu'il avait trois étages, et qu'il contenait un nombre prodigieux de spectateurs.

62. — Page 36. *Qualis apes æstate nova per florea rura*
Exercet sub sole labor, etc.

Delille dit, dans une note : « La comparaison aurait eu plus de justesse et plus de grâce encore, si, au lieu d'un roi, les abeilles de Virgile reconnaissaient une reine. » Qui ne croirait, d'après cette réflexion critique, que Virgile donne ici un roi à ses abeilles ? Mais il n'est question, dans le texte, ni de roi, ni de reine : c'est Delille seul qui a fait la faute, en traduisant le *qualis apes, etc.*, par ces vers :

> Au retour du printemps, tel aux essaims nouveaux
> Leur nouveau *roi* partage et prescrit leurs travaux.

La même comparaison se trouve dans l'*Iliade*. Virgile a reproduit, dans la sienne, plusieurs vers du ɪᴠᵉ livre des *Géorgiques* :

> Educunt fœtus; aut quum liquentia mella
> Stipant, et dulci distendunt nectare cellas,
> Aut onera accipiunt venientum, aut, agmine facto,
> Ignavum fucos pecus a præsepibus arcent :
> Fervet opus, redolentque thymo fragrantia mella.

Ces vers de l'*Énéide* se retrouvent dans le ɪᴠᵉ liv. des *Géorgiques* (v. 163, 164, 167, 168, 169). Il n'y a d'autre changement que celui de deux mots dans le premier vers : au lieu de *aut quum liquentia mella*, on lit dans les *Géorgiques* : *aliæ purissima mella*.

63. — Page 36. *O fortunati, quorum jam mœnia surgunt!*

Ce vers exprime un sentiment bien naturel dans la bouche d'un héros qui doit aussi fonder une ville, mais après de longs périls et des combats terribles. C'est dans une position également triste, que Mélibée s'écrie (éclog. 1) :

Fortunate senex! ergo tua rura manebunt!

« Malheur, disait Fénélon, à celui qui peut lire ces vers sans verser quelques larmes! »

64 — Page 36. *Effodere loco signum, quod regia Juno*
Monstrarat, caput acris equi : sic nam fore bello
Egregiam, et facilem victu per secula gentem.

Le poète a déjà montré Carthage ville opulente et redoutable dans les armes, *dives opum, studiisque asperrima belli.* Il a voulu opposer ici à Rome guerrière, Carthage guerrière, et non Carthage agricole. Ces mots, *facilem victu per secula gentem*, ne doivent donc pas être traduits, comme ils l'ont été presque toujours, par *l'abondance des choses nécessaires à la vie*, mais par *une vie ou une gloire immortelle.* C'est ainsi que l'abréviateur Justin, parlant de cette tête de coursier trouvée dans les fondations de Carthage, dit qu'elle signifiait : *bellicosum potentemque populum futurum* (liv. XVIII, 5).

65. — Page 36. ....*Hic primum Æneas sperare salutem*
Ausus.

On a reproché à Virgile de montrer souvent le pieux Énée sans confiance dans les dieux. Le héros dit à Didon (liv. 1, v. 603) :

Di tibi (si qua pios respectant numina, si quid
Usquam justitiæ est).

Et quand Énée exprime ce doute irréligieux, il vient d'éprouver lui-même la protection de Vénus, et il est devant une reine dont l'empire naissant atteste la bienveillance des dieux. Énée dit encore dans le IVe livre : *Si quid pia numina possunt.* Quand Virgile écrivait, les dieux s'en allaient donc déjà.

66. — Page 38. *Atriden, Priamumque, et sævum ambobus Achillem.*

On lit *Atridas* dans un grand nombre d'éditions. Mais Virgile n'a pu vouloir désigner les deux Atrides, puisqu'Achille n'eut aucun démêlé avec Ménélas ; d'ailleurs, le pluriel ne peut convenir avec *ambobus.*

67. — Page 38. *Constitit, et lacrymans......*
 Multa gemens, largoque humectat flumine vultum.

Énée est souvent représenté versant des pleurs. Homère fait aussi pleurer ses héros. Les Stoïciens ont pu seuls faire un vice de la sensibilité.

68. — Page 38. *Sunt lacrymæ rerum.*

On ne peut que sentir ce vers en désespérant de le traduire. Si le poète eût dit : *Sunt res lacrymabiles,* c'eût été la même pensée, mais le sentiment se fût affaibli, et une touchante image eût disparu. Il est donc des pensées communes qui deviennent grandes par la place d'un mot.

69. — Page 38. *Infelix puer, atque impar congressus Achilli.*

Suivant une tradition rapportée par Servius, Achille, poussé d'un désir détestable, s'était emparé par ruse du fils de Priam, et l'avait étouffé dans l'ardeur effrénée de ses embrassemens, *in ejus amplexus periit.* L'ancien commentateur ajoute que, trouvant une telle mort indigne de l'épopée, Virgile fit périr Troïle combattant contre Achille les armes à la main. Mais le poète s'éloigne de l'usage des temps homériques, en représentant le jeune fils de Priam combattant sur son char sans qu'un écuyer guidât les chevaux.

70. — Page 40. *Crinibus Iliades passis, peplumque ferebant.*

Le *peplus* ou *peplum*, en grec *peplos*, était une robe blanche, légère, sans manches, brodée d'or ou de pourpre, et dont on ornait les statues des divinités. Eustathe décrit ce vêtement dans son Commentaire sur Homère : il était ouvert par devant, et s'attachait sur l'épaule ou sur le bras avec des agrafes. L'auteur de l'*Iliade* appelle divin le *peplum* de Vénus, qu'il dit avoir été tissu par les Grâces. Le manteau fatal qui fut envoyé à Hercule par Déjanire, est appelé *peplos* par Sophocle.

Dans les fêtes des grandes Panathénées, célébrées à Athènes tous les cinq ans, on portait processionnellement, le long du Céramique, en forme de bannière, un *peplos* sur lequel étaient représentés les exploits de Pallas contre les Titans et les géans, et les faits mémorables des héros athéniens ; de là l'expression *digne du peplum*, pour digne de l'immortalité. Après avoir été présenté au temple de Cérès Éleusine, ce voile mystérieux était déposé dans la citadelle, au temple de Minerve. Les femmes avaient seules le droit de porter le *peplum*, et les plus distinguées briguaient cet honneur. Les dames romaines, imitant l'usage d'Athènes, offraient tous les cinq ans un *peplum* à Minerve.

Porphyre appelle le ciel *peplos*, comme étant le voile des dieux.

Virgile parle encore du *peplum* dans le xie livre de l'*Énéide* (v. 479). *Voyez* MEURSIUS, *in Panathen.*, c. 17.

71. — Page 40. *Ter circum Iliacos raptaverat Hectora muros.*

Avant Virgile, aucun poète n'avait dit que le cadavre d'Hector eût été traîné trois fois autour des murailles de Troie. Bayle a fait une note savante, dans son *Dictionnaire*, sur ce vers de l'*Énéide*. « Homère, dit-il, n'avait marqué le nombre des tours que par rapport au sépulcre de Patrocle. » Le critique croit que Virgile a pu manquer de mémoire, et convertir les trois tours du tombeau en trois tours de la ville. Il cite Sophocle, Euripide, Ovide, Sénèque le tragique, Stace, Dictys de Crète, Platon, Cicéron, Hygin, Philostrate, Libanius, Servius, Tzetzès, Eustathe, comme ayant suivi la leçon d'Homère; et il ne connaît que Pindarus Thebanus, auteur de la petite *Iliade* en vers latins, qui, suivant à la fois Homère et Virgile, « ait marqué nommément trois courses autour des murailles et trois courses autour du tombeau..... Je sais, ajoute-t-il, qu'Ausone, dans le sommaire du xxiie livre de l'*Iliade*, débite qu'Hector fut traîné trois fois autour des murailles de Troie ; mais je sais aussi qu'il en a été censuré....

« ....Au reste, le traitement de ce cadavre, les discours qu'Achille tient à Hector près d'expirer, la liberté qu'il accorda à qui voulut d'insulter et de frapper ce corps mort, cette âme vénale qui se laissa ainsi persuader, à force de riches présens, de vendre à Priam le corps de son fils, sont des choses si éloignées, je ne dirai pas de la vertu héroïque, mais de la générosité la plus commune, qu'il faut nécessairement juger ou qu'Homère n'avait aucune idée de l'héroïsme, ou qu'il n'a eu dessein que de peindre le caractère

d'un brutal. Il nous représente Achille qui souhaite d'avoir assez
de brutalité pour manger crue la chair d'Hector :

> Utinam enim ullo pacto ipsum me furor et animus stimularet
> Crudas dissecantem carnes comedere !

Il n'a pas même compris que pour faire plus d'honneur à son héros, il ne fallait pas donner à son ennemi autant de lâcheté et de faiblesse qu'il lui en donne. » (Article ACHILLE, note *H*.)

72. — Page 40. *Ducit Amazonidum lunatis agmina peltis.*

Les Amazones, femmes guerrières, vivaient dans la Cappadoce, sur les bords du Thermodon. C'était, disent les anciens, une société sans hommes. Cependant, ils racontent que ces femmes avaient quelques relations avec eux; qu'elles tuaient ou mutilaient leurs enfans mâles; qu'elles élevaient leurs filles dans les jeux de Mars, les exerçaient à tirer de l'arc, et leur brûlaient le sein droit; ce qui leur fit donner le nom d'*Amazones*, c'est-à-dire *sans mamelles*.

73. — Page 40. *Qualis in Eurotæ ripis, aut per juga Cynthi,*
    Exercet Diana choros.

C'est ainsi que dans l'*Odyssée* (liv. VI) Homère compare à Diane la princesse Nausicaa, et cette comparaison a plus de justesse : Nausicaa est une vierge dont la mère vit encore; Didon est veuve, elle a perdu sa mère et ne peut plus flatter son orgueil.

74. — Page 44. *Est locus, Hesperiam Graii cognomine dicunt.*

Les Grecs appelaient Hespérie les pays qui, comme l'Espagne et l'Italie, étaient à leur occident.

75. — Page 48. *Omnia tuta vides, classem, sociosque receptos.*
    Unus abest, medio in fluctu quem vidimus ipsi
    Submersum.

La construction latine de cette phrase a fait croire à plusieurs traducteurs qu'*unus abest* se rapportait à *socios*, et non au vaisseau d'Oronte englouti dans les flots. C'est ainsi que Delille dit :

> Vos vaisseaux sont sauvés,
> Vos guerriers réunis, vos amis retrouvés :
> *Un seul manque à nos vœux, malheureuse victime,*
> Que la mer à nos yeux engloutit dans l'abîme.

Binet, De Guerle et plusieurs autres ont fait la même faute.

Il est certain que Virgile parle de la submersion d'un navire, et non de celle d'un Troyen. Énée était parti de la Troade avec vingt vaisseaux : il en périt un dans la tempête ; il n'en avait que sept lorsqu'il entra dans un des ports de la Libye. Vénus, en lui montrant douze cygnes, indique le nombre de navires qu'il doit retrouver. Il en manquera donc un : c'est celui qui a été submergé : c'est donc de ce navire que parle Achate.

76. — Pages 48-50. *Di tibi (si qua pios respectant numina, si quid*
Usquam justitiæ est), et mens sibi conscia recti,
Præmia digna ferant. Quæ te tam læta tulerunt
Secula? qui tanti talem genuere parentes?

Delille a passé ces quatre vers, qui pouvaient être noblement rendus dans notre langue poétique. M. Tissot reconnaît que cette *omission* a été *volontaire*, mais qu'en la faisant, le poète traducteur « a singulièrement affaibli l'accent du cœur dans les paroles d'Énée. » (*Études sur Virgile*, tom. 1, pag. 64.)

Gaston a plutôt imité que traduit le texte latin :

Mais si le ciel remplit tous les vœux que je fais,
Votre vertu des dieux tiendra sa récompense.
O toi qui de Didon as cultivé l'enfance,
Tu bénis le moment qui lui donna le jour :
Le flanc qui la porta doit tressaillir d'amour.

On voit combien il est difficile de traduire Virgile : *Tantæ molis....*

77. — Page 50. ....*Polus dum sidera pascet.*

C'était, chez les anciens, une idée reçue, que les vapeurs élevées de la terre et des mers servaient d'aliment aux astres, et entretenaient leur éclat. C'est ainsi que Lucrèce dit :

Flumina suppeditant, unde Æther sidera *pascit.*

On trouve aussi, dans le xe chant de la *Pharsale*, ce vers :

Nec non Oceano *pasci* Phœbumque, polumque.

Voyez CICÉRON, *de Natura deorum*, II ; PLINE, l. II, 68 ; SÉNÈQUE, *Natur. Quæst.*, XII, 25.

78. — Page 50. *Tune ille Æneas, quem Dardanio Anchisæ*
Alma Venus Phrygii genuit Simoëntis ad undam?

Il n'est point d'idées bizarres qui ne puissent entrer dans la tête d'un commentateur. D. Laurent Ramirez de Prado, dans son *Pentecontarchus*, imprimé à Anvers en 1612, in-4°, a imaginé d'expliquer, par ces deux vers de Virgile, le *Deus erat verbum* de l'évangéliste saint Jean (*voyez* page 243). Il fait donc remarquer que, dans le poète, il y a *ille Æneas*, et que c'est comme s'il y avait dans l'apôtre : *illud verbum erat Deus*.

79. — Page 50. *Non ignara mali, miseris succurrere disco.*

Ce vers célèbre a été plusieurs fois imité par les poètes français. Voltaire dit dans *Zaïre* :

  Qui ne sait compatir aux maux qu'il a soufferts !

On trouve dans le *Siège de Calais*, par de Belloy, ce vers :

  Vous fûtes malheureux, et vous êtes cruel !

Lemierre dit, dans la *Veuve du Malabar* :

  Tu n'as donc, malheureux, jamais versé de larmes ?

Mais, comme le remarque Delille, dans aucune de ces imitations n'est « rendu le mot philosophique, le mot véritablement essentiel, *disco*, qui exprime si bien que la pitié se forme à l'école de l'adversité. » Delille aurait mieux rendu lui-même la pensée ou le sentiment de Virgile, en disant :

  Malheureuse, j'appris à plaindre le malheur,

s'il n'avait pas pris ce vers dans l'héroïde de *Didon à Énée*, par le poète Gilbert. Mais le *non ignara mali* est-il suffisamment exprimé par *malheureuse*, le mot *miseris* par *malheur*, et le mot *succurrere* par *plaindre* ?

La version de Gaston n'est pas plus satisfaisante :

  Mes malheurs m'ont appris à soulager les vôtres.

80. — Page 54. *Quippe domum timet ambiguam, Tyriosque bilingues.*

Les Carthaginois étaient décriés par les Romains, qui avaient donné le nom de *foi punique* à la mauvaise foi. Tite-Live attribue à Annibal une perfidie plus que punique, *perfidia plus quam punica.* C'est du mot *duplex*, qui avait chez les anciens la signification de *fourberie*, que nous avons fait le mot *duplicité.*

81. — Page 54. . . . .*Ne quo se numine mutet.*

Numine signifie ici non *divinité*, mais *volonté*, *puissance.* Vénus ne craignait d'autre divinité que Junon : *urit atrox Juno.* C'est ainsi que le savant commentateur Heyne interprète ce passage : *Ne Junonis machinatione aliqua animus ejus mutetur.* Ceux qui ont traduit : *Qu'aucune divinité ne puisse changer son cœur*, n'ont pas saisi le sens de Virgile.

82. — Page 56. . . . .*Et notos pueri puer indue vultus.*

Cette fiction ingénieuse et agréable appartient à Virgile. Elle excuse la passion de Didon, qui, sans elle, eût paru trop soudaine et trop emportée dans ses rapides progrès.

Cette fiction a été imitée par Fénélon dans *Télémaque*, et par Voltaire, dans la *Henriade*; mais, dans ce dernier poëme, l'amour prend les traits d'un page effronté, et attend, au coin d'un bois, Henri IV, pour lui présenter la belle Gabrielle.

83. — Page 56. . . . .*Ubi mollis amaracus.* . . . . .

Les anciens croyaient que la marjolaine de Chypre avait la vertu de chasser les scorpions pendant le sommeil.

84. — Page 56. . . . . .*Stratoque super discumbitur ostro.*

Trois lits étaient placés devant les tables des anciens : c'est ce qui fit donner aux salles à manger le nom de *Triclinium.* Le lit d'honneur était appelé *medius*; celui de droite, *summus*; et celui de gauche, *imus.* Le bas de la table n'avait point de lit, et c'est par ce côté qu'on servait. On donnait le nom de *quies*, repos, à l'intervalle qui séparait les deux services. Athénée et Servius disent qu'on apportait les tables toutes servies, ce que semblent indiquer ces mots : *primæ mensæ* et *secundæ mensæ.* On distribuait des couronnes aux convives, au moment des libations, que nous avons imitées dans les santés ou *toasts* de nos banquets.

Le cratère était un grand vase où l'on puisait avec des coupes le vin et l'eau mêlés ensemble (JUVÉNAL, sat. XII, v. 44). Mais les libations étaient faites avec du vin pur. On couronnait le cratère et les coupes de fleurs, *vina coronant.*

85. — Page 56. *Dant famuli manibus lymphas, Cereremque canistris*
Expediunt, tonsisque ferunt mantilia villis.

Voici la singulière traduction du P. Catrou : « Les *pages* donnèrent à laver; on servit le pain dans des corbeilles, et l'on présenta à tous des *serviettes.* » Les *serviettes* se trouvent encore dans la traduction dite *des quatre professeurs,* et dans celle de l'abbé Desfontaines. Ne croirait-on pas lire le *Virgile travesti* de Scarron?

On n'exige point des traducteurs qu'ils reproduisent les beautés souvent inimitables de l'original; mais ils ne doivent point altérer le sens. Virgile parle de tissus composés avec des laines tondues, *tonsis villis;* pourquoi changer la laine en lin, comme l'ont fait Binet, Delille, Gaston, etc.?

86. — Page 58. *Matris Acidaliæ.*

Vénus était appelée mère d'Acidalie, du nom d'une fontaine consacrée aux Grâces, dont elle était la mère, et qu'on voyait dans Orchomène, ville de Béotie.

87. — Page 58. *Implevitque mero pateram, quam Belus et omnes*
A Belo soliti.

Ce Belus, dont parle ici Virgile, n'est point le Belus père de Didon, mais un autre Belus beaucoup plus ancien, et fondateur de sa dynastie.

Le professeur Binet dit, dans ses notes, que Didon présenta la coupe à un de ses officiers, qui l'acheva *bravement.*

88. — Page 60. . . . . *Cythara crinitus Iopas*
Personat aurata.

On retrouve, dans le chant d'Iopas, une assez fidèle imitation de ces vers des *Géorgiques* (l. II, v. 478) :

> Defectus solis varios, lunæque labores;
> Unde tremor terris; qua vi maria alta tumescant
> Objicibus ruptis, rursusque in seipsa residant;
> Quid tantum oceano properent se tingere soles
> Hiberni, vel quæ tardis mora noctibus obstet.

89. — Page 60. *Ingeminant plausu Tyrii, Troesque sequuntur.*

Delille et M. Tissot font des réflexions critiques sur la description du festin que Didon donne au prince troyen. Delille trouve que *peut-être* Virgile aurait pu y *mettre plus d'imagination* et *plus de poésie*. « Un des plus beaux morceaux de Lucain est, dit-il, la description de la fête que Cléopâtre donne à César. S'il est vrai que Virgile ait péché par trop de sobriété, Lucain, à son ordinaire, est tombé dans la profusion des peintures. »

La critique de M. Tissot est plus vive : « Froid, silencieux, il (Énée) assiste au festin, et ne prend part à rien, parce que rien ne le touche; il ne paraît pas s'apercevoir de l'attention passionnée dont il est l'objet.... La situation n'est réellement qu'ébauchée. Virgile ne nous donne qu'une esquisse à la place d'un tableau. Ce n'est pas avec cette négligence et cette froideur que Fénélon a représenté la passion naissante de Calypso, et son ardeur à connaître et à écouter les aventures du jeune héros en qui elle retrouve l'image d'Ulysse. Milton exprime avec bien plus de grâce, de chaleur et de retenue, le désir passionné qu'Adam et la jeune Ève éprouvent d'entendre, de la bouche de Raphaël, le récit des merveilles de la création. » (*Études sur Virgile*, tom. I, pag. 81.)

90. — Page 60. *Infelix Dido, longumque bibebat amorem.*

Le mot *bibebat* ennoblit une pensée commune. Un mot détourné de son acception ordinaire peut produire de grandes images, comme dans le *Mithridate détruit* de Racine, comme dans ces vers du même poète :

> Mais tout dort, et les vents, et l'armée, et Neptune.
> Et de David *éteint* rallumer le flambeau.

91. — Page 60. *Nunc, quales Diomedis equi.*

Le jésuite Catrou traduit : « Elle voulut savoir si les chevaux de Diomède étaient aussi furieux qu'on le disait. »

LIBER SECUNDUS.

LIBER SECUNDUS.

Conticuere omnes, intentique ora tenebant;
Inde toro pater Æneas sic orsus ab alto :

Infandum, Regina, jubes renovare dolorem;
Trojanas ut opes et lamentabile regnum
Eruerint Danai, quæque ipse miserrima vidi,
Et quorum pars magna fui. Quis, talia fando,
Myrmidonum, Dolopumve, aut duri miles Ulyssei,
Temperet a lacrymis? Et jam nox humida cœlo
Præcipitat, suadentque cadentia sidera somnos.
Sed, si tantus amor casus cognoscere nostros,
Et breviter Trojæ supremum audire laborem :
Quamquam animus meminisse horret, luctuque refugit,
Incipiam. Fracti bello, fatisque repulsi,
Ductores Danaum, tot jam labentibus annis,
Instar montis equum, divina Palladis arte,
Ædificant, sectaque intexunt abiete costas.
Votum pro reditu simulant : ea fama vagatur.
Huc delecta virum sortiti corpora furtim
Includunt cæco lateri; penitusque cavernas

LIVRE SECOND.

Ils se turent tous; et, attentifs, ils tenaient leurs regards attachés sur Énée, qui, de son lit élevé, commence en ces mots :

« Reine, vous m'ordonnez de rouvrir la source fatale de mes larmes, en disant comment les Grecs renversèrent la puissance de Troie et son déplorable empire : tristes évènemens que j'ai vus moi-même, et auxquels j'ai pris une grande part. En écoutant ce douloureux récit, qui des Myrmidons et des Dolopes, ou quel soldat du barbare Achille pourrait retenir ses larmes ? Mais déjà la nuit précipite du ciel les ombres humides, et les astres, sur leur déclin, invitent au sommeil. Toutefois, si vous avez un si grand désir de connaître la rapide histoire de nos malheurs, et les travaux du dernier jour de Troie, quoique mon cœur frémisse à ces souvenirs, et qu'il rejète leur image importune, j'obéis. Épuisés par la guerre, et repoussés par les destins, après tant d'années de combats inutiles, les chefs de la Grèce, à qui Pallas inspire cet artifice, joignent en courbe des ais d'érable, et construisent un cheval aussi haut qu'une montagne : ils feignent que c'est un vœu pour leur retour, et la renommée publie ce mensonge. Des guerriers d'élite, que le sort désigne, sont furtive-

Ingentes, uterumque armato milite complent.

Est in conspectu Tenedos, notissima fama
Insula, dives opum, Priami dum regna manebant:
Nunc tantum sinus, et statio male fida carinis.
Huc se provecti deserto in littore condunt.
Nos abiisse rati, et vento petiisse Mycenas.
Ergo omnis longo solvit se Teucria luctu:
Panduntur portae : juvat ire, et Dorica castra,
Desertosque videre locos, littusque relictum.
Hic Dolopum manus, hic saevus tendebat Achilles:
Classibus hic locus : hic acies certare solebant.
Pars stupet innuptae donum exitiale Minervae,
Et molem mirantur equi : primusque Thymoetes
Duci intra muros hortatur, et arce locari :
Sive dolo, seu jam Trojae sic fata ferebant.
At Capys, et quorum melior sententia menti,
Aut pelago Danaum insidias suspectaque dona
Praecipitare jubent, subjectisve urere flammis;
Aut terebrare cavas uteri et tentare latebras.
Scinditur incertum studia in contraria vulgus.
Primus ibi ante omnes, magna comitante caterva,
Laocoon ardens summa decurrit ab arce;
Et procul : O miseri, quae tanta insania, cives?
Creditis avectos hostes? aut ulla putatis
Dona carere dolis Danaum? sic notus Ulysses?
Aut hoc inclusi ligno occultantur Achivi;

ment enfermés dans les flancs ténébreux du colosse, et une phalange armée remplit ses vastes profondeurs.

En face d'Ilion est Tenedos, île fameuse, riche et puissante tant qu'a fleuri l'empire de Priam ; mais aujourd'hui simple rade, abri peu sûr pour les vaisseaux : c'est là que les Grecs descendus se cachent sur la rive solitaire. Nous croyons qu'ils sont partis, et que les vents les reportent à Mycènes. Alors Troie entière s'affranchit d'un long deuil ; les portes sont ouvertes, on s'empresse de sortir ; on veut voir le camp des Grecs, ces plaines abandonnées et le rivage désert : là campaient les Dolopes ; là, s'élevaient les pavillons du cruel Achille ; là, les vaisseaux bordaient la plage ; là, tous les jours, se livraient des combats sanglans.

On regarde avec étonnement le don funeste fait à la chaste Minerve ; on admire la masse du simulacre, et Thymète le premier nous exhorte à l'introduire dans nos murs, et à le placer dans la citadelle : soit qu'il nous trahisse, soit que les destins l'aient ainsi ordonné. Mais Capys et tous ceux dont l'esprit est plus sage, veulent ou qu'on précipite dans les ondes ce présent insidieux et suspect, ou qu'il soit dévoré par les flammes, ou du moins que le fer, ouvrant ses flancs, sonde ses cavités profondes.

La multitude incertaine se partageait en avis contraires, quand soudain, le regard enflammé, accourt, du haut de la citadelle, Laocoon que suit une foule nombreuse ; et, de loin, il s'écrie : « O malheureux citoyens, quel est votre délire ? Croyez-vous les ennemis éloignés ? pensez-vous qu'un présent des Grecs soit exempt de perfidie ? Est-ce ainsi que vous connaissez Ulysse ? ou, dans ces trompeuses cloisons sont cachés des Grecs ; ou, c'est

Aut hæc in nostros fabricata est machina muros,
Inspectura domos, venturaque desuper urbi;
Aut aliquis latet error : equo ne credite, Teucri.
Quicquid id est, timeo Danaos et dona ferentes.
Sic fatus, validis ingentem viribus hastam
In latus, inque feri curvam compagibus alvum
Contorsit : stetit illa tremens, uteroque recusso,
Insonuere cavæ gemitumque dedere cavernæ.
Et, si fata deum, si mens non læva fuisset,
Impulerat ferro Argolicas fœdare latebras :
Trojaque, nunc stares; Priamique arx alta, maneres.
Ecce manus juvenem interea post terga revinctum
Pastores magno ad regem clamore trahebant
Dardanidæ, qui se ignotum venientibus ultro,
Hoc ipsum ut strueret, Trojamque aperiret Achivis,
Obtulerat; fidens animi, atque in utrumque paratus,
Seu versare dolos, seu certæ occumbere morti.
Undique visendi studio Trojana juventus
Circumfusa ruit, certantque illudere capto.
Accipe nunc Danaum insidias, et crimine ab uno
Disce omnes.

Namque ut conspectu in medio turbatus, inermis
Constitit, atque oculis Phrygia agmina circumspexit :
Heu! quæ nunc tellus, inquit, quæ me æquora possunt
Accipere? aut quid jam misero mihi denique restat?
Cui neque apud Danaos usquam locus, insuper ipsi

une machine fabriquée pour dominer nos remparts, observer nos demeures, et hâter la ruine de notre ville : ou bien, c'est un autre piège ! Troyens, défiez-vous de ce colosse, quel qu'il soit : je crains les Grecs, quand même ils apportent des présens. »

Il dit, et, d'un bras nerveux, lance un énorme javelot dans les flancs du monstre : le dard s'y fixe en frémissant ; la masse est ébranlée, et ses profondeurs retentissent d'un long mugissement. Oh ! sans le courroux des dieux, et sans l'aveuglement de nos esprits, la hache eût détruit ce repaire des Grecs : Troie, tu existerais encore ! palais superbe de Priam, tu serais encore debout !

Cependant, des bergers de Phrygie traînaient, à grands cris, vers le roi, un jeune inconnu, les mains liées derrière le dos. Il s'était livré lui-même pour servir le stratagème des Grecs, et leur ouvrir les portes d'Ilion, prêt à l'un et à l'autre sort : tromper les Troyens, ou tomber sous leurs coups. La foule s'empresse pour le voir, l'entoure et l'insulte de sa haine.

Apprenez maintenant jusqu'où va la perfidie des Grecs, et, par le crime d'un seul, connaissez-les tous.

Dès qu'il s'est arrêté au milieu de nous, sans défense, avec un trouble feint, et qu'il a promené des regards inquiets sur la foule qui l'environne : « Hélas ! s'écrie-t-il, désormais quelles terres ou quelles mers pourront me recevoir ! et quelle espérance reste encore à ma misère ! je n'ai plus d'asile chez les Grecs, et les Troyens

Dardanidæ infensi pœnas cum sanguine poscunt.
Quo gemitu conversi animi, compressus et omnis
Impetus : hortamur fari, quo sanguine cretus,
Quidve ferat, memoret; quæ sit fiducia capto.
Ille hæc, deposita tandem formidine, fatur :
Cuncta equidem tibi, rex, fuerint quæcumque, fatebor
Vera, inquit : neque me Argolica de gente negabo;
Hoc primum : nec, si miserum fortuna Sinonem
Finxit, vanum etiam mendacemque improba finget.
Fando aliquod, si forte tuas pervenit ad aures
Belidæ nomen Palamedis, et inclyta fama
Gloria; quem falsa sub proditione Pelasgi
Insontem, infando indicio, quia bella vetabat,
Demisere neci; nunc cassum lumine lugent :
Illi me comitem, et consanguinitate propinquum
Pauper in arma pater primis huc misit ab annis.
Dum stabat regno incolumis, regumque vigebat
Conciliis, et nos aliquod nomenque decusque
Gessimus. Invidiâ postquam pellacis Ulyssei
(Haud ignota loquor) superis concessit ab oris;
Afflictus vitam in tenebris luctuque trahebam,
Et casum insontis mecum indignabar amici.
Nec tacui demens! et me, fors si qua tulisset,
Si patrios unquam remeassem victor ad Argos,
Promisi ultorem, et verbis odia aspera movi.
Hinc mihi prima mali labes : hinc semper Ulysses

en fureur demandent mon supplice et mon sang ! »

Ces paroles plaintives changent les esprits, et retiennent leur emportement. On l'exhorte à parler, à dire de quel sang il est né, ce qu'il peut nous apprendre, et quelle confiance, captif, il peut inspirer. Alors, déposant toute crainte : « O roi, dit-il, je vais, quelque sort qui m'attende, dire la vérité. D'abord, je ne le nierai point, Argos est ma patrie; et si la fortune cruelle a épuisé, sur Sinon, ses rigueurs, du moins elle ne pourra le rendre ni fourbe, ni imposteur. Peut-être est venu jusqu'à vous le nom de Palamède, descendant de Belus, et dont la renommée a publié la gloire. Faussement accusé de trahison, innocent, il fut condamné sur de perfides indices; et, parce qu'il blâmait la guerre, les Grecs lui donnèrent la mort. Aujourd'hui qu'il n'est plus, ils le pleurent. C'est sous la conduite de ce guerrier, né du sang dont je sors, que mon père, sans fortune, m'envoya, dès mes plus jeunes ans, combattre dans ces plaines. Tant que Palamède conserva son crédit dans l'armée et son autorité dans le conseil des rois, j'obtins moi-même quelque nom et quelque gloire. Mais, lorsque le perfide Ulysse (je ne dis rien qui ne soit connu) l'eut fait descendre aux sombres bords, livré à ma douleur, je traînai ma vie dans le deuil et dans la solitude. Je m'indignais en moi-même de la destinée d'un innocent ami. Insensé ! je ne sus pas toujours me taire. Je promis, que si le sort m'était favorable, et que la victoire me ramenât dans Argos, ma patrie, Palamède aurait un vengeur. Ces paroles allumèrent contre moi des haines implacables : telle fut la première source de mon malheur. Depuis ce temps, Ulysse n'a cessé d'effrayer les Grecs de nouveaux complots, de répandre dans l'armée

Criminibus terrere novis, hinc spargere voces
In vulgum ambiguas, et quærere conscius arma.
Nec requievit enim, donec Calchante ministro.....
Sed quid ego hæc autem nequicquam ingrata revolvo?
Quidve moror? Si omnes uno ordine habetis Achivos,
Idque audire sat est; jamdudum sumite pœnas :
Hoc Ithacus velit, et magno mercentur Atridæ.
Tum vero ardemus scitari, et quærere causas,
Ignari scelerum tantorum artisque Pelasgæ.
Prosequitur pavitans, et ficto pectore fatur :

Sæpe fugam Danai Troja cupiere relicta
Moliri, et longo fessi discedere bello :
Fecissentque utinam! Sæpe illos aspera ponti
Interclusit hyems, et terruit Auster euntes.
Præcipue, cum jam hic trabibus contextus acernis
Staret equus, toto sonuerunt æthere nimbi:
Suspensi Eurypylum scitatum oracula Phœbi
Mittimus; isque adytis hæc tristia dicta reportat :
Sanguine placastis ventos, et virgine cæsa,
Quum primum Iliacas, Danai, venistis ad oras;
Sanguine quærendi reditus, animaque litandum
Argolica. Vulgi quæ vox ut venit ad aures,
Obstupuere animi, gelidusque per ima cucurrit
Ossa tremor; cui fata parent, quem poscat Apollo.
Hic Ithacus vatem magno Calchanta tumultu

des bruits équivoques, de chercher des complices de ses fureurs ; et sa haine a été sans repos, jusqu'à ce que par le ministère de Calchas.... Mais ici pourquoi vous entretenir en vain de mes malheurs ? et pourquoi retarder moi-même ma mort ? Si tous les Grecs sont égaux à vos yeux, vous m'avez assez entendu ; arrachez-moi la vie, Ulysse la demande, et les Atrides la paieront d'un grand prix. »

A ces mots s'enflamment nos désirs curieux ; nous voulons interroger et connaître, étrangers que nous sommes à tant de scélératesse, et ignorant les artifices des Grecs. Alors, avec un effroi simulé, et la fausseté dans le cœur, il poursuit en ces termes :

« Souvent les Grecs avaient voulu fuir, abandonner les plages de Troie, et renoncer à cette longue guerre, vaincus par ses travaux. Et plût aux dieux qu'ils l'eussent fait ! Souvent la tempête leur ferma les mers, et l'Auster épouvanta leur départ, surtout alors que s'éleva dans leur camp ce simulacre d'un coursier aux flancs d'érable : les orages tonnèrent dans l'éther. Tremblans, nous envoyons Eurypyle interroger l'oracle d'Apollon ; et, du sanctuaire de Délos, il rapporte ces tristes paroles : *Fils de Danaüs, ce fut par le sang d'une vierge immolée que les vents vous devinrent propices, et que vous abordâtes aux rivages troyens : le sang doit aussi payer votre retour, et c'est un Grec qu'il vous faut immoler.* Sitôt que cet arrêt fatal est connu de l'armée, tous les esprits sont consternés, la terreur court glacée dans la moelle des os. Quel est celui que le destin menace, et quelle est la victime que demande Apollon ?

« Alors le roi d'Ithaque traîne, à grands cris, Calchas

Protrahit in medios; quæ sint ea numina divum
Flagitat : et mihi jam multi crudele canebant
Artificis scelus, et taciti ventura videbant.
Bis quinos silet ille dies, tectusque recusat
Prodere voce sua quemquam, aut opponere morti.
Vix tandem magnis Ithaci clamoribus actus,
Composito rumpit vocem, et me destinat aræ.
Assensere omnes : et quæ sibi quisque timebat,
Unius in miseri exitium conversa tulere.
Jamque dies infanda aderat : mihi sacra parari,
Et salsæ fruges, et circum tempora vittæ.
Eripui, fateor, letho me, et vincula rupi ;
Limosoque lacu per noctem obscurus in ulva
Delitui, dum vela darent, si forte dedissent.
Nec mihi jam patriam antiquam spes ulla videndi,
Nec dulces natos exoptatumque parentem,
Quos illi fors ad pœnas ob nostra reposcent
Effugia, et culpam hanc miserorum morte piabunt.
Quod te, per superos, et conscia numina veri,
Per, si qua est quæ restet adhuc mortalibus usquam
Intemerata fides, oro, miserere laborum
Tantorum, miserere animi non digna ferentis.

His lacrymis vitam damus, et miserescimus ultro.
Ipse viro primus manicas atque arcta levari
Vincla jubet Priamus, dictisque ita fatur amicis :
Quisquis es, amissos hinc jam obliviscere Graios :

dans l'assemblée, le sommant de déclarer la volonté des dieux ; et déjà plusieurs m'annoncent l'exécrable dessein du traître, et prévoient en silence le dénouement. Dix jours entiers, Calchas s'obstine à se taire : enfermé dans sa tente, il refuse de nommer la victime, et de dicter l'arrêt de son trépas. Enfin, pressé par les fortes clameurs d'Ulysse, et d'accord avec lui, il rompt ce silence concerté, me nomme et me dévoue à l'autel. Tous applaudissent, et le coup, que chacun a redouté pour sa tête, est vu sans regret détourné sur la mienne. Déjà le jour funeste était arrivé ; déjà tout était prêt pour le sacrifice, le sel, les gâteaux sacrés et les bandelettes qui devaient ceindre mon front. Je l'avouerai, je me suis dérobé à la mort ; j'ai pu me cacher, à la faveur de la nuit, dans les roseaux d'un lac marécageux, attendant que les Grecs déployassent leurs voiles, s'ils osaient les déployer. Je n'ai donc plus l'espérance de revoir la patrie de mes aïeux, ni mes tendres enfans, ni mon père dont j'ai tant désiré les embrassemens. Peut-être que les Grecs feront retomber sur eux la peine de ma fuite, et puniront ma faute dans le sang de ces infortunés. Ah ! par les dieux immortels, par la justice et la bonne foi, s'il en reste encore parmi les hommes, je vous en conjure, ayez pitié de tant de misères, ayez pitié d'un infortuné digne d'un meilleur sort. »

Ses larmes nous attendrissent, et il leur doit la vie. Priam, le premier, ordonne lui-même qu'on détache ses liens, et le rassure par ces mots consolans : « Qui que tu sois, dès ce moment oublie les Grecs perdus pour toi : nous t'adoptons, mais réponds avec vérité à ma de-

Noster eris, mihique hæc edissere vera roganti.
Quo molem hanc immanis equi statuere? quis auctor?
Quidve petunt? quæ relligio, aut quæ machina belli?
Dixerat. Ille dolis instructus et arte Pelasga,
Sustulit exutas vinclis ad sidera palmas.
Vos, æterni ignes, et non violabile vestrum
Testor numen, ait: vos aræ, ensesque nefandi,
Quos fugi; vittæque deum, quas hostia gessi:
Fas mihi Graiorum sacrata resolvere jura;
Fas odisse viros, atque omnia ferre sub auras,
Si qua tegunt; teneor patriæ nec legibus ullis.
Tu modo promissis maneas, servataque serves
Troja fidem, si vera feram, si magna rependam.
OMNIS spes Danaum, et cœpti fiducia belli
Palladis auxiliis semper stetit. Impius ex quo
Tydides sed enim, scelerumque inventor Ulysses,
Fatale aggressi sacrato avellere templo
Palladium, cæsis summæ custodibus arcis,
Corripuere sacram effigiem, manibusque cruentis
Virgineas ausi divæ contingere vittas:
Ex illo fluere ac retro sublapsa referri
Spes Danaum: fractæ vires, aversa deæ mens.
Nec dubiis ea signa dedit Tritonia monstris.
Vix positum castris simulacrum, arsere coruscæ
Luminibus flammæ arrectis, salsusque per artus
Sudor iit, terque ipsa solo (mirabile dictu)
Emicuit, parmamque ferens hastamque trementem.

mande. Pourquoi a-t-on élevé l'immense effigie de ce cheval? quel en est l'inventeur? quel en est le but? est-ce un vœu, ou bien est-ce une machine de guerre? »

Il dit, et, versé dans les ruses et les artifices des Grecs, Sinon tend vers les astres ses mains libres de chaînes : « O vous, feux éternels, s'écrie-t-il, divinités inviolables ! je vous atteste ; et vous aussi, funestes autels, couteaux homicides auxquels je me suis dérobé ! bandeau sacré des dieux qui avez paré la victime ! je peux sans crime rompre le serment qui m'attachait aux Grecs : il m'est permis de les haïr et de révéler leurs secrets, s'il en est qu'ils veuillent cacher ; je ne tiens plus par les lois à ma patrie. Mais vous, Troyens, demeurez fidèles à vos promesses ; et, si je dis la vérité, si je rends un grand service, sauvez celui qui sauve Troie !

« Tout l'espoir de la Grèce, et sa confiance dans la guerre entreprise, ont toujours reposé sur la protection de Pallas. Mais depuis que le fils impie de Tydée et l'inventeur des forfaits, Ulysse, ont voulu enlever, dans son temple saint, le fatal palladium ; et que, dans la citadelle, à travers la garde massacrée, ils ont osé saisir l'effigie de la déesse, et souiller ses bandelettes virginales de leurs sanglantes mains, l'espoir de la victoire a disparu ; les Grecs ont vu leurs forces s'épuiser ; Pallas s'est montrée ennemie, et n'a point donné des signes douteux de sa colère. A peine la statue de la déesse fut-elle placée dans le camp, des feux étincelèrent dans ses yeux irrités ; une sueur amère courut sur tout son corps ; et trois fois, ô prodige ! on la vit s'élever de la terre, agitant son bouclier et sa lance frémissante.

Extemplo tentanda fuga canit æquora Calchas,
Nec posse Argolicis exscindi Pergama telis,
Omina ni repetant Argis, numenque reducant,
Quod pelago et curvis secum avexere carinis.
Et, nunc, quod patrias vento petiere Mycenas,
Arma deosque parant comites; pelagoque remenso,
Improvisi aderunt : ita digerit omnia Calchas.
Hanc pro Palladio, moniti, pro numine læso,
Effigiem statuere, nefas quæ triste piaret.
Hanc tamen immensam Calchas attollere molem
Roboribus textis, cœloque educere, jussit;
Ne recipi portis, aut duci in mœnia possit,
Neu populum antiqua sub relligione tueri.
Nam si vestra manus violasset dona Minervæ,
Tum magnum exitium (quod di prius omen in ipsum
Convertant!) Priami imperio Phrygibusque futurum :
Sin manibus vestris vestram ascendisset in urbem,
Ultro Asiam magno Pelopeia ad mœnia bello
Venturam, et nostros ea fata manere nepotes.
Talibus insidiis, perjurique arte Sinonis,
Credita res : captique dolis, lacrymisque coacti,
Quos neque Tydides, nec Larissæus Achilles,
Non anni domuere decem, non mille carinæ.

Hic aliud majus miseris multoque tremendum
Objicitur magis, atque improvida pectora turbat.
Laocoon, ductus Neptuno sorte sacerdos,

« Aussitôt Calchas s'écrie qu'il faut fuir et repasser les mers; que Pergame ne peut tomber sous le fer des Grecs, si les Grecs ne vont demander, dans Argos, de nouveaux auspices, et s'ils ne ramènent l'image sacrée qu'ils ont emportée sur les ondes. Maintenant que la faveur des vents les conduit vers Mycènes, ils vont chercher des armes et des dieux propices; et bientôt, ramenant leurs vaisseaux, ils reparaîtront, sans être attendus, sur ces bords. Ainsi Calchas a tout disposé : c'est par son conseil qu'ils ont construit cette immense effigie pour apaiser la déesse et pour expier leur crime. Et cependant Calchas a voulu que cette masse élevât vers le ciel son étonnant assemblage, pour qu'elle ne pût pénétrer à travers les portes, ni être traînée dans les murs de Troie, et devenir le gage nouveau de leur éternelle durée : car si vos mains sacrilèges profanaient le don fait à Minerve, les plus grands malheurs accableraient le peuple et l'empire de Priam. Mais si, par l'effort puissant de vos bras, le colosse était introduit dans votre ville, l'Asie entière levée contre la Grèce viendrait, en armes, sous les murs de Pélops : et tels sont les destins dont nos neveux sont menacés. »

Ces discours perfides et les artifices du parjure Sinon nous trouvent trop crédules; et la ruse et de feintes larmes triomphent de ceux que n'avaient pu dompter ni le fils de Tydée, ni Achille de Larisse, ni dix ans de combats, ni mille vaisseaux.

En ce moment, un spectacle plus étonnant et plus terrible encore s'offre aux regards des malheureux Troyens, et jette dans leur esprit un trouble inattendu. Laocoon, que le sort avait fait prêtre de Neptune, im-

Solemnes taurum ingentem mactabat ad aras.
Ecce autem gemini a Tenedo tranquilla per alta
(Horresco referens) immensis orbibus angues
Incumbunt pelago, pariterque ad littora tendunt;
Pectora quorum inter fluctus arrecta, jubæque
Sanguineæ exsuperant undas; pars cetera pontum
Pone legit, sinuantque immensa volumine terga.
Fit sonitus spumante salo : jamque arva tenebant,
Ardentesque oculos suffecti sanguine et igni,
Sibila lambebant linguis vibrantibus ora.
DIFFUGIMUS visu exsangues : illi agmine certo
Laocoonta petunt; et primum parva duorum
Corpora natorum serpens amplexus uterque
Implicat, et miseros morsu depascitur artus.
Post ipsum, auxilio subeuntem ac tela ferentem
Corripiunt, spirisque ligant ingentibus : et jam
Bis medium amplexi, bis collo squamea circum
Terga dati, superant capite et cervicibus altis.
Ille simul manibus tendit divellere nodos,
Perfusus sanie vittas atroque veneno;
Clamores simul horrendos ad sidera tollit :
Quales mugitus, fugit quum saucius aram
Taurus, et incertam excussit cervice securim.
At gemini lapsu delubra ad summa dracones
Effugiunt, sævæque petunt Tritonidis arcem;
Sub pedibusque deæ, clypeique sub orbe teguntur.

molait un taureau puissant aux autels de ce dieu, quand deux serpens, venus de Ténédos, (j'en frémis encore d'horreur), roulent sur la tranquille mer leurs orbes immenses, et de front s'avancent vers le rivage. Leur sein se dresse sur la plaine liquide, leurs crêtes sanglantes dominent les flots; de leurs flancs ils rasent l'abîme, et leur vaste croupe se recourbe en replis sinueux; l'onde retentissante écume; déjà ils ont atteint la plage : leurs yeux ardens brillent, rouges de sang et de flammes; un triple dard siffle dans leur gueule béante.

A CET aspect, tout fuit épouvanté. D'un même élan, les deux monstres vont à Laocoon; et d'abord ils atteignent ses deux enfans, enlacent leurs membres délicats, et, par d'horribles morsures, déchirent leurs chairs palpitantes. Laocoon saisit ses traits et vole à leur secours. Mais déjà les serpens l'ont arrêté lui-même dans de vastes anneaux; déjà ils étreignent ses flancs d'une double ceinture; déjà deux fois sur son cou, sur son dos, ils roulent leurs écailles, et leur tête altière domine sur son front. Il veut, de ses mains, écarter ces nœuds terribles : son sang et de noirs poisons souillent ses bandelettes, et il jette vers les cieux d'horribles hurlemens. Tel mugit un taureau, quand, sous le fer qui l'a frappé, il s'échappe de l'autel, et rejète de son cou la hache incertaine. Enfin, les deux dragons rampans, rasant la terre, gagnent la haute citadelle, entrent dans le temple de Minerve, et se cachent, aux pieds de la déesse irritée, sous l'orbe de son bouclier.

8.

Tum vero tremefacta novus per pectora cunctis
Insinuat pavor; et scelus expendisse merentem
Laocoonta ferunt, sacrum qui cuspide robur
Læserit, et tergo sceleratam intorserit hastam.
Ducendum ad sedes simulacrum, orandaque divæ
Numina conclamant.

Dividimus muros, et moenia pandimus urbis.
Accingunt omnes operi, pedibusque rotarum
Subjiciunt lapsus, et stuppea vincula collo
Intendunt: scandit fatalis machina muros,
Feta armis: pueri circum innuptæque puellæ
Sacra canunt, funemque manu contingere gaudent.
Illa subit, mediæque minans illabitur urbi.
O patria, o divum domus Ilium, et inclyta bello
Moenia Dardanidum! quater ipso in limine portæ
Substitit, atque utero sonitum quater arma dedere.
Instamus tamen immemores, cæcique furore,
Et monstrum infelix sacrata sistimus arce.
Tunc etiam fatis aperit Cassandra futuris
Ora, dei jussu non unquam credita Teucris.
Nos delubra deum miseri, quibus ultimus esset
Ille dies, festa velamus fronde per urbem.

Vertitur interea coelum, et ruit Oceano nox,
Involvens umbra magna terramque polumque,
Myrmidonumque dolos: fusi per moenia Teucri
Conticuere: sopor fessos complectitur artus.

Alors un nouvel effroi pénètre dans les cœurs frémissans. On dit que Laocoon a reçu la juste peine de son crime, pour avoir frappé le cheval sacré, et fait résonner dans ses flancs un javelot impie. On demande, à grands cris, que le colosse soit conduit dans la citadelle, où sont gardées les images des dieux, et que, par des prières, soit fléchi le courroux de Pallas.

Nous abattons les murs et nous ouvrons les remparts de Pergame. Chacun s'empresse : on glisse des roues sous les pieds du colosse, on attache à son cou des cables puissans. La fatale machine, portant la guerre dans ses flancs, roule et franchit l'enceinte; des enfans et de jeunes vierges la précèdent, chantant des hymnes saints, et leurs mains se plaisent à toucher les cordages. Elle s'avance, et, menaçante, arrive au centre de la ville. O ma patrie! ô Ilion, qu'ont bâti les dieux! murs de Dardanus, illustrés par tant de combats! quatre fois l'énorme masse s'arrêta sur le seuil de nos portes, et quatre fois, dans ses flancs, les armes retentirent. Cependant, sans alarmes, nous poursuivons; et, pleins d'un aveugle délire, nous plaçons le funeste colosse dans la citadelle sacrée. Alors même Cassandre, qu'Apollon nous défendait de croire, ouvrit la bouche pour prédire nos destins; et nous, malheureux! dans ce jour qui devait être le dernier jour de Troie, nous ornions de feuillage, comme en un jour de fête, les temples de nos dieux.

Cependant le ciel tourne à l'occident, et du sein de l'Océan s'élance la nuit, enveloppant de ses épaisses ombres, et les airs, et la terre, et les trames des Grecs. Les Troyens sont retirés sous leurs toits, le silence règne et le sommeil répare les fatigues du jour.

Et jam Argiva phalanx instructis navibus ibat
A Tenedo, tacitæ per amica silentia Lunæ,
Littora nota petens; flammas quum regia puppis
Extulerat; fatisque deum defensus iniquis,
Inclusos utero Danaos, et pinea furtim
Laxat claustra Sinon : illos patefactus ad auras
Reddit equus, lætique cavo se robore promunt
Thessandrus, Sthenelusque duces, et dirus Ulysses,
Demissum lapsi per funem, Acamasque, Thoasque,
Pelidesque Neoptolemus, primusque Machaon,
Et Menelaus, et ipse doli fabricator Epeus.
Invadunt urbem somno vinoque sepultam :
Cæduntur vigiles; portisque patentibus omnes
Accipiunt socios, atque agmina conscia jungunt.

Tempus erat quo prima quies mortalibus ægris
Incipit, et dono divum gratissima serpit.
In somnis ecce ante oculos mœstissimus Hector
Visus adesse mihi, largosque effundere fletus;
Raptatus bigis, ut quondam, aterque cruento
Pulvere, perque pedes trajectus lora tumentes.
Hei mihi, qualis erat! quantum mutatus ab illo
Hectore, qui redit exuvias indutus Achillis,
Vel Danaum Phrygios jaculatus puppibus ignes!
Squalentem barbam, et concretos sanguine crines,
Vulneraque illa gerens, quæ circum plurima muros
Accepit patrios. Ultro flens ipse videbar

Et déjà, parties de Ténédos, les phalanges grecques s'avançaient en ordre sur leurs vaisseaux, à la faveur de l'astre silencieux qui, caché sous d'épais nuages, éclaire leur marche sans la trahir, et se dirigeaient sur des rivages qui leur sont trop connus. Une torche fait briller ses feux sur la poupe royale. A ce signal, Sinon, que les destins ennemis ont protégé pour notre ruine, délivre furtivement les Grecs enfermés dans leur obscure prison, et le cheval ouvert les rend à la liberté. Alors, avec une joie barbare, sortent de l'abîme profond, et descendent, le long d'un câble, les chefs Thessandre, Sthenelus, et l'exécrable Ulysse. Après eux s'élancent Acamas et Thoas, et Pyrrhus, fils d'Achille, et le savant Machaon, Ménélas et Epéus, qui fut l'inventeur du stratagème. Ils envahissent la ville ensevelie dans le sommeil, dans les vapeurs du vin, égorgent les gardes, ouvrent les portes, font entrer les Grecs, et se joignent à leurs cohortes conjurées.

C'était l'heure où commence le premier sommeil, où il verse sur les maux des humains ce doux oubli, présent des dieux. Hector m'apparaît, triste et sombre, de larges pleurs coulant sur son visage, et tel qu'on le vit autrefois, traîné derrière un char, le corps noirci d'une sanglante arène, et les pieds gonflés par les courroies dont ils furent liés. Hélas! dans quel état je le voyais! combien il était changé! et qu'il était différent de cet Hector revenant couvert des dépouilles d'Achille, ou lançant nos feux vengeurs sur la flotte des Grecs! Sa barbe était souillée, sa chevelure épaissie dans un sang glacé, et sur son corps apparaissaient toutes les blessures reçues sous les murs de sa patrie. Il me semblait que moi-même, pleurant, j'appelais ce héros en exha-

Compellare virum, et moestas expromere voces :
O lux Dardaniæ! spes o fidissima Teucrum,
Quæ tantæ tenuere moræ? quibus Hector ab oris
Exspectate venis? ut te post multa tuorum
Funera, post varios hominumque urbisque labores
Defessi aspicimus! quæ causa indigna serenos
Fœdavit vultus? aut cur hæc vulnera cerno?

ILLE nihil : nec me quærentem vana moratur;
Sed graviter gemitus imo de pectore ducens :
Heu fuge, nate dea, teque his, ait, eripe flammis.
Hostis habet muros : ruit alto a culmine Troja.
Sat patriæ Priamoque datum : si Pergama dextra
Defendi possent, etiam hac defensa fuissent.
Sacra suosque tibi commendat Troja Penates.
Hos cape fatorum comites : his moenia quære,
Magna pererrato statues quæ denique ponto.
Sic ait, et manibus vittas, Vestamque potentem,
Æternumque adytis effert penetralibus ignem.

DIVERSO interea miscentur moenia luctu :
Et magis atque magis (quamquam secreta parentis
Anchisæ domus, arboribusque obtecta recessit)
Clarescunt sonitus, armorumque ingruit horror.
Excutior somno, et summi fastigia tecti
Ascensu supero, atque arrectis auribus adsto :
In segetem veluti quum flamma furentibus Austris

lant ces tristes plaintes : « O gloire de la Phrygie, et le plus sûr espoir des fils de Teucer, quels si grands obstacles ont retardé votre retour? De quels rivages venez-vous, cher Hector, si long-temps attendu? Après tant de funérailles, après l'épuisement de Troie et de ses guerriers dans de si longs travaux, en quel état nous vous revoyons! Par quel indigne outrage votre front auguste a-t-il été défiguré? et d'où viennent ces plaies sanglantes que j'aperçois? »

Il ne répond rien ; et, sans s'arrêter à des questions vaines, mais tirant du fond de son cœur un long gémissement : « Ah! fuis, dit-il, fils d'une déesse, et arrache-toi aux flammes qui t'environnent! L'ennemi est dans nos murs : Troie tombe, écroulée, du faîte de sa grandeur : nous avons assez combattu pour la patrie et pour Priam. Si le bras d'un mortel eût pu sauver Pergame, le bras d'Hector l'aurait sauvée. Troie te recommande ses autels et ses dieux. Prends nos Pénates pour compagnons de tes destins, et donne-leur pour asile ces murs célèbres que tu dois élever après avoir long-temps erré sur les mers. » Il dit ; et, du fond du sanctuaire, m'apporte, dans ses mains, la puissante Vesta, ses bandeaux sacrés, et ses feux immortels.

Cependant le trouble et la désolation remplissent la ville, et quoique la demeure d'Anchise soit écartée, au fond d'un bois tranquille, on entend de plus en plus croître les cris et retentir le bruit des armes. Soudain, je m'éveille, je vole au faîte du palais et prête au loin une oreille attentive. Ainsi, quand l'Auster furieux fait courir la flamme dans les moissons; ou quand, grossi des eaux de la montagne, le torrent rapide détruit les guérêts, détruit l'espoir du laboureur, le travail de la

Incidit, aut rapidus montano flumine torrens
Sternit agros, sternit sata læta, boumque labores,
Præcipitesque trahit sylvas : stupet inscius alto
Accipiens sonitum saxi de vertice pastor.
Tum vero manifesta fides, Danaumque patescunt
Insidiæ. Jam Deiphobi dedit ampla ruinam,
Vulcano superante, domus : jam proximus ardet
Ucalegon : Sigea igni freta lata relucent.
Exoritur clamorque virum, clangorque tubarum.
Arma amens capio, nec sat rationis in armis :
Sed glomerare manum bello, et concurrere in arcem
Cum sociis ardent animi : furor iraque mentem
Præcipitant, pulchrumque mori succurrit in armis.

Ecce autem telis Pantheus elapsus Achivum,
Pantheus Othriades, arcis Phœbique sacerdos,
Sacra manu, victosque deos, parvumque nepotem
Ipse trahit, cursuque amens ad limina tendit.
Quo res summa loco, Pantheu? quam prendimus arcem?
Vix ea fatus eram, gemitu quum talia reddit :
Venit summa dies et ineluctabile tempus
Dardaniæ : fuimus Troes, fuit Ilium, et ingens
Gloria Teucrorum : ferus omnia Jupiter Argos
Transtulit : incensa Danai dominantur in urbe.
Arduus armatos mediis in mœnibus adstans
Fundit equus, victorque Sinon incendia miscet,

charrue, et entraîne les forêts arrachées dans son cours, debout sur la cime d'un rocher, le pasteur immobile s'étonne, ignorant d'où vient le bruit éloigné qui frappe son oreille.

Alors la vérité du songe m'est connue, et les artifices des Grecs sont à découvert. Déjà le vaste palais de Déïphobe s'est écroulé dans les flammes, déjà tout auprès brûle celui d'Ucalégon : l'incendie reflète ses feux au loin sur la mer de Sigée ; tout retentit des cris de la guerre et des voix des clairons.

Dans le transport qui m'agite, je saisis mes armes, ignorant quel espoir encore peut être permis. Mais je brûle de rallier mes compagnons, de courir à la citadelle et de la défendre. La fureur et le désespoir précipitent mon courage, et je ne vois plus qu'un beau trépas trouvé les armes à la main.

Tout-a-coup s'offre à mes regards Panthée, échappé aux traits des Grecs, Panthée, fils d'Othris, prêtre de la citadelle et du temple d'Apollon. D'une main il porte ses dieux vaincus et leurs saintes reliques; de l'autre, il entraîne son petit-fils, et court éperdu vers le palais d'Anchise. « Panthée ! m'écriai-je, reste-t-il quelque espoir ? peut-on sauver la citadelle ? » Panthée répond en gémissant : « Il est venu le dernier jour de Troie, l'inévitable jour ! Il n'est plus de Troyens ! Ilion a existé, ainsi que la gloire de ses enfans ! L'inexorable Jupiter livre tout à Argos, et les Grecs triomphent dans l'embrasement des murs de Dardanus ! Leur cheval menaçant vomit des hommes armés. Sinon promène l'incendie, et, dans son odieuse victoire, insulte à notre crédulité. Tandis que, par nos portes ouvertes, se précipitent

Insultans : portis alii bipatentibus adsunt,
Millia quot magnis nunquam venere Mycenis.
Obsedere alii telis angusta viarum
Oppositi : stat ferri acies mucrone corusco
Stricta, parata neci : vix primi proelia tentant
Portarum vigiles, et caeco Marte resistunt.
TALIBUS Othriadae dictis, et numine divum
In flammas et in arma feror, quo tristis Erinnys,
Quo fremitus vocat, et sublatus ad aethera clamor.
Addunt se socios Ripheus, et maximus annis
Iphitus; oblati per lunam, Hypanisque, Dymasque,
Et lateri agglomerant nostro, juvenisque Choroebus
Mygdonides : illis qui ad Trojam forte diebus
Venerat, insano Cassandrae incensus amore;
Et gener auxilium Priamo Phrygibusque ferebat:
Infelix, qui non sponsae praecepta furentis
Audierat.

Quos ubi confertos audere in proelia vidi,
Incipio super his : Juvenes, fortissima frustra
Pectora, si vobis audentem extrema cupido est
Certa sequi, quae sit rebus fortuna, videtis :
Excessere omnes, adytis arisque relictis,
Di, quibus imperium hoc steterat : succurritis urbi
Incensae : moriamur, et in media arma ruamus.
Una salus victis, nullam sperare salutem.
Sic animis juvenum furor additus. Inde, lupi ceu

plus de milliers d'ennemis que jamais n'en envoya contre nous la superbe Mycènes, d'autres phalanges occupent, dans l'enceinte, tous les passages : partout s'élève une barrière de fer, et partout brillent les traits et les glaives prêts à donner la mort. A peine les premières gardes, qui défendent les portes, tentent le combat, et résistent dans l'ombre. »

A ces mots du fils d'Othris, entraîné par les dieux, je m'élance à travers les flammes et le fer, où m'appellent la triste Erinnys, et le bruit des armes, et les cris qui s'élèvent jusqu'aux astres. A moi se joignent Riphée et Iphite dont l'âge est trop élevé. Aux clartés de la lune, accourent se ranger à nos côtés Hypanis et Dymas, et le fils de Mygdon, le jeune Chorèbe, qui, épris pour Cassandre d'un funeste amour, était venu demander sa main à Priam, et offrir à ce prince, ainsi qu'aux Phrygiens, le secours de ses armes : malheureux! qui rejeta les avis trop sûrs d'une amante inspirée.

Dès que je les vois se réunir pour combattre, j'excite leur audace : « Jeunes guerriers! cœurs généreux, mais généreux en vain, si le désir de me suivre vous enflamme quand je vais tout oser, voyez quelle est la fortune de Troie! ils ont tous abandonné leurs temples et leurs autels, les dieux protecteurs de cet empire! Vous défendez une ville que les flammes dévorent! N'importe! mourons, et précipitons-nous au milieu des armes. Le seul salut pour les vaincus est de n'attendre aucun salut. » Ces mots ajoutent au courage la fureur. Tels que des loups ravissans, pressés par la faim, s'élancent en furie,

Raptores, atra in nebula, quos improba ventris
Exegit cæcos rabies, catulique relicti
Faucibus exspectant siccis : per tela, per hostes
Vadimus haud dubiam in mortem, mediæque tenemus
Urbis iter : nox atra cava circumvolat umbra.

Quis cladem illius noctis, quis funera fando
Explicet, aut possit lacrymis æquare labores?
Urbs antiqua ruit, multos dominata per annos :
Plurima perque vias sternuntur inertia passim
Corpora, perque domos, et relligiosa deorum
Limina. Nec soli pœnas dant sanguine Teucri.
Quondam etiam victis redit in præcordia virtus;
Victoresque cadunt Danai : crudelis ubique
Luctus, ubique pavor, et plurima mortis imago.

Primus se Danaum, magna comitante caterva,
Androgeos offert nobis, socia agmina credens
Inscius; atque ultro verbis compellat amicis :
Festinate, viri; nam quæ tam sera moratur
Segnities? Alii rapiunt incensa feruntque
Pergama : vos celsis nunc primum a navibus itis?
Dixit : et extemplo (neque enim responsa dabantur
Fida satis) sensit medios delapsus in hostes.
Obstupuit, retroque pedem cum voce repressit.
Improvisum aspris veluti qui sentibus anguem
Pressit humi nitens, trepidisque repente refugit,
Attollentem iras, et cœrula colla tumentem :

à travers les brumes de la nuit, attendus dans leurs repaires par des louveteaux altérés de carnage, tels à travers les traits, à travers les ennemis, nous courons à une mort qui semble inévitable. Nous marchons au centre de la ville : la nuit épaisse nous enveloppe de ses vastes ombres.

Oh! qui pourrait peindre les désastres de cette nuit! qui pourrait dire tant de funérailles, et, pour tant d'infortunes, avoir assez de larmes! Elle tombe cette ville antique, si long-temps reine de l'Asie. Les cadavres jonchent et la voie publique, et les demeures des Troyens, et le seuil des temples sacrés. Mais le sang des fils de Teucer n'est pas le seul qui soit répandu : souvent le courage renaît dans le cœur des vaincus, et les vainqueurs mordent à leur tour la poussière. Partout est le deuil, partout la terreur, et partout la mort avec ses images horribles.

Le premier Grec qui s'offre à nous est Androgée, que suit une troupe nombreuse : il nous prend, dans l'ombre, pour les siens, et, nous adressant des paroles amies : « Guerriers, hâtez-vous! quelle indolence vous arrête? D'autres arrachent, enlèvent les débris embrasés de Pergame, et vous êtes à peine descendus de vos vaisseaux! » Il dit, et soudain, à notre réponse incertaine, il voit qu'il est tombé au milieu des ennemis. Il frémit, retient sa voix et porte ses pas en arrière. Tel que le voyageur dont le pied a pressé un serpent caché sous la ronce, se trouble épouvanté, et s'éloigne, fuyant le reptile qui gonfle son col azuré, et dresse sa tête menaçante; tel recule Androgée, tremblant à notre aspect. Nous fondons sur sa troupe, nos rangs se serrent et l'enveloppent. L'ignorance des lieux, et l'épouvante qui

Haud secus Androgeos visu tremefactus abibat.
Irruimus, densis et circumfundimur armis;
Ignarosque loci passim et formidine captos
Sternimus: adspirat primo fortuna labori.

Atque hic successu exsultans animisque Chorœbus:
O socii, qua prima, inquit, fortuna salutis
Monstrat iter, quaque ostendit se dextra, sequamur.
Mutemus clypeos, Danaumque insignia nobis
Aptemus: dolus, an virtus, quis in hoste requirat?
Arma dabunt ipsi. Sic fatus, deinde comantem
Androgei galeam, clypeique insigne decorum
Induitur; laterique Argivum accommodat ensem.
Hoc Ripheus, hoc ipse Dymas, omnisque juventus
Læta facit: spoliis se quisque recentibus armat.
Vadimus immixti Danais, haud numine nostro:
Multaque per cæcam congressi prœlia noctem
Conserimus, multos Danaum demittimus Orco.
Diffugiunt alii ad naves, et littora cursu
Fida petunt: pars ingentem formidine turpi
Scandunt rursus equum, et nota conduntur in alvo.
Heu nihil invitis fas quemquam fidere divis!

Ecce trahebatur passis Priameia virgo
Crinibus a templo Cassandra adytisque Minervæ,
Ad cœlum tendens ardentia lumina frustra,
Lumina, nam teneras arcebant vincula palmas.
Non tulit hanc speciem furiata mente Chorœbus,

la presse, la livrent à notre fureur. Ainsi la fortune seconde nos premiers efforts.

L'ARDENT Chorèbe dont l'audace s'exalte dans le succès, s'écrie : « Amis, suivons cette route que le sort, dont la faveur se déclare, montre ici pour nous sauver. Échangeons nos boucliers ; que sur nos têtes flottent les panaches des Grecs. Ruse ou valeur, qu'importe contre l'ennemi ! Lui-même il va nous donner des armes. » Il dit, et saisit le casque à crinière flottante qui couvrait le front d'Androgée ; il prend son bouclier où l'or étincelle, et ceint le glaive qu'il portait. Alors Ryphée, Dymas et mes autres compagnons suivent avec joie cet exemple, et se revêtent de l'armure des Grecs. Nous nous mêlons parmi nos ennemis, mais sans l'aveu des dieux. De nombreux combats sont livrés par nous dans cette nuit profonde, et nous faisons descendre en foule les Grecs aux sombres bords. Les uns fuient vers leurs vaisseaux, et cherchent leur salut sur le rivage ; les autres, que saisit une honteuse épouvante, escaladent de nouveau le cheval qui les a portés, et se cachent dans les cavités qui leur sont connues. Mais hélas ! quel succès peut être durable avec des dieux contraires ?

EN ce moment, traînée hors du sanctuaire et du temple de Minerve, la fille de Priam, Cassandre, les cheveux épars, levait en vain, vers le ciel, ses yeux enflammés de colère : ses yeux, car ses faibles mains étaient retenues par des chaînes. A ce spectacle, saisi d'une horrible fureur, Chorèbe, bravant la mort inévitable, s'é-

Et sese medium injecit moriturus in agmen.
Consequimur cuncti, et densis incurrimus armis.
Hic primum ex alto delubri culmine telis
Nostrorum obruimur, oriturque miserrima caedes,
Armorum facie, et Graiarum errore jubarum.
Tum Danai, gemitu atque ereptae virginis ira,
Undique collecti invadunt : acerrimus Ajax,
Et gemini Atridae, Dolopumque exercitus omnis.
Adversi rupto ceu quondam turbine venti
Confligunt, Zephyrusque, Notusque, et laetus Eois
Eurus equis : stridunt sylvae; saevitque tridenti
Spumeus, atque imo Nereus ciet aequora fundo.

ILLI etiam, si quos obscura nocte per umbram
Fudimus insidiis, totaque agitavimus urbe,
Apparent : primi clypeos mentitaque tela
Agnoscunt, atque ora sono discordia signant.
Ilicet obruimur numero : primusque Choroebus
Penelei dextra, Divae armipotentis ad aram
Procumbit : cadit et Ripheus, justissimus unus
Qui fuit in Teucris, et servantissimus aequi :
Dis aliter visum. Pereunt Hypanisque, Dymasque,
Confixi a sociis : nec te tua plurima, Pantheu,
Labentem pietas, nec Apollinis infula texit.
Iliaci cineres, et flamma extrema meorum,
Testor, in occasu vestro, nec tela, nec ullas
Vitavisse vices Danaum, et si fata fuissent
Ut caderem, meruisse manu. Divellimur inde,

lance sur la foule barbare. Nous nous précipitons à sa
suite, et combattons, serrant nos rangs dans la mêlée.
Mais alors, du haut du temple, les Troyens, ignorant
nos armes et nos panaches étrangers, nous accablent de
leurs traits, et sèment sur nous le carnage. En même
temps, les Grecs, auxquels nous avons enlevé leur proie,
frémissent de rage, se rallient, et nous attaquent de toutes parts : c'est le bouillant Ajax, ce sont les deux Atrides, c'est la phalange entière des Dolopes. Ainsi se dis-
putent l'empire des airs et déchirent la nue, les vents
ennemis, Zéphire, Notus et l'Eurus, fier de guider les
coursiers de l'Aurore : les forêts sont ébranlées ; et, couvert d'écume, Nérée soulève de son trident les mers dans
leurs profonds abîmes.

Ceux même qu'à la faveur d'un déguisement, servi
par les ténèbres, nous avons mis en fuite, et chassés
dans toute la ville, reparaissent : ils ont les premiers reconnu nos boucliers menteurs, nos armes empruntées,
et, dans notre voix, ils signalent un accent étranger. Le
nombre nous accable. Sous le fer de Pénélée, Chorèbe
le premier tombe aux autels de Pallas. Il tombe aussi
Ryphée, le plus juste entre les Troyens, le plus saint
observateur des lois : mais sa justice n'a pu désarmer les
dieux. Hyppanis et Dymas succombent sous les traits de
leurs compagnons. Et toi, Panthée, ni ton respect pour
les dieux immortels, ni la thiare d'Apollon n'ont protégé
ta vie. Cendres d'Ilion ! flammes qui servîtes de bûcher
à mes concitoyens ! je vous atteste ici : dans cette vaste
ruine, je n'ai évité ni le fer des Grecs, ni aucun de leurs
combats ; et si le Destin eût voulu m'ensevelir avec ma
patrie, mon bras m'avait mérité cet honneur. Cependant

Iphitus et Pelias mecum : quorum Iphitus aevo
Jam gravior, Pelias et vulnere tardus Ulyssei.

Protinus ad sedes Priami clamore vocati.
Hic vero ingentem pugnam, ceu cetera nusquam
Bella forent, nulli tota morerentur in urbe :
Sic Martem indomitum, Danaosque ad tecta ruentes
Cernimus, obsessumque acta testudine limen.
Haerent parietibus scalae, postesque sub ipsos
Nituntur gradibus, clypeosque ad tela sinistris
Protecti objiciunt, prensant fastigia dextris.
Dardanidae contra turres ac tecta domorum
Culmina convellunt : his se, quando ultima cernunt,
Extrema jam in morte parant defendere telis :
Auratasque trabes, veterum decora alta parentum,
Devolvunt : alii strictis mucronibus imas
Obsedere fores : has servant agmine denso.

Instaurati animi regis succurrere tectis,
Auxilioque levare viros, vimque addere victis.
Limen erat, caecaeque fores, et pervius usus
Tectorum inter se Priami, postesque relicti
A tergo, infelix qua se, dum regna manebant,
Saepius Andromache ferre incomitata solebat
Ad soceros, et avo puerum Astyanacta trahebat.
Evado ad summi fastigia culminis, unde
Tela manu miseri jactabant irrita Teucri.

sont entraînés avec moi Iphite et Pélias, Iphite appesanti par l'âge, Pélias blessé par Ulysse, et dont les pas deviennent plus lents.

Soudain des cris redoublés nous appellent au palais de Priam. Là, le combat est si terrible, qu'on eût dit toutes les fureurs de la guerre concentrées sur ce point, et absentes du reste de la ville. Nous voyons l'indomptable furie de Mars, les Grecs précipitant leur attaque sur le palais, et, sous la tortue qu'ils forment, en assiégeant l'entrée. Le long des murs sont dressées les échelles : ils s'efforcent pour y monter devant les portes mêmes. D'une main, ils opposent aux traits leurs boucliers, de l'autre, ils saisissent les créneaux. En même temps, les Troyens arrachent les tours et les combles du palais, dernières armes de leur désespoir, et veulent ainsi se défendre contre la mort inévitable. Ils font tomber, sur les phalanges ennemies, les poutres et les lambris dorés, riches ornemens de la demeure de nos rois. D'autres guerriers, le glaive nu, sont rangés, dans l'intérieur, contre les portes, et leurs rangs serrés en défendent l'entrée.

Les dangers de Priam ont réveillé ma fureur. Je veux défendre la royale enceinte, me réunir aux guerriers qui combattent encore, et ranimer l'ardeur des vaincus. Derrière le palais était une porte secrète qui, par des chemins ignorés, conduisait à toutes les demeures de ce vaste édifice. C'est par cette porte qu'aux jours où Troie retenait encore le sceptre de l'Asie, Andromaque venait souvent auprès de Priam et d'Hécube, tenant par la main son cher Astyanax, et présentant l'enfant aux caresses de son aïeul. Je m'élance au faîte du palais, d'où les Troyens font voler des traits impuissans. Sur la pente

Turrim in præcipiti stantem, summisque sub astra
Eductam tectis, unde omnis Troja videri,
Et Danaum solitæ naves, et Achaica castra,
Agressi ferro circum, qua summa labantes
Juncturas tabulata dabant, convellimus altis
Sedibus, impulimusque. Ea lapsa repente ruinam
Cum sonitu trahit, et Danaum super agmina late
Incidit : ast alii subeunt, nec saxa, nec ullum
Telorum interea cessat genus.

VESTIBULUM ante ipsum primoque in limine Pyrrhus
Exsultat, telis et luce coruscus ahena.
Qualis ubi in lucem coluber, mala gramina pastus,
Frigida sub terra tumidum quem bruma tegebat,
Nunc positis novus exuviis, nitidusque juventa,
Lubrica convolvit sublato pectore terga
Arduus ad Solem, et linguis micat ore trisulcis.

UNA ingens Periphas, et equorum agitator Achillis
Armiger Automedon; una omnis Scyria pubes
Succedunt tecto, et flammas ad culmina jactant.
Ipse inter primos, correpta dura bipenni
Limina perrumpit, postesque a cardine vellit
Æratos : jamque, excisa trabe, firma cavavit
Robora, et ingentem lato dedit ore fenestram.
Apparet domus intus, et atria longa patescunt :
Apparent Priami et veterum penetralia regum;
Armatosque vident stantes in limine primo.

rapide du comble, une tour s'élevait jusqu'aux astres. De là on pouvait découvrir Troie tout entière, et le camp et les vaisseaux des Grecs. Le levier attaque cette masse dans sa base circulaire. La hache écarte, sépare du toît les madriers qui l'y rattachent : la tour est ébranlée sur son vaste siège, nous la poussons avec effort, elle se précipite, et, dans sa ruine immense, écrase au loin des phalanges entières. Mais soudain d'autres phalanges les remplacent ; on combat avec furie, et, de toutes parts, volent les pierres, et les traits et la mort.

Devant le vestibule, et sur le seuil même du palais, Pyrrhus s'agite avec audace, et des feux étincelans jaillissent de son armure d'airain. Tel le serpent que les brumes de l'hiver ont tenu engourdi sous la roche où il s'est gonflé de nouveaux poisons, reparaît à la lumière, ayant perdu sa vieille dépouille, et, fier d'une jeunesse nouvelle, dresse son sein aux rayons du soleil, se déroule en mobiles anneaux, et de sa gueule darde un triple aiguillon.

Périphas, vain de sa haute stature, Automédon, qui fut l'écuyer d'Achille, qui guidait dans la mêlée ses coursiers, et tous les jeunes Grecs venus de Scyros, lancent au faîte du palais la flamme dévorante. Pyrrhus, qui les excite, saisit lui-même une hache à deux tranchans, et frappe les portes qu'il ébranle sur leurs gonds d'airain. Déjà le fer a traversé le chêne robuste, et fait, dans son épaisseur, une large ouverture : alors s'offrent aux regards avides l'intérieur du palais et ses longs portiques : on voit l'auguste demeure de Priam où tant de rois habitèrent ; on voit aussi debout, pressés devant l'entrée, des guerriers intrépides qui veulent la défendre.

At domus interior gemitu miseroque tumultu
Miscetur : penitusque cavæ plangoribus ædes
Fœmineis ululant : ferit aurea sidera clamor.
Tum pavidæ tectis matres ingentibus errant,
Amplexæque tenent postes, atque oscula figunt.
Instat vi patria Pyrrhus; nec claustra, neque ipsi
Custodes sufferre valent : labat ariete crebro
Janua, et emoti procumbunt cardine postes.
Fit via vi : rumpunt aditus, primosque trucidant
Immissi Danai, et late loca milite complent.
Non sic, aggeribus ruptis quum spumeus amnis
Exiit, oppositasque evicit gurgite moles,
Fertur in arva furens cumulo, camposque per omnes
Cum stabulis armenta trahit. Vidi ipse furentem
Cæde Neoptolemum, geminosque in limine Atridas :
Vidi Hecubam, centumque nurus, Priamumque per aras
Sanguine fœdantem, quos ipse sacraverat, ignes.
Quinquaginta illi thalami, spes tanta nepotum,
Barbarico postes auro spoliisque superbi
Procubuere : tenent Danai, qua deficit ignis.

Forsitan et Priami fuerint quæ fata, requiras.
Urbis ubi captæ casum, convulsaque vidit
Limina tectorum, et medium in penetralibus hostem,
Arma diu senior desueta trementibus ævo
Circumdat nequicquam humeris, et inutile ferrum

Cependant, au fond du palais, retentissent de longs gémissemens, et s'élève un tumulte lamentable; les femmes remplissent la profondeur des voûtes d'horribles hurlemens, et les cris montent jusqu'aux astres. Les mères éplorées errent sous les longs portiques, embrassent les portes et y collent leurs lèvres glacées. Alors, plein de cette même ardeur qui emportait Achille, Pyrrhus presse l'attaque, et ni les barrières, ni les gardes ne peuvent l'arrêter. Le bélier, à coups redoublés, enfonce les portes; et les portes, arrachées de leurs gonds, tombent avec fracas. La violence a ouvert un passage : les Grecs s'élancent, forcent l'entrée, massacrent les guerriers qui la défendent, et le palais est rempli de soldats. Tel un fleuve en fureur, qui a rompu ses digues, se précipite écumant à travers leurs débris, roule dans la campagne ses flots amoncelés, et entraîne au loin les étables et les troupeaux. J'ai vu moi-même, sur le seuil du palais, Pyrrhus avec les deux Atrides, s'enivrant de carnage; j'ai vu Hécube avec les nombreuses épouses de ses enfans; et, devant les autels de nos dieux, j'ai vu Priam éteindre de son sang les feux sacrés qu'il avait allumés. Les couches nuptiales de ses cinquante fils, espoir, pour nos neveux, d'une longue postérité, et ces superbes portiques, enrichis de l'or des barbares et des dépouilles des vaincus, tout est tombé! Les Grecs ont emporté ce qu'épargna la flamme.

Peut-être demanderez-vous quels furent les derniers momens de Priam. Dès qu'il voit le désastre de sa ville envahie, les portes du palais forcées, et les Grecs vainqueurs au sein de ses dieux domestiques, il charge d'une armure, qui lui est depuis long-temps étrangère, son épaule tremblante sous le faix des ans; il ceint un glaive

Cingitur, ac densos fertur moriturus in hostes.
Ædibus in mediis, nudoque sub ætheris axe,
Ingens ara fuit, juxtaque veterrima laurus,
Incumbens aræ, atque umbra complexa Penates.
Hic Hecuba et natæ nequicquam altaria circum,
Præcipites atra ceu tempestate columbæ,
Condensæ, et Divum amplexæ simulacra sedebant.
Ipsum autem sumptis Priamum juvenilibus armis
Ut vidit : Quæ mens tam dira, miserrime conjux,
Impulit his cingi telis? aut quo ruis? inquit.
Non tali auxilio, nec defensoribus istis
Tempus eget : non, si ipse meus nunc afforet Hector.
Huc tandem concede : hæc ara tuebitur omnes,
Aut moriere simul. Sic ore effata, recepit
Ad sese, et sacra longævum in sede locavit.

Ecce autem elapsus Pyrrhi de cæde Polites,
Unus natorum Priami, per tela, per hostes
Porticibus longis fugit, et vacua atria lustrat
Saucius : illum ardens infesto vulnere Pyrrhus
Insequitur, jam jamque manu tenet, et premit hasta.
Ut tandem ante oculos evasit et ora parentum,
Concidit, ac multo vitam cum sanguine fudit.
Hic Priamus, quamquam in media jam morte tenetur,
Non tamen abstinuit, nec voci iræque pepercit.
At tibi pro scelere, exclamat, pro talibus ausis,
Di (si qua est cœlo pietas, quæ talia curet)

désormais inutile, et s'avance pour mourir dans les rangs ennemis.

Au milieu du palais, dans une cour, sous la voûte des cieux, était un grand autel : un laurier antique inclinait sur lui son feuillage, et couvrait les Pénates de son ombre. Là Hécube et ses filles, telles que des colombes qui s'attroupent sous la noire tempête, étaient assises autour de l'autel, embrassant les images des dieux. Dès que la reine aperçoit Priam pesamment courbé sous l'armure que sa jeunesse avait trouvée légère : « Dans quel délire funeste avez-vous pris ces impuissantes armes? où courez-vous? dit-elle. Ce n'est ni d'un tel secours, ni de tels défenseurs que ce jour a besoin. Non, mon Hector lui-même, s'il vivait encore, ne nous sauverait pas! Arrêtez-vous ici : cet autel nous protègera tous, ou tous nous mourrons ensemble. » Elle dit, reçoit près d'elle le vieillard, et le fait asseoir dans l'enceinte sacrée.

Dans ce moment, échappé au glaive de Pyrrhus, Polite fuyait le long des portiques à travers les traits et les ennemis, et, déjà blessé, errait dans des salles désertes : mais l'ardent Pyrrhus, altéré de carnage, le poursuit; déjà sa main le saisit, et sa lance l'atteint. Polite se traîne vers l'autel où ses parens étaient assis, tombe devant leurs yeux, et sa vie s'écoule avec son sang.

Alors Priam, quoique déjà sûr de mourir, Priam ne retient ni son indignation, ni la colère de sa voix : « Ah! pour ton forfait, s'écrie-t-il, pour ton barbare triomphe, que les dieux, s'il est dans le ciel des dieux qui poursuivent le crime! te donnent le digne salaire du

Persolvant grates dignas, et praemia reddant
Debita; qui nati coram me cernere lethum
Fecisti, et patrios foedasti funere vultus.
At non ille, satum quo te mentiris, Achilles
Talis in hoste fuit Priamo; sed jura fidemque
Supplicis erubuit, corpusque exsangue sepulcro
Reddidit Hectoreum, meque in mea regna remisit.
Sic fatus senior, telumque imbelle sine ictu
Conjecit; rauco quod protinus aere repulsum,
Et summo clypei nequicquam umbone pependit.
Cui Pyrrhus : Referes ergo haec, et nuntius ibis
Pelidae genitori : illi mea tristia facta,
Degeneremque Neoptolemum narrare memento.
Nunc morere. Haec dicens, altaria ad ipsa trementem
Traxit, et in multo lapsantem sanguine nati;
Implicuitque comam laeva, dextraque coruscum
Extulit, ac lateri capulo tenus abdidit ensem.
Haec finis Priami fatorum : hic exitus illum
Sorte tulit, Trojam incensam, et prolapsa videntem
Pergama, tot quondam populis terrisque superbum
Regnatorem Asiae : jacet ingens littore truncus,
Avulsumque humeris caput, et sine nomine corpus.

At me tum primum saevus circumstetit horror :
Obstupui : subiit cari genitoris imago,
Ut regem aequaevum crudeli vulnere vidi

tien, la récompense que tu mérites, toi qui as rendu mes yeux témoins du meurtre de mon fils, et qui de son sang souilles mes cheveux blancs ! Achille lui-même, et tu mens quand tu l'appelles ton père, Achille ne traita point ainsi Priam, son ennemi : il respecta les larmes d'un suppliant, les droits sacrés du malheur, rendit à la tombe la dépouille d'Hector, et me renvoya libre au palais de mes aïeux. »

Ainsi parle le vieillard ; et il jette à Pyrrhus un trait faible et sans atteinte, que l'airain repousse avec un sourd murmure, et qui s'attache à peine au bord du bouclier : « Eh bien, répond Pyrrhus, tu iras donc en messager trouver mon père et lui porter cette nouvelle. Souviens-toi de lui raconter mes tristes exploits, et apprends-lui que Néoptolème dégénère. Maintenant, meurs ! » Il dit, et traîne à l'autel le faible vieillard, qui glisse et chancelle dans le sang de son fils. Pyrrhus saisit, d'une main, ses cheveux blancs, de l'autre lève l'étincelante épée, et la plonge tout entière dans ses flancs.

Ainsi finirent les destins de Priam ; ainsi tomba, quand ses derniers regards embrassaient l'immense ruine de Pergame, écroulée dans les flammes, ce fier monarque de l'Asie, qui avait régné sur tant de peuples et sur tant de contrées ! Ce n'est plus qu'un débris sanglant étendu sur l'arène, qu'un tronc séparé de la tête, qu'un cadavre sans nom.

Alors, pour la première fois, une sombre horreur me pénètre, je frémis : à mes yeux s'offre l'image d'un père, objet de ma tendresse, et qui a vécu l'âge du roi dont j'ai vu le glaive achever la vie. Je vois Créüse sans dé-

Vitam exhalantem; subiit deserta Creusa,
Et direpta domus, et parvi casus Iuli.
Respicio, et quæ sit me circum copia lustro.
Deseruere omnes defessi, et corpora saltu
Ad terram misere, aut ignibus ægra dedere.
JAMQUE adeo super unus eram, quum limina Vestæ
Servantem, et tacitam secreta in sede latentem
Tyndarida aspicio : dant clara incendia lucem
Erranti, passimque oculos per cuncta ferenti.
Illa sibi infestos eversa ob Pergama Teucros,
Et pœnas Danaum, et deserti conjugis iras
Permetuens, Trojæ et patriæ communis Erynnis
Abdiderat sese, atque aris invisa sedebat.
Exarsere ignes animo : subit ira cadentem
Ulcisci patriam, et sceleratas sumere pœnas.
Scilicet hæc Spartam incolumis patriasque Mycenas
Aspiciet? partoque ibit regina triumpho?
Conjugiumque, domumque, patres, natosque videbit,
Iliadum turba et Phrygiis comitata ministris?
Occiderit ferro Priamus? Troja arserit igni?
Dardanium toties sudarit sanguine littus?
Non ita : namque etsi nullum memorabile nomen
Fœminea in pœna est, nec habet victoria laudem;
Exstinxisse nefas tamen, et sumpsisse merentis
Laudabor pœnas, animumque explesse juvabit
Ultricis flammæ, et cineres satiasse meorum.

fense, ma maison saccagée, et les dangers du jeune
Iule. Je regarde, autour de moi, cherchant quels compagnons me restent : ils ont tous disparu. Dans leur désespoir, les uns se sont précipités du haut des murailles, les autres ont cherché, dans les flammes, la fin de leur misère.

J'étais resté seul. Tandis que les vives lueurs de l'incendie guident mes pas errans, et que de tous côtés s'égarent mes regards, j'aperçois, dans le temple de Vesta, la fille de Tyndare qui se taît et se cache dans l'ombre, redoutant à la fois la haine des Troyens dont elle a renversé l'empire, et la vengeance des Grecs, et le ressentiment d'un époux outragé ; furie également fatale à Troie et à la Grèce, Hélène s'était assise, en silence, aux marches de l'autel. Une fureur soudaine s'allume dans mon sein. Je brûle de venger ma patrie expirante, et d'immoler l'auteur de sa ruine : « Eh ! quoi, disais-je, elle reverrait Mycènes et Sparte, sa patrie ! elle y rentrerait reine et triomphante ! elle retrouverait son époux, ses aïeux, ses enfans, son palais, et traînerait, à sa suite, les Troyennes captives et leurs enfans esclaves ! Et cependant Priam serait tombé sous le glaive ! Troie aurait péri dans les flammes ! et le sang des enfans de Dardanus aurait si long-temps et tant de fois fumé sur ce rivage ! Non, qu'il n'en soit pas ainsi. Quoique le châtiment d'une femme soit sans gloire, et ce triomphe sans honneur, du moins on me louera d'avoir, en donnant au crime sa peine, purgé la terre d'un fléau si funeste ! et moi-même je m'applaudirai d'avoir assouvi ma vengeance, et satisfait aux mânes de mes concitoyens ! »

Talia jactabam, et furiata mente ferebar,
Quum mihi se, non ante oculis tam clara, videndam
Obtulit, et pura per noctem in luce refulsit
Alma parens, confessa Deam, qualisque videri
Coelicolis et quanta solet; dextraque prehensum
Continuit, roseoque haec insuper addidit ore :
Nate, quis indomitas tantus dolor excitat iras?
Quid furis? aut quonam nostri tibi cura recessit?
Non prius aspicies ubi fessum aetate parentem
Liqueris Anchisen? superet conjuxne Creusa,
Ascaniusque puer? quos omnes undique Graiae
Circumerrant acies : et, ni mea cura resistat,
Jam flammae tulerint, inimicus et hauserit ensis.
Non tibi Tyndaridis facies invisa Lacaenae
Culpatusve Paris : Divum inclementia, Divum,
Has evertit opes, sternitque a culmine Trojam.
Aspice : namque omnem, quae nunc obducta tuenti
Mortales hebetat visus tibi, et humida circum
Caligat, nubem eripiam : tu ne qua parentis
Jussa time, neu praeceptis parere recusa.
Hic, ubi disjectas moles, avulsaque saxis
Saxa vides, mixtoque undantem pulvere fumum,
Neptunus muros, magnoque emota tridenti
Fundamenta quatit, totamque a sedibus urbem
Eruit. Hic Juno Scaeas saevissima portas
Prima tenet, sociumque furens a navibus agmen
Ferro accincta vocat.

Ainsi éclatait ma fureur; et j'étais par elle emporté, lorsqu'apparaît à mes yeux, plus belle qu'ils ne l'avaient vue encore, ma mère, brillant dans les ténèbres d'un éclat divin, et telle que, dans l'Olympe, elle charme les immortels. D'une main, elle me retient, et me dit de sa bouche de rose : « Mon fils, dans quel aveugle transport s'égare ta douleur! et pourquoi ce délire? Que sont devenus tes soins pour des objets si chers à notre amour? où as-tu laissé ton père Anchise, appesanti par l'âge? Ascagne, ce tendre fruit de ton hymen, et Créüse, sa mère, vivent-ils encore? Les phalanges des Grecs errent autour de leur demeure, et si ma tendresse inquiète n'avait veillé sur eux, déjà la flamme eût dévoré leur asile, et l'épée se fût abreuvée de leur sang. Non, ce n'est point cette fille de Tyndare, que tu hais, ce n'est point le coupable Pâris : ce sont les dieux, les dieux impitoyables qui renversent ce florissant empire, et précipitent Troie du faîte de sa grandeur. Regarde : je vais dissiper le nuage qui couvre tes yeux mortels, et dont la vapeur humide obscurcit les objets qui t'environnent. Mon fils, ne crains point de suivre les conseils de ta mère, et ne refuse point d'obéir à ses lois. Regarde : vois ces masses renversées, ces pierres arrachées à des pierres, cette fumée et cette poussière qui se mêlent et s'élèvent en tourbillons ondoyans! Là, Neptune frappe les murs de son trident, les ébranle jusqu'à leurs bases, et arrache tout Ilion à ses fondemens; là, l'implacable Junon, qui d'abord s'est saisie de la porte de Scée, le glaive à la main, appelle, pour seconder sa fureur, les Grecs qui sont encore sur leurs vaisseaux. Vois, sur la citadelle, au sommet des tours, Pallas, secouant l'horrible égide dans la nue enflammée. Le père des immortels lui-même

Jam summas arces Tritonia, respice, Pallas
Insedit, nimbo effulgens et Gorgone sæva.
Ipse Pater Danais animos viresque secundas
Sufficit : ipse deos in Dardana suscitat arma.
Eripe, nate, fugam, finemque impone labori.
Nusquam abero, et tutum patrio te limine sistam.

 Dixerat, et spissis noctis se condidit umbris.
Apparent diræ facies, inimicaque Trojæ
Numina magna deum.
Tum vero omne mihi visum considere in ignes
Ilium, et ex imo verti Neptunia Troja.
Ac veluti summis antiquam in montibus ornum
Quum ferro accisam crebrisque bipennibus instant
Eruere agricolæ certatim; illa usque minatur,
Et tremefacta comam concusso vertice nutat;
Vulneribus donec paulatim evicta, supremum
Congemuit, traxitque jugis avulsa ruinam.
Descendo, ac, ducente deo, flammam inter et hostes
Expedior : dant tela locum, flammæque recedunt.
Ast ubi jam patriæ perventum ad limina sedis,
Antiquasque domos, genitor, quem tollere in altos
Optabam primum montes, primumque petebam,
Abnegat excisa vitam producere Troja,
Exiliumque pati : Vos o, quibus integer ævi
Sanguis, ait, solidæque suo stant robore vires,
Vos agitate fugam.
Me si cœlicolæ voluissent ducere vitam,

excite le courage des Grecs, et soulève les dieux contre les Troyens. Fuis, mon fils, et cesse de combattre! je vais protéger tes pas et te conduire au palais de ton père. »

Elle dit, et disparaît dans l'ombre épaisse de la nuit. Alors, je vois l'effrayante figure des dieux acharnés à la perte de Troie, tout Ilion s'écrouler dans les flammes, et la ville de Neptune, renversée de fond en comble, n'offrant qu'une vaste ruine. Tel, sur la cime des monts, un orme antique, dont le tronc est déchiré sous les coups redoublés de la hache, menace les bûcherons de sa chute soudaine, chancèle et balance sa chevelure tremblante, jusqu'à ce qu'enfin, vaincu par ses blessures, il fait entendre un dernier gémissement, tombe avec fracas, et la montagne retentit du bruit de sa ruine.

Je descends, et, conduit par une main divine, je traverse, sans obstacle, les feux et les ennemis. Les traits sont détournés, et devant moi la flamme s'éloigne. Dès que j'atteins le seuil antique du palais paternel, Anchise, premier objet de mon inquiétude, et que je veux emporter le premier sur les montagnes voisines, refuse de survivre à la chûte de Troie, et d'aller achever, dans l'exil, sa vie et sa misère : « Vous, dit-il, dont l'âge n'a point glacé le sang; vous, qui gardez toute la vigueur de la jeunesse, fuyez! Pour moi, si les dieux de l'Olympe avaient voulu prolonger mes jours, ils m'auraient con-

Has mihi servassent sedes : satis una superque
Vidimus excidia, et captæ superavimus urbi.
Sic o sic positum affati discedite corpus.
Ipse manu mortem inveniam : miserebitur hostis,
Exuviasque petet : facilis jactura sepulcri est.
Jampridem invisus divis, et inutilis, annos
Demoror, ex quo me divum Pater atque hominum rex
Fulminis afflavit ventis, et contigit igni.

TALIA perstabat memorans, fixusque manebat.
Nos contra effusi lacrymis, conjuxque Creusa,
Ascaniusque, omnisque domus, ne vertere secum
Cuncta pater, fatoque urgenti incumbere vellet.
Abnegat, inceptoque et sedibus hæret in isdem.
Rursus in arma feror, mortemque miserrimus opto.
Nam quod consilium, aut quæ jam fortuna dabatur?
Mene efferre pedem, genitor, te posse relicto
Sperasti? tantumque nefas patrio excidit ore?
Si nihil ex tanta Superis placet urbe relinqui,
Et sedet hoc animo, perituræque addere Trojæ
Teque tuosque juvat; patet isti janua letho.
Jamque aderit multo Priami de sanguine Pyrrhus,
Natum ante ora patris, patrem qui obtruncat ad aras.
Hoc erat, alma parens, quod me per tela, per ignes
Eripis, ut mediis hostem in penetralibus, utque
Ascaniumque, patremque meum, juxtaque Creusam,
Alterum in alterius mactatos sanguine cernam?

servé ces demeures. C'est assez pour moi d'avoir été témoin du désastre d'Ilion, et d'avoir survécu à sa ruine. C'est ici, c'est ici qu'est mon lit funèbre! dites-moi le dernier adieu, et fuyez! je saurai de ma main trouver la mort : ou un ennemi me la donnera par pitié, si ce n'est pour avoir ma dépouille. Il est facile de se passer d'un tombeau. Trop long-temps objet de la haine des dieux, j'ai traîné sur la terre d'inutiles jours, depuis que le père des dieux et des hommes me frappa du vent de sa foudre, et m'effleura de ses feux. »

Il dit, et persiste inébranlable dans sa résolution. Devant mon père pleuraient, avec moi, Créuse, ma compagne, le jeune Iule et tous les miens. Nous le conjurons de ne pas tout entraîner dans sa ruine, de ne pas lui-même aggraver le sort qui nous poursuit : il est sourd à nos instances, immobile sur son siège, immuable dans ses desseins. Alors, dans mon désespoir, je ressaisis mes armes, je veux combattre encore, je veux mourir : car désormais quel conseil et quel espoir restaient à ma douleur! « Moi! fuir! m'écriai-je; moi, mon père, vous abandonner! et vous avez pu l'ordonner! vous avez pu croire que j'obéirais! un ordre si cruel a-t-il pu sortir de la bouche d'un père! Si c'est le plaisir des dieux qu'il ne reste rien de la puissante Troie; si, toujours inflexible, votre dernier vœu est que vos cendres et les nôtres soient réunies aux cendres d'Ilion : eh bien! cette porte est ouverte au glaive et à la mort. Déjà Pyrrhus s'avance, couvert du sang de Priam, Pyrrhus qui égorge les fils sous les yeux de leurs pères, et les pères au pied des autels! O Vénus! ô ma mère! quand tu m'enlevais aux traits et aux flammes, était-ce donc pour me faire attendre l'ennemi au sein du foyer domestique! pour me

Arma, viri, ferte arma: vocat lux ultima victos.
Reddite me Danais, sinite instaurata revisam
Prœlia: nunquam omnes hodie moriemur inulti.

Hic ferro accingor rursus, clypeoque sinistram
Insertabam aptans, meque extra tecta ferebam.
Ecce autem complexa pedes in limine conjux
Hærebat, parvumque patri tendebat Iulum:
Si periturus abis, et nos rape in omnia tecum:
Sin aliquam expertus sumptis spem ponis in armis;
Hanc primum tutare domum, cui parvus Iulus,
Cui pater, et conjux, quondam tua dicta, relinquor.

Talia vociferans, gemitu tectum omne replebat,
Quum subitum dictuque oritur mirabile monstrum.
Namque, manus inter mœstorumque ora parentum,
Ecce levis summo de vertice visus Iuli
Fundere lumen apex, tactuque innoxia molli
Lambere flamma comas, et circum tempora pasci.
Nos pavidi trepidare metu, crinemque flagrantem
Excutere, et sanctos restinguere fontibus ignes.
At pater Anchises oculos ad sidera lætus
Extulit, et cœlo palmas cum voce tetendit:
Jupiter omnipotens, precibus si flecteris ullis,
Aspice nos, hoc tantum: et, si pietate meremur,
Da deinde auxilium, Pater, atque hæc omina firma.

faire voir Ascagne, et mon père, et Créüse immolés et baignés dans leur sang confondu! Aux armes! mes amis, aux armes! Le dernier jour luit pour les vaincus : il nous appelle! Rendez-moi les Grecs! laissez-moi reprendre les combats commencés! Aujourd'hui, nous ne mourrons pas tous sans vengeance! »

Je ceins de nouveau le glaive, j'attache au bras mon bouclier; et j'allais franchir le seuil du palais, quand Créüse éplorée tombe à mes pieds qu'elle embrasse, et, élevant dans ses mains le jeune Iule qu'elle tendait à mes embrassemens : « Ah! s'écrie-t-elle, si tu cours à la mort, entraîne-nous pour mourir avec toi! ou si ton expérience dans la guerre laisse à tes armes quelque espoir, songe d'abord à défendre cet asile où tu laisses ton jeune Iule, ton père, et celle qu'autrefois tu aimais à nommer ton épouse! »

Elle dit, et le palais retentissait de ses gémissemens, quand soudain un prodige étonnant vient frapper nos regards. Tandis qu'Iule est pressé dans les bras et sur les lèvres de sa famille en pleurs, une flamme innocente et légère brille au sommet de sa tête, effleure mollement ses cheveux, et semble se nourrir en se jouant sur son front. Saisis d'effroi, nous voulons secouer la chevelure embrasée, et éteindre dans l'onde ces feux mystérieux. Mais Anchise, levant avec joie ses yeux et ses mains vers les astres, s'écrie : « Puissant Jupiter! s'il est des prières capables de te fléchir, abaisse sur nous un de tes regards; et si notre piété mérite ta faveur, ô père des humains! viens à notre secours, et confirme cet heureux présage! »

Vix ea fatus erat senior, subitoque fragore
Intonuit lævum, et de cœlo lapsa per umbras
Stella facem ducens multa cum luce cucurrit.
Illam, summa super labentem culmina tecti,
Cernimus Idæa claram se condere sylva,
Signantemque vias : tum longo limite sulcus
Dat lucem, et late circum loca sulfure fumant.
Hic vero victus genitor se tollit ad auras,
Affaturque deos, et sanctum sidus adorat :
Jam jam nulla mora est : sequor, et, qua ducitis, adsum.
Di patrii, servate domum, servate nepotem.
Vestrum hoc augurium, vestroque in numine Troja est.
Cedo equidem; nec, nate, tibi comes ire recuso.
Dixerat ille; et jam per mœnia clarior ignis
Auditur, propiusque æstus incendia volvunt :
Ergo age, care pater, cervici imponere nostræ :
Ipse subibo humeris, nec me labor iste gravabit.
Quo res cumque cadent, unum et commune periclum,
Una salus ambobus erit : mihi parvus Iulus
Sit comes, et longe servet vestigia conjux.
Vos famuli, quæ dicam, animis advertite vestris.
Est urbe egressis tumulus, templumque vetustum
Desertæ Cereris, juxtaque antiqua cupressus,
Relligione patrum multos servata per annos.
Hanc ex diverso sedem veniemus in unam.
Tu, genitor, cape sacra manu, patriosque Penates;
Me bello e tanto digressum et cæde recenti

A peine le vieillard a parlé, le tonnerre se fait entendre à gauche ; une flamme, étoile apparente, tombant de l'Éther, court et rayonne dans les ténèbres. Nous la voyons s'abaisser sur le palais, en raser le faîte, et aller cacher son éclat radieux dans les forêts de l'Ida, dont elle semble nous montrer le chemin. Un long sillon de lumière a marqué son passage, et l'odeur du soufre fumant remplit tous les lieux d'alentour.

Vaincu par ce second prodige, mon père se lève avec transport, il invoque les dieux, il adore l'astre sacré : « Je ne résiste plus, s'écrie-t-il, je te suis, et j'irai où tu me conduiras. Dieux de mon pays ! sauvez ma famille ! sauvez mon petit-fils ! Cet augure est de vous, et Troie est encore sous votre protection. Je cède, ô mon fils ! et ne refuse plus de te suivre. »

Il disait ; et déjà dans le palais s'accroît le bruit voisin des flammes, déjà l'incendie roule de plus près ses tourbillons : « Hâtez-vous, m'écriai-je, ô mon père ! venez vous placer sur mes épaules : me voici prêt à vous recevoir, et ce poids sera léger à mon amour. Quels que soient nos destins, nous vivrons ou nous périrons ensemble. Que le jeune Iule marche près de moi, et que ma femme suive de loin mes traces. Et vous, serviteurs fidèles, écoutez et retenez ces paroles : Hors des murs, sur la colline, est un ancien temple de Cérès, maintenant abandonné. A côté s'élève un cyprès dont la piété de nos pères a respecté le vieil âge : c'est là que, par des chemins divers, nous nous réunirons. Vous, mon père, prenez dans vos mains ces vases sacrés et les dieux de la patrie. A peine sorti de la lice sanglante et fumant en-

Attrectare nefas, donec me flumine vivo
Abluero.
Hæc fatus, latos humeros subjectaque colla
Veste super fulvique insternor pelle leonis,
Succedoque oneri : dextræ se parvus Iulus
Implicuit, sequiturque patrem non passibus æquis.
Pone subit conjux. Ferimur per opaca locorum :
Et me, quem dudum non ulla injecta movebant
Tela, neque adverso glomerati ex agmine Graii,
Nunc omnes terrent auræ, sonus excitat omnis
Suspensum, et pariter comitique onerique timentem.
Jamque propinquabam portis, omnemque videbar
Evasisse viam, subito quum creber ad aures
Visus adesse pedum sonitus; genitorque per umbram
Prospiciens : Nate, exclamat, fuge, nate; propinquant.
Ardentes clypeos atque æra micantia cerno.
Hic mihi nescio quod trepido male numen amicum
Confusam eripuit mentem. Namque avia cursu
Dum sequor, et nota excedo regione viarum,
Heu! misero conjux fatone erepta Creusa
Substitit, erravitne via, seu lassa resedit,
Incertum : nec post oculis est reddita nostris.
Nec prius amissam respexi, animumque reflexi,
Quam tumulum antiquæ Cereris, sedemque sacratam
Venimus : hic demum collectis omnibus una
Defuit, et comites, natumque, virumque fefellit.
Quem non incusavi amens hominumque deorumque?

core de carnage, je ne puis les toucher sans crime, avant qu'une eau vive ne m'ait purifié. »

A ces mots, je jette sur mes épaules, en la fixant à mon cou, la dépouille d'un lion, et je m'incline pour recevoir mon précieux fardeau. Le jeune Iule s'attache à ma main, et d'un pas inégal accompagne mes pas. Derrière, à quelque distance, Créüse nous suit. Nous marchons dans les plus sombres détours. Et moi, que n'avaient pu émouvoir ni les traits des Grecs, ni tous les Grecs ensemble, maintenant un léger souffle dans l'air m'épouvante; le moindre bruit me tient suspendu, également inquiet et pour le vieillard que je porte, et pour l'enfant que je conduis.

Déjà j'approchais des portes, et je croyais voir tous les dangers évanouis, quand le son continu et sourd de pas précipités frappe mon oreille; mon père regarde à travers les ténèbres : « Mon fils! dit-il, fuis, mon fils! ils approchent : j'aperçois leurs boucliers étincelans et leurs casques d'airain. » Je ne sais quelle divinité ennemie vient, en ce moment, égarer mes esprits. Je précipite mes pas dans des lieux détournés, et m'éloigne des routes connues. Hélas! ma femme, Créüse.... par quel destin funeste me fut-elle ravie? S'arrêta-t-elle ayant perdu mes traces? ou succomba-t-elle à sa lassitude? Je l'ignore; mais, depuis ce jour, elle ne m'a point été rendue. Je ne repris mes sens, et ne m'aperçus de son absence, que quand nous fûmes arrivés sur la colline, devant le temple de Cérès. Là, tous mes compagnons s'étaient réunis : elle seule manquait; elle seule trompait l'espoir d'un fils, d'un époux et de tous les miens. Oh! qui, dans mon délire, n'accusai-je point des hommes et des dieux!

Aut quid in eversa vidi crudelius urbe?
Ascanium, Anchisenque patrem, Teucrosque Penates
Commendo sociis, et curva valle recondo.
Ipse urbem repeto, et cingor fulgentibus armis.
Stat casus renovare omnes, omnemque reverti
Per Trojam, et rursus caput objectare periclis.
PRINCIPIO muros, obscuraque limina portæ,
Qua gressum extuleram, repeto; et vestigia retro
Observata sequor per noctem, et lumine lustro.
Horror ubique animos, simul ipsa silentia terrent.
Inde domum, si forte pedem, si forte tulisset,
Me refero : irruerant Danai, et tectum omne tenebant.
Ilicet ignis edax summa ad fastigia vento
Volvitur; exsuperant flammæ : furit æstus ad auras.
PROCEDO, et Priami sedes arcemque reviso.
Et jam porticibus vacuis Junonis asylo
Custodes lecti Phœnix et dirus Ulysses
Prædam asservabant : huc undique Troia gaza
Incensis erepta adytis, mensæque deorum,
Crateresque auro solidi, captivaque vestis
Congeritur : pueri et pavidæ longo ordine matres
Stant circum.
Ausus quin etiam voces jactare per umbram,
Implevi clamore vias, mœstusque Creusam
Nequicquam ingeminans, iterumque iterumque vocavi.
QUÆRENTI, et tectis urbis sine fine furenti,
Infelix simulacrum atque ipsius umbra Creusæ

et qu'avais-je vu de plus affreux dans le sac de Troie! Je confie à mes compagnons, Ascagne, mon père Anchise et les pénates troyens : je les cache dans le creux d'un vallon, et, couvert de mes brillantes armes, je revole vers la ville, décidé à tout entreprendre, à parcourir tout Ilion, à présenter de nouveau ma tête à tous les dangers.

Je regagne d'abord les murs et l'obscure issue qui a favorisé ma fuite. Je reporte mes pas sur les traces que j'ai suivies, et mes regards les interrogent dans les ombres de la nuit. Partout l'horreur pénètre mes sens, et le silence même m'épouvante. Peut-être a-t-elle repris le chemin du palais paternel? peut-être y est-elle rentrée? J'y cours : mais les Grecs s'y étaient déjà précipités, et l'occupaient tout entier. Déjà le vent roulait, sur le faîte, l'incendie dévorant, et la flamme en tourbillons s'élançait dans les airs.

J'avance, je vois la demeure de Priam et la citadelle de Troie. Déjà, sous les longs portiques consacrés à Junon, Phœnix et Ulysse, gardiens choisis des dépouilles d'Ilion, veillaient sur cette proie. Là, étaient entassés les trésors ravis dans les temples brûlans, les tables des dieux, les cratères d'or massif, et les riches vêtemens des vaincus. Autour de ce butin, se montraient, rangés en longues files, et captifs, les enfans et les mères tremblantes. J'osai jeter des cris dans les ténèbres; les lieux que je parcourais furent remplis de mes clameurs; et, dans mon désespoir, répétant en vain le nom de Créüse, je l'appelais et l'appelais encore.

Tandis qu'éperdu j'errais, la cherchant dans tout Ilion, un triste simulacre se présente à ma vue : c'était

Visa mihi ante oculos, et nota major imago.
Obstupui, steteruntque comae, et vox faucibus haesit.
Tum sic affari, et curas his demere dictis :
Quid tantum insano juvat indulgere labori,
O dulcis conjux? non haec sine numine divum
Eveniunt; nec te hinc comitem asportare Creusam
Fas : aut ille sinit superi regnator Olympi.
Longa tibi exsilia, et vastum maris aequor arandum.
Ad terram Hesperiam venies, ubi Lydius, arva
Inter opima virum, leni fluit agmine Tibris.
Illic res laetae, regnumque, et regia conjux
Parta tibi : lacrymas dilectae pelle Creusae.
Non ego Myrmidonum sedes Dolopumve superbas
Aspiciam, aut Graiis servitum matribus ibo,
Dardanis, et divae Veneris nurus.
Sed me magna deum genitrix his detinet oris.
Jamque vale, et nati serva communis amorem.

Haec ubi dicta dedit, lacrymantem et multa volentem
Dicere deseruit, tenuesque recessit in auras.
Ter conatus ibi collo dare brachia circum :
Ter frustra comprensa manus effugit imago,
Par levibus ventis, volucrique simillima somno.

Sic demum socios, comsumpta nocte, reviso.
Atque hic ingentem comitum affluxisse novorum
Invenio admirans numerum, matresque, virosque,
Collectam exsilio pubem, miserabile vulgus.

l'ombre de Créüse, mais plus grande que Créüse elle-même. Je frémis, mes cheveux se dressent sur mon front, et la voix expire sur mes lèvres. L'ombre me parle, et console ainsi mes ennuis : « Pourquoi, cher époux, te livrer à de vains regrets ? reconnais, dans le sort qui nous sépare, la volonté des dieux. Il ne t'est point donné d'emmener Créüse pour compagne : le roi de l'Olympe ne l'a point permis. Un long exil t'attend : tu seras longtemps errant sur les vastes mers. Enfin tu parviendras aux rives de l'Hespérie, dans les fertiles campagnes où le Tibre promène son onde paisible. Là, des destins heureux, un trône, une épouse, fille des rois, seront ton partage. Cesse de pleurer sur ta chère Créüse. Non, je ne verrai point, en captive, les superbes demeures des Myrmidons et des Dolopes ; non, je ne servirai point les femmes de la Grèce, moi, née du sang de Dardanus, et l'épouse du fils de Cythérée ! La puissante mère des dieux me retient, sur ces bords, auprès d'elle. Adieu, et chéris toujours le fils, gage de notre hymen. »

Elle dit ; je pleurais, je voulais parler et prolonger l'entretien, quand elle disparaît et s'évanouit dans les airs. Trois fois j'étends les bras pour l'embrasser, et trois fois mes bras n'ont saisi qu'une ombre vaine, pareille aux vents légers, semblable au songe qui s'enfuit.

La nuit achevait son cours quand je rejoins mes compagnons : je m'étonne de trouver leur nombre grossi d'une foule de Troyens des deux sexes, peuple malheureux réuni pour l'exil : ils étaient accourus de tous côtés avec les débris de leur fortune, pleins de confiance,

Undique convenere, animis opibusque parati,
In quascumque velim pelago deducere terras.

JAMQUE jugis summæ surgebat Lucifer Idæ,
Ducebatque diem, Danaique obsessa tenebant
Limina portarum; nec spes opis ulla dabatur.
Cessi, et sublato montem genitore petivi.

et prêts à me suivre en quelque lieu du monde où je voulusse les conduire à travers les mers.

Déja, sur le sommet de l'Ida, l'étoile du matin se levait, et conduisait le jour : les Grecs occupaient toutes les avenues de Troie; aucun espoir de secours ne pouvait être permis. Je cède au destin, et, reprenant mon précieux fardeau, je gravis le mont qui sera notre asile.

NOTES

DU LIVRE SECOND.

––––

1. Macrobe qui, dans ses *Saturnales*, représente souvent Virgile chargé des dépouilles des vieux poètes latins, tels qu'Accius, Ennius, Livius Andronicus, Pacuvius, etc., prétend que tout le second livre de l'*Énéide* a été dérobé à un poète grec, nommé Pisandre. « Ne vous attendez pas, dit-il, que je raconte des choses généralement connues, » *dicturum ne me putatis ea quæ vulgo nota sunt* (*Saturn.*, liv. v, ch. 2). Macrobe ressemble ici au jésuite Hardouin, qui, dans ses opinions étranges sur les OEuvres d'Horace et de Virgile, qu'il supposait avoir été composées par des moines du moyen âge, disait, pour justifier ses incroyables assertions : « Croyez-vous que je me lève tous les matins à trois heures, pour ne rien dire de neuf! » Macrobe affirme donc que Virgile a copié de Pisandre, presque mot à mot, le *second* livre de l'*Énéide*. *Quod eversionem Trojæ cum Sinone suo et equo ligneo*, cæterisque omnibus *quæ librum secundum faciunt a Pisandro* pæne ad verbum *transcripserit*.

Cette accusation a trop exercé la patiente indignation des commentateurs. Heyne l'a longuement réfutée, et Merrick l'a combattue dans sa Dissertation sur Triphiodore, imprimée à Oxford, en 1739. Mais, après bien des recherches, les commentateurs n'ont pu reconnaître, parmi tous les anciens qui ont porté le nom de Pisandre, celui qui aurait pu fournir à l'auteur de l'*Énéide* le sujet de son deuxième livre. « Virgile en a, dit-on, emprunté quelques idées et quelques passages de différens poètes grecs. Je n'irai point, ajoute Delille, chercher les traces des emprunts qu'il a pu faire à des auteurs plus ou moins obscurs. Quel homme, se promenant au bord d'une belle rivière qui coule à plein canal, peut avoir l'envie et le loisir de rechercher quelles sources obscures, quelles filtrations cachées, ont augmenté de quelques gouttes d'eau l'abondance de son lit et la majesté de sa course? »

Heyne a joint à son édition de Virgile une savante dissertation *De auctoribus rerum Trojanarum*. Les principaux, en ne citant que les poètes, sont : chez les Grecs, Homère, Euripide, Dictys de Crète, Quintus de Smyrne, Lesches de Lesbos, auteur de la *Petite Iliade*, poëme qui ne contient que les temps posthomériques; chez les Romains : Livius Andronicus, dont le temps a dévoré les tragédies, intitulées : *Achilles, Helena, Laodamia, Protesilas, Ajax, Equus Trojanus, Odyssea, Egysthus, Hermiones*; Nævius, qui avait publié les tragédies suivantes : *Iphigenia, Protesilaüs, Telephus, Hector, Equus Trojanus, Ægysthus*; Pacuvius, auteur de sept tragédies *de rerum Trojanarum*; elles avaient pour titre : *Chryses, Armorum judicium, Teucer, Iliona, Anchises, Hermiona, Dulorestes*; Accius, qui avait fait vingt-une tragédies sur des sujets tirés de la guerre de Troie : *Achilles, Telephus, Diomedes, Nyctegresia, Epinausimache, Myrmidones, Armorum judicium, Eurysaces, Neoptolemus, Philoctetes, Troades, Andromache, Astyanax, Hecuba, Iliona, Deiphobus, Clytemnestra, Ægysthus, Agamemnonidæ, Æneadæ, Antenoridæ*; Ennius, qui avait fait entrer l'histoire de Troie dans ses *Annales*, et composé les tragédies qui suivent : *Iphigenia, Achilles, Telephus, Phœnix, Ajax, Hectoris lytra, Andromache, Hecuba, Alexander, Dulorestes, Eumenides, Iliona* (qui pourrait être la pièce de Pacuvius); Varron, qui avait donné *Cycnus, Ajax, Armorum judicium, Eumenides*; Attilius, auteur d'une tragédie d'*Électre*; et Pomponius Secundus, qui fit encore une tragédie intitulée : *Armorum judicium*, sujet si souvent traité par les tragiques romains. Enfin le poète Macer avait écrit, suivant Ovide, les évènemens de Troie *ante Homerica* et *post Homerica*.

On voit, par ce dénombrement de soixante-une tragédies, dont le sujet fut pris dans l'histoire troyenne, quelle avait été, avant le siècle d'Auguste, la fécondité des tragiques latins. On doit regretter que tous leurs ouvrages aient péri dans le vaste naufrage de l'antiquité [1].

---

[1] On peut consulter Wernsdorf, qui a écrit des poètes latins homéristes,

Plusieurs commentateurs ont pu croire que Virgile avait enrichi son épopée, de divers emprunts faits à ces anciens auteurs, principalement pour ce qui s'éloignait des traditions homériques. Il est certain qu'il a beaucoup pris dans l'*Hécube* et dans les *Troades* d'Euripide.

2. — Page 98. *Inde toro pater Æneas sic orsus ab alto.*

C'est aussi dans un banquet qu'Ulysse raconte ses aventures à Alcinoüs (*Odyssée*, liv. IX).

Les commentateurs ont recherché si Énée avait sa place sur le lit de Didon, ou si la reine était couchée sur un lit séparé. L'abbé Desfontaines adopte cette dernière opinion : « Il ne paraît guère vraisemblable, dit-il, qu'une reine, à table, fût ainsi couchée entre deux hommes, contre les règles de la pudeur et de la bienséance. Il est vrai que Didon était placée entre Énée et Ascagne, mais il faut *supposer* qu'elle était sur un lit séparé. »

3. — Page 98. *Infandum, regina, jubes renovare dolorem.*

Virgile a imité ce début de l'*Odyssée*. C'est à peu près ainsi qu'Ulysse commence, à la table d'Alcinoüs, le long récit de ses voyages et de ses malheurs. Dante et Milton ont suivi cet exemple, le premier, dans le touchant récit que fait à Virgile Françoise de Rimini, lorsqu'il arrive au cercle des femmes que l'amour a perdues (*Enfer*, chant v); le second, lorsque l'archange Raphaël va raconter au premier homme l'insurrection qui a troublé le ciel (*Paradis perdu*, ch. v). C'est ainsi que, dans la *Henriade* (ch. I), lorsque Élisabeth veut connaître le tableau des malheurs de la France, Henri s'écrie :

> Faut-il que ma mémoire
> Rappelle de ces temps la déplorable histoire?....
> Mon cœur frémit encore à ce seul souvenir :
> Mais vous me l'ordonnez, je vais vous obéir.

4 — Page 98. *Myrmidonum, Dolopumve...........*

Les noms des divers peuples de la Grèce, tels qu'*Achivi*, *Ar-*

dans le IVᵉ volume *Poet. minor.*, page 565 et suivantes. On sait que Dion Chrysostome a composé un discours où il cherche à prouver que Troie n'a jamais existé.

givi, *Danai*, *Dolopes*, *Dorici*, *Myrmidones*, *Pelasgi*, etc., sont souvent employés par les poètes pour désigner les Grecs en général, et ces dénominations variées rendent le vers plus riche et plus harmonieux.

Les Myrmidons et les Dolopes, peuples belliqueux soumis au sceptre de Pélée, avaient suivi Achille au siège de Troie.

5. — Page 98. *Quamquam animus meminisse horret, luctuque refugit.*

Catrou, qui souvent, sans autorité, réforme le texte de Virgile, met *luctum* à la place de *luctu*, et traduit, ou plutôt défigure ainsi ce vers : *malgré l'aversion que j'eus toujours pour me retracer des objets chagrinans.* « La correction que j'ai faite au texte, dit-il, ne peut guère manquer de révolter bien des esprits. » L'abbé Desfontaines, qui poursuit vivement le jésuite, fait cette réflexion : « Il veut qu'Énée fut un homme toujours gai et de bonne humeur, qui chassait loin de lui toutes les idées tristes, et qui avait de *l'aversion pour les objets chagrinans.* »

6. — Page 98. *Instar montis equum, divina Palladis arte,*
    Ædificant.

On a beaucoup écrit et beaucoup disserté sur le cheval de Troie : Quintus de Smyrne et Tryphiodore font aussi la description de ce colosse. Tryphiodore (ch. 1) entre dans de longs détails ; il donne au cheval une grande bouche béante, pour que les Grecs pussent respirer, de grandes oreilles, pour qu'ils pussent entendre, des dents d'argent, des yeux en pierres précieuses, etc.

Servius prétend que le colosse justifiait, par sa masse, la comparaison de Virgile, *instar montis*. Ce commentateur, citant d'anciennes traditions, dit : *fuisse eum longum* cxx, *latum* xxx ; mais il n'explique point s'il s'agissait de pieds ou de coudées.

Hygin rapporte (fable 108) que la tradition du cheval de Troie avait été accréditée par des poètes antérieurs à Homère. En effet, dans le ive et dans le viiie livre de l'*Odyssée*, il est parlé du cheval de Troie comme d'un fait connu.

Winckelman compte quatre anciennes peintures du cheval de Troie. Il est représenté sur la table Iliaque, publiée par Fabretti.

Livius Andronicus et Nævius, tragiques latins antérieurs à Virgile, avaient composé deux tragédies intitulées : *Equus Trojanus.*

Virgile ne place que neuf guerriers dans le cheval de Troie, et il les nomme; Tryphiodore en compte vingt-deux; Quintus, trente, et l'historien Cedrenus, quatre-vingts.

Plutarque rapporte, dans la *Vie de Romulus*, que les anciens Romains immolaient un cheval au dieu Mars, dans une fête annuelle qui se célébrait aux ides de décembre, en commémoration du cheval de Troie.

Les commentateurs ont beaucoup déraisonné sur cette fiction. Les uns veulent que la fatale machine n'ait été qu'une énorme poutre, armée, non d'une tête de bélier, mais d'une tête de cheval, et avec laquelle une brèche fut faite aux murailles de Troie; d'autres prétendent que l'effigie d'un cheval était sur une porte qu'enfoncèrent les Grecs ; d'autres enfin disent que, feignant de lever le siège, les Grecs allèrent se cacher derrière le mont *Hippius*, c'est-à-dire, derrière la montagne du cheval. Ainsi, les savans ont voulu expliquer une fable par des rêveries.

Contentons-nous d'admirer l'art avec lequel Virgile, abandonnant la *vraisemblance historique*, a voulu établir la *vraisemblance poétique* qui suffit à l'épopée, par tous les moyens qui étaient en son pouvoir. Il fait intervenir, 1° la religion : le cheval de bois était un vœu; 2° les prodiges : Laocoon, qui vient de lancer son javelot dans les flancs du colosse, périt misérablement avec ses deux fils, dans les étreintes des deux serpens venus de Ténédos; 3° les discours artificieux du perfide Sinon; 4° la haine des destins, qui fascinent l'esprit et les yeux des Troyens.

7. — Page 100. *Panduntur portæ : juvat ire, et Dorica castra.*

Quintus Calaber raconte que les Troyens, craignant encore quelques ruses des Grecs, étaient sortis de la ville avec leurs armes. On lit dans Tryphiodore : « Les cavaliers troyens se répandaient dans la campagne, mais en regardant autour d'eux, pour s'assurer s'il n'y avait pas une ruse dans la retraite des Grecs. » Priam et d'autres vieillards étaient sortis sur des chars.

Virgile dit encore, dans le même livre (v. 463), *Achaica castra.*

L'abbé Desfontaines, qui veut tout admirer, trouve une beauté dans ces cacophonies. Il eût dû se borner à dire que *Dorica castra, Achaica castra, fama malum, Oceano nox, adverso sole, date tela, te teneo, ipsa satis, teque querelis, siliqua quassante*, et autres rencontres de ce genre, ne choquent point dans le plus parfait des poètes latins. On trouve dans nos grands poètes de semblables rencontres.

Joad dit, dans *Athalie* :

> Mais ce secret courroux,
> Cette oisive vertu, vous en contentez-vous ?

Et Boileau, dans son *Art poétique* :

> S'il ne sent point du ciel l'influence secrète.

8. — Page 100. . . . . *Primusque Thymœtes*...
   Sive dolo......

Thymète pouvait être soupçonné d'intelligence avec les Grecs : Priam l'avait frappé dans sa postérité. Un jour l'oracle annonça qu'un enfant qui venait de naître serait funeste à sa patrie. Hécube et la femme de Thymète avaient été mères ce jour-là, et l'un des enfans nouveau-nés était Pâris. Priam ne voulut pas appliquer l'oracle à son propre fils, et le détourna sur celui de Thymète, qui fut égorgé.

9. — Page 100. *At Capys.*

Ce Capys paraît être le même qui devint un des compagnons d'Énée, et qui commandait un des vaisseaux de sa flotte (livre I, v. 183; x, 145).

10. — Page 102. . . . . . . *Timeo Danaos et dona ferentes.*

Ce vers, devenu proverbe, a été ainsi imité dans le 11ᵉ chant de la *Henriade* :

> Les dons d'un ennemi leur semblaient trop à craindre.

11. — Page 102. *Insonuere cavæ gemitumque dedere cavernæ.*

Chaque mot de ce vers est terminé par un *e*, exemple peut-être unique. Les consonances répétées font ici l'harmonie imitative, comme dans ce vers charmant des *Bucoliques*, où tous les mots, moins un seul, sont terminés par la lettre *a* :

> Mollia luteola pingit vaccinia caltha.

Boileau a imité Virgile dans ce vers du *Lutrin* :

> Et l'orgue même en pousse un long mugissement.

M. de Loynes d'Autroche, qui a traduit l'*Énéide* en vers, et qui se vante plus d'une fois d'avoir mieux fait que Virgile, se contente ici de dire : « *Nous pensons n'être pas restés au dessous de l'original.* » Or, voici les vers de M. de Loynes :

> Et pénétrant le bois, elle y reste en tremblant,
> Du cheval, à ce coup, les entrailles gémirent
> Et ses flancs caverneux long-temps en retentirent.

« Ces *t* répétés (dans le 1er vers) forcent, dit-il, la langue à une espèce de vibration *pareille* à celle de la javeline. »

Le P. Catrou a ainsi défiguré Virgile : « Il lança une javeline dans l'endroit où ces côtes du grand animal venaient aboutir au contour des planches qui en formaient le ventre. » C'est ainsi qu'on traduisait les poètes dans le xviiie siècle, au commencement de la régence !

12. — Page 102. *Ecce manus juvenem interea post terga revinctum.*

Tout le discours de Sinon paraît être une belle invention de Virgile, comme le remarque Heyne, qui a fait une dissertation sur ce personnage (*Excursus* iv). Il croit cependant que le poète a pu imiter Sophocle, qui avait composé une tragédie intitulée *Sinon.*

Quintus, Tryphiodore, Dictys, Darès et Tzetzès, ont parlé de ce perfide Grec. Dans Quintus, il refuse de répondre jusqu'à ce qu'on lui ait coupé les narines et les oreilles : c'est porter loin le fanatisme de la trahison.

On trouve dans les scoliastes grecs la généalogie de Sinon ; il y est dit parent d'Ulysse, et non de Palamède.

Virgile fait arrêter Sinon par des bergers, dans les environs de Troie. Mais, à la suite d'un siège qui avait duré dix ans, y avait-il encore des bergers dans la campagne de Troie ! elle se trouvait si complètement ruinée qu'Ulysse et Palamède étaient obligés d'aller, jusque dans la Thrace, chercher des subsistances pour l'armée des Grecs ? « Dans le plan de refonte de l'*Énéide* que j'avais conçu, dit M. de Loynes, je fais arrêter le jeune et fourbe Grec par un parti de cavalerie, en battant la plaine et les marais voisins. Alors tout était concilié, prudence, vraisemblance et dignité. » On a déjà vu que M. de Loynes voulait *faire mieux* que Virgile, et il avait imaginé, dans ce noble but, de *refaire*, de *refondre* l'*Énéide* !

13. — Page 104. *Belidæ nomen Palamedis.*

Palamède, fils de Nauplius, roi de l'île d'Eubée, s'était attiré la haine d'Ulysse pour avoir découvert la démence qu'il feignait dans le dessein peu héroïque de ne point aller au siège de Troie; et plus tard, pour avoir réussi où Ulysse avait échoué, l'approvisionnement du camp des Grecs par les blés de la Thrace. Le perfide roi d'Ithaque cacha une somme d'or dans la tente de Palamède, supposa une lettre du roi Priam, le complot de livrer les Grecs aux Troyens, et Palamède, condamné à mort par un tribunal de rois, fut lapidé dans le camp. Homère ne parle point de cette fin malheureuse du héros. Pausanias raconte (liv. x, ch. 31) que, tandis qu'il pêchait sur les rives de Troie, Ulysse et Diomède le précipitèrent dans les flots. Suivant Dion Chrysostôme, Agamemnon et Ménélas tuèrent Palamède après avoir appris de lui d'importantes découvertes sur l'art de la guerre. Mais la tradition que Virgile et Ovide ont suivie est aussi celle qui a été adoptée par Dyctis de Crète, par Philostrate et par Hygin.

Nauplius vengea cruellement la mort de son fils, suivant les témoignages d'Apollodore, d'Hygin, de Diodore de Sicile, de Servius et de Lactance. Il parcourut toute la Grèce pour séduire et corrompre les femmes dont les maris étaient absens; il encouragea les adultères amours de Clytemnestre et d'Égysthe. Après la chûte de Troie, il fit allumer, pendant la nuit, des feux trompeurs sur les rochers qui entouraient son île. Plusieurs vaisseaux grecs vinrent se briser sur ces écueils, et les naufragés furent assommés sur le rivage.

C'est à Palamède que Philostrate, Pausanias, Pline, Manilius et plusieurs autres, attribuent l'invention des dés, celle du jeu des astragales ou osselets, celles du trictrac et des échecs. Ce fut encore Palamède qui, suivant le témoignage des anciens, apprit aux Grecs à ranger les troupes en bataille, à placer des sentinelles et à leur donner ce que nous appelons la consigne et le mot d'ordre. Pline assure qu'il inventa, pendant le siège de Troie, quatre lettres de l'alphabet grec (Θ, Σ, Φ, X); Philostrate n'en compte que trois (Υ,

Φ, x). Euripide, cité par Diogène Laërce, loue dans Palamède un poète savant. Suidas raconte que ses poëmes furent supprimés par Agamemnon ou même par Homère; enfin, c'est à Palamède qu'on attribue encore l'invention des poids et mesures, et le règlement du cours de l'année et des mois par le cours du soleil et de la lune.

Virgile fait descendre Palamède de Bélus, un des aïeux de Didon. C'était encore un moyen d'intéresser la reine au récit d'Énée.

14. — Page 106. . . . . *Sæpe illos aspera ponti*
Interclusit hyems.

On ne peut adopter le sentiment du P. Lacerda, qui veut que le mot *hyems* signifie ici *hiver*, et non *tempête*. Par ces mots, *sæpe aspera ponti*, le poète dément l'interprétation du savant commentateur.

15. — Page 106. . . . . *Gelidusque per ima cucurrit*
Ossa tremor.

J'ai osé le premier essayer de reproduire cette image, convaincu qu'il faut, autant que cela est possible, rendre fidèlement le texte original, et ne pouvant adopter, dans sa plénitude, le principe de Delille : « qu'une image trop difficile à rendre doit être remplacée par une *pensée*. » Mais les *pensées* remplacent-elles les images? Au reste, Catrou, les quatre professeurs et Delille lui-même, ont tout-à-fait supprimé celle-ci. Les autres traducteurs ont dit : *Tous les cœurs sont glacés d'épouvante*, ou *tous les fronts ont pâli*, ou *chacun tremble*, etc. J'ai cru pouvoir hasarder, dans notre langue, ce que dit Virgile dans la sienne : *La terreur court glacée dans la moelle des os.*

16. — Page 108. . . . . *Quæ sint ea numina divum.*

Burmann interprète ainsi ce vers : *Quænam sint tam crudelia numina, quæ iterum sanguinem poscant;* mais Heyne juge avec raison que cette question eût été oiseuse (*otiosa quæstio*). Servius interprète *numina divum* par *oracula.*

17. — Page 108. . . . . *Et quæ sibi quisque timebat.*

Racine a heureusement imité, dans son *Iphigénie*, plusieurs passages du récit de Sinon. *Voyez* le discours d'Agamemnon, dans le 1er acte, et le récit d'Ulysse, dans le ve.

18. — Page 108. . . . . *Mihi sacra parari,*
Et salsæ fruges, et circum tempora vittæ.

Il s'agit ici d'une pâte consacrée où il entrait du sel, et qu'on appelait *mola*, d'où est venu le mot *immolare*. On couvrait de cette pâte le front de la victime. Catrou fait dire à Sinon : *On m'avait frotté le front d'une pâte consacrée.* Immoler une victime, ce n'était donc pas l'égorger, c'était la préparer pour le sacrifice.

19. — Page 108. *Quos illi fors ad pœnas ob nostra reposcent.*

Les Grecs et les Romains punissaient sur les enfans les crimes d'état commis par les pères. On trouve plusieurs exemples de ce droit affreux dans les historiens latins (TITE-LIVE, livre II, chapitre 24, etc.).

20. — Page 108. *Quisquis es*. . . . .
Noster eris.

Servius, qui a soin de noter dans Virgile un grand nombre d'allusions aux coutumes civiles et religieuses des Romains, dit que ces mots, *quisquis es*, *noster eris*, étaient la formule avec laquelle les généraux recevaient un transfuge sous les aigles romaines : *Verba sunt, ut habemus in Livio, imperatoris transfugam recipientis in fidem.*

21. — Page 110. *Vos æterni ignes.*

Pomponius et d'autres interprètes ont cru que Sinon attestait ici les feux sacrés de Vesta ; mais Heyne pense, avec plus de raison, que ces mots, *æterni ignes*, ne pouvaient s'entendre que du soleil et des autres astres.

A qui, mieux qu'à Sinon, peut s'appliquer ce vers de Racine :

Toujours les scélérats ont recours au parjure.

« L'accent du cœur, dit M. Tissot, est imité (par le Grec perfide) avec une vérité qui fait frémir. Il y a tout un traité d'éloquence dans le discours de Sinon, et jamais on ne vit un tel triomphe de l'art de persuader en trompant. »

Le Tasse a imité Virgile dans le discours d'Armide (chant IV).

22. — Page 110. *Fas mihi Graiorum sacrata resolvere jura.*

Servius et Pomponius entendent, par le mot *jura*, la foi que le soldat engageait en partant pour la guerre, *sacramentum militare*, qui était en usage chez les Romains. Burmann prétend qu'il est question du serment par lequel les soldats s'engageaient à ne rentrer que vainqueurs dans leurs foyers. Heyne croit plus judicieusement que Sinon parle ici du droit de cité, *civitatis jus*, *jus commune popularium*.

La traduction de Virgile offre souvent plus de difficultés aux maîtres qu'aux écoliers. M. de Guerle paraphrase ainsi les mots *sacrata resolvere jura* : « Oui, je peux sans remords abjurer les lois que Mycène abjura la première. »

23. — Page 110. . . . . *Sacrato avellere templo Palladium.*

Le *palladium* était une statue de Pallas assise, le casque en tête, la pique à la main, et portant la redoutable égide ; le commentateur d'Homère, Eustathe, dit, sur le vi[e] livre de l'*Iliade* : « Les statues de Pallas sont assises à Phocée, à Marseille, à Rome et dans l'île de Chio. » Suivant Apollodore, le *palladium* était une espèce d'automate qui se mouvait de lui-même. Arnobe, Clément d'Alexandrie et Julius Firmicus, qui ont écrit contre le paganisme, prétendent que le *palladium* de Troie était fait des os de Pélops. Apollodore et Tzetzès racontent que le *palladium* tomba du ciel près de la tente d'Ilus, lorsque ce dernier bâtissait la citadelle d'Ilion. D'autres auteurs disent que Dardanus, fondateur de Troie, le reçut de sa mère Électre, comme un talisman à la possession duquel était attachée la durée de la ville qu'il venait de bâtir. Les poètes et les historiens de l'antiquité parlent du soin religieux avec lequel les Troyens veillaient à la conservation du *palladium* : son enlèvement, par Ulysse et par Diomède, est raconté dans le xe livre de l'*Iliade*, et dans le vi[e] des *Fastes* d'Ovide.

Plusieurs anciens auteurs rapportent que les Grecs n'enlevèrent qu'une copie du *palladium*, que l'original fut emporté par Énée en Italie, déposé depuis par Ascagne dans la ville d'Albe, et enfin transporté à Rome dans le temple de Vesta. (DENYS D'HALICARNASSE, 1er liv. des *Antiquités romaines*; PLINE, liv. VII, ch. 44; OVIDE, *Fastes*, liv. VI; JUVÉNAL, sat. III; PLUTARQUE, etc.)

Mais plusieurs villes contestaient à Rome l'honneur de conserver le véritable *palladium* : de ce nombre étaient Argos, Sparte et Lavinium. Les Iliens eux-mêmes prétendaient n'avoir jamais perdu le *palladium*, et disaient l'avoir retrouvé sain et entier dans les cendres du temple de Minerve.

24. — Page 110. *Nec dubiis ea signa dedit Tritonia monstris.*

Les anciens ont ignoré ce qui avait fait donner à Pallas le surnom de *Tritonia :* les interprètes ont voulu le deviner. Les uns ont prétendu que, comme *Trito* est la principale ou la *tête* des îles Éoliennes, Pallas a été dite *Tritonienne*, parce qu'elle était née de la *tête* de Jupiter; d'autres ont imaginé que Pallas avait pris ce nom soit d'un fleuve, soit d'un marais de la Libye, ou de la Béotie, ou de la Thessalie, ou de l'Argolide. Que d'érudition perdue dans de vaines conjectures!

25. — Page 112. *Omina ni repetant Argis, numenque reducant*
Quod Pelago et curvis secum advexere carinis.

Au lieu d'*omina*, on lit dans plusieurs manuscrits et dans diverses éditions, *omnia*; mais ce qui doit décider pour *omina repetant*, c'est qu'on trouve, dans Tite-Live et dans Tacite, *repetere auspicia, omen repetere.*

Ces deux vers de Virgile ont offert à ses interprètes deux sens différens. Les uns ont cru, et c'est le plus grand nombre, qu'ils signifiaient : « Les Grecs doivent aller chercher dans leur patrie le *palladium* qu'ils ont enlevé à Troie et emporté à travers les mers. » Les autres ont pensé que le sens était : « Les Grecs doivent retourner à Argos prendre de nouveaux augures, et retrouver la faveur de la déesse qui avait protégé leur navigation quand ils vinrent sous les remparts de Troie. » Ce dernier sens est suivi par Desfontaines, Binet et de Guerle. Delille a esquivé la difficulté en évitant de traduire les deux vers. J'ai cru devoir adopter le premier sens. Le fourbe Sinon pouvait feindre que le *palladium* avait été transporté à Argos. D'ailleurs, le verbe *advexere* (enlever) ne peut être régi par *numen*; il l'est par le mot *Argolicis*; *numen quod secum advexere*, la divinité qu'ils ont emportée sur leurs vaisseaux, *curvis carinis*.

26. — Page 110. *Arma deosque parant comites.*

Le poète fait allusion à une coutume des Romains. Le consul qui partait pour la guerre, avant de quitter Rome, allait prendre les auspices des dieux. Si le sort des armes était contraire, il revenait chercher de nouveaux augures; et c'est ce qu'on appelait *omen repetere.*

27. — Page 110. .... *Ita digerit omnia Calchas.*

Le texte varie encore dans les manuscrits et dans les éditions: on y trouve *omina* ou *omnia*, et l'on peut traduire: « C'est ainsi que Calchas a tout disposé, » ou « C'est ainsi que Calchas explique les augures. » Les deux versions peuvent être indifféremment admises : elles ne changent rien au sens du discours.

28. — Page 112. *Ultro Asiam magno Pelopeia ad mœnia bello.*

Le poète désigne ici les villes d'Argos et de Mycènes, soumises à Agamemnon, et qui étaient situées dans le Péloponèse.

29. — Page 112. *Talibus insidiis, perjurique arte Sinonis,*
Credita res.

« La crédulité des Troyens, dit l'auteur des *Études sur Virgile*, est une invraisemblance sans excuses. On la pardonne à peine dans Virgile, malgré les savans efforts que le poète a faits pour la justifier en la rendant vraisemblable par l'éloquence de Sinon et par les mouvemens qu'elle excite. »

On trouve aussi le traître Sinon dans le poëme de Quintus Calaber, où il brille moins par la ruse et par la faconde que par une constance tout-à-fait héroïque. Trouvé auprès du cheval, par les Troyens qui l'interrogent et veulent apprendre de lui ce que le colosse renferme dans ses flancs, le Grec commence par déclarer avec serment qu'ils contiennent une offrande destinée à calmer le courroux de Minerve. Il souffre diverses tortures, il se laisse cruellement mutiler, il se dévoue, il est prêt à mourir pour son pays. On ignore si Quintus a vécu avant ou après Virgile. Dans ce dernier cas, il aurait gâté l'admirable tableau du poète latin. Mais si Quintus est antérieur au temps d'Auguste, Virgile aurait fait, en l'imitant, une belle création.

30. — Page 112. *Quos neque Tydides, nec Larissæus Achilles,*
Non anni domuere decem, non mille carinæ.

Achille ne régnait point alors à Larisse, qui obéissait à Lœthus, et était habitée par les Pélasges. *Mille carinæ* semblent offrir un nombre poétique, c'est-à-dire exagéré. Cependant dans l'*Iliade*, liv. II, Homère donne 1186 vaisseaux à la flotte des Grecs.

31. — Page 112. *Laocoon, ductus Neptuno sorte sacerdos.*

Les autels de Neptune étaient ordinairement élevés sur le rivage des mers. Le culte de ce dieu par les Troyens avait dû être interrompu pendant le siège. Laocoon était-il un des fils nombreux de Priam et d'Hécube, ou, suivant une autre tradition, frère d'Anchise? tout est incertitude dans l'histoire des temps héroïques. On dit qu'avant d'être prêtre de Neptune, Laocoon avait été prêtre d'Apollon à Tymbra. Ses deux fils sont appelés Antiphate et Tymbrée. Les traditions varient sur la cause de sa mort. Suivant Hygin, il fut puni par Apollon, pour avoir épousé Antiope contre sa défense, et, suivant Servius, pour avoir profané avec sa femme le temple de ce dieu.

32. — Page 114. *Horresco referens, immensis orbibus angues*

Les scoliastes de Virgile remarquent comme une beauté les quatre *r* qu'on trouve dans *horresco referens*. « Cette lettre *r*, dit Desfontaines, ils l'appellent *littera canina*, et ils prétendent qu'ainsi redoublée elle sert beaucoup à exprimer l'horreur que cause un objet. La remarque n'est pas frivole. Toutes les langues mettent des *r* dans les mots qui ont rapport à la peur. En grec, ὀρρωδία; en latin, *horror, tremor*; en italien, *orrore, paura*; en anglais, *horror, dread*; en français, *terreur, horreur, peur, fureur, frayeur, effroi, frémir, affreux*, etc. De là peut-être le *tonitru* des Latins, en français *tonnerre*, en grec βροντή, en anglais, *thunder*. »

On ne connaît point de serpens avec des crêtes : Virgile leur en donne, *jubæque sanguineæ*: c'est une licence poétique qu'il ne s'est pas seul permise chez les anciens.

Les serpens les plus célèbres chez les poètes sont : Le serpent Python, tué par Apollon; le serpent de Bagrada, qui arrêta une armée ; le serpent qui mangeait à la table d'Ajax ; le serpent Achemorus ; le serpent de Pitane, qui fut changé en rocher ; les serpens élevés par Mélampe, et qui lui apprirent la divination et la langue des oiseaux, etc. — Le serpent était consacré à Esculape, et sacrifié à Bacchus. Il était le symbole de l'année. — Esculape, Acheloüs, Protée, Périclymène, se changeaient eux-mêmes en serpens ; Cadmus et Hermione subirent cette métamorphose contre leur gré. — Hécate, Erynnis, Tisiphone, Méduse, Circé, avaient des chevelures de serpens. — Les anciens croyaient qu'un serpent pouvait naître de la moelle de l'épine du dos, enfouie dans la terre : *Anguem ex medulla hominis spinæ gigni accepimus a multis* (PLIN., lib. x, cap. 66). C'était une des nombreuses erreurs de la physique des anciens.

33. — Page 114. . . . . . *Et incertam excussit cervice securim.*

« Pourquoi faut-il, dit M. Tissot, que la comparaison du grand-prêtre avec un taureau blessé qui fuit l'autel et secoue en fuyant la hache incertaine dont il a été frappé, vienne interrompre un moment le plaisir douloureux d'une terreur si profonde, et nous désabuser en nous montrant le poète si bien caché jusqu'alors ? Un écrivain pouvait seul commettre la faute de Virgile ; jamais un témoin de la scène, dans quelque classe que vous le choisissiez, n'aurait pensé au taureau du sacrifice, en retraçant les dernières souffrances de Laocoon. » Delille aussi ne trouve *rien de bien ingénieux* dans cette comparaison. Il se borne à admirer la *hardiesse* du mot *excussit securim*, et l'épithète *incertam*, qui lui paraît *parfaitement choisie*.

Virgile a trouvé cette comparaison dans l'*Iliade*. Sénèque dit, dans *Agamemnon* : *Cervice taurus vulnus incertum ferens*. La même comparaison est employée dans l'*Hercule furieux*, lorsqu'il est revêtu de la tunique de Nessus :

. . . . Qualis impressa fugax
Taurus bipenni vulnus et telum ferens
Delubra vasto trepida mugitu replet.

34. — Page 114. *Sub pedibusque deæ, clypeique sub orbe teguntur.*

Virgile a voulu sans doute faire allusion à la statue de Phidias, placée dans la citadelle d'Athènes, et qui, suivant Pausanias (l. 1, chap. 24), représentait Pallas ayant un serpent couché sous ses pieds.

Les commentateurs ont remarqué, comme un prodige, que les deux serpens, venus de Ténédos, aient traversé la mer, la campagne de Troie, la ville, et soient arrivés, toujours rampans, jusqu'à la citadelle. Homère se contente de faire suivre Hercule par un monstre marin, depuis le rivage jusqu'à la plaine.

Les commentateurs ne sont point d'accord sur la question de savoir si l'admirable groupe de Laocoon qui, taillé dans un seul bloc de marbre, fut l'ouvrage de trois sculpteurs Rhodiens, Polydore, Athénodore et Agésandre, se trouvait à Rome quand Virgile écrivit l'*Énéide*, ou s'il n'y parut qu'après sa mort. Dans le premier cas, l'artiste aurait bien inspiré le poète; dans le second, le poète aurait donné à l'artiste une sublime inspiration. Le vieux Pline, né sous Tibère, assure avoir vu le groupe de Laocoon dans le palais de Titus (liv. XXXVI, ch. 5). Quoi qu'il en soit, Sadolet a peint, par une heureuse expression, les douleurs de ce marbre mourant, *veros saxo moriente dolores*. Vanderbourg a publié une savante dissertation sur ce chef-d'œuvre, qui a été trouvé dans une fouille des bains de Titus, où Pline l'avait vu. Pétrone a fait, en vers ïambes, une description poétique de la mort de Laocoon; et l'on peut dire que, sur ce sujet, Pétrone ne se montre inférieur qu'au prince des poètes latins.

Malfilâtre a heureusement imité, dans son poëme de *Narcisse*, la description de Virgile; elle a fourni à Racine quelques traits du récit de Théramène. Ce vers :

> Sa croupe se recourbe en replis tortueux,

est comme une traduction de cette grande image :

> . . . . Sinuantque immensa volumine terga.

On a retenu ces deux vers d'une imitation faite par Fontanes :

> Leur corps dont la moitié dans les ondes se plonge,
> D'orbe en orbe étendu vers la rive s'alonge.

35. — Page 116.   *Et scelus expendisse merentem*
                     Laocoonta ferunt.

Quintus Calaber imagine un supplice peu poétique et dégoûtant, infligé par Minerve à Laocoon. La déesse frappe le pontife d'aveuglement, et l'on n'aperçoit plus dans ses yeux qu'un horrible mélange d'eau et de sang (chant XII).

36. — Page 116 .... *Orandaque divæ*
                           Numina conclamant.

C'est ainsi que souvent la superstition égara la multitude. Quinte-Curce dit : « *Nulla res efficacius multitudinem regit, quam superstitio; alioqui impotens, sæva, mutabilis. Ubi vana religione capta est, melius vatibus quam ducibus suis paret* (liv. IV). Tite-Live dit aussi : « *Nihil in speciem fallacius est, quam prava religio, ubi deorum numen prætenditur sceleribus* (lib. XXIX).

37. — Page 116. *Dividimus muros.*

Quel tableau que celui de tout un peuple égaré, précipitant, dans une fête, l'empire de l'Asie, et hâtant son dernier jour ! Virgile « a mis en contraste, avec beaucoup d'art, l'effroi de ce moment terrible avec la joie et l'empressement aveugle des Troyens travaillant eux-mêmes à leur perte, et, ce qui est encore d'un plus grand effet, avec l'ingénuité confiante des jeunes garçons et des jeunes filles, qui, aidant à ce travail funeste, se plaisent à saisir la corde qui traîne le monstre, se font un sujet d'allégresse de ce qui menace leur ville, le palais de leur roi et leurs propres foyers, fêtent à l'envi leur ruine, et chantent, pour ainsi dire, leur cantique de mort. » (DELILLE.)

Sénèque a peint aussi, dans le IIIe acte d'*Agamemnon*, l'aveuglement funeste des Troyens. Astyanax marche à la tête des enfans, et Polyxène conduit le chœur des jeunes vierges : « L'allégresse est dans toute la ville, et, ce que nous n'avions pas vu depuis le trépas d'Hector, Hécube montre quelque joie. »

38. — Page 116. ...... *Scandit fatalis machina muros.*

Virgile imite ici Euripide, qui, dans la *Troade*, place la fatale machine devant la porte Scée. Macrobe (liv. VI, 2) croit que le poète a aussi imité deux vers qu'il cite d'Ennius.

39. — Page 116. *O patria, o divum domus Ilion, et inclyta bello*
          Mœnia Dardanidum!

Servius trouve tout ce passage imité d'Ennius, qui avait dit :

      O pater! o patria! o primi domus!
      Vidi ego te adstante ope barbarica.

Ces vers sont cités par Cicéron, dans ses *Tusculanes*, comme tirés de l'*Andromaque* d'Ennius.

40. — Page 116. *Vertitur interea cœlum, et ruit Oceano nox.*

Les anciens croyaient que l'Océan bornait l'univers : ils en faisaient sortir le jour et la nuit, qui avaient dans son sein leur lever et leur coucher. Ils pensaient que tout le ciel tournait le soir et le matin, qu'un des côtés du globe céleste était brillant et lumineux, parce que le soleil y était attaché, et que l'autre côté était obscur, mais étoilé, ce qui faisait alternativement le jour et la nuit. Cette mauvaise physique fournissait à la poésie de grandes images. *Vertitur cœlum.... ruit Oceano nox* (*voyez*, pour la consonnance *no nox*, la note 7).

41. — Page 118. .... *Tacitæ per amica silentia lunæ.*

Ce passage a beaucoup embarrassé les traducteurs. Les uns, comme Desfontaines, Binet et Mollevault, font avancer les Grecs par un beau clair de lune ; les autres supposent la lune absente. *La lune ne luisait point*, dit Catrou ; *la lune ne pouvait pas encore éclairer la route*, disent les quatre professeurs. De Guerle fait voguer les Grecs *à la faveur du silence et des ombres*. Gaston traduit ainsi le vers de Virgile :

      Ils marchent; avec eux Phœbé d'intelligence,
      Seconde leurs projets par son heureuse absence.

Delille est plus concis :

      La lune en leur faveur laisse régner la nuit.

M. de Loynes dit :

      La lune, en se cachant, fut même leur complice.

Binet motive son clair de lune par les réflexions suivantes : « Qu'est-ce que ce silence de la lune favorable aux Grecs? ce n'est point le moment où elle est nouvelle, et que les astronomes appellent en effet *silentium lunæ* ; temps où elle ne paraît pas, étant en conjonction avec le soleil, et pour ainsi dire noyée dans ses rayons. 1° On voit, quelques vers plus bas, qu'elle éclairait assez pour faire apercevoir et reconnaître à Énée quelques-uns de ses compagnons; 2° les Grecs eux-mêmes avaient besoin d'être éclairés sur la mer, ne connaissant point la boussole, et ayant tout à craindre des écueils et des rochers en approchant du rivage; 3° tous les historiens qui ont parlé du siège de Troie ont dit qu'elle avait été prise au temps de la pleine lune. » M. le professeur Binet, pour accorder Virgile avec lui-même, suppose une éclipse.

Catrou disserte longuement sur un texte *si contesté* et *si peu entendu*. « Pline, dit-il, cite un passage de Caton en ces termes : *Silente luna seri jubet Marcus Cato*, c'est-à-dire que Caton ordonne de semer quand la lune ne paraît pas. » Il aurait pu citer aussi ce passage de Pétrone : *Luna silet, id est, luna abest*. Catrou croit donc que la lune *ne luisait point* au moment où la flotte grecque s'avançait de Ténédos vers les rivages Troyens, mais qu'elle ne tarda pas ensuite à *luire*, puisqu'Énée reconnut quelques-uns de ses compagnons à la faveur de la lune, *oblati per lunam*. Cette explication peut être adoptée, puisque Virgile, avant de parler du silence de la lune, dit que d'épaisses ténèbres enveloppaient les cieux, la terre et les ruses des Grecs :

> . . . . Ruit oceano nox,
> Involvens umbra magna terramque, polumque,
> Myrmidonumque dolos.

Quoi qu'il en soit, le texte est obscur; et, sans faire la lune absente, ni sans lui donner ses rayons, j'ai cru devoir la cacher sous d'épais nuages, seul moyen de concilier à la fois le poète et les traditions historiques.

42. — Page 118. *Thessandrus Sthenelusque duces, et dirus Ulysses.*

La plupart des chefs que nomme ici Virgile sont célèbres dans Homère : Machaon était fils d'Esculape; Pyrrhus, d'Achille; Thessandre, de Polynice; Sthenelus, de l'impie Capanée, foudroyé par Jupiter, etc.

Dans le XIIe chant de son poëme, Quintus Calaber représente

Sinon s'approchant de la fatale machine et parlant à voix basse, pour n'être entendu que des Grecs ; ils prêtaient l'oreille ; Ulysse a reconnu le traître : « *Sortons*, s'écrie-t-il, *marchons à la victoire!* » Soudain ses compagnons veulent s'élancer : il les retient un moment ; aidé par Epeus, qui construisit le colosse, il ouvre à droite et à gauche ses flancs, avance la tête, regarde, écoute, et les Grecs ne descendent que lorsqu'il a reconnu le silence et l'éloignement des Troyens.

43. — Page 118. . . . . *Et ipse doli fabricator Epeus.*

Epeus, fils de Panopée, phocéen, se distingua, dans les temps héroïques, comme athlète et comme ingénieur. Les anciens racontent que, vers la fin du siège de Troie, il construisit le fameux cheval de bois qui, suivant Pline et Pausanias, n'était qu'une grande machine, une espèce de bélier propre à renverser les murailles. La fable du cheval de Troie a été adoptée par Homère, dans l'*Odyssée*, livre VIII, par Dictys de Crète, Hygin, etc.

44. — Page 118. *Tempus erat quo prima quies.*

Corneille, dans le récit du songe de Pauline, lui fait dire, en parlant de Sévère :

> Il n'était point couvert de ces tristes lambeaux
> Qu'une ombre désolée emporte des tombeaux.

C'est ainsi que le génie imite sans copier, et change même l'ordonnance du tableau. L'auteur du *Génie du Christianisme* compare, dans le second livre, le songe d'Athalie avec le songe d'Énée, et il trouve que Racine, en imitant Virgile, le surpasse, lorsqu'après avoir montré Jésabel,

> Comme au jour de sa mort pompeusement parée,

sa fille, qui veut l'embrasser, ne trouve plus

> Qu'un horrible mélange
> D'os et de chairs meurtris et traînés dans la fange,
> Des lambeaux teints de sang, et des membres affreux
> Que des chiens dévorans se disputaient entr'eux.

M. de Châteaubriand voit, dans cette péripétie, *une de ces beau-*

tés vagues, de ces circonstances terribles de la nature du fantôme. Il admire, d'ailleurs, le songe d'Énée : « ce songe, dit-il, mérite toute notre attention, parce que c'est comme un abrégé du génie de Virgile, où l'on trouve, dans un cadre étroit, toutes les beautés qui lui sont propres.' »

45. — Page 118. *Hei mihi, qualis erat! quantum mutatus ab illo!*

M. de Châteaubriand imite ainsi, dans les *Martyrs* (liv. XVIII), l'apparition d'Hector : « C'était l'heure où le sommeil ferme les yeux des mortels.... Cymodocée, après avoir long-temps prié pour son époux et pour son père, s'était endormie. Demodoccus lui apparaît au milieu d'un songe. Sa barbe était négligée, de larges pleurs tombaient de ses yeux. Il agitait lentement son sceptre augural, et de profonds soupirs échappaient de sa poitrine, etc. »

46. — Page 120. *Æternumque adytis effert penetralibus ignem.*

Le feu, pour sa chaleur, son éclat et sa pureté, était adoré, chez les anciens peuples de l'Asie, comme une divinité. On lit, dans Agathias, que le culte du feu fut transmis par les Chaldéens aux Perses, par les Perses aux Grecs, et par les Grecs aux Romains. « Les Perses, dit Maxime de Tyr, sacrifient au feu, lui apportent des alimens, et lui disent : *Domine ignis, comede.* Le feu sacré était entretenu avec du bois de palmier ou de sapin, et lorsqu'il s'éteignait, il n'était permis de le rallumer qu'aux rayons du soleil. On a beaucoup écrit sur la déesse Vesta, et l'abbé Nadal a fait un volume sur les *Vestales.* Le culte du feu a été retrouvé en Afrique et chez diverses nations sauvages de l'Amérique.

47. — Page 120. *In segetem veluti quum flamma furentibus Austris.*

Cette double comparaison se trouve plusieurs fois dans l'*Iliade.* Voltaire la blâmait dans l'*Énéide.* Delille rapporte l'anecdote suivante : « Est-il convenable, disait Voltaire, qu'Énée emploie dans son récit des comparaisons qui ne conviennent que dans la bouche du poète ? » Je lui répondis qu'Énée était né dans l'Orient, que les Orientaux aiment tout ce qui est figuré, les allégories et les comparaisons. J'ajoutai : « Un de nos plus grands poètes a fait dire à Henri IV, en parlant de la mort de Joyeuse (*Henriade*, chant III) :

> Telle une tendre fleur, qu'un matin voit éclore
> Des baisers du zéphyre et des pleurs de l'aurore,
> Brille un moment aux yeux, et tombe avant le temps
> Sous le tranchant du fer et sous l'effort des vents.

Un sourire un peu embarrassé fut sa réponse. »

48. — Page 122. . . . . *Jam Deiphobi dedit ampla ruinam.*

Le palais de Déiphobe, un des fils de Priam, devint le premier objet de la fureur des Grecs : on en voit la cause au VIe livre.

49. — Page 122. . . . . *Jam proximus ardet.*

Ucalégon était un prince Troyen, un vieillard qu'Homère place dans le conseil de Priam, où il discourait éloigné des combats. On a fait un proverbe du *proximus ardet Ucalegon*.

50. — Page 122. . . . . *Sigea igni freta lata relucent.*

Le promontoire de Sigée était à une lieue de Troie : il avait donné son nom au port de cette ville. On voyait, près du promontoire de Sigée, le tombeau d'Achille, devant lequel Alexandre s'écria : « *Trop heureux jeune homme, d'avoir trouvé un Homère pour chanter tes exploits!* »

51. — Page 122. *Exoritur clamorque virum, clangorque tubarum.*

Dans les temps Iliaques, on ne connaissait encore ni la trompette ni le clairon ; mais Virgile suit ici l'exemple d'Euripide et des autres tragiques grecs.

52. — Page 122. *Arma amens capio*. . . . .

Dans un ouvrage politique publié en 1829, un magistrat (M. Cottu) ayant pris ces mots pour épigraphe, M. Dupin aîné, plaidant pour le rédacteur en chef du *Journal des Débats*, dit : « Certes, à un tel écrit convenait bien l'épigraphe que l'auteur lui a donnée : *Arma amens capio*, et l'on a encore mieux fait lorsque l'on a complété le vers : *Nec sat rationis in armis.* »

53. — Page 122. *Ecce autem telis Panthus elapsus Achivum.*

Panthus ou Panthée était prêtre du temple d'Apollon, dans la citadelle de Pergame. Il est représenté, dans l'*Iliade*, comme un des principaux personnages chez les Troyens. Il avait pour fils Polydamas et Euphorbe, dont Homère fait souvent mention.

54. — Page 122. . . . . *Cursuque amens ad limina tendit.*

On lit, dans plusieurs éditions estimées, *ad litora*. Mais dans quel but Panthée aurait-il couru vers le rivage, se livrer lui-même, et livrer les dieux qu'il emportait, aux ennemis? Il accourt au devant d'Énée, sortant du palais d'Anchise, qui était sur le chemin des montagnes opposé à celui de la mer. On doit donc préférer la version *ad limina* : c'est la seule qui soit admissible.

55. — Page 122. *Quo res summa loco, Pantheu?* . . . .

Un des plus habiles interprètes de Virgile traduit ainsi ce vers : « *Où en sommes-nous, Panthée ?* »

56. — Page 122. . . . . *fuimus Troes, fuit Ilion, et ingens Gloria Teucrorum.*

Gaston croit que Virgile eût dû s'arrêter après *fuit Ilion*. « Il me semble, dit-il, avoir affaibli ce trait admirable, en ajoutant : *Et ingens gloria Teucrorum.* J'ai supprimé cet hémistiche, qui me semble de trop, comme le vers que Corneille a placé après le *qu'il mourut.* » Mais croire trouver un vers faible dans l'*Énéide*, est-ce, pour le traducteur, un motif qui autorise à le supprimer ?

57. — Page 122. . . . . *Vix primi prœlia tentant Portarum vigiles, et cæco Marte resistunt.*

La gradation est ici mal observée. C'est par ce trait que Panthée eût dû commencer son récit. Les gardes des portes ne peuvent plus y combattre quand toute l'armée des Grecs est entrée dans la ville, à moins qu'il ne s'agisse des portes qui étaient opposées au rivage, et par lesquelles les Troyens pouvaient encore se sauver.

58. — Page 124. . . . . *Et maximus annis Iphitus.*

Les anciens manuscrits des poètes classiques contiennent de nombreuses variations pour les mots qui ont quelque analogie dans le son et dans la mesure, et ces variations se remarquent surtout dans les noms propres. Il devait en être ainsi quand le texte ne pouvait être fixé par l'impression, et était abandonné aux copistes, qui transcrivaient comme ils lisaient. Ainsi, on trouve dans les manuscrits *Yphitus*, *Epithus*, *Ephitus*, *Iphicus*. On lit, dans les uns, *maximus armis*; dans les autres, *maximus annis*. Heyne, qui avait consulté un nombre prodigieux de manuscrits, a cru que *maximus armis* offrait le sens le plus naturel; que *maximus annis* ne donnait point l'idée d'un homme en état de combattre; et que d'ailleurs Énée, haranguant les cinq compagnons que lui donne Virgile, commence ainsi son discours : *Juvenes*, etc. Mais les plus habiles commentateurs peuvent se tromper, et Heyne n'a pas fait attention que, dans le même livre (vers 435), le poète, parlant du même compagnon d'Énée, dit :

. . . . Quorum Iphitus anno
Jam gravior.

Heyne suit ici cette leçon. Il eût donc dû dire d'abord : *Magnus annis Iphitus*, et non, ainsi qu'il l'a fait, *magnus armis Epytus*. Comme il n'a point aperçu la contradiction établie par les copistes dans les deux textes qu'il adopte, il n'a fait aucune observation dans ses nombreuses et savantes notes, où l'on trouve assez souvent ce qu'on ne cherche pas, et où l'on cherche plus d'une fois en vain ce qu'on désirerait trouver.

M. Lemaire n'a point relevé l'erreur de Heyne, et a suivi le texte de cet éditeur.

59. — Page 124. . . . . *Juvenisque Chorœbus*

Quoique Virgile fasse de Chorèbe un des gendres de Priam, il ne l'était pas encore. C'est dans l'espérance d'épouser Cassandre, qu'il était venu combattre avec les Troyens. Dans les âges suivans, ces mots : *Il est plus fou que Chorèbe*, étaient un proverbe chez les Grecs.

60. — Page 124. *Quos ubi confertos audere in prœlia vidi.*

Quintus Calaber, liv. XII, rapporte les combats livrés par Énée dans le sac de Troie.

61. — Page 124. *Excessere omnes, adytis arisque relictis.*

Racine dit de Jérusalem, comme Virgile, de Troie :

Ses honneurs sont détruits, ses rois sont rejetés.

Les anciens croyaient, lorsqu'une ville était prise et saccagée, que ses dieux tutélaires l'avaient abandonnée pour passer à l'ennemi ; et pour empêcher cette émigration, les Tyriens, comme le rapportent Quinte-Curce et Plutarque, enchaînaient les statues dans leurs temples : c'est ce qu'Arnobe reprochait aux payens. On trouve dans Macrobe (*Saturn.*, liv. III, ch. 9) la formule singulière et curieuse qu'employaient les généraux romains pour conjurer les divinités protectrices des villes assiégées de se retirer et de les suivre à Rome, où un temple leur serait élevé, où des jeux seraient institués en leur honneur.

62. — Page 124. *Una salus victis, nullam sperare salutem.*

Voici la version de Delille :

> Tout l'espoir des vaincus est un beau désespoir.

Ce vers semble malheureusement rappeler la pointe fameuse du sonnet de Cotin, dont Molière a égayé une des scènes du *Misanthrope* :

> Belle Philis, on désespère
> Alors qu'on espère toujours.

Gaston a mieux dit :

> Le salut des vaincus est de n'en plus attendre.

Mais le mot si énergique *una* n'est pas rendu ; mais la répétition *una salus, nullam salutem*, qui fait image, est oubliée. Au reste, tous les traducteurs se sont comme entendus pour éviter cette répétition.

De Belloy dit, dans sa tragédie de *Gaston et Bayard* :

> Mépriser notre vie est l'art de la sauver.

Mais le désespoir est-il un *art ?* il n'est ici qu'un moyen.

63. — Page 124. . . . . *Inde, lupi ceu*
                        Raptores. . . . .

Homère tire souvent des loups ses comparaisons, dans l'*Iliade* et dans l'*Odyssée*. « La comparaison que fait Énée, de ses compagnons avec des loups furieux, ne me paraît pas convenir à la circonstance. Les loups ravisseurs, affamés, perfides et cruels, sont les Grecs ; mais je ne vois dans les Troyens que des héros qui veulent mourir pour leur patrie en cendres. » (Tissot.)

64. — Page 126. . . . . . . *Nox atra cava circumvolat umbra.*

Ces ténèbres épaisses semblent mal s'accorder avec le clair de lune qui vient de faire reconnaître les compagnons d'Énée, *oblati per lunam*. Cependant l'obscurité pouvait régner dans des rues étroites, et le mot *circumvolat* ne marque pas une obscurité continue.

65. — Page 126. *Plurima perque vias sternuntur inertia passim*
Corpora, perque domos, et relligiosa deorum
Limina.

Corneille paraît avoir voulu imiter ce passage dans ces vers de *Cinna* (act. 1, sc. 3) :

Les uns assassinés dans les places publiques,
Les autres dans le sein de leurs dieux domestiques.

66. — Page 126. *Quondam etiam victis redit in præcordia virtus.*

Tacite dit des Bretons, qui fuient : *Et aliquando etiam victis ira virtusque* (*Vie d'Agricola*, 37).

67. — Page 126. *Androgeos offert nobis.*

Il ne faut pas confondre cet Androgée avec le fils de Minos, dont il est fait mention dans le vi[e] livre. Pomponius Sabinus dit, sans autorité, que celui-ci, dont Virgile seul a parlé, était un des guerriers de Mnesthée, chef des Athéniens (*miles Mnesthæi, ducis Atheniensium*).

68 — Page 126. *Improvisum aspris veluti qui sentibus anguem.*

Comparaison empruntée d'Homère (*Iliade*, liv. III), mais embellie par Virgile.

69. — Page 126. *Attollentem iras, et cœrula colla tumentem.*

Virgile avait dit, dans les *Géorgiques* :

Tollentemque minas et sibila colla tumentem.

C'est la même image et presque le même vers.

70. — Page 128. *Scandunt rursus equum, et nota conduntur in alvo.*

Ce vers a paru à plusieurs critiques une exagération indigne de l'épopée, et mise mal à propos dans le récit du sage Énée.

71. — Page 128. *Crinibus a templo Cassandra adytisque Minervæ,*
Ad cœlum tendens ardentia lumina frustra.

On peut comparer ces vers avec ceux d'Ovide sur le même sujet (*Métamorph.*, liv. XIII, v. 410) :

...... Tractata comis antistita Phœbi
Non profecturas tendebat ad æthera palmas.

Heyne trouve ici Ovide plus chaste que Virgile, *castior nunc ipso Virgilio.*

72. — Page 130. *Adversi rupto ceu quondam turbine venti*
Confligunt, Zephyrusque, Notusque, et lætus Eois.

Macrobe (liv. VI, 2) dit cette comparaison imitée du VIIe livre des *Annales* d'Ennius : elle se trouve aussi dans l'*Iliade*, mais elle est plus belle et plus riche dans le poète latin. Horace représente l'Eurus emporté sur la mer de Sicile :

Eurum equitantem
Siculas per undas.

Equitantem signifie sans doute porté sur un char : car aucun poète n'a fait monter les dieux à cheval.

73. — Page 130. *Penelei dextra.*

Ce Pénélée ne peut être, comme le veulent les quatre professeurs, celui qu'Homère fait chef des Béotiens : car il avait été tué par Eurypile, fils de Téléphe (PAUSANIAS, IX, 5; DICTYS, IV, 17).

74. — Page 130. ...... *Cadit et Ripheus, justissimus unus*
Qui fuit in Teucris, et servantissimus æqui :
Dis aliter visum.

Quelques écrivains ont vu dans ces mots, *dis aliter visum,* l'impiété qu'on reproche à ce vers célèbre de Lucain :

Victrix causa Diis placuit, sed victa Catoni.

Divers traducteurs ont cherché, dans leurs notes, à justifier Virgile. Voici l'interprétation du P. Catrou : « Les dieux ne crurent pas que la probité dût garantir de la mort dans une ville qu'ils haïssaient. » Mais le jésuite s'est-il aperçu qu'il prêtait des passions aux dieux, et qu'il les montrait pleinement injustes et cruels, quand le texte du poète est lui-même susceptible d'interprétation?

75. — Page 130. *Iliaci cineres, et flamma extrema meorum.*

Heyne remarque, avec raison, qu'après les cendres d'Ilion, *iliaci cineres*, ces mots, *et flamma extrema meorum*, signifient : « flammes qui avez servi de bûcher aux Troyens ; » que par conséquent Énée atteste à la fois et les funérailles de Troie et celles de ses habitans. Mais ce n'est pas ainsi que l'ont entendu plusieurs traducteurs de l'*Énéide*. Voici la version de M. Mollevault : « Cendres d'Ilion, dernier tombeau des miens. » Binet dit : « Cendres d'Ilion, flammes qui dévorâtes ses derniers débris. » C'est en prose la traduction de Delille :

> O vous cendres de *Troie!* et vous flammes funestes
> Qui de *mon Ilion* dévorâtes les restes.

Gaston a dit moins bien encore :

> O cendres d'Ilion, ô mânes des héros
> Dont mon bras vainement protégea les travaux !

76. — Page 130. . . . .*Nec tela, nec ullas*
Vitavisse vices Danaum.

Le mot *vices* a plusieurs significations, telles que *sort, situation, vicissitude, changement, retour, hasard, évènemens successifs et variés*. Le sens de Virgile doit être non les hasards des Grecs, *vices Danaum*, mais les combats successifs qu'ils livraient, et dont Énée atteste qu'il n'évita aucun, *nec ullas vitavisse*. Cependant plusieurs traducteurs se sont contentés de dire que le héros affronta les hasards des combats. Ce n'était pas la peine d'attester les ruines de Troie : tout guerrier affronte les hasards. Le poète a voulu dire qu'Énée, resté presque seul au milieu des Grecs, combattit jusqu'à l'heure suprême que les destins avaient marquée pour Ilion.

77. — Page 132. . . . . . . *Obsessumque acta testudine limen.*

Les soldats, rapprochés et joignant en ordre leurs boucliers au dessus de leur tête, quand ils donnaient l'assaut, formaient une espèce de toit qu'on appela *tortue* (TITE-LIVE, liv. XLIV, ch. 9).

78. — Page 132. *Limen erat, cæcæque fores, et pervius usus.*

Il y a dans ce vers trois parties distinctes de l'entrée d'une maison : *limen*, le seuil; *fores*, la porte suspendue sur ses gonds; *pervius usus*, le passage. Cette porte dérobée est une circonstance qui peut d'abord paraître peu digne de l'épopée, mais Virgile a su la relever par de touchans souvenirs. « Cette image noble et même pleine de tendresse, dit Segrais, fait passer avec cette fausse porte cette petite circonstance, sans qu'on s'aperçoive de sa petitesse, par l'adresse du poète et par le bel effet de la fiction. »

79. — Page 134. *Turrim in præcipiti stantem.*

« Pour relever cette vieille tour penchant en précipice, qu'il fallait démolir, dit Segrais, et qui pouvait aisément faire une pauvre idée, Virgile ramène aussitôt la belle vue qui s'y présentait, ajoutant que c'était de là qu'on voyait toute l'enceinte de la ville, qu'on découvrait le camp des Grecs, et qu'on comptait leurs vaisseaux. »

Cette tour est sans doute celle sur laquelle Homère montre Priam assis avec les vieillards de Troie, et demandant à Hélène les noms des chefs qu'il remarquait dans le camp des Grecs (*Iliade*, liv. III).

« Peu de personnes, dit Delille, m'ont paru avoir bien compris la description de cette tour, et des efforts que font les Troyens pour la renverser. » Un traducteur moderne de l'*Énéide*, M. Delestre, dit, dans une note, qu'elle était bâtie *au faîte du palais, sur pilotis*.

80. — Page 134. *Qualis ubi in lucem coluber, mala gramina pastus.*

Cette comparaison est encore dans l'*Iliade*. C'est la seconde fois que, dans le même livre, Virgile emploie la comparaison d'un serpent. « Mais, dit Desfontaines, comme ce sont deux images fort différentes, si c'est un défaut, il est léger. » M. Binet est loin de voir ici « une de ces comparaisons à longue queue, tant critiquées dans les anciens, comme chargées de circonstances superflues et étrangères au sujet. Il s'en faut bien. Il n'en est pas au contraire où la justesse soit plus exacte que dans celle-ci; et l'on trouvera qu'elle ne contient pas un seul mot inutile, étant appliquée à Pyrrhus, pour faire entendre que l'on prendrait le jeune héros pour Achille *lui-même* ressuscité, et sorti de son tombeau avec toute sa valeur, jointe à tout le brillant de la jeunesse. »

81. — Page 134. *Nunc positis novus exuviis, nitidusque juventa,*
Lubrica convolvit sublato pectore terga
Arduus ad solem, et linguis micat ore trisulcis.

Non-seulement Virgile faisait des emprunts aux poètes qui l'avaient précédé : il se prenait des vers entiers à lui-même. Il avait dit, dans les *Géorgiques*, liv. III, v. 437 :

Quum positis novus exuviis, nitidusque juventa,
Arduus ad solem, et linguis micat ore trisulcis.

82. — Page 134. . . . . *Jamque excisa trabe.*

Catrou traduit : « *Déjà il avait fendu poutres et charpente.* » Scarron n'est pas plus plaisant.

83. — Page 134. *At domus interior gemitu miseroque tumultu.*

Servius dit que ce vers est tiré du 11e livre des *Annales* d'Ennius, *de Albæ excidio*.

84. — Page 136. *Amplexæque tenent postes, atque oscula figunt.*

C'était l'adieu suprême de la douleur au désespoir. Ovide représente aussi les mères troyennes embrassant la terre, *dantque oscula terræ* (*Métam.*, l. XIII); *foribus miser oscula figit*, dit Lucrèce.

85. — Page 136. *Instat vi patria Pyrrhus.*

Ces quatre mots de Virgile sont paraphrasés par Delille, en quatre vers :

Au milieu des horreurs de ce jour sanguinaire,
Trop digne d'achever l'ouvrage de son père,
Du meurtrier d'Hector le barbare héritier,
Pyrrhus vient, et déploie Achille tout entier.

Ces vers sont beaux : mais est-ce là traduire ? Est-il permis tantôt d'ajouter au texte quatre vers, tantôt d'en retrancher un pareil nombre, comme l'a fait Delille ?

86. — Page 136. . . . . *Et emoti procumbunt cardine postes.*

La difficulté de traduire Virgile naît plusieurs fois de ce que lui-même n'observe point la gradation nécessaire au récit. Le poète a déjà montré Pyrrhus la hache à la main, arrachant les portes de leurs gonds : *postesque a cardine vellit œratos;* et puis c'est le bélier qui les frappe à coups redoublés, et qui les arrache encore de leurs gonds : *labat ariete crebro janua, et emoti procumbunt cardine postes.* Pyrrhus n'avait donc fait qu'ébranler les portes, et c'est ainsi qu'il faut entendre ou rendre du moins le verbe *vellit.* Or, M. Mollevault, après avoir dit que Pyrrhus *arrache* les portes *à leurs gonds d'airain,* dit plus bas que *les efforts redoublés ébranlent les portes.* Quoi! déjà arrachées à leurs gonds, elles n'étaient même pas ébranlées? *elles tombent arrachées à leurs gonds d'airain.* Ainsi, voilà les portes deux fois arrachées, d'abord par la hache de Pyrrhus, ensuite par le bélier. D'autres traducteurs ont fait la même faute.

87. — Page 136. *Non sic, aggeribus ruptis quum spumeus amnis.*

Cette comparaison est tirée de l'*Iliade*.

88. — Page 136. . . . . *Vidi ipse furentem*
                Cæde Neoptolemum.

Racine a heureusement imité ce passage dans *Andromaque,* act. III, sc. 8.

>Songe, songe Céphise, à cette nuit cruelle
>Qui fut, pour tout un peuple, une nuit éternelle.
>Figure-toi Pyrrhus, les yeux étincelans,
>Entrant à la lueur de nos palais brûlans,
>Sur tous mes frères morts se faisant un passage,
>Et, de sang tout couvert, échauffant le carnage.

Segrais a fait une assez longue dissertation pour justifier Énée qui voit égorger Priam sans voler à son secours. Après avoir passé en revue tout ce que le héros a fait dans cette nuit terrible, Segrais le déclare absous de tout reproche.

Le P. Catrou cherche aussi à le justifier. Il examine les objections des critiques : « Qu'allait-il faire si haut (sur les toits du palais); que ne se joignait-il à Priam? » Le jésuite accuse d'ignorance ceux qui raisonnent ainsi. Énée ne pouvait joindre Priam, car *Priam était alors retiré dans son* SERAIL *où il n'était permis à aucun homme, qu'aux fils du roi, d'avoir accès.* Les autres réfutations sont de la même force, et voici la conclusion : « Virgile n'a point écrit pour la France et par rapport à nos manières. »

La logique du professeur Binet n'est guère plus vigoureuse. « On ne doit pas supposer, dit-il, qu'Énée se soit arrêté à observer à loisir d'en haut ce qui se passait en bas.... N'accusons donc point ici le héros de Virgile d'une lenteur ou d'une circonspection déplacée. »

Mais que pourraient répondre tous les défenseurs de la conduite d'Énée à ces observations de M. Tissot : « Énée est un témoin trop tranquille et trop froid du meurtre de Priam. La force et la chaleur abandonnent presque toujours Virgile dans les mouvemens d'une âme généreuse et passionnée qui enfantent de grandes choses. Qu'on se figure un moment Hector rendu à la vie; de quel œil verra-t-il le successeur d'Achille entrant à la lueur des flambeaux dans le palais de son père? ne fera-t-il point à Priam un rempart de son corps? et si le vieillard succombe, ce fils héroïque et religieux ne s'élancera-t-il pas, le glaive à la main, contre Pyrrhus pour lui arracher la vie? Vaincu, il exhalera son dernier soupir sur le corps de Priam; vainqueur, il sauvera les dépouilles paternelles, qu'il aura défendues comme Ajax défendit le corps de Patrocle.... Eh bien! le prince troyen remplace Hector; et quand il n'aurait pas hérité de sa tendresse filiale, il est citoyen. Le trépas du père de la patrie devrait allumer sa fureur.... il devrait descendre à pas précipités, et courir, le glaive en main, au meurtrier de Priam. Arrêté par des obstacles invincibles, ou retenu par sa mère, il aurait du moins acquitté, par une volonté sublime, la dette du courage et de la fidélité.... Virgile, pour avoir manqué au caractère du guerrier, rend le fils presque ridicule. Héroïque d'abord, Énée nous aurait d'autant plus touché par sa tendresse; au lieu de cela, nous sommes mécontens de son courage, et nous ne prenons qu'une part médiocre à une situation qui devrait nous arracher des larmes. »

89. — Page 136. *Barbarico postes auro spoliisque superbi*
Procubuere.

Barbaricum, c'est-à-dire Phrygien, expression souvent employée par les anciens poètes, et par Ennius dans ce passage que cite Cicéron : *Vidi ego te adstante ope barbarica... tectis cœlatis*, etc. (*Tuscul.*, quæst. 1, 35.)

90. — Page 136. .... *Tenent Danai, qua deficit ignis.*

Delille a mal saisi le sens de Virgile, en disant :

Et le glaive détruit ce qu'épargnent les feux.

De Guerle a copié ce vers. Virgile dit le contraire. Les Grecs emportent ce que la flamme n'a pas détruit. Gaston a fait un autre contre-sens.

Et les Grecs sont partout où n'est pas l'incendie.

M. Delestre a copié Gaston. Il est vrai que c'est l'interprétation de Heyne : *Tenent Danai, hoc est occupata habent loca quæ ignis nondum pervadit.* Mais c'est prêter à Virgile un nonsens : c'est lui faire dire : partout où sont les flammes les Grecs ne sont pas, et ils sont partout où ne sont pas les flammes.

91. — Page 138. *Ingens ara fuit.*

Cet autel était consacré à Jupiter Hercéen : il fut souillé du sang de Priam : *Sparsum cruore regis Hercœum Jovem* (Seneca, *Troad.*).

92. — Page 138. *Præcipites atra ceu tempestate columbæ,*
Condensæ, et, divum amplexæ simulacra, sedebant.

Plusieurs traducteurs ont fait perdre à cette image sa justesse, en comparant les filles d'Hécube assises, à des colombes que la tempête met *en fuite*. Ce contre-sens est fait par M. Mollevault. « Telles que des colombes dont une noire tempête *précipite la fuite*, » et par le professeur Binet : « Semblables à de timides colombes qu'un noir orage a mises *en fuite.* »

93. — Page 138. *Non tali auxilio, nec defensoribus istis*
Tempus eget.

Il y a dans ces mots une simplicité touchante, qui peut passer tout entière dans la traduction. Je m'étonne que cette simplicité ait paru trop nue, et qu'on l'ait cachée sous des ornemens qui la déparent. Quatre ou cinq traducteurs ont changé le *tempus eget* en ces mots : *dans cette extrémité*, ou *l'extrémité où nous sommes demande*, ou *dans l'extrémité où nous sommes*, ou *cette extrémité demande*, ou *ce jour ne demande*. (BINET, REMY ou les quatre professeurs, CATROU, DELESTRE, MOLLEVAULT); un autre, et sa traduction de l'*Énéide* est d'ailleurs très-estimable, fait plaisanter ainsi la malheureuse Hécube : « C'est bien de tels secours, de tels défenseurs qu'il faut en ce moment ! » (MORIN). Quant à Delille et à Gaston, usant de leur privilège de poète, ils ont supprimé ce passage; il a été bien rendu par un de nos critiques les plus habiles (M. Tissot) : « Ce n'est ni d'un tel secours, ni d'un tel défenseur *dont* ce jour a besoin. » *Dont*, au lieu de *que*, est sans doute une faute typographique.

94. — Page 138 .... *Non, si ipse meus nunc afforet Hector.*

Ce trait touchant rappelle un vers heureux de Manilius :

Hectoreamque facem, tutamque sub Hectore Trojam.

95. — Page 138. *Ecce autem elapsus Pyrrhi de cæde Polites.*

Polite est cité, dans l'*Iliade*, comme fils de Priam, et renommé pour la vitesse de ses pieds. Virgile place, parmi les compagnons de la fuite d'Énée, Priamus, fils de Polite (liv. v, vers 564). Heyne a fait une excursion *de Politis cæde*.

M. Deloynes, qui aime à *refondre* Virgile, en le traduisant, suppose que Pyrrhus a été blessé par Polite; sans cette blessure, dit-il, la *férocité* de Pyrrhus *serait trop révoltante*. « On pourra m'objecter peut-être, ajoute-t-il, qu'Homère dit dans l'Odyssée que Pyrrhus n'avait pas été blessé au siège de Troie; mais ce n'est pas une raison, etc. »

96. — Page 140 *At non ille, satum quo te mentiris, Achilles.*

Dans le 24ᵉ livre de l'*Iliade*, Iris, parlant d'Achille, dit à Priam : *Il n'est ni brutal, ni déraisonnable, ni méchant; et il sera touché à la vue d'un homme humilié et suppliant.*

97. — Page 140. *Regnatorem Asiæ: jacet ingens littore truncus,*
Avulsumque humeris caput, et sine nomine corpus.

Ovide dit dans les *Métamorphoses*, liv. XII.

> Jam cinis est, et de tam magno restat Achille
> Nescio quid, parvam quod non bene compleat urnam.

Ces grandes images rappellent ce passage sublime de Bossuet : « La mort ne nous laisse pas assez de corps pour occuper quelque place, et on ne voit là que les tombeaux qui fassent quelque figure. Notre chair change bientôt de nature, notre corps prend un autre nom ; même celui de cadavre.... ne lui demeure pas long-temps ; il devient un je ne sais quoi qui n'a plus de nom dans aucune langue : tant il est vrai que tout meurt en lui, jusqu'à ces termes funèbres par lesquels on exprimait ses malheureux restes. » (*Oraison funèbre d'Henriette d'Angleterre.*)

Euripide, Quintus Calaber et Sénèque, dans la *Troade,* parlent de la mort de Priam. Juvénal l'a vivement retracée dans ces vers :

> Longa dies igitur quid contulit? omnia vidit
> Eversa, ac flammis Asiam ferroque cadentem ;
> Tunc, miles tremulus posita tulit arma tiara,
> Et ruit ante aram summi Jovis, ut vetulus bos,
> Qui domini cultris tenue ac miserabile collum
> Præbet, ab ingrato jam fastiditus aratro.

Quelques commentateurs, voyant que Virgile avait mis *jacet littore,* et non *jacet arena,* ont pensé que Pyrrhus fit traîner le corps de Priam sur le rivage du promontoire de Sigée, devant le tombeau d'Achille, et qu'il y fut abandonné sans sépulture. D'autres critiques ont prétendu, sans raison comme sans vraisemblance, que Virgile avait voulu rappeler la mort de Pompée dans le tableau touchant de la mort de Priam.

98. — Page 142. *Jamque adeo super unus eram, quum limina Vestæ.*

Ce vers et ceux qui suivent, au nombre de *vingt-deux,* manquent dans la plupart des anciens manuscrits, cités par Pierius, Heinsius et Burmann. On les trouve reportés sur un de ces manuscrits, avec une écriture, plus récente et cette suscription : *ista metra non sunt de textu.* Ils n'ont point été insérés dans quelques premières éditions; Servius, Donat et Pomponius n'ont fait sur eux aucun commentaire. On les trouve souvent, dans les *Catalectes* de Virgile, ce qui annonce que leur suppression est ancienne. Heyne croit cependant que ces vers sont de Virgile : *Hos versus Virgilianos esse, non est quod dubites, si eorum indolem et numerosam venustatem exquiras;* mais il pense, avec plusieurs autres commentateurs, que Virgile avait lui-même voulu supprimer ces vers, ou qu'ils furent retranchés par Tucca et Varius, éditeurs de l'Énéide. Cette opinion est celle de l'auteur de l'ancienne vie de Virgile : *Tucca et Varius detraxerunt hæc Virgilio carmina quum emendarent hunc librum jussu Octaviani.* Burmann cite un vieux manuscrit où il est dit que Tucca et Varius jugèrent ces vers indignes du style héroïque, parce qu'il eût été trop honteux qu'un héros voulût égorger une femme : *Non competere stylo heroico, quia turpe esset viro forti in mulierem manus injecisse.*

Cependant plusieurs commentateurs ou traducteurs ont voulu justifier la colère et la vengeance d'Énée : « Ce n'est point, dit le professeur Binet, une femme qu'il veut tuer, c'est un monstre, le fléau de son pays; » mais cette considération ne rend pas le meurtre héroïque, surtout quand on vient de voir Énée n'oser braver Pyrrhus. Le jésuite Catrou paraît avoir pensé comme Binet : « Cet endroit, dit-il, n'est pas si fort inexcusable, qu'il n'ait trouvé d'habiles défenseurs. » M. Morin voit, dans l'emportement d'Énée, *l'effet d'un sentiment bien naturel.* C'est aussi le jugement que porte Desfontaines.

On peut croire que le motif qui décida les exécuteurs testamentaires de Virgile à retrancher les vingt-deux vers, fût la contradiction qu'ils offraient avec le récit que Déïphobe fait à Énée, dans le vi^e livre. Car c'est seulement par des subtilités que plusieurs commentateurs, et, après eux, Segrais, ont voulu expliquer et sauver cette contradiction. Dans les vers retranchés, Hélène se réfugie dans le temple de Vesta, par la crainte du courroux de Ménélas; et, dans le vi^e livre, Déïphobe raconte qu'Hélène, dont il était le troisième époux, avait obtenu son pardon de Ménélas en lui livrant la ville de Troie, le palais et la tête du fils de Priam.

Dans Euripide, ce n'est point de la fureur d'Énée, mais de celle de Ménélas, qu'Hélène est préservée par Vénus.

99. — Page 144. *Aspice : namque omnem, quæ nunc obducta tuenti.*

Les plus anciens poètes font intervenir les dieux dans le siège et dans le renversement de Troie; *voyez* HOMÈRE, QUINTUS CALABER, TRIPHIODORE, etc. Ces dieux sont Neptune, Apollon, Pallas et Junon : Heyne, parlant de la vision des dieux qui renversent Troie, dit : *Grande et mirabile phantasma!* La fiction de Virgile a été imitée par le Tasse (ch. XVIII, st. 93), et par Milton (l. XI, v. 411).

Pétrarque a vu dans cet endroit de l'*Énéide* une singulière allégorie : il y trouve renfermé *magnæ sapientiæ arcanum;* et quel est ce grand secret moral caché dans la vision d'Énée? le voici: *Ab aspectu divinitatis nihil magis abstrahere quam usus Veneris* (PETRARCHA, *de viris illustribus.*)

100. — Page 144. . . . . . . *Hic Juno Scæas sævissima portas.*

La porte de Scée avait été construite par Priam, et conduisait au port de Sigée. On croit qu'elle prit son nom d'un peuple de la Thrace qui était venu avec Dardanus bâtir et peupler la ville de Troie.

101. — Page 146. *Insedit, nimbo effulgens et Gorgone sæva.*

Suivant l'antiquité fabuleuse, Egis était une Gorgone, c'est-à-dire un monstre vomissant des flammes, qui incendiait les moissons et les forêts de la Phrygie. Pallas, ayant tué la Gorgone, couvrit de sa peau son bouclier, qui fut dès lors appelé *Égide*. Au milieu de l'Égide était la tête de la Gorgone entourée de serpens (*Voyez* le VIIIe livre de l'*Énéide*, v. 435).

102. — Page 146. *Ac veluti summis antiquam in montibus ornum.*

Cette comparaison se trouve deux fois dans l'*Iliade*; et Catulle l'emploie aussi dans le poëme de *Thétis et Pélée*.

103. — Page 146. *Descendo, ac, ducente deo, flammam inter et hostes.*

On lit, dans quelques éditions *Ducente dea*. Virgile, à l'imitation des Grecs, prend plus d'une fois le mot *Deus* au genre commun. C'est ainsi que parlant (dans le viie livre, v. 498) de la furie Alecton, il dit : *Nec dextræ erranti Deus abfuit.*

104. Page 148. Anchise avait pu voir le premier saccagement de Troie par Hercule. *Bis Pergameis erepte ruinis* (*Æneid.*, l. iii). Cependant il ne semble parler ici que du dernier désastre de Troie : *Satis una vidimus excidia.*

105. Page 148. Quelques philosophes de l'antiquité croyaient, contre l'opinion commune, qu'il importait peu d'obtenir les honneurs de la sépulture. Mécène dit dans un vers qui nous est resté de lui :

Nec tumulum curo, sepelit natura relictos.

106. — Page 148. *Fulminis afflavit ventis, et contigit igni.*

Les poëtes ont feint qu'Anchise, pour s'être vanté des faveurs de Vénus, fut puni par Jupiter qui l'effleura de sa foudre : « Elle ne l'écrasa point, dit l'abbé Desfontaines, son crime n'étant pas assez grand pour être foudroyé *dans les formes.* » Théocrite dit qu'Anchise en fut quitte pour la perte de la vue. Mais Virgile n'adopte pas cette tradition, car il représente le vieillard emporté par son fils, apercevant de loin, dans l'ombre, des glaives et des casques étincelans :

Ardentes clypeos atque æra micantia cerno.

107. — Page 150. *Ecce levis summo de vertice visus Iuli
Fundere lumen apex.*

Virgile répète ce prodige pour Lavinie (livre viii, v. 73). Pline et Plutarque racontent qu'une flamme avait brillé sur le front de Servius Tullius, encore enfant, pour présager sa future élévation. Le prodige eût disparu si les phénomènes électriques avaient été connus des anciens Romains.

108. — Page 150. *Da deinde auxilium, pater, atque hæc omina firma.*

Cicéron dit, dans le 1er livre de la Divination, que les anciens ne se contentaient pas d'un premier heureux présage, et qu'ils en demandaient aux dieux un second : de là l'expression *secundare.*

Homère parle aussi dans l'*Iliade* du second présage confirmatif du premier.

109. — Page 152 *Stella facem ducens*............

Cette étoile qui se précipite et court (*cucurrit*) au bruit du tonnerre (*intonuit*), et qui est suivie d'une odeur de soufre (*et late circum loca sulfure fumant*), a beaucoup embarrassé les commentateurs. Servius a le premier voulu expliquer cet augure. Plusieurs ont pensé que cette étoile était Lucifer; d'autres, Vénus : mais le tonnerre et le soufre ne vont point avec les astres. La physique moderne n'eût vu dans cette étoile qu'un météore embrasé et courant dans la moyenne région de l'air.

110. — Page 152. *Ergo age, care pater, cervici imponere nostræ.*

Cette aventure d'Anchise porté sur le dos d'Énée était une tradition antique : elle est citée, comme un fait, par Aristote. Le P. Catrou fait dire à Énée : « Allons, mon cher père, mettez-vous sur des épaules prêtes à vous recevoir. » M. de la Boissière n'est pas moins plaisant dans sa traduction :

> Sur mon dos vous porter ce n'est point une gêne;
> L'amour que j'ai pour vous allégera ma peine...
> Iule, auprès de moi, se tiendra, je l'assure;
> Creuze suivra de loin sans chagrin, sans murmure.
> Pour vous, mes serviteurs, faites exactement
> Ce que je vais vous dire assez rapidement.

111. — Page 152. *Mihi parvus Iulus Sit comes, et longe servet vestigia conjux.*

Le mot *longe* a beaucoup fait disserter les commentateurs et a singulièrement embarrassé les traducteurs. Plusieurs ont pensé que le poète latin avait mis *longe* pour *prope*. Joseph Scaliger, le P. Catrou, Desfontaines et Binet ont prétendu que *longe* ne signifie pas précisément *de loin*, et qu'il peut s'entendre aussi *d'un peu loin*, de *quelque distance*. « On est quelquefois loin, dit Desfontaines, quoiqu'on ne soit qu'à quelques pieds de distance. » Delille a traduit dans ce sens :

> Et qu'observant mes pas,
> Mon épouse me suive et ne me quitte pas.

Les quatre professeurs et Binet font marcher Créüse *à quelque distance.* M. Mollevault ne la met ni près ni loin : *mon épouse suivra mes traces.* Malfilâtre supprime ce passage dans le discours d'Énée (voyez le *Génie de Virgile*). L'abbé Desfontaines veut excuser Virgile, mais il le défend aussi mal qu'il le traduit : Énée, dit-il, *voulait aller vite, et il eût été difficile à Créüse de le suivre.* Binet prétend qu'Énée *n'a aucun motif de tenir sa femme éloignée.* Mais le P. Catrou, dit sans façon : « Il fallait bien que le poète défît Énée de Créüse : il devait épouser une autre femme en Italie, et Créüse eût causé un fâcheux embarras pour le dénouement de son poëme. » Il va même jusqu'à louer le *moyen artificieux* employé par Virgile, *pour se débarrasser de Créüse, qui eût fait un mauvais rôle chez Didon et en Italie.* C'est le sentiment de M. de Loynes : « Il fallait que Créüse se perdît. Énée n'aurait pas pu, de son vivant, *faire décemment l'amour* à Didon, ni épouser Lavinie : et alors il n'y aurait plus eu de poëme. »

112. — Page 154. *Attrectare nefas, donec me flumine vivo*
         Abluero.

C'est ainsi que pense et que parle Hector dans l'*Iliade.*

113. — Page 154. . . . . . . *Latos humeros subjectaque colla*
         Veste super fulvique insternor pelle leonis.

Quelques traducteurs ont mal rendu ces vers. Binet dit : « Je jette sur mon cou et sur mes épaules des pans de mon habit, que je recouvre d'une peau de lion. » Binet s'écarte ici, ce qu'il fait rarement, de la version dite des quatre professeurs : « Je me couvris les épaules et le cou d'une peau de lion. » C'est le véritable sens de Virgile. Delille l'a conservé, mais avec peu d'élégance :

. . . . D'un lion j'étends sur moi la peau.

Boissière fait dire à Énée :

Tout étant ordonné, je prends ma double veste :
Sous la peau d'un lion je me sens fort et leste.

114. — Page 154. . . . . *Nate, exclamat, fuge, nate.*

M. Delestre traduit : *fuyons, mon fils, fuyons,* contresens singulier ; car, en ce moment, ils fuyaient tous ensemble. Mais voyant *reluire des boucliers* (même traduction), Anchise s'écrie : *fuge, nate,* c'est-à-dire, *fuis, mon fils! laisse-moi, je retarde ta course.*

115. — Page 154. . . . . . . *Nec post oculis est reddita nostris.*

Presque tous les traducteurs ont dit : *Depuis ce temps-là Créüse ne reparut plus à mes yeux.* Cependant, quelques vers plus bas, Virgile la fait apparaître aux regards d'Énée : *Visa mihi ante oculos;* il fallait donc traduire, comme l'a fait Delille : *Le ciel ne me l'a point rendue.*

116. — Page 156. *Ascanium, Anchisenque patrem, Teucrosque penates.*

Suivant les traditions antiques, Énée eut deux fils, Ascagne qui resta dans la Troade où il se fit un royaume, et Iule qui suivit son père en Italie. Virgile ne parle que de ce dernier, et lui donne tantôt le nom d'Ascagne, tantôt celui d'Iule.

Par les mots *Teucros penates,* il faut entendre, non-seulement les dieux domestiques d'Anchise, mais le *Palladium* et les dieux tutélaires de Troie qu'il avait emportés.

117 — Page 156. *Ipse urbem repeto.* . . . .

On trouve bientôt après : *principio muros.... repeto.* Cette répétition eût disparu, si Virgile avait eu le temps de revoir son poëme.

118. — Page 156 *Et jam porticibus vacuis Junonis asylo.*

Euripide avait tracé, dans les *Troyennes,* le même tableau : « Les bois sacrés sont déserts, les temples sont souillés de sang; Jupiter Hercéen a vu tomber Priam au pied de ses autels; les vaisseaux du vainqueur sont chargés des trésors et des dépouilles de la Phrygie. Le Scamandre retentit des gémissemens des captives qui attendent un maître des caprices du sort : les unes sont distribuées aux différens peuples de la Grèce : l'Arcadien, le Thessalien, les héros issus de Thésée, qui commandent aux Athéniens, ont pris leur part du butin. Celles que leur rang exempte de la condition commune sont enfermées dans une tente, et réservées aux chefs de l'armée. La fille de Tyndare, Hélène est avec elles, et c'est avec justice qu'on la compte parmi les captives. Que si quelqu'un veut contempler une image accomplie du malheur, voilà Hécube prosternée à l'entrée de la tente; elle verse beaucoup de larmes et sur beaucoup de victimes. Sa fille Polyxène vient d'être immolée sur le tombeau d'Achille; Priam et ses enfans ne sont plus; Cassandre, dont Apollon lui-même respecta la virginité, abandonne le culte et les autels du dieu, et se voit contrainte d'entrer, par un hymen clandestin, dans la couche d'Agamemnon. »

119. — Page 156. . . . . *Mensæque deorum.*

On dressait, près des autels, des tables où une part de la chair des victimes était offerte pour le repas des dieux.

120. — Page 156. . . . . *Pueri et pavidæ longo ordine matres*
Stant circum.

On lit dans Pausanias (l. x, 25, 26) que le peintre Polignote avait représenté, dans un tableau, ces captifs troyens; on les voyait aussi sur la table iliaque. Énée n'aperçoit réunis, parmi les captifs, que des femmes et des enfans, *pueri et pavidæ longo ordine matres :* les hommes avaient préféré la mort ou la fuite à l'esclavage. C'est devant le temple de Junon qu'Énée osa plusieurs fois appeler Créüse par son nom, comme s'il avait pensé qu'elle pouvait se trouver parmi les captives. Ovide a retracé, dans le xiiie livre des *Métamorphoses,* la dernière nuit de Troie et les malheurs de la famille de Priam.

121. — Page 158. *Visa mihi ante oculos, et nota major imago.*

Les anciens donnent aux spectres, surtout dans la taille, quelque chose de surhumain. On lit dans Tite-Live, que Decius parut aux yeux des Romains, avec une stature plus grande qu'à l'ordinaire : *Aliquanto augustior humano visu.* La frayeur des apparitions grossissait les objets.

Racine fait tenir à Andromaque le langage de Créüse, dans ces vers :

> Parle-lui tous les jours des vertus de son père,
> Et quelquefois aussi parle-lui de sa mère.

Le héros de Virgile se montre calme au moment d'une séparation éternelle. « A son froid silence, dit M. Tissot, on ne reconnaît pas l'époux désespéré qui vient d'affronter de nouveaux dangers pour retrouver Créüse. Les mouvemens d'une passion ardente ne tombent pas ainsi tout à coup; le cœur ne fait pas si promptement de cruels sacrifices.... L'exemple d'Homère, mais surtout la nature, devaient préserver Virgile d'une faute qui, malheureusement, reviendra plus d'une fois dans le poëme. »

122. — Page 158. . . . . *Ubi Lydius, arva*
Inter opima virum, leni fluit agmine Tibris.

Macrobe dit ces vers imités du ve livre des *Annales* d'Ennius:
Quod per amœnam urbem leni fluit agmine flumen.

Virgile donne au Tibre l'épithète de *Lydius*, parce qu'il a sa source en Etrurie, et que les Etruriens étaient une colonie de Lydiens, comme on le voit dans le viiie livre de l'*Énéide* (v. 479).

Ubi Lydia quondam
Gens bello præclara, jugis insedit hetruscis.

123. — Page 158. *Jamque vale*. . . . .

Heyne examine, dans sa xve excursion, quels furent les destins de Créüse. Pausanias rapporte la tradition que suit Virgile. Le culte de Cybèle resta sur le mont Ida après le sac de Troie.

124. — Page 158. *Ter conatus ibi collo dare brachia circum.*

C'est ainsi que, dans l'*Odyssée*, Ulysse veut embrasser trois fois sa mère Anticlée, qui échappe à ses mains comme une ombre vaine. On peut comparer le discours de Créüse et la douleur tranquille d'Énée, qui trois fois veut embrasser sa femme, et trois fois ne saisit qu'une ombre, au discours d'Eurydice et à la douleur d'Orphée, à la fin du ive livre des *Géorgiques*.

125. — Page 160. *Undique convenere, animis opibusque parati.*

Cette multitude réunie dut prendre alors Énée pour son roi. Aristote nous apprend (*Polit.* 43) que, dans les temps héroïques, la couronne était souvent décernée, dans des rassemblemens, à ceux qui se mettaient à leur tête.

126. — Page 160. *Jamque jugis summæ surgebat Lucifer Idæ*

Les poètes latins, à l'exemple des Grecs, faisaient lever l'étoile du matin sur le mont *Ida*, dans la Phrygie, et l'étoile du soir, sur le mont *OEta*, dans la Thessalie.

LIBER TERTIUS.

Postquam res Asiæ Priamique evertere gentem
Immeritam visum Superis, ceciditque superbum
Ilium, et omnis humo fumat Neptunia Troja,
Diversa exilia et desertas quærere terras,
Auguriis agimur Divum, classemque sub ipsa
Antandro, et Phrygiæ molimur montibus Idæ,
Incerti quo fata ferant, ubi sistere detur;
Contrahimusque viros. Vix prima inceperat æstas,
Et pater Anchises dare fatis vela jubebat.
Littora tum patriæ lacrymans, portusque relinquo,
Et campos ubi Troja fuit : feror exsul in altum
Cum sociis, natoque, Penatibus, et magnis Dis.

Terra procul vastis colitur Mavortia campis,
Thraces arant, acri quondam regnata Lycurgo:
Hospitium antiquum Trojæ, sociique Penates,
Dum fortuna fuit. Feror huc, et littore curvo
Mœnia prima loco, fatis ingressus iniquis;
Æneadasque meo nomen de nomine fingo.

LIVRE TROISIÈME.

Quand, par l'injuste arrêt des dieux, furent renversés la puissance de l'Asie et l'empire de Priam; quand le superbe Ilion fut tombé, et que la ville de Neptune n'offrit plus que de fumantes ruines, les augures divins nous prescrivirent de chercher de lointains exils et des terres désertes. Nous construisons, à la hâte, une flotte sous les hauteurs d'Antandre, au pied du mont Ida, ignorant où nous conduiront les destins, où il nous sera permis de fixer notre demeure. Tous nos compagnons étaient rassemblés; et à peine s'ouvrait le premier été, mon père Anchise ordonne d'abandonner aux destins les voiles. Je quitte, en pleurant, les rivages de la patrie, le port hospitalier, et les champs où fut Troie. Je pars pour l'exil, emmenant avec moi, sur les vastes mers, mes compagnons, mon fils, mes Pénates et les grands dieux de Pergame.

Il est une terre consacrée au dieu Mars, dont les Thraces cultivent les vastes plaines, et où régnait autrefois le sévère Lycurgue. Une antique hospitalité et des Pénates amis unissaient les peuples de ces contrées aux Troyens, quand la fortune de Troie était debout. C'est sur cette terre, au fond d'une baie, que, sous des dieux contraires, je jetai les fondemens d'une ville, et je l'appelai de mon nom Enéade.

Sacra Dionææ matri, Divisque ferebam
Auspicibus cœptorum operum; superoque nitentem
Cœlicolum regi mactabam in littore taurum.

Forte fuit juxta tumulus, quo cornea summo
Virgulta, et densis hastilibus horrida myrtus.
Accessi, viridemque ab humo convellere sylvam
Conatus, ramis tegerem ut frondentibus aras,
Horrendum et dictu video mirabile monstrum.
Nam, quæ prima solo ruptis radicibus arbos
Vellitur, huic atro liquuntur sanguine guttæ,
Et terram tabo maculant. Mihi frigidus horror
Membra quatit, gelidusque coit formidine sanguis.
Rursus et alterius lentum convellere vimen
Insequor, et causas penitus tentare latentes;
Alter et alterius sequitur de cortice sanguis.
Multa movens animo, Nymphas venerabar agrestes,
Gradivumque patrem, Geticis qui præsidet arvis,
Rite secundarent visus, omenque levarent.
Tertia sed postquam majore hastilia nisu
Aggredior, genibusque adversæ obluctor arenæ:
Eloquar, an sileam? gemitus lacrymabilis imo
Auditur tumulo, et vox reddita fertur ad aures:
Quid miserum, Ænea, laceras? jam parce sepulto;
Parce pias scelerare manus: non me tibi Troja
Externum tulit, haud cruor hic de stipite manat.
Heu! fuge crudeles terras, fuge littus avarum.
Nam Polydorus ego: hic confixum ferrea texit

J'offrais un sacrifice à la déesse qui m'a donné le jour, aux dieux protecteurs de ces nouveaux remparts, et j'immolais, sur le rivage, un taureau blanc au souverain des dieux.

Non loin était un tertre que le cornouiller et le myrthe hérissaient de leurs rameaux épais. Je m'approche, je veux, avec effort, arracher des tiges verdoyantes pour ombrager mes autels : mais soudain un effrayant prodige frappe mes regards; du premier arbrisseau, séparé par moi de ses racines, distille un sang noir qui souille la terre de taches livides. Une secrète horreur me pénètre, et mon sang, glacé, s'arrête d'épouvante. Je veux arracher un second arbuste, et pénétrer les causes mystérieuses du prodige : un nouveau sang coule de l'arbuste nouveau. L'esprit troublé de diverses pensées, j'adressais mes vœux aux Nymphes de ces campagnes, au dieu Mars, protecteur des Gètes, les priant d'adoucir, par des signes plus favorables, cet horrible présage. Mais tandis que, pressant du genou la terre, je m'efforce d'arracher un troisième arbrisseau, le dirai-je? du sein de ce tertre sort un gémissement lamentable; et une voix porte à mon oreille ces mots : « Énée, pourquoi déchirer un malheureux? Épargne ce tombeau, épargne un crime à tes pieuses mains! Je ne te suis point étranger : Troie m'a vu naître, et ce sang ne coule point d'une tige insensible. Ah! fuis ces rivages cruels! fuis ces terres avares! car je suis Polydore. Ici, mon corps a été couvert d'une moisson de traits homicides : ces traits ont pris racine sur ma tombe, et sont montés en tiges verdoyantes. »

Telorum seges, et jaculis increvit acutis.
Tum vero ancipiti mentem formidine pressus
Obstupui, steteruntque comæ, et vox faucibus hæsit.

Hunc Polydorum auri quondam cum pondere magno
Infelix Priamus furtim mandarat alendum
Threicio regi, quum jam diffideret armis
Dardaniæ, cingique urbem obsidione videret.
Ille, ut opes fractæ Teucrum, et fortuna recessit,
Res Agamemnonias victriciaque arma secutus,
Fas omne abrumpit, Polydorum obtruncat, et auro
Vi potitur. Quid non mortalia pectora cogis,
Auri sacra fames! Postquam pavor ossa reliquit,
Delectos populi ad proceres, primumque parentem,
Monstra deum refero, et quæ sit sententia posco.
Omnibus idem animus scelerata excedere terra,
Linquere pollutum hospitium, et dare classibus austros.
Ergo instauramus Polydoro funus, et ingens
Aggeritur tumulo tellus : stant Manibus aræ,
Cœruleis mœstæ vittis atraque cupresso;
Et circum Iliades crinem de more solutæ.
Inferimus tepido spumantia cymbia lacte,
Sanguinis et sacri pateras; animamque sepulcro
Condimus, et magna supremum voce ciemus.
Inde ubi prima fides pelago, placataque venti
Dant maria, et lenis crepitans vocat Auster in altum,
Deducunt socii naves, et littora complent.

A ces mots, je sens mon cœur oppressé d'une terreur confuse. Je frémis ; mes cheveux se dressent, et la voix expire sur mes lèvres.

Polydore était fils de Priam. Ce père infortuné, voyant les Grecs réunis sous les remparts d'Ilion, et se défiant de l'inconstante fortune des armes, l'avait secrètement envoyé, avec de grands trésors, au roi de Thrace, qui devait conserver ses jours. Mais dès que la fortune a renversé Priam et son empire, le roi barbare se range du parti des vainqueurs, viole les droits les plus saints, égorge Polydore, et s'empare de ses trésors. Quel pouvoir n'as-tu pas sur le cœur des mortels, exécrable soif de l'or ! A peine la terreur cesse d'arrêter mes pas et ma voix, je rapporte cet enseignement des dieux aux chefs élus par les Troyens, et d'abord à mon père. Je demande leur avis : tous pensent qu'il faut fuir une terre sacrilège où fut souillée l'hospitalité, et redonner nos voiles aux vents.

Alors nous rendons à Polydore l'honneur des funérailles. La terre est amoncelée sur son tombeau. Nous dressons aux dieux Mânes des autels, nous les parons de festons funèbres et de noirs cyprès. Autour se rangent les femmes troyennes, les cheveux épars selon le rite accoutumé. Nous répandons des coupes pleines d'un lait tiède écumant, et la patère verse le sang des victimes. Nous renfermons l'âme de Polydore dans sa tombe, et, élevant la voix, nous lui disons l'adieu suprême.

Dès que l'on peut se confier aux ondes, que les vents donnent de paisibles mers, et que, par un léger frémissement, l'Auster invite le nautonnier, mes compagnons

Provehimur portu, terræque urbesque recedunt.

Sacra mari colitur medio gratissima tellus
Nereidum matri et Neptuno Ægæo :
Quam pius Arcitenens oras et littora circum
Errantem, Mycone celsa Gyaroque revinxit,
Immotamque coli dedit, et contemnere ventos.
Huc feror; hæc fessos tuto placidissima portu
Accipit : egressi veneramur Apollinis urbem.
Rex Anius, rex idem hominum, Phœbique sacerdos,
Vittis et sacra redimitus tempora lauro,
Occurrit : veterem Anchisen agnoscit amicum.
Jungimus hospitio dextras, et tecta subimus.
Templa dei saxo venerabar structa vetusto :
Da propriam, Thymbræe, domum; da mœnia fessis,
Et genus, et mansuram urbem : serva altera Trojæ
Pergama, relliquias Danaum atque immitis Achillei.
Quem sequimur? quove ire jubes? ubi ponere sedes?
Da, Pater, augurium, atque animis illabere nostris.

Vix ea fatus eram : tremere omnia visa repente,
Liminaque, laurusque dei, totusque moveri
Mons circum, et mugire adytis cortina reclusis.
Summissi petimus terram, et vox fertur ad aures :
Dardanidæ duri, quæ vos a stirpe parentum
Prima tulit tellus, eadem vos ubere læto
Accipiet reduces : antiquam exquirite matrem.

mettent à flot les navires, et couvrent le rivage. Nous quittons le port, et les terres et les villes sont bientôt loin de nos regards.

Au sein de la mer Égée s'élève une île chère à Neptune et à la mère des Néréides. Jadis elle flottait errante le long des côtes et des rivages, quand le dieu qui porte l'arc terrible, la fixa, dans sa reconnaissance, entre les rochers de Gyare et la haute Mycone, et voulut qu'immobile, habitable, elle défiât désormais le caprice des vents. Je vogue vers cette terre où nos vaisseaux fatigués trouvent un port tranquille. A peine descendus, nous saluons la ville d'Apollon. Anius, souverain de Délos et prêtre de Phébus, vient à nous, le front ceint du baudeau des rois et du laurier sacré. Il reconnaît dans Anchise, un ancien ami ; nous joignons nos mains à sa main hospitalière : et nous entrons dans son palais.

J'ADORAIS Apollon dans son temple antique; je disais : « Toi, que Thymbra révère, donne-nous, après tant de travaux, un asile, de durables remparts, une postérité; protège une seconde Pergame et les restes échappés aux fureurs des Grecs et de l'impitoyable Achille. Quel guide devons-nous suivre? où nous ordonnes-tu d'aller? où devons-nous asseoir notre demeure? Père du jour, donne un présage, et viens descendre dans nos âmes. »

A PEINE j'achevais ces mots, on voit tout s'ébranler : tout tremble, le parvis sacré, le laurier du dieu et la montagne entière. Le sanctuaire s'ouvre, le trépied mugit; nos fronts s'inclinent vers la terre, et une voix est entendue, qui dit : « Race belliqueuse de Dardanus, la terre qui porta vos premiers aïeux, vous recevra dans son sein fertile. Cherchez votre ancienne mère : c'est là que la maison d'Énée doit placer le trône de l'univers:

Hic domus Æneæ cunctis dominabitur oris,
Et nati natorum, et qui nascentur ab illis.
Hæc Phœbus : mixtoque ingens exorta tumultu
Lætitia, et cuncti quæ sint ea mœnia quærunt;
Quo Phœbus vocet errantes, jubeatque reverti.
Tum genitor, veterum volvens monumenta virorum :
Audite, o proceres, ait, et spes discite vestras.
Creta Jovis magni medio jacet insula ponto,
Mons Idæus ubi, et gentis cunabula nostræ :
Centum urbes habitant magnas, uberrima regna;
Maximus unde pater, si rite audita recordor,
Teucrus Rhœteas primum est advectus ad oras,
Optavitque locum regno : nondum Ilium et arces
Pergameæ steterant; habitabant vallibus imis.
Hinc mater cultrix Cybele, Corybantiaque æra,
Idæumque nemus : hinc fida silentia sacris,
Et juncti currum dominæ subiere leones.
Ergo agite; et, Divum ducunt qua jussa, sequamur.
Placemus ventos, et Gnossia regna petamus.
Nec longo distant cursu : modo Jupiter adsit,
Tertia lux classem Cretæis sistet in oris.
Sic fatus, meritos aris mactavit honores,
Taurum Neptuno, taurum tibi, pulcher Apollo,
Nigram Hyemi pecudem, Zephyris felicibus albam.
Fama volat pulsum regnis cessisse paternis
Idomenea ducem, desertaque littora Cretæ;
Hoste vacare domos, sedesque adstare relictas.

c'est là que règneront les enfans de ses enfans, et ceux qui naîtront de leur race. » Tel est l'oracle du dieu : une joie vaste et tumultueuse éclate soudain. Tous les Troyens se demandent quels sont ces remparts où le dieu les rappelle et leur ordonne de fixer leurs destins errans.

Alors mon père, recueillant, dans sa mémoire, les souvenirs des vieux âges : « Écoutez, chefs des Troyens, et connaissez vos espérances. Au sein des mers est assise l'île de Crète, où naquit le grand Jupiter. Là s'élève le mont Ida, berceau de notre nation ; là cent villes peuplent des royaumes fertiles. C'est là, si ma mémoire est fidèle, que notre aïeul Teucer aborda sous le promontoire de Rhétée, et qu'il jeta les fondemens de son empire. Ilion et la citadelle de Pergame n'étaient pas encore. La colonie de Teucer s'établit dans les vallées. C'est de là que sont venus le culte de Cybèle, l'airain retentissant des Corybantes, et le bois sacré du mont Ida, et les mystères silencieux de la déesse, et les lions attelés à son char. Amis, reprenez donc courage, et suivons la route où les dieux nous appellent. Rendons-nous les vents favorables, et partons pour l'île de Crète : nous n'en sommes pas éloignés ; et si Jupiter nous seconde, la troisième aurore verra nos vaisseaux sur ses bords. »

Il dit, et il immole aux autels les victimes accoutumées, un taureau à Neptune, un autre taureau à vous bel Apollon, une brebis noire aux tempêtes, une brebis blanche aux heureux Zéphyrs.

Cependant la Renommée publie qu'Idoménée a fui, chassé du trône paternel ; que, dans la Crète, sont des rives désertes, des villes abandonnées par nos ennemis, et qui attendent de nouveaux habitans. Nous quittons le

Linquimus Ortygiæ portus, pelagoque volamus;
Bacchatamque jugis Naxon, viridemque Donysam,
Olearon, niveamque Paron, sparsasque per æquor
Cycladas, et crebris legimus freta consita terris.
Nauticus exoritur vario certamine clamor.
Hortantur socii : Cretam proavosque petamus.
Prosequitur surgens a puppi ventus euntes;
Et tandem antiquis Curetum allabimur oris.
Ergo avidus muros optatæ molior urbis,
Pergameamque voco, et lætam cognomine gentem
Hortor amare focos, arcemque attollere tectis.
JAMQUE fere sicco subductæ littore puppes;
Connubiis arvisque novis operata juventus;
Jura domosque dabam : subito cum tabida membris,
Corrupto cœli tractu, miserandaque venit
Arboribusque satisque lues, et lethifer annus.
Linquebant dulces animas, aut ægra trahebant
Corpora : tum steriles exurere Sirius agros;
Arebant herbæ, et victum seges ægra negabat.
Rursus ad oraculum Ortygiæ, Phœbumque remenso
Hortatur pater ire mari, veniamque precari :
Quam fessis finem rebus ferat, unde laborum
Tentare auxilium jubeat, quo vertere cursus.

Nox erat, et terris animalia somnus habebat.
Effigies sacræ Divum, Phrygiique Penates,

port d'Ortygie, et volons sur les ondes. Nous côtoyons Naxos, dont les monts retentissent du cri des Bacchantes; Donyse aux verts bocages, Oléare, la blanche Paros, les Cyclades éparses sur la mer; et nous parcourons ces détroits semés d'îles nombreuses. Les nautonniers mêlent à leurs travaux des cris d'allégresse; ils s'animent à l'envi, disant : « Voguons vers la Crète, pays de nos aïeux! » Le vent s'élève en poupe, hâte notre course, et nous touchons enfin la terre antique des Curètes. Bientôt, impatient, je construis les murs d'une ville, objet de nos désirs : je la nomme Pergame. Ce nom plaît à mes compagnons : je les invite à chérir leurs nouveaux foyers et à leur donner des remparts.

Déjà presque tous nos vaisseaux étaient retirés à sec sur le rivage; déjà les jeunes Troyens s'occupaient des nouveaux nœuds de l'hymen et des travaux des champs; déjà j'assignais des terres et je donnais des lois : tout à coup l'horrible contagion vient corrompre un air pur, infecter de ses poisons dévorans les corps, les arbres et les moissons. L'espoir de l'année est détruit; les humains perdent la douce lumière, ou traînent des corps languissans. L'ardent Sirius brûlait les stériles campagnes; l'herbe était desséchée, et les épis malades refusaient le grain nourricier. Mon père nous presse de remonter sur nos vaisseaux, de retourner à Délos pour consulter une seconde fois l'oracle, de fléchir Apollon, et d'apprendre quel terme sera mis à nos malheurs, où il nous est ordonné de chercher la patrie, et vers quelles terres encore doit se diriger notre course incertaine.

Il était nuit. Tout dormait sur la terre : le sommeil occupait mes sens, lorsque les images sacrées des dieux

Quos mecum a Troja mediisque ex ignibus urbis
Extuleram, visi ante occulos adstare jacentis
In somnis, multo manifesti lumine, qua se
Plena per insertas fundebat Luna fenestras.
Tum sic affari, et curas his demere dictis :
Quod tibi delato Ortygiam dicturus Apollo est,
Hic canit, et tua nos en ultro ad limina mittit.
Nos te, Dardania incensa, tuaque arma secuti;
Nos tumidum sub te permensi classibus aequor;
Idem venturos tollemus in astra nepotes,
Imperiumque urbi dabimus : tu moenia magnis
Magna para, longumque fugae ne linque laborem.
Mutandae sedes : non haec tibi littora suasit
Delius, aut Cretae jussit considere Apollo.
Est locus, Hesperiam Graii cognomine dicunt,
Terra antiqua, potens armis atque ubere glebae :
OEnotrii coluere viri : nunc fama minores
Italiam dixisse, ducis de nomine, gentem.
Hae nobis propriae sedes : hinc Dardanus ortus,
Jasiusque pater, genus a quo principe nostrum.
Surge, age, et haec laetus longaevo dicta parenti
Haud dubitanda refer. Corythum, terrasque require
Ausonias : Dictaea negat tibi Jupiter arva.
Talibus attonitus visis, ac voce Deorum,
(Nec sopor illud erat; sed coram agnoscere vultus,
Velatasque comas, praesentiaque ora videbar :
Tum gelidus toto manabat corpore sudor),

et les pénates de Phrygie, que j'avais ravis aux flammes de Pergame et emportés sur les mers, m'apparaissent en songe, éclatans d'une vive lumière; et, tandis que Phébé introduit, par les fenêtres, ses pleins rayons sur ma couche, les dieux m'adressent ces paroles qui consolent mes ennuis : « Ce que te dirait Apollon, si tu retournais à Délos, il te l'annonce par notre bouche, et c'est lui qui nous envoie maintenant devant toi. Après l'embrasement d'Ilion, nous avons suivi la fortune de tes armes; avec toi, sur les mêmes vaisseaux, nous avons traversé les mers orageuses. Nous éleverons jusqu'aux astres la gloire de tes descendans, et leur ville recevra l'empire du monde. Toi, prépare à ce grand peuple un grand établissement, et ne te laisse point abattre dans les traverses d'un long exil. Il faut changer de séjour : le dieu de Délos ne t'a point conseillé ce rivage; il ne t'a point assigné la Crète pour demeure. Il est une contrée que les Grecs nomment Hespérie, terre antique, puissante par les armes et par sa fécondité. Jadis les OEnotriens l'habitèrent; depuis, elle a, dit-on, reçu d'un de ses rois le nom d'Italie. Voilà la patrie qui nous appartient : c'est de là que sont sortis Dardanus, et Jasius son père, premiers auteurs de notre race. Lève-toi donc, et cours, avec joie, raconter à ton vieux père cet oracle infaillible. Cherche Coryte et les terres d'Ausonie : Jupiter te refuse les campagnes de Crète. »

ÉTONNÉ de cette apparition, de cette voix des dieux (ce n'était pas un songe : je voyais ces dieux devant moi, leurs bandeaux sacrés et les traits de leur visage; j'entendais leurs paroles, et tout mon corps était couvert d'une sueur glacée), je m'élance de ma couche; j'élève

Corripio e stratis corpus, tendoque supinas
Ad coelum cum voce manus, et munera libo
Intemerata focis: perfecto laetus honore,
Anchisen facio certum, remque ordine pando.
Agnovit prolem ambiguam, geminosque parentes,
Seque novo veterum deceptum errore locorum.
Tum memorat: Nate, Iliacis exercite fatis,
Sola mihi tales casus Cassandra canebat:
Nunc repeto haec generi portendere debita nostro,
Et saepe Hesperiam, saepe Itala regna vocare.
Sed quis ad Hesperiae venturos littora Teucros
Crederet? aut quem tum vates Cassandra moveret?
Cedamus Phoebo, et moniti meliora sequamur.
Sic ait, et cuncti dictis paremus ovantes.
Hanc quoque deserimus sedem, paucisque relictis,
Vela damus, vastumque cava trabe currimus aequor.

Postquam altum tenuere rates, nec jam amplius ullae
Apparent terrae; coelum undique, et undique pontus;
Tum mihi coeruleus supra caput adstitit imber,
Noctem hyememque ferens, et inhorruit unda tenebris.
Continuo venti volvunt mare, magnaque surgunt
Aequora; dispersi jactamur gurgite vasto:
Involvere diem nimbi, et nox humida coelum
Abstulit; ingeminant abruptis nubibus ignes.
Excutimur cursu, et caecis erramus in undis.
Ipse diem noctemque negat discernere coelo,

vers le ciel ma voix, mes suppliantes mains, et je fais des libations de vin pur sur mes foyers. Plein de joie, après cet hommage aux dieux de ma patrie, je vais trouver Anchise, et bientôt il sait ce que leur voix vient de m'apprendre. Il reconnaît cette origine douteuse et ces doubles ancêtres, et la tradition nouvelle qui l'a trompé sur notre ancienne origine. Alors il dit : « O mon fils, qu'éprouvent si long-temps les destins d'Ilion, Cassandre seule me prédisait ces évènemens. Je me souviens, en ce moment, qu'elle annonçait cet avenir à notre race, que souvent elle parlait de l'Hespérie et du royaume d'Italie. Mais qui pouvait croire que l'Hespérie dût voir un jour les Troyens sur ses rivages? et qui de nous voulait ajouter foi aux prédictions de Cassandre? Cédons à Apollon; et, sur la foi de ses oracles, suivons de plus heureux présages. » Il dit, et tous, avec transport, nous obéissons à ses ordres. Nous quittons cette demeure où nous laissons quelques Troyens. Le vent enfle nos voiles, et nos vaisseaux légers volent sur la vaste mer.

Déja ils étaient loin de tous les rivages. La terre avait disparu : on ne voyait partout que le ciel, partout que les eaux. Alors s'arrête, dans le haut des airs, sur nos têtes, un nuage bleuâtre, qui porte la nuit et la tempête : une ténébreuse horreur se répand bientôt sur l'abîme. Soudain les vents bouleversent les ondes, et les vagues s'élèvent en montagnes. Nos vaisseaux dispersés errent sur le gouffre immense. Les cieux sont voilés : une nuit humide nous dérobe le jour, et des feux redoublés déchirent la nue. Jetés loin de notre route, nous allons, dans les ténèbres, à la merci des flots. Palinure lui-même déclare qu'il ne distingue plus, dans le ciel, ni le jour, ni la nuit; qu'il ne reconnaît plus son chemin

Nec meminisse viæ media Palinurus in unda.
Tres adeo incertos cæca caligine soles
Erramus pelago, totidem sine sidere noctes.
Quarto terra die primum se attollere tandem
Visa, aperire procul montes, ac volvere fumum.
Vela cadunt, remis insurgimus : haud mora nautæ
Adnixi torquent spumas, et cœrula verrunt.

SERVATUM ex undis Strophadum me littora primum
Accipiunt. Strophades Graio stant nomine dictæ
Insulæ Ionio in magno, quas dira Celæno,
Harpyiæque colunt aliæ, Phineïa postquam
Clausa domus, mensasque metu liquere priores.
Tristius haud illis monstrum, nec sævior ulla
Pestis et ira Deum Stygiis sese extulit undis.
Virginei volucrum vultus, fœdissima ventris
Proluvies, uncæque manus, et pallida semper
Ora fame.

Huc ubi delati portus intravimus, ecce
Læta boum passim campis armenta videmus,
Caprigenumque pecus, nullo custode, per herbas.
Irruimus ferro, et Divos ipsumque vocamus
In partem prædamque Jovem : tunc littore curvo
Exstruimusque toros, dapibusque epulamur opimis.
At subitæ horrifico lapsu de montibus adsunt
Harpyiæ, et magnis quatiunt clangoribus alas,
Diripiuntque dapes, contactuque omnia fœdant

sur les mers. Dans cette obscurité profonde, nous voguons au hasard, pendant trois jours sans soleil, pendant trois nuits sans étoiles. Enfin, à la quatrième aurore, nous apercevons la terre s'élever au sein des flots, des montagnes découvrir leurs cimes, et la fumée ondoyer dans les airs. Soudain les voiles sont repliées, et les matelots se courbant sur la rame, divisent et fendent les flots écumans.

Sauvé de la fureur des ondes, je descends sur le rivage des Strophades : c'est le nom que les Grecs ont donné à des îles de la grande mer d'Ionie. Là ont fixé leur séjour la cruelle Céléno et les autres Harpyes, depuis que la crainte les chassa du palais et de la table de Phinée. Jamais fléau plus terrible, jamais monstres plus détestables, dûs à la colère des dieux, ne s'élancèrent des ondes du Styx. Oiseaux affreux, elles ont le visage d'une vierge; un fluide immonde s'écoule de leurs flancs; leurs mains sont armées de serres, et leur front toujours pâle semble être le siège de la faim.

A peine entrés dans le port, nous apercevons des troupeaux de bœufs et de chèvres, errant librement et sans guide en de gras pâturages. Nos traits rapides les atteignent, et nous invitons nos dieux et Jupiter lui-même à partager notre butin. Bientôt, dans l'enfoncement du rivage, des lits de gazon sont élevés, et les joies du festin étaient commencées, quand tout à coup, du haut des montagnes, les Harpyes, d'un horrible vol, fondent sur nos tables : leurs ailes bruyantes font retentir les airs; elles enlèvent les mets préparés, tout est souillé de leur impure atteinte, et leur cri sinistre se

Immundo : tum vox tetrum dira inter odorem.
Rursum in secessu longo, sub rupe cavata,
Arboribus clausi circum atque horrentibus umbris,
Instruimus mensas, arisque reponimus ignem.
Rursum ex diverso cœli cæcisque latebris,
Turba sonans prædam pedibus circumvolat uncis,
Polluit ore dapes. Sociis tunc arma capessant
Edico, et dira bellum cum gente gerendum.
Haud secus ac jussi faciunt, tectosque per herbam
Disponunt enses, et scuta latentia condunt.
Ergo, ubi delapsæ sonitum per curva dedere
Littora, dat signum specula Misenus ab alta
Ære cavo : invadunt socii, et nova prœlia tentant,
Obscœnas pelagi ferro fœdare volucres.
Sed neque vim plumis ullam, nec vulnera tergo
Accipiunt; celerique fuga sub sidera lapsæ,
Semesam prædam et vestigia fœda relinquunt.

UNA in præcelsa consedit rupe Celæno,
Infelix vates, rumpitque hanc pectore vocem :
BELLUM etiam pro cæde boum stratisque juvencis,
Laomedontiadæ, bellumne inferre paratis,
Et patrio insontes Harpyias pellere regno?
Accipite ergo, animis atque hæc mea figite dicta :
Quæ Phœbo Pater omnipotens, mihi Phœbus Apollo
Prædixit, vobis Furiarum ego maxima pando.
Italiam cursu petitis, ventisque vocatis

mêle à la fétide odeur qui les suit. Alors, sous l'obscure voûte d'une roche profonde, que des arbres semblent fermer et défendre de leurs épaisses ombres, nous dressons nos tables, et nous replaçons le feu sur les autels. Mais, d'un autre point du ciel, les monstres retentissans, à la serre recourbée, s'élancent de leurs noires retraites, volent sur les tables, et de leur bouche obscène souillent tout le festin. Je m'écrie : « Aux armes, compagnons ! livrons la guerre à cette race immonde ! » Ils obéissent, et placent à leurs côtés le glaive caché dans l'herbe avec le bouclier. Dès que les Harpyes reviennent pour s'abattre, et que de leur vol sinistre retentit le rivage, Misène, placé sur un roc élevé, embouche l'airain sonore et donne le signal. Mes compagnons saisissent leurs armes, commencent un nouveau genre de combat, et cherchent à atteindre ces impurs oiseaux de la mer. Mais leurs plumes et leurs corps sont impénétrables : ils ne reçoivent aucune blessure. Une prompte fuite les emporte dans les airs, et ils laissent, sur nos tables, leur proie à demi rongée et les vestiges infects de leur voracité.

Seule, et s'arrêtant sur le haut d'un rocher, Céléno, sinistre prophétesse, fait entendre ces accens : « C'est donc la guerre que vous nous préparez, race de Laomédon, pour prix du sang de nos taureaux, de nos génisses égorgées ! et vous voulez chasser les innocentes Harpyes de leur royaume paternel ! Écoutez, et gravez dans vos cœurs mes paroles : ce qu'apprit à Apollon le souverain des dieux, Apollon me l'apprit lui-même ; et moi, la plus redoutable des filles de l'Enfer, je veux à mon tour vous l'apprendre. C'est l'Italie que vous cherchez dans vos courses : les vents seront propices à vos vœux ; vous

Ibitis Italiam, portusque intrare licebit.
Sed non ante datam cingetis mœnibus urbem,
Quam vos dira fames, nostræque injuria cædis,
Ambesas subigat malis absumere mensas.
Dixit, et in silvam pennis ablata refugit.
At sociis subita gelidus formidine sanguis
Diriguit : cecidere animi; nec jam amplius armis,
Sed votis precibusque jubent exposcere pacem,
Sive Deæ, seu sint diræ obscenæque volucres.

At pater Anchises, passis de littore palmis,
Numina magna vocat, meritosque indicit honores :
Di, prohibete minas! Di, talem avertite casum!
Et placidi servate pios! Tum littore funem
Deripere, excussosque jubet laxare rudentes.
Tendunt vela noti : ferimur spumantibus undis,
Qua cursum ventusque gubernatorque vocabant.
Jam medio apparet fluctu nemorosa Zacynthos,
Dulichiumque, Sameque, et Neritos ardua saxis :
Effugimus scopulos Ithacæ, Laërtia regna;
Et terram altricem sævi exsecramur Ulyssei.
Mox et Leucatæ nimbosa cacumina montis,
Et formidatus nautis aperitur Apollo.
Hunc petimus fessi, et parvæ succedimus urbi.
Anchora de prora jacitur; stant littore puppes.
Ergo insperata tandem tellure potiti,

irez en Italie, et ses ports s'ouvriront pour vous recevoir. Mais vous ne ceindrez point de remparts la ville qui vous est promise, avant que la faim cruelle, juste châtiment de votre injure, ne vous ait forcés de dévorer vos tables. » Elle dit, prend l'essor, et se perd dans la forêt.

Une terreur soudaine glace le sang des Troyens, et leur courage est abattu. Ce n'est plus par les armes qu'ils cherchent à vaincre les Harpyes : c'est par des vœux et des prières qu'ils veulent les apaiser, soit qu'elles nous montrent des déesses, soit qu'il ne faille voir en elles que des oiseaux immondes et cruels.

Anchise, mon père, debout sur le rivage, et les mains étendues, invoque les grandes divinités, et leur promet des sacrifices solennels : « Dieux ! s'écrie-t-il, rendez ces menaces vaines ! dieux ! détournez ce funeste présage, et protégez un peuple qui vous révère ! » Il dit, et ordonne de détacher les câbles de la rive, et de déployer les cordages. Le Notus enfle les voiles, et, portés sur l'onde écumante, nous suivons la route où les vents et le pilote nous appellent. Déjà se montrent, au milieu des flots, Zacynthe et les forêts qui l'ombragent, Dulichium et Samos, et Nérite avec ses roches escarpées. Nous fuyons les écueils d'Ithaque, où règne Laërte, et nous maudissons la terre où fut nourri le cruel Ulysse. Bientôt nous découvrons les sommets nuageux de Leucate et le temple d'Apollon formidable aux nautonniers. Fatigués de la mer, nous voguons vers l'humble cité que le dieu protège. L'ancre tombe du haut de la proue, et les nefs sont fixées au rivage. Jouissant enfin d'une terre inespérée, nous sacrifions à Jupiter : l'encens brûle sur

Lustramurque Jovi, votisque incendimus aras;
Actiaque Iliacis celebramus littora ludis.
Exercent patrias oleo labente palæstras
Nudati socii : juvat evasisse tot urbes
Argolicas, mediosque fugam tenuisse per hostes.
INTEREA magnum Sol circumvolvitur annum,
Et glacialis hyems Aquilonibus asperat undas.
Ære cavo clypeum, magni gestamen Abantis,
Postibus adversis figo, et rem carmine signo :
Æneas hæc de Danais victoribus arma.
Linquere tum portus jubeo, et considere transtris.
Certatim socii feriunt mare, et æquora verrunt.
Protinus aërias Phæacum abscondimus arces,
Littoraque Epiri legimus, portuque subimus
Chaonio, et celsam Buthroti ascendimus urbem.
Hic incredibilis rerum fama occupat aures,
Priamiden Helenum Graias regnare per urbes,
Conjugio Æacidæ Pyrrhi sceptrisque potitum,
Et patrio Andromachen iterum cessisse marito.
Obstupui; miroque incensum pectus amore
Compellare virum, et casus cognoscere tantos.
Progredior portu, classes et littora linquens.
SOLEMNES tum forte dapes et tristia dona
Ante urbem, in luco, falsi Simoëntis ad undam,
Libabat cineri Andromache, manesque vocabat
Hectoreum ad tumulum, viridi quem cespite inanem,

ses autels et acquitte nos vœux. Nous célébrons, par des jeux troyens, le rivage d'Actium. Des flots d'huile baignent les membres nus de nos guerriers qui luttent et se livrent aux exercices de leur patrie, joyeux d'avoir échappé à tant de villes grecques, et de s'être ouvert, en fuyant, un chemin à travers tant d'ennemis.

Cependant le soleil a parcouru le grand cercle de l'année, et la saison des frimas déchaîne l'Aquilon sur les mers. J'attache, à l'entrée du temple d'Apollon, un bouclier d'airain qu'avait porté le grand Abas, et je grave au dessous ces mots : *Énée a conquis cette armure sur les Grecs victorieux*. Je commande alors le départ : les rameurs prennent leur rang ; nous quittons le port. Les rames frappent à l'envi l'onde azurée et sillonnent les mers. Bientôt disparaissent, devant nous, les hautes montagnes des Phéaciens ; nous côtoyons les rivages de l'Épire. Nous entrons dans le port de la Chaonie, et nous gagnons le sommet où s'élève la ville de Buthrote. Là, un bruit incroyable arrive à nos oreilles : on nous dit qu'un fils de Priam, Hélénus, règne sur des villes grecques, qu'il possède le sceptre et l'épouse de Pyrrhus, et qu'Andromaque a passé de nouveau dans les bras d'un Troyen. Je m'étonne : le désir de voir Hélénus m'enflamme, et je veux apprendre de lui-même ces grands évènemens. Je laisse ma flotte au rivage, et m'éloigne du port.

En ce moment, aux portes de la ville, dans un bois sacré, et sur les bords d'un faux Simoïs, Andromaque offrait, aux mânes d'un époux, un festin solennel et de lugubres présens. Elle pleurait devant un vain tombeau de gazon, entre deux autels que sa douleur avait consa-

Et geminas, causam lacrymis, sacraverat aras.
Ut me conspexit venientem, et Troïa circum
Arma amens vidit, magnis exterrita monstris,
Diriguit visu in medio, calor ossa reliquit;
Labitur, et longo vix tandem tempore fatur :
Verane te facies, verus mihi nuntius affers,
Nate Dea? vivisne? aut si lux alma recessit,
Hector ubi est? Dixit, lacrymasque effudit, et omnem
Implevit clamore locum. Vix pauca furenti
Subjicio, et raris turbatus vocibus hisco :
Vivo equidem, vitamque extrema per omnia duco.
Ne dubita : nam vera vides.
Heu! quis te casus dejectam conjuge tanto
Excipit? aut quæ digna satis fortuna revisit?
Hectoris Andromache, Pyrrhin' connubia servas?

Dejecit vultum, et demissa voce locuta est :
O felix una ante alias Priameïa virgo,
Hostilem ad tumulum Trojæ sub mœnibus altis
Jussa mori, quæ sortitus non pertulit ullos,
Nec victoris heri tetigit captiva cubile!
Nos, patria incensa, diversa per æquora vectæ,
Stirpis Achilleæ fastus, juvenemque superbum,
Servitio enixæ, tulimus : qui deinde, secutus
Ledæam Hermionem, Lacedæmoniosque Hymenæos,
Me famulo famulamque Heleno transmisit habendam.
Ast illum, ereptæ magno inflammatus amore

crés, et invitait Hector au funèbre banquet. Dès qu'elle me voit approcher, et qu'elle a reconnu les armes troyennes, éperdue, effrayée de cette apparition soudaine, un froid mortel a glacé tous ses membres, elle tombe, et reprenant enfin la vie et la voix : « Est-ce vous-même que je vois, fils d'une déesse ! est-ce vous qui venez m'apprendre vos malheurs ! êtes-vous encore vivant ? Et, si la douce lumière vous est ravie, où est mon Hector ? » A ces mots les pleurs inondent son visage, et le bois sacré retentit de ses gémissemens. Troublé par son désespoir, je réponds avec peine et en sons entrecoupés : « Oui, je vis, et je traîne dans tous les revers ma vie infortunée. N'en doutez pas, c'est moi que vous voyez. Mais vous, hélas ! précipitée d'un si haut hyménée, à quel rang êtes-vous descendue ? quel sort, digne de vous, a remplacé tant de grandeur ? vous, l'Andromaque d'Hector, êtes-vous la femme de Pyrrhus ? ».

Elle baisse les yeux, et d'une voix faible : « O seule heureuse, dit-elle, entre les filles de Priam, Polixène, qui, condamnée à mourir sur le tombeau d'un ennemi, et immolée sous les murs de Troie, n'a pas subi l'injurieux arrêt du sort, et, captive, n'a point touché le lit d'un vainqueur et d'un maître ! Mais nous, ravies aux flammes qui consumaient notre patrie, traînées sur des rives lointaines, et devenues mères dans l'esclavage, nous avons essuyé les superbes dédains du fils d'Achille. Bientôt il suit Hermione, il va rechercher, dans Sparte, sa main, et me transmet esclave à son esclave Hélénus. Mais Oreste, qu'enflamme l'affreux regret d'une amante ravie, Oreste en proie aux Furies vengeresses, surprend

Conjugis, et scelerum furiis agitatus, Orestes
Excipit incautum, patriasque obtruncat ad aras.
Morte Neoptolemi regnorum reddita cessit
Pars Heleno; qui Chaonios cognomine campos,
Chaoniamque omnem Trojano a Chaone dixit,
Pergamaque, Iliacamque jugis hanc addidit arcem.
Sed tibi qui cursum venti, quæ fata dedere?
Aut quis te ignarum nostris Deus appulit oris?
Quid puer Ascanius? superatne, et vescitur aura?
Quem tibi jam Troja....
Ecqua tamen puero est amissæ cura parentis?
Ecquid in antiquam virtutem, animosque viriles,
Et pater Æneas, et avunculus excitat Hector?
TALIA fundebat lacrymans, longosque ciebat
Incassum fletus, quum sese a mœnibus heros
Priamides multis Helenus comitantibus affert,
Agnoscitque suos, lætusque ad limina ducit;
Et multum lacrymas verba inter singula fundit.
Procedo, et parvam Trojam, simulataque magnis
Pergama, et arentem Xanthi cognomine rivum
Agnosco, Scææque amplector limina portæ.
Nec non et Teucri socia simul urbe fruuntur.
Illos porticibus rex accipiebat in amplis.
Aulai in medio libabant pocula Bacchi,
Impositis auro dapibus, paterasque tenebant.

JAMQUE dies, alterque dies processit, et auræ

son rival sans défense, et l'égorge au pied des autels. La mort de Néoptolème a fait tomber une partie de ses états au pouvoir d'Hélénus; et, du nom de Chaon, né du sang troyen, Hélénus a appelé Chaonie cette contrée soumise à ses lois. Il a élevé, sur cette colline, une nouvelle Pergame, une autre citadelle d'Ilion. Mais vous, sur quels bords étrangers vous ont fait errer les vents et les destins? et quel dieu, lorsque mon sort vous était inconnu, vous a jeté sur nos rivages? Le jeune Ascagne vit-il encore? Quand ses yeux s'ouvrirent au jour, déjà Troie..... Mais dans un âge si tendre, pleure-t-il la perte de sa mère? l'antique vertu et le courage héroïque de ses ancêtres enflamment-ils le fils d'Énée et le neveu d'Hector? »

Ainsi parlait Andromaque, les yeux baignés de pleurs, et sa douleur s'exhalait en longs gémissemens, lorsque le fils de Priam, Hélénus, environné de sa cour, sort des remparts, vient à nous, reconnaît les Troyens, qui lui sont chers, et nous conduit dans son palais, mêlant à chaque parole une larme de joie. J'avance, et je reconnais un humble Ilion, image de la superbe Troie; je vois un faible ruisseau qu'on appelle le Xanthe, et j'embrasse, en entrant, la porte de Scée. Mes compagnons jouissent avec moi des bienfaits de cette ville amie. Le roi les recevait dans son palais, sous de vastes portiques : ils faisaient des libations à Bacchus, des mets leur étaient servis dans des bassins d'or, et leurs mains tenaient des patères.

Un jour a fui, un second jour s'écoule. Les vents ap-

Vela vocant, tumidoque inflatur carbasus austro.
His vatem aggredior dictis, ac talia quæso :
Trojugena, interpres Divum, qui numina Phœbi,
Qui tripodas, Clarii lauros, qui sidera sentis,
Et volucrum linguas, et præpetis omina pennæ,
Fare age (namque omnem cursum mihi prospera dixit
Relligio, et cuncti suaserunt numine Divi
Italiam petere, et terras tentare repostas :
Sola novum dictuque nefas Harpyia Celæno
Prodigium canit, et tristes denuntiat iras,
Obscenamque famem) : quæ prima pericula vito?
Quidve sequens, tantos possim superare labores?

Hic Helenus, cæsis primum de more juvencis,
Exorat pacem Divum, vittasque resolvit
Sacrati capitis, meque ad tua limina, Phœbe,
Ipse manu multo suspensum numine ducit.
Atque hæc deinde canit divino ex ore sacerdos :
Nate Dea, nam te majoribus ire per altum
Auspiciis manifesta fides : sic fata Deum rex
Sortitur, volvitque vices; is vertitur ordo.
Pauca tibi e multis, quo tutior hospita lustres
Æquora, et Ausonio possis considere portu,
Expediam dictis : prohibent nam cetera Parcæ
Scire, Helenum farique vetat Saturnia Juno.
Principio Italiam, quam tu jam rere propinquam,
Vicinosque, ignare, paras invadere portus,

pellent nos vaisseaux, et les voiles s'enflent au souffle de l'Auster. Je vais au roi-pontife, et je l'interroge en ces mots : « fils d'Ilus, sage interprète des dieux, vous qu'Apollon inspire ; vous que ne trompent ni le trépied sacré, ni les lauriers de Claros ; qui lisez au front des astres, et connaissez ce que présagent la voix et le vol des oiseaux : parlez, instruisez-moi : une heureuse navigation m'est annoncée par les oracles. Tous les dieux me conseillent de chercher l'Italie, et de voguer vers ces terres lointaines. Seule, la Harpye Céléno m'annonce un funeste prodige, et prédit une faim effroyable, effet de ses tristes vengeances. Quels premiers dangers dois-je fuir? et, poursuivant de si grands travaux, comment pourrai-je les surmonter? »

Alors, pour implorer la faveur des dieux, Hélénus immole les victimes accoutumées. Il détache les bandelettes de son front sacré ; il prend ma main, me conduit au temple d'Apollon, et, tandis que la majesté du dieu me pénètre et m'agite, la bouche du prêtre-roi fait entendre les oracles sacrés : « Fils d'une déesse, n'en doute pas, c'est sous de célestes auspices que tu parcours les mers. Ainsi le souverain des dieux conduit les destinées, règle le cours des évènemens, et fixe leur ordre immuable. Mais, pour mieux assurer ta route sur ces mers inconnues, et pour t'ouvrir les ports de l'Ausonie, je vais dévoiler quelques-uns des nombreux secrets de ton avenir : Les Parques empêchent de connaître les autres, et la Saturnienne Junon défend à Hélénus de les annoncer. D'abord, cette Italie, que tu crois peu éloignée, et ces ports qui te semblent voisins, prêts à te recevoir, de vastes mers, encore peu fréquentées, les séparent de

Longa procul longis via dividit invia terris.
Ante et Trinacria lentandus remus in unda,
Et salis Ausonii lustrandum navibus æquor,
Infernique lacus, Æææque insula Circes,
Quam tuta possis urbem componere terra.
Signa tibi dicam : tu condita mente teneto.

Quum tibi sollicito secreti ad fluminis undam
Littoreis ingens inventa sub ilicibus sus,
Triginta capitum fetus enixa, jacebit,
Alba, solo recubans, albi circum ubera nati :
Is locus urbis erit; requies ea certa laborum.
Nec tu mensarum morsus horresce futuros.
Fata viam invenient, aderitque vocatus Apollo.
Has autem terras, Italique hanc littoris oram,
Proxima quæ nostri perfunditur æquoris æstu,
Effuge : cuncta malis habitantur mœnia Graiis.
Hic et Narycii posuerunt mœnia Locri,
Et Sallentinos obsedit milite campos
Lyctius Idomeneus : hic illa ducis Melibœi
Parva Philoctetæ subnixa Petilia muro.

Quin, ubi transmissæ steterint trans æquora classes,
Et positis aris jam vota in littore solves :
Purpureo velare comas adopertus amictu;
Ne qua inter sanctos ignes in honore Deorum
Hostilis facies occurrat, et omina turbet.
Hunc socii morem sacrorum, hunc ipse teneto :

toi. Il faut que tes rames fendent les eaux de la Sicile, que tes nefs parcourent la mer de l'Ausonie, franchissent le lac de l'Averne, et côtoient l'île fatale de Circé, avant que tu puisses asseoir tes remparts sur une terre hospitalière. Écoute, et retiens les signes certains qui indiqueront le terme de tes courses.

« LORSQUE errant, inquiet, le long d'un fleuve écarté, tu trouveras, sous un chêne du rivage, une grande laie blanche, avec trente nourrissons pressés autour de ses mamelles, et blancs comme leur mère, là sera l'emplacement de ta ville et le terme certain de tes travaux. Ne crains point ces tables dévouées par la faim à d'avides morsures : les destins trouveront leur voie, et Apollon sera propice à tes vœux. Mais ces terres, ces rivages de l'Italie, qui sont le plus rapprochés de nous, et que notre mer baigne de ses ondes, il faut les éviter; les Grecs en habitent toutes les villes : là, les Locriens de Naryce ont élevé leurs remparts ; là, le Crétois Idoménée a couvert de ses guerriers les champs de Sallente ; là, le roi de Mélibée, Philoctète, a ceint d'un mur protecteur l'humble Pétilie.

« MAIS, lorsqu'au terme de leur course, tes vaisseaux reposeront hors du sein des mers, et que tes vœux s'acquitteront aux autels dressés par toi sur le rivage, qu'un voile de pourpre s'abaisse de ton front, pour qu'au milieu des feux allumés en l'honneur des dieux, aucune figure ennemie ne vienne s'offrir à tes regards, et troubler les présages. Troyens ! que cet usage soit par vous suivi :

Hac casti maneant in relligione nepotes.

Ast ubi digressum Siculæ te admoverit oræ
Ventus, et angusti rarescent claustra Pelori,
Læva tibi tellus, et longo læva petantur
Æquora circuitu : dextrum fuge littus et undas.
Hæc loca, vi quondam et vasta convulsa ruina
(Tantum ævi longinqua valet mutare vetustas)
Dissiluisse ferunt : quum protinus utraque tellus
Una foret, venit medio vi pontus, et undis
Hesperium Siculo latus abscidit, arvaque et urbes
Littore diductas angusto interluit æstu.
Dextrum Scylla latus, lævum implacata Charybdis
Obsidet, atque imo barathri ter gurgite vastos
Sorbet in abruptum fluctus, rursusque sub auras
Erigit alternos, et sidera verberat unda.
At Scyllam cæcis cohibet spelunca latebris,
Ora exertantem, et naves in saxa trahentem.
Prima hominis facies, et pulchro pectore virgo
Pube tenus : postrema immani corpore pistrix,
Delphinum caudas utero commissa luporum.
Præstat Trinacrii metas lustrare Pachyni
Cessantem, longos et circum flectere cursus,
Quam semel informem vasto vidisse sub antro
Scyllam, et cœruleis canibus resonantia saxa.

Præterea, si qua est Heleno prudentia, vati

observe-le toujours toi-même, et que tes derniers neveux le gardent fidèlement.

« Mais, lorsqu'après ton départ, les vents t'auront porté vers les plages de la Sicile, et que le Pélore rétréci ira devant toi s'agrandissant, cherche à gauche, par un long circuit, la terre et la mer. Fuis la rive droite et les flots qui la baignent. Ces lieux ébranlés autrefois par une force puissante, se séparèrent, dit-on, dans une vaste ruine (tant le long cours des âges peut amener de changemens!). D'abord réunis, ils ne formaient qu'un continent; mais la mer mugissante les traversant dans sa fureur, détacha l'Hespérie de la Sicile, et ses vagues battent les champs et les villes que, par un canal étroit, sépare un double rivage.

« A la droite est Scylla : la gauche est gardée par l'implacable Charybde. Trois fois, chaque jour, Charybde engloutit d'immenses flots dans ses gouffres profonds, les revomit trois fois et les fait jaillir jusqu'aux astres. Mais un antre enferme Scylla dans ses flancs ténébreux, elle avance sur les vagues sa tête, entraîne et brise les vaisseaux sur ses rochers : monstre à figure humaine, c'est, jusqu'à la ceinture, une vierge d'une beauté ravissante; dans le reste du corps, un poisson énorme qui réunit aux flancs d'une louve la queue d'un dauphin. Il vaut mieux retarder tes vaisseaux en de longs détours, et doubler lentement le promontoire de Pachyne, que de voir une seule fois l'affreuse Scylla dans son antre profond, ses chiens azurés aboyant sur les ondes, et ses rochers retentissans.

« Enfin, si Hélénus est connu par quelque sagesse, si

Si qua fides, animum si veris implet Apollo,
Unum illud tibi, nate Dea, præque omnibus unum
Prædicam, et repetens iterumque iterumque monebo :
Junonis magnæ primum prece numen adora :
Junoni cane vota libens, dominamque potentem
Supplicibus supera donis : sic denique victor
Trinacria fines Italos mittere relicta.

Huc ubi delatus Cumæam accesseris urbem,
Divinosque lacus, et Averna sonantia sylvis,
Insanam vatem aspicies, quæ rupe sub ima
Fata canit, foliisque notas et nomina mandat.
Quæcumque in foliis descripsit carmina, virgo,
Digerit in numerum, atque antro seclusa relinquit;
Illa manent immota locis, neque ab ordine cedunt.
Verum eadem, verso tenuis quum cardine ventus
Impulit, et teneras turbavit janua frondes,
Numquam deinde cavo volitantia prendere saxo,
Nec revocare situs, aut jungere carmina curat.
Inconsulti abeunt, sedemque odere Sibyllæ.
Hic tibi ne qua moræ fuerint dispendia tanti,
Quamvis increpitent socii, et vi cursus in altum
Vela vocet, possisque sinus implere secundos,
Quin adeas vatem, precibusque oracula poscas.
Ipsa canat, vocemque volens atque ora resolvat.
Illa tibi Italiæ populos, venturaque bella,
Et, quo quemque modo fugiasque, ferasque laborem,

l'organe des dieux mérite quelque confiance, et si Apollon remplit son âme de célestes clartés, il est, surtout, fils de Vénus, un avis salutaire, plus important que tous les autres, que je dois dire et redire, et que tu ne peux trop long-temps méditer : commence par adorer la grande Junon, offre à Junon des vœux supplians, fléchis cette divinité puissante par tes prières et par tes dons ; c'est ainsi que, vainqueur de tous les obstacles, en quittant la Sicile, tu aborderas aux rivages de l'Ausonie.

« Lorsque, descendu sur cette terre, tu approcheras de la ville de Cumes, des lacs mystérieux de l'Averne et de ses bois mugissans, tu verras une prêtresse inspirée qui, du fond de son antre, annonce les arrêts du destin, et trace de prophétiques mots sur des feuilles légères. Tous les oracles que la Sibylle a écrits sur ces frêles tissus, elle les met en ordre, et les laisse enfermés dans son antre ; ils y restent immobiles, et dans le rang qu'elle a fixé. Mais si la porte tourne sur ses gonds, le moindre zéphyre soulève et dérange ce mobile feuillage, et il voltige dispersé dans la grotte, sans que la prêtresse daigne le ressaisir, l'arranger encore, et recomposer ses augures. Ainsi, l'on se retire sans réponse, en maudissant l'antre de la Sibylle. Mais toi, ne regrette point, dans ce lieu, un utile retard. Quoique tes compagnons murmurent, que les vents t'appellent sur les mers, et promettent à tes voiles leur haleine propice, va trouver la Sibylle, implore ses oracles ; qu'elle-même prophétisant, consente à ouvrir sa bouche, et fasse entendre sa voix. Elle te dira les peuples d'Italie, tes guerres futures, comment tu pourras éviter leurs périls ou les surmonter : et, vaincue par tes hommages, la Sibylle donnera une fin heureuse à tes travaux. Tels sont les avis

Expediet, cursusque dabit venerata secundos.
Hæc sunt quæ nostra liceat te voce moneri.
Vade age, et ingentem factis fer ad æthera Trojam.
Quæ postquam vates sic ore effatus amico est,
Dona dehinc auro gravia, sectoque elephanto,
Imperat ad naves ferri, stipatque carinis
Ingens argentum, Dodonæosque lebetas,
Loricam consertam hamis, auroque trilicem,
Et conum insignis galeæ, cristasque comantes,
Arma Neoptolemi : sunt et sua dona parenti.
Addit equos, additque duces.
Remigium supplet : socios simul instruit armis.
Interea classem velis aptare jubebat
Anchises, fieret vento mora ne qua ferenti.
Quem Phœbi interpres multo compellat honore :
Conjugio, Anchisa, Veneris dignate superbo,
Cura Deum, bis Pergameis erepte ruinis,
Ecce tibi Ausoniæ tellus : hanc arripe velis.
Et tamen hanc pelago præterlabare necesse est.
Ausoniæ pars illa procul, quam pandit Apollo.
Vade, ait, o felix nati pietate! quid ultra
Provehor, et fando surgentes demoror austros?

Nec minus Andromache, digressu mœsta supremo,
Fert picturatas auri subtemine vestes,
Et Phrygiam Ascanio chlamydem; nec cedit honori,
Textilibusque onerat donis, ac talia fatur :

qu'il m'est permis de te faire entendre. Va, pars, et que tes exploits portent jusqu'aux voûtes de l'Éther la gloire d'Ilion. »

Après que l'interprète des dieux a dit ces paroles amies, il fait porter sur mes vaisseaux de riches présens d'or et d'ivoire, un vaste amas d'argent, et des vases travaillés à Dodone. Il y joint une cuirasse à triples mailles d'or, un casque au cimier éclatant, à la crinière ondoyante, armure de Pyrrhus. Mon père a aussi ses dons. Hélénus ajoute à sa munificence des coursiers et des guides, de nouveaux rameurs, et, pour mes compagnons, des armes nouvelles.

Cependant Anchise ordonnait de déployer les voiles, et de profiter de la faveur des vents. Le prêtre d'Apollon honore par ces mots sa vieillesse : « Vous que Vénus a jugé digne de son auguste hymen, Anchise, cher aux immortels, arraché deux fois aux ruines de Pergame, voyez devant vous la terre d'Ausonie : courez la saisir. Mais d'abord côtoyez ses rivages : elle est encore éloignée la part de ces contrées qu'Apollon vous destine. Allez, heureux père d'un fils dont la piété est agréable aux dieux. Mais pourquoi vous retenir encore, et retarder, par mes discours, les vents qui vous appellent ? »

Andromaque partage la tristesse de ces derniers adieux, et, ne cédant point en munificence à Hélénus, apporte au jeune Ascagne de riches vêtemens où l'or s'entrelace à la pourpre, la chlamyde phrygienne et des tissus précieux dont l'aiguille embellit la trame : « Re-

Accipe et hæc, manuum tibi quæ monumenta mearum
Sint, puer, et longum Andromachæ testentur amorem
Conjugis Hectoreæ. Cape dona extrema tuorum,
O mihi sola mei super Astyanactis imago!
Sic oculos, sic ille manus, sic ora ferebat :
Et nunc æquali tecum pubesceret ævo.
Hos ego digrediens lacrymis affabar obortis :
Vivite felices, quibus est fortuna peracta
Jam sua : nos alia ex aliis in fata vocamur.
Vobis parta quies; nullum maris æquor arandum,
Arva neque Ausoniæ semper cedentia retro
Quærenda : effigiem Xanthi, Trojamque videtis,
Quam vestræ fecere manus : melioribus, opto,
Auspiciis, et quæ fuerint minus obvia Graiis.
Si quando Tibrim vicinaque Tibridis arva
Intraro, gentique meæ data mœnia cernam :
Cognatas urbes olim, populosque propinquos,
Epiro, Hesperia, quibus idem Dardanus auctor,
Atque idem casus, unam faciemus utramque
Trojam animis : maneat nostros ea cura nepotes.
PROVEHIMUR pelago vicina Ceraunia juxta,
Unde iter Italiam, cursusque brevissimus undis.
Sol ruit interea, et montes umbrantur opaci.
Sternimur optatæ gremio telluris ad undam,
Sortiti remos, passimque in littore sicco
Corpora curamus : fessos sopor irrigat artus.

çois, cher enfant, dit-elle, ces dons de ma tendresse, l'ouvrage de mes mains ; qu'ils te soient un long témoignage de l'amitié d'Andromaque, de l'épouse d'Hector. Reçois ces derniers présens de ta famille, ô toi, seule image qui me reste de mon Astyanax ! tels étaient ses yeux ! telles ses mains ! tels les traits de son visage ! et maintenant il grandirait dans un âge pareil au tien. »

Je m'éloigne, et leur dis en pleurant : « Vivez heureux, vous qui n'avez plus à craindre l'inconstance du sort, tandis qu'il nous entraîne encore dans de nouveaux dangers ! Votre repos est assuré : vous n'avez plus de mers à parcourir. Vous n'avez point à chercher une Ausonie qui s'éloigne toujours : vous voyez l'image du Xanthe, une autre Troie que vos mains ont bâtie. Puisse-t-elle, élevée sous de meilleurs auspices, être moins en butte à la fureur des Grecs ! Si j'entre jamais dans le Tibre, et si, dans les champs que baignent ses ondes, je vois s'élever les remparts promis à ma nation, alors nos villes alliées et nos peuples voisins, alors l'Épire et l'Hespérie, unis par la même origine, par les mêmes malheurs, confondront les cœurs et la patrie dans une seule Troie. Et puisse le même esprit vivre chez nos derniers neveux ! »

Les voiles sont déployées, nous voguons vers les monts Cérauniens : c'est le chemin le plus court vers l'Italie. Cependant le soleil achève sa course à l'occident, et les ombres épaissies ont voilé les montagnes. La terre désirée nous reçoit sur son sein ; étendus, sans ordre, sur l'arène, nous réparons nos forces, et le sommeil verse sur nos membres fatigués l'oubli de nos travaux.

Necdum orbem medium nox horis acta subibat:
Haud segnis strato surgit Palinurus, et omnes
Explorat ventos, atque auribus aëra captat.
Sidera cuncta notat tacito labentia cœlo,
Arcturum, pluviasque Hyadas, geminosque Triones,
Armatumque auro circumspicit Oriona.
Postquam cuncta videt cœlo constare sereno,
Dat clarum e puppi signum : nos castra movemus,
Tentamusque viam, et velorum pandimus alas.
Jamque rubescebat stellis Aurora fugatis,
Quum procul obscuros colles, humilemque videmus
Italiam. Italiam primus conclamat Achates :
Italiam læto socii clamore salutant.
Tum pater Anchises magnum cratera corona
Induit, implevitque mero; Divosque vocavit,
Stans celsa in puppi :
Di maris et terræ tempestatumque potentes,
Ferte viam vento facilem, et spirate secundi.
Crebrescunt optatæ auræ, portusque patescit
Jam propior, templumque apparet in arce Minervæ.
Vela legunt socii, et proras ad littora torquent.
Portus ab Euroo fluctu curvatur in arcum :
Objectæ salsa spumant aspergine cautes.
Ipse latet : gemino demittunt brachia muro
Turriti scopuli; refugitque a littore templum.

Quatuor hic, primum omen, equos in gramine vidi

La Nuit, que conduisent les Heures, n'avait pas encore atteint le milieu de son cours : le vigilant Palinure se lève, il interroge les vents, et son oreille écoute les airs. Il cherche les astres qui roulent dans le silence des cieux; il observe le paresseux Arcture, les Hyades pluvieuses, les deux Ourses, et le front d'Orion, armé d'un or étincelant. Dès qu'il a reconnu que tout est serein sous la voûte azurée, du haut de la poupe il donne l'éclatant signal : soudain nous quittons le rivage, nous partons, et déployons aux vents les ailes de nos vaisseaux.

Déja, montrant son front de rose à l'horizon, l'Aurore chassait les astres de la nuit, lorsque nous voyons au loin des collines obscures, et l'Italie sortant du sein des eaux. Italie! s'écrie le premier Achate; Italie! répètent mes compagnons, saluant cette terre d'un long cri de joie. Alors, mon père Anchise couronne de fleurs un grand cratère, le remplit d'un vin pur, et, debout sur la poupe élevée, il invoque les dieux : « Dieux souverains de la terre et des mers, qui gouvernez les tempêtes, accordez-nous, s'écrie-t-il, une route facile et la faveur des vents! » Soudain les airs désirés frappent nos voiles; déjà nous voyons le port qui se rapproche et s'élargit, et sur une colline se découvre le temple de Minerve. Les voiles sont pliées, et les proues tournées vers le rivage. Le port ouvert à l'orient se courbe en arc, défendu par deux rochers qui s'avancent, et que l'onde salée blanchit de son écume : leurs bras s'allongent dans la mer; leurs fronts, semblables à deux grandes tours, ceignent l'entrée d'un double rempart, et le temple regardé semble fuir du rivage.

Sur ces bords, pour premier augure, s'offrent à nos

Tondentes campum late, candore nivali.
Et pater Anchises : Bellum, o terra hospita, portas.
Bello armantur equi : bellum hæc armenta minantur.
Sed tamen idem olim curru succedere sueti
Quadrupedes, et frena jugo concordia ferre :
Spes est pacis, ait. Tum numina sancta precamur
Palladis armisonæ, quæ prima accepit ovantes;
Et capita ante aras Phrygio velamur amictu;
Præceptisque Heleni, dederat quæ maxima, rite
Junoni Argivæ jussos adolemus honores.

HAUD mora, continuo perfectis ordine votis,
Cornua velatarum obvertimus antennarum;
Grajugenumque domos, suspectaque linquimus arva.
Hinc sinus Herculei, si vera est fama, Tarenti
Cernitur : attollit se Diva Lacinia contra,
Caulonisque arces, et navifragum Scylacæum.

TUM procul e fluctu Trinacria cernitur Ætna :
Et gemitum ingentem pelagi, pulsataque saxa
Audimus longe, fractasque ad littora voces;
Exultantque vada, atque æstu miscentur arenæ.
Et pater Anchises : Nimirum hæc illa Charybdis :
Hos Helenus scopulos, hæc saxa horrenda canebat.
Eripite, o socii, pariterque insurgite remis.
Haud minus ac jussi faciunt, primusque rudentem

yeux quatre coursiers blancs comme la neige, et qui paissaient au loin dans la campagne. Mon père Anchise s'écrie : « C'est la guerre que tu nous annonces, ô terre hospitalière! c'est pour la guerre qu'on dresse les coursiers! c'est de la guerre que nous menacent ces fiers quadrupèdes. Mais cependant on les soumet aussi à recevoir le frein, à traîner de front un char : on peut donc encore espérer la paix. » Alors nous invoquons, dans nos prières, l'auguste déesse, Pallas aux armes retentissantes, qui, la première, nous a reçus triomphans sur ces bords. Nous ombrageons, devant les autels, nos fronts du voile phrygien, et, dociles au premier avis d'Hélénus, nous offrons à la divinité d'Argos les sacrifices ordonnés.

A peine ces devoirs étaient remplis, les pointes des longues antennes, chargées de larges voiles, sont tournées vers la mer, et nous fuyons ces terres suspectes, habitées par les Grecs. Bientôt nous apercevons le golfe et la ville de Tarente, bâtie par Hercule, si la renommée n'est point mensongère. Au bord opposé s'élèvent le temple de Junon Lacinienne, les remparts de Caulon, et les écueils de Scylacée, fameux par tant de naufrages.

Au loin, devant nous, se découvre la cime de l'Etna : nous entendons le mugissement sourd des eaux de la Sicile, le bruit des vagues qui frappent les rochers, et les voix de la mer brisées sur le rivage. L'onde bondit, le sable tourbillonne dans les flots écumans. « La voilà, s'écrie Anchise, cette Charybde! les voilà ces écueils et ces rochers horribles qu'annonçait Hélénus! O compagnons, fuyez! et, courbés tous ensemble, pesez, insistez sur les rames! » Soudain on obéit : Palinure, le premier, détourne à gauche sa proue frémis-

Contorsit lævas proram Palinurus ad undas;
Lævam cuncta cohors remis ventisque petivit.
Tollimur in cœlum curvato gurgite, et idem
Subducta ad Manes imos descendimus unda.
Ter scopuli clamorem inter cava saxa dedere;
Ter spumam elisam et rorantia vidimus astra.

INTEREA fessos ventus cum sole reliquit :
Ignarique viæ Cyclopum allabimur oris.
Portus ab accessu ventorum immotus, et ingens
Ipse; sed horrificis juxta tonat Ætna ruinis,
Interdumque atram prorumpit ad æthera nubem,
Turbine fumantem piceo, et candente favilla,
Attollitque globos flammarum, et sidera lambit :
Interdum scopulos avulsaque viscera montis
Erigit eructans, liquefactaque saxa sub auras
Cum gemitu glomerat, fundoque exæstuat imo.
Fama est Enceladi semiustum fulmine corpus
Urgeri mole hac, ingentemque insuper Ætnam
Impositam, ruptis flammam exspirare caminis;
Et fessum quoties mutat latus, intremere omnem
Murmure Trinacriam, et cœlum subtexere fumo.
NOCTEM illam tecti sylvis immania monstra
Perferimus; nec, quæ sonitum det causa, videmus.
Nam neque erant astrorum ignes, nec lucidus æthra
Siderea polus, obscuro sed nubila cœlo,
Et Lunam in nimbo nox intempesta tenebat.

sante, et tous les vaisseaux le suivent à l'aide de la rame et des vents : tantôt, soulevées de l'abîme, les vagues nous portent jusqu'aux astres; tantôt, quand elles retombent, nous descendons jusqu'au séjour des mânes. Trois fois nous voyons l'onde mugissante s'engloutir dans les gouffres de ces profonds écueils, et trois fois nous voyons l'onde revomie monter en écume et tomber des cieux en épaisse bruine.

CEPENDANT le jour a fui, le vent n'enfle plus les voiles, nos forces sont épuisées, et, ignorant la route, nous abordons sur la côte des Cyclopes. Le port, à l'abri des vents, est calme et spacieux. Mais au dessus tonne l'Etna au milieu d'effroyables ruines : tantôt il lance dans les airs de noirs nuages de fumée, de bitume et de cendres ardentes, ou il élève des globes de flamme qui vont effleurer les astres ; tantôt arrachant, du sein de la montagne, des rochers en éclats, il vomit ses entrailles brûlantes, roule en torrens la lave qui s'épaissit sur ses flancs, mugit et bouillonne au fond de ses abîmes. Le corps d'Encelade, à demi brûlé par la foudre, gémit, dit-on, accablé sous l'immense montagne : l'Etna pèse sur lui tout entier. Le Titan jette son haleine enflammée par le gouffre entr'ouvert, et quand son corps oppressé veut changer de place, le bruit de ses vastes efforts ébranle la Sicile, et le ciel se voile de sombres vapeurs.

TOUTE la nuit, frappés de ce phénomène terrible, nous restons cachés dans la forêt voisine, ignorant d'où vient cet effroyable bruit, car les astres étaient sans feux, l'éther sans lumière, et la lune, cachée dans d'épais nuages, laissait aux ténèbres toute leur pesanteur.

Postera jamque dies primo surgebat Eoo,
Humentemque Aurora polo dimoverat umbram,
Quum subito e sylvis, macie confecta suprema
Ignoti nova forma viri, miserandaque cultu,
Procedit, supplexque manus ad littora tendit.
Respicimus: dira illuvies, immissaque barba,
Consertum tegmen spinis; at cetera Graius,
Et quondam patriis ad Trojam missus in armis.

Isque ubi Dardanios habitus et Troïa vidit
Arma procul, paulum aspectu conterritus hæsit,
Continuitque gradum; mox sese ad littora præceps
Cum fletu precibusque tulit: Per sidera testor,
Per Superos, atque hoc cœli spirabile lumen,
Tollite me, Teucri, quascumque abducite terras;
Hoc sat erit. Scio me Danais e classibus unum,
Et bello Iliacos fateor petiisse Penates.
Pro quo, si sceleris tanta est injuria nostri,
Spargite me in fluctus, vastoque immergite ponto.
Si pereo, manibus hominum periisse juvabit.
Dixerat: et genua amplexus, genibusque volutans
Hærebat. Qui sit, fari, quo sanguine cretus,
Hortamur; quæ deinde agitet fortuna, fateri.
Ipse pater dextram Anchises, haud multa moratus,
Dat juveni, atque animum præsenti pignore firmat.
Ille hæc, deposita tandem formidine, fatur:
Sum patria ex Ithaca, comes infelicis Ulyssei,

Mais déjà un nouveau jour naissait à l'orient, et l'Aurore avait chassé du ciel les ombres humides, quand tout à coup, sorti du fond des bois, un inconnu pâle, d'une maigreur extrême, à l'aspect étrange et misérable, couvert de vils lambeaux, s'avance suppliant et tendant ses mains vers le rivage. Nous regardons : ses traits sont hideux ; sa barbe épaisse flotte sur sa poitrine. Quelques débris de vêtemens le couvrent, rattachés par des épines : le reste annonce un Grec que jadis sa patrie envoya combattre sous les murs d'Ilion.

A peine il aperçoit, de loin, l'habit phrygien et les armes troyennes, saisi de frayeur, il hésite, il s'arrête. Mais bientôt précipitant ses pas vers le rivage, et mêlant les pleurs à la prière, il s'écrie : « Par les astres que j'atteste, par les dieux que nous adorons, par ce jour qui nous luit et cet air que nous respirons, ô Troyens! arrachez-moi de ces lieux. N'importe sur quels autres bords vous jetiez ma misère, je serai content. J'étais, je le sais, sur la flotte des Grecs ; j'ai porté, je l'avoue, la guerre aux pénates de Troie. Si c'est à vos yeux un crime indigne de pardon, jetez-moi dans les flots, plongez-moi dans le vaste abîme des mers ; si je dois périr, il me sera doux de périr par la main des hommes. »

Il dit ; et se roulant à nos genoux, il les embrasse et s'y tient prosterné. Nous l'invitons à faire connaître son nom, et le sang dont il est né, et son triste destin ; Anchise lui-même s'empresse de lui tendre la main, et, par ce gage bienveillant, rassure ses esprits. Déposant enfin toute crainte, il nous tient ce discours :

« Ithaque est ma patrie. Je suis l'un des compagnons

Nomen Achemenides, Trojam genitore Adamasto
Paupere (mansissetque utinam fortuna!) profectus.
Hic me, dum trepidi crudelia limina linquunt,
Immemores socii vasto Cyclopis in antro
Deseruere. Domus sanie dapibusque cruentis
Intus opaca, ingens : ipse arduus, altaque pulsat
Sidera : (Di, talem terris avertite pestem!)
Nec visu facilis, nec dictu affabilis ulli.
Visceribus miserorum et sanguine vescitur atro.
Vidi egomet, duo de numero quum corpora nostro,
Prensa manu magna, medio resupinus in antro,
Frangeret ad saxum, sanieque aspersa natarent
Limina : vidi, atro quum membra fluentia tabo
Manderet, et tepidi tremerent sub dentibus artus.
Haud impune quidem : nec talia passus Ulysses,
Oblitusve sui est Itachus discrimine tanto.
Nam simul expletus dapibus, vinoque sepultus,
Cervicem inflexam posuit, jacuitque per antrum
Immensus, saniem eructans ac frusta cruento
Per somnum commixta mero; nos, magna precati
Numina, sortitique vices, una undique circum
Fundimur, et telo lumen terebramus acuto
Ingens, quod torva solum sub fronte latebat,
Argolici clypei aut Phœbeæ lampadis instar :
Et tandem læti sociorum ulciscimur umbras.

du malheureux Ulysse : mon nom est Achéménide. La pauvreté d'Adamaste, mon père, décida mon départ pour les campagnes de Troie. (Eh! que n'ai-je su me contenter de son humble fortune!) Mes compagnons éperdus, m'oubliant et fuyant ces bords cruels, me laissèrent, dans l'antre du Cyclope, ténébreux et vaste repaire, toujours souillé de carnage et de mets exécrables. Lui, d'une taille énorme, semble toucher de son front les astres. (Dieux! délivrez la terre d'un fléau si cruel!) Son aspect est affreux, sa parole effrayante. Il se repaît de la chair des malheureux humains, et s'abreuve de leur sang livide : moi-même je l'ai vu saisir de sa vaste main deux de nos compagnons, et, couché sur le dos, au milieu de l'antre, les écraser sur le roc et inonder de leur sang son affreuse demeure. J'ai vu leurs membres tout sanglans dévorés par le Cyclope, et leurs chairs encore vivantes palpiter sous ses terribles dents. Mais le monstre fut puni : Ulysse ne put souffrir tant de barbarie, et ne s'oublia point dans un si grand danger. Car, à peine gorgé de ces mets détestables, et enseveli dans le vin, le Cyclope laisse tomber sa tête appesantie, s'étend, immense, dans son antre, et s'endort, en rejetant de son affreuse bouche des lambeaux de chair, parmi des flots de sang et de vin : soudain nous implorons les dieux, le sort règle les rangs, nous entourons le monstre, et fondant sur lui de toutes parts; armés d'une poutre aiguë, nous la faisons descendre dans l'œil énorme du géant, caché sous son front menaçant, œil unique, semblable à un bouclier d'Argos ou au disque éclatant du soleil; et nous nous réjouissons d'avoir ainsi vengé les mânes de nos compagnons.

Sed fugite, o miseri, fugite, atque ab littore funem
Rumpite.
Nam, qualis quantusque cavo Polyphemus in antro
Lanigeras claudit pecudes, atque ubera pressat;
Centum alii curva hæc habitant ad littora vulgo
Infandi Cyclopes, et altis montibus errant.
Tertia jam Lunæ se cornua lumine complent,
Quum vitam in sylvis, inter deserta ferarum
Lustra domosque traho, vastosque ab rupe Cyclopas
Prospicio, sonitumque pedum vocemque tremisco.
Victum infelicem, baccas, lapidosaque corna
Dant rami, et vulsis pascunt radicibus herbæ.
Omnia collustrans, hanc primum ad littora classem
Conspexi venientem; huic me, quæcumque fuisset,
Addixi : satis est gentem effugisse nefandam.
Vos animam hanc potius quocumque absumite leto.

Vix ea fatus erat, summo quum monte videmus
Ipsum inter pecudes vasta se mole moventem
Pastorem Polyphemum, et littora nota petentem :
Monstrum horrendum, informe, ingens, cui lumen
      ademptum.
Trunca manum pinus regit, et vestigia firmat.
Lanigeræ comitantur oves, ea sola voluptas,
Solamenque mali : de collo fistula pendet.
Postquam altos tetigit fluctus, et ad æquora venit,

Mais vous, fuyez, ô malheureux Troyens! fuyez! coupez les câbles qui vous retiennent au rivage! car tel que se montre l'immense Polyphême, lorsqu'il enferme et trait ses troupeaux dans son antre effroyable; tels, et non moins affreux, cent autres Cyclopes parcourent souvent ces rivages, ou errent sur les hautes montagnes. Trois fois déjà l'astre des nuits a rempli son croissant, depuis que je traîne, dans ces forêts, ma malheureuse vie, parmi les demeures et les antres abandonnés de leurs hôtes sauvages; depuis que, caché derrière un rocher, je suis de l'œil les Cyclopes dont les pas retentissans et l'horrible voix me glacent d'épouvante. Mes tristes alimens sont les baies des arbustes, le fruit pierreux du cornouiller, des herbes et leurs racines arrachées à la terre. Tandis que, tous les jours, je portais mes regards sur les mers, j'ai vu vos vaisseaux aborder, les premiers, ces funestes rivages : qui que vous fussiez, je suis accouru, trop heureux d'échapper aux sanglantes dents de ce peuple affreux. Vous, disposez de ma vie! toute autre mort me semble préférable. »

A peine il achevait ces mots, nous voyons, au sommet de la montagne, se mouvoir une masse énorme : c'était le pasteur Polyphême, au milieu de ses troupeaux, s'avançant au rivage connu; monstre horrible, informe, immense, à qui la lumière du jour a été ravie. Un pin dépouillé de sa chevelure guide sa main et affermit ses pas. Ses brebis l'accompagnent, seule joie qui lui reste, seule consolation de ses maux. A son cou pend la flûte pastorale. Dès qu'il a atteint le rivage et touché les flots, il lave le sang qui coule de son œil enfoncé, grince les dents, mugit de rage, s'avance dans la mer

Luminis effossi fluidum lavit inde cruorem,
Dentibus infrendens gemitu, graditurque per æquor
Jam medium, necdum fluctus latera ardua tinxit.
Nos procul inde fugam trepidi celerare, recepto
Supplice, sic merito, tacitique incidere funem :
Verrimus et proni certantibus æquora remis.
Sensit, et ad sonitum vocis vestigia torsit.
Verum, ubi nulla datur dextram affectare potestas,
Nec potis Ionios fluctus æquare sequendo;
Clamorem immensum tollit, quo pontus et omnes
Intremuere undæ, penitusque exterrita tellus
Italiæ, curvisque immugiit Ætna cavernis.
At genus e sylvis Cyclopum et montibus altis
Excitum ruit ad portus, et littora complent.
Cernimus adstantes necquicquam lumine torvo
Ætnæos fratres, cœlo capita alta ferentes,
Concilium horrendum : quales quum vertice celso
Aëriæ quercus aut coniferæ cyparissi
Constiterunt, sylva alta Jovis, lucusve Dianæ.
Præcipites metus acer agit quocumque rudentes
Excutere, et ventis intendere vela secundis.
Contra jussa monent Heleni Scyllam atque Charybdim
Inter utramque viam, lethi discrimine parvo,
Ni teneant cursus : certum est dare lintea retro.
Ecce autem Boreas angusta ab sede Pelori
Missus adest : vivo prætervehor ostia saxo
Pantagiæ, Megarosque sinus, Thapsumque jacentem.

profonde, et les flots ne teignent point ses flancs qui les dominent.

Tremblans à cet aspect, nous précipitons le départ; le Grec suppliant, et qui nous a sauvés, accompagne notre fuite. Nous coupons en silence les câbles, et le corps incliné, nous fendons les eaux de nos rames agiles. Polyphême nous entend; le son de nos voix dirige ses pas : mais en vain il veut atteindre nos vaisseaux rapides emportés sur les ondes. Alors il jette une clameur immense; la mer en a tremblé jusqu'au fond de ses abîmes, l'Italie entière a été épouvantée, et l'Etna a mugi dans ses cavités profondes. A ce bruit toute la race des Cyclopes accourt du fond des forêts et des hautes montagnes : elle s'élance vers le port et couvre le rivage. Nous y voyons debout les fils de l'Etna, portant leurs fronts dans les nuages, et qui vainement nous poursuivent de leur œil effroyable. Horrible assemblée! tels, sur la cime des monts, les chênes étendent leurs bras altiers, et tels les pins élèvent leurs têtes pyramidales dans les forêts de Jupiter ou dans les bois sacrés de Diane.

L'effroi précipite nos mouvemens : nous tourmentons de tous côtés les cordages, et livrons les voiles aux vents qui nous secondent. Mais Hélénus nous avait avertis qu'entre Charybde et Scylla la mort est presque inévitable, et qu'il faut suivre une autre route. Nous allions retourner nos proues, lorsque, soufflant du détroit de Pélore, Borée vient à notre secours. Nous dépassons les roches vives d'où le Pantage arrive dans la mer, et le golfe de Mégare et l'humble Thapsus. Tels étaient les

Talia monstrabat relegens errata retrorsum
Littora Achemenides, comes infelicis Ulyssei.
SICANIO prætenta sinu jacet insula, contra
Plemmyrium undosum; nomen dixere priores
Ortygiam. Alphæum fama est huc, Elidis amnem,
Occultas egisse vias subter mare; qui nunc
Ore, Arethusa, tuo Siculis confunditur undis.
Jussi numina magna loci veneramur, et inde
Exsupero præpingue solum stagnantis Helori.
Hinc altas cautes projectaque saxa Pachyni
Radimus; et fatis nunquam concessa moveri
Apparet Camarina procul, campique Geloi,
Immanisque Gela, fluvii cognomine dicta.
Arduus inde Acragas ostentat maxima longe
Mœnia, magnanimum quondam generator equorum.
Teque datis linquo ventis, palmosa Selinus;
Et vada dura lego saxis Lilybeïa cæcis.

HINC Drepani me portus et illætabilis ora
Accipit. Hic, pelagi tot tempestatibus actus,
Heu! genitorem, omnis curæ casusque levamen,
Amitto Anchisen. Hic me, pater optime, fessum
Deseris, heu! tantis nequidquam erepte periclis!
Nec vates Helenus, quum multa horrenda moneret,
Hos mihi prædixit luctus, non dira Celæno.
Hic labor extremus, longarum hæc meta viarum.

rivages que nous montrait Achéménide, et que, compagnon d'Ulysse, il avait parcourus avec lui.

A L'ENTRÉE du golfe de Syracuse, en face de Plemmyre, assaillie par les ondes, il est une île que ses premiers habitans appelèrent Ortygie. C'est là, dit-on, que le fleuve Alphée, ayant quitté sans regret l'Élide, et s'étant fait un chemin secret sous les mers, vient, belle Aréthuse, mêler son onde à votre onde, et terminer avec vous son paisible cours. Fidèles aux conseils d'Hélénus, nous adorons les divinités de ces lieux. De là, nous côtoyons les champs que l'Hélore engraisse de ses dormantes eaux. Nous laissons derrière nous les hauts rochers de Pachyne dont le pied s'avance dans la mer. Nous découvrons au loin Camarine, que le destin enferma pour toujours dans ses marais, et les champs Géléens, et la ville immense de Gela qui prit son nom du fleuve qui l'arrose. L'altière Agrigente nous montre de loin ses vastes remparts, Agrigente jadis féconde en généreux coursiers. Les vents m'éloignent de toi, riche Sélinonte qu'ombragent les palmiers, et j'effleure les terribles écueils que Lilybée a cachés sous les ondes.

ENFIN Drépane me reçoit dans son port. Trop fatal rivage! c'est là que je perdis mon père Anchise, seul soutien qui restât à ma misère et à mes ennuis. C'est là, ô le meilleur des pères! que tu m'abandonnas à ma douleur, après avoir, hélas! en vain échappé à tant de dangers! Ni le devin Hélénus, quand il m'annonçait de bien tristes présages, ni l'affreuse Céléno ne m'avaient point prédit un deuil aussi cruel. Là, j'ai trouvé ma dernière infortune, là le terme de mes longs voyages; et c'est en

Hinc me digressum vestris Deus appulit oris.

Sic pater Æneas, intentis omnibus, unus
Fata renarrabat Divum, cursusque docebat :
Conticuit tandem, factoque hic fine quievit.

quittant ce rivage funeste qu'un dieu plus propice m'a conduit sur vos bords.

Ainsi Énée captivait seul l'assemblée attentive quand il disait ses malheurs et ses destins errans. Il se taît enfin, et se livre au repos de la nuit.

NOTES

DU LIVRE TROISIÈME.

---

1. — Page 206. *Postquam res Asiæ Priamique evertere gentem.*

Heyne s'écrie : *Splendidum exordium !* Ce début est généralement admiré : c'est le tableau de la chute d'un grand empire, et, dans le *ceciditque superbum Ilium*, semble retentir encore le bruit de sa ruine.

Le IIIe livre contient les évènemens de sept années, et pourrait être appelé l'*Odyssée* des Troyens. Les détails géographiques y ont un peu de sécheresse. Homère répand plus de variété, plus de charme dans les descriptions des lieux qu'Ulysse parcourt dans ses égaremens. Énée ne fait rien d'épique dans le IIIe livre : le héros ne s'y montre pas assez. Mais le tombeau de Polymnestor, la fable des Harpyes, le touchant épisode de la veuve d'Hector, le tableau de l'Etna et celui des Cyclopes, où le poète l'emporte sur Homère, surtout la richesse du style et l'harmonie des vers, empêchent de reconnaître ce qui manque trop souvent de grandeur aux peintures, et d'éclat à l'imagination.

2. — Page 206. *Diversa exilia et desertas quærere terras.*

Le professeur Binet traduit ainsi ce vers : « Il fallut nous résoudre à chercher *au loin* un exil *lointain*, etc. »

Les interprètes ont été embarrassés par le mot *desertas*, et plusieurs ont cru devoir lire *diversas*, parce que Créuse avait dit à Énée qu'il s'établirait dans des terres fertiles et peuplées :

> Ubi Lydius arva
> Inter opima virum, leni fluit agmine Tibris.

Mais des terres peuvent être fertiles sans être cultivées. D'ailleurs

Énée cherche à exciter la pitié de Didon, et le poète oppose à *superbum Ilium*, ce grand contraste : *desertas terras*.

3. — Page 206. . . . . *Classemque sub ipsa
Antandro, et Phrygiæ molimur montibus Idæ.*

Antandre (aujourd'hui *Dimitri*, dans la Natolie), ville située au pied de l'Ida, sur la côte de la mer Égée. Servius rapporte que cette ville fut bâtie par une colonie de l'île d'Andros. Catrou croit qu'en disant *sub ipsa Antandro*, Virgile a voulu désigner le lieu même où Paris avait jugé les trois déesses : c'est une opinion bien hasardée.

Le mont Ida est ici appelé *Phrygien*, parce qu'il y avait dans la Crète une montagne du même nom. Les chaînes de l'Ida de Phrygie s'étendent depuis Antandre jusqu'à l'Hellespont et à la Propontide. Horace donne à l'Ida l'épithète d'*aquosa*, en parlant de l'enlèvement de Ganymède : *Aquosa raptus ab Ida*, parce que l'Ida est comme un vaste réservoir d'où sortent le Granique, le Scamandre et le Simoïs.

On peut s'étonner que le héros troyen ne se soit vu ni arrêté ni troublé par les Grecs vainqueurs de Troie, tandis que, presque aux portes de cette ville, il construisait et équipait vingt vaisseaux pour fuir sur les mers.

Virgile ne fait pas connaître le temps qu'Énée mit à préparer cette expédition; cependant il semble résulter de cet hémistiche, *vix prima incœperat æstas*, qu'il employa neuf mois à construire sa flotte : car Troie aurait été prise vers la fin du printemps de l'année précédente, au mois de mai, suivant saint Clément d'Alexandrie, ou le 11 juin, selon Ératosthène, cité par Denys d'Halicarnasse. Il est inutile de remarquer que, malgré leur précision, ces dates n'ont rien de certain.

4. — Page 206. *Incerti quo fata ferant, ubi sistere detur.*

Cependant Énée savait que les destins l'appelaient en Italie ; il l'avait annoncé lui-même à ses compagnons, dans le 1er livre. Ilionée avait parlé deux fois de l'Italie, dans le discours qu'il adresse à Didon. Creüse avait même désigné au héros l'embouchure du Tibre. C'est donc une inadvertance du poète : les interprètes ont cru la justifier, en disant que le trouble du héros, lors de l'apparition de sa femme, ne lui avait pas permis de prêter une oreille attentive à ses paroles ; que d'ailleurs le sens en était peu facile à saisir, parce que l'Hespérie et le Tibre étaient alors inconnus aux peuples d'Orient.

5. — Page 206. . . . . *Vix prima incœperat œstas.*

Dans les temps homériques, on ne connaissait que deux saisons, l'été et l'hiver; le printemps était le premier été, *prima œstas.*

Quelques traducteurs, s'appuyant sur l'autorité du P. Le Bossu, qui, dans son *Traité du poëme épique*, soutient que *prima œstas* signifie le commencement de l'été, font embarquer le héros à cette époque de l'année. Il ne serait alors resté que six mois à Antandre.

6. — Page 206. *Littora tum patriæ lacrymans, portusque relinquo.*

Vossius dit que Virgile a emprunté ce vers à Nævius. Mais ce grand hémistiche, *et campos ubi Troja fuit*, cette image sublime, n'appartient qu'à Virgile. M. Tissot voudrait que le deuil du départ eût été marqué par la douleur des compagnons d'Énée. « Tous les Troyens, dit-il, se taisent; les femmes même paraissent insensibles : elles ne saluent pas une dernière fois les lieux où elles sont devenues mères ; elles ne tombent pas à genoux pour invoquer, dans un souvenir religieux, leurs époux qui reposent au sein de la terre natale. » Le savant littérateur remarque qu'Euripide et Sénèque ont été mieux inspirés, et il ajoute, en regrettant que le poète ait négligé de montrer les Troyens fugitifs poursuivant la patrie de leurs derniers regards, « Ce trait était tellement dans le caractère du talent de Virgile, qu'on ne conçoit pas qu'il l'ait négligé. »

7. — Page 206. *Cum sociis, natoque, Penatibus, et magnis Dis.*

Vers spondaïque : il en est peu de ce genre dans Virgile. On trouve, dans les *Bucoliques*, *magnum Jovis incrementum* : c'est ainsi que le poète appelle César, et il semble, par la longue gravité des sons, prendre un ton solennel pour parler des dieux.

On lit dans Pomponius, citant un ancien scoliaste, que le vers *Cum sociis*, etc., a été pris à Ennius : *Versus est Ennii, et sunt verba Pyrrhi.* Virgile ne confond point ici ce qu'il semble confondre ailleurs, les Pénates avec les grandes divinités. Anchise ne pouvait guère emporter avec ses propres Pénates que les dieux de sa patrie, qui, suivant Varron et Macrobe, avaient pour inscription *Magnis Dís.*

8. — Page 206. *Thraces arant, acri quondam regnata Lycurgo.*

Ce Lycurgue, antérieur de plusieurs siècles au législateur de Lacédémone, est dit avoir régné avec sévérité sur les Thraces. On rapporte qu'il chassa Bacchus de ses états : plusieurs commentateurs entendent par-là qu'il proscrivit l'usage du vin ; et un ancien mythe ajoute qu'en arrachant lui-même les vignes, il se coupa le pied, ce qui fut une vengeance de Bacchus.

Polymnestor régnait sur la Chersonnèse de Thrace, c'est-à-dire, sur la presqu'île où étaient situées Pallène et Samos.

« On regrette, dit M. Tissot, que le poète n'ait consacré que trois vers à la description de ce pays (la Thrace), illustré par tant de souvenirs poétiques. L'Hèbre, qui roula les restes inanimés de l'époux d'Eurydice, le Rhodope, dont le sommet est couronné de frimas, où les Amazones et les Bacchantes célébraient des chœurs de danse en l'honneur de Bacchus, ne sont pas même nommés. Les mœurs guerrières et sauvages des habitans sont à peine indiquées par ce trait : *Mavortia terra.* »

9. — Page 206. *Hospitium antiquum Trojæ, sociique Penates.*

Priam avait épousé Hécube, fille de Cissée, roi de Thrace. L'alliance des Thraces et des Troyens avait été resserrée encore par le mariage d'Ilionée, fille de Priam, avec le roi Polymnestor.

10. — Page 206. *Dum fortuna fuit.................*

On voit combien est ancienne cette triste habitude d'abandonner ses amis dans l'adversité. Horace, Ovide, Pétrone, l'ont remarqué comme Virgile. Velleius dit aussi : *Quis in adversis beneficiorum servat memoriam, aut quis ullam calamitosis deberi putat gratiam ?*

11. — Page 208. *Æneadasque meo nomen de nomine fingo.*

Virgile suit ici une tradition historique. Denys d'Halycarnasse, qui avait recherché, dit-il, avec soin, dans les historiens grecs et latins, les faits qu'il rapporte, place dans la presqu'île de Pallène, sur la côte méridionale de la Thrace (aujourd'hui la Romanie), la ville qui fut bâtie par Énée sous le nom d'*Eneia* ou *Eneades*, ou *Eneates*. L'abbé Bellanger, traducteur et commentateur de Denys d'Halicarnasse, croit que Virgile et les auteurs latins ont confondu ce que les Grecs avaient distingué, la ville d'*Enos*, qui existait dans les temps homériques (*Iliad.*, liv. IV), et *Æneia* ou *Æneades*, qui fut bâtie par Énée, selon le géographe Étienne de Byzance. *Ænos* était dans la Thrace, vers l'embouchure de l'Hèbre (HÉRODOTE, liv. I, n° 90). *Æneades* fut bâtie dans la Chersonnèse de Pallène, pays qu'habitaient les Crusiens (ÉTIENNE DE BYZANCE); on y voyait le tombeau de Polydore (SOLIN, ch. 10). La ville d'Énée fut détruite par Cassandre, un des lieutenans d'Alexandre; les habitans furent transportés à Thessalonique (DENYS D'HALICARNASSE; STRABON). La ville d'*Ænos*, plus ancienne, et où, suivant Apollodore (liv. II, ch. 5), Hercule avait été reçu par le roi de Thrace Poltys, frère de Sarpédon, exista plus long-temps. Ptolémée et Salluste en parlent comme d'une ville de leur époque (*voyez* aussi TITE-LIVE, liv. XXXI, ch. 16).

« Pourquoi, dit le P. Sanadon, Énée, après la prédiction de Créüse, qui lui marquait l'Italie pour le terme de ses voyages, s'amuse-t-il à bâtir une ville sur les côtes de la Thrace? Pourquoi, étant arrivé à Délos, demande-t-il à Apollon qu'il lui marque le lieu où il doit fixer son établissement? Pourquoi bâtit-il une seconde ville dans l'île de Crète? Les dieux Pénates lui répètent, dans cette île, les mêmes prédictions que Créüse lui avait faites à Troie; Hélénus, en Épire, lui en fait un détail circonstancié. Pourquoi donc, après tout cela, épouse-t-il Didon, et s'établit-il à Carthage? »

Le P. Catrou a voulu justifier Virgile contre le P. Sanadon. « *Les objections*, dit-il, *sont de conséquence*. Mais Énée ne pouvait écouter Créüse : c'était *une apparition de son ombre*; l'oracle de Délos était ambigu; enfin, si Énée *s'amuse auprès de Didon, c'est nécessité*. Ainsi, à tout prendre, Virgile n'a point péché contre la vraisemblance. » *A tout prendre*, cette réponse est fort peu concluante.

12. — Page 208. *Cœlicolum regi mactabam in littore taurum.*

Les interprètes se sont étonnés que Virgile fît sacrifier un taureau à Jupiter, tandis que les anciens s'accordent à dire qu'on n'immolait au maître des dieux ni taureau ni bélier. Macrobe (*Saturn.*, liv. III, ch. 10) croit que cette erreur d'Énée irrita Jupiter, et amena l'horrible prodige qui frappa de terreur le fils de Vénus, *horrendum et miserabile monstrum.* Ainsi, au lieu de voir une faute dans Virgile, Macrobe découvre un trait de génie. C'est un peu abuser du privilège de l'interprétation.

13. — Page 208. . . . . *Quo cornea summo*
Virgulta, et densis hastilibus horrida myrtus.

Virgile avait dit dans les *Géorgiques* (liv. II, v. 447) :

Et myrtus validis hastilibus, et bona bello
Cornus.

14. — Page 208. *Rite secundarent visus, omenque levarent.*

On a déjà vu, dans le IIe livre, Anchise prier Jupiter de confirmer un heureux présage par un second :

Da deinde auxilium pater, atque hæc omina firma.

De là sont venues les expressions figurées *secundare* (rendre favorable), *fortuna secunda, venti secundi,* etc. Virgile dit dans le VIIe livre : *Dii nostra incepta secundent.*

15. — Page 210. *Nam Polydorus ego*. . . . .

Homère fait tuer Polydore par Achille. Virgile a suivi Euripide, qui, dans la tragédie d'*Hécube*, dit que le plus jeune des fils de Priam fut assassiné par Polymnestor, roi de Thrace. Ovide, qui suit aussi le tragique grec, fait jeter le corps de Polydore à la mer. A qui appartient donc la fable de cette moisson de traits, changés en arbrisseaux ?

« Virgile, dans cet épisode, est resté, dit M. Tissot, au dessous d'Euripide et d'Ovide, en se privant de la présence, de la douleur, du désespoir et de la vengeance d'Hécube. »

L'Arioste et Le Tasse ont imité quelques traits de l'épisode de Polydore, dans le XIIIe chant de la *Jérusalem*, et dans le VIe de l'*Orlando*, où on voit Astolphe changé en myrte.

Quelques auteurs font de Polydore le frère de Créüse. Pline dit (liv. IV) que de son temps on voyait encore à Ænos le tombeau de Polydore.

16. — Page 210. *Fas omne abrumpit*............

Les anciens regardaient le meurtre d'un hôte comme un parricide. Polydore était l'hôte de Polymnestor, et de plus son beau-frère, puisque le tyran avait épousé Ilionée, sœur de Polydore.

17. — Page 210. *Auri sacra fames!*...........

Le mot *sacer* avait une double signification chez les anciens. On l'employait dans les deux sens les plus opposés : *sacré, exécrable, maudit*. Servius croit que cette double signification du mot *sacer* vient d'un usage des Massiliens. Lorsque la peste régnait à Marseille, on choisissait un misérable, un mendiant, qui, après avoir été nourri et engraissé aux frais du trésor public, était sacrifié. Le peuple le chargeait d'imprécations; ainsi il était à la fois *maudit* et *sacré (sacer)*, c'est-à-dire dévoué au sacrifice.

18. — Page 210. .... *Atraque cupresso*.

Servius dit que le cyprès était consacré aux morts, parce que, lorsqu'il est coupé, il ne renaît point. Mais Varron croit que les anciens firent de cet arbre un emblême funèbre, parce que son odeur aromatique pouvait corriger celle des cadavres qu'on brûlait.

19. — Page 210. .... *Animamque sepulcro*
Condimus.

L'antiquité payenne admettait dans l'homme deux ou trois âmes différentes : l'une, *spiritus*, qui, après la mort, s'envolait dans la région des astres; l'autre, qui descendait aux enfers; une autre encore, appelée *ombre* ou *mânes*, espèce d'âme corporelle, composée des vapeurs et des parties subtiles du corps, qui errait autour de lui jusqu'à ce qu'il eût reçu les honneurs de la sépulture. On croyait que la cérémonie des funérailles fixait seule les mânes dans les tombeaux, *animam condimus sepulcro*. On peut voir, au Ve livre de l'*Énéide*, l'anniversaire d'Anchise, et, dans le VIe, les funérailles de Misène.

20. — Page 210. *Deducunt socii naves et littora complent.*
Provehimur portu, terræque urbesque recedunt.

Les anciens tiraient leurs vaisseaux à sec sur le rivage, dans les pays où ils s'arrêtaient : c'est ce qu'ils appelaient *subducere naves*, comme ils disaient *deducere naves*, lorsqu'ils voulaient se rembarquer.

Chapelain, si rarement heureux dans ses vers, peint la ville de Chinon, qui

S'éloigne, se blanchit, s'efface et disparait.

21. — Page 212. *Sacra mari colitur medio gratissima tellus.*

L'île de Délos, l'une des Cyclades, dans la mer Égée, est appelée *sainte* ou *sacrée*, parce qu'elle vit naître les enfans de Latone (Apollon et Diane). Cette île était flottante, errante sur les mers : elle fut rendue stable par Apollon, suivant la tradition poétique suivie par Virgile. D'autres attribuent à Neptune ce changement. Délos est le sujet d'une des hymnes de Callimaque ; ce poète dit, par une image gracieuse, que cette île est une fleur jetée au sein des mers, et que les Cyclades sont rangées en cirque autour de Délos.

22. — Page 212. *Quam pius arcitenens............*

Le P. Catrou ne veut pas admettre l'épithète de *pius* donnée à Apollon, et au lieu de *pius*, il met *prius*. C'est ainsi que, sans autorité, il change souvent le texte de Virgile ; au surplus, il l'annonce en ces termes : « *Je me suis beaucoup écarté ici..... J'ai changé ici le texte..... La correction que je fais ici ne peut manquer de surprendre*, etc., etc. » C'est ainsi que Bentley a défiguré Horace, sans qu'il lui en revînt aucun honneur parmi les savans.

23. — Page 212. .... *Mycone celsa Gyaroque revinxit.*

Mycone et Gyare, deux des Cyclades. Les anciens croyaient que Délos était comme enchaînée à ces îles. Les poètes ont fait de Mycone le tombeau des Centaures défaits par Hercule. On ne voit dans cette île, quoique Virgile l'appelle *celsa*, que deux montagnes peu élevées.

24. — Page 212. *Rex Anius, rex idem hominum, Phœbique sacerdos.*

Dans l'antiquité, les souverains ne séparaient pas toujours l'autorité royale du sacerdoce. Cette coutume était passée à Rome, où les premiers Césars réunissaient le pontificat à l'empire.

Ce que Virgile dit ici en poète, Denys d'Halicarnasse le raconte en historien (liv. I).

25. — Page 212. *Templa dei saxo venerabar structa vetusto.*

Macrobe dit que les pierres du temple d'Apollon étaient appelées antiques, *vetustæ*, parce que ce temple n'avait été atteint par aucun incendie, par aucun tremblement de terre (*Saturn.*, III, 6). Il ajoute qu'Énée pria sans faire de sacrifice, parce qu'il était défendu d'immoler aucun animal dans ce sanctuaire. Cicéron rapporte que, dans ses longs voyages, Pythagore ne fit que des vœux aux autels de Délos, parce qu'ils n'étaient pas souillés du sang des victimes.

26. — Page 212. *Da propriam, Thymbræe, domum* . . . .

Apollon est appelé *Thymbrée*, parce qu'il avait, dans un bourg de ce nom (situé dans la Troade, sur les bords du *Thymbrius*, qui se jetait dans le Scamandre), un temple et un bois consacré (STRABON, liv. XIII). C'est dans ce temple qu'Achille fut tué par Pâris. Gaston s'excuse de n'avoir pas conservé à Apollon le titre de *dieu de Thymbre*, parce que « on sent que ce nom prêterait au ridicule. » Delille a cependant bien dit :

O toi, que dans Tymbre on révère.

27. — Page 212. *Mons circum, et mugire adytis cortina reclusis.*

Le temple était bâti sur le mont Cynthus. *Cortina* est le nom donné par la plupart des interprètes au pavillon qui s'élevait au dessus du trépied de la pythie. Le trépied était couvert de la peau du serpent Python. Lucrèce dit (liv. I) :

Pythea, quæ tripode ex Phœbi, lauroque profatur.

Et dans cet autre vers :

Muta metu, terram genibus submissa petebat

Le même poète exprime énergiquement les terreurs dont étaient agités ceux qui venaient interroger l'oracle de Délos.

28. — Page 212. *Dardanidæ duri, quæ vos a stirpe parentum
Prima tulit tellus.*

Cet oracle offre une équivoque : il est expliqué par Anchise aussi bien qu'il pouvait l'être. Le vieillard se trompe cependant. Énée eût pu le désabuser, s'il se fût souvenu des paroles de Créüse, ou s'il y eût ajouté foi, ou s'il n'eût pas craint de contredire son père.

29. — Page 214. *Hic domus Æneæ cunctis dominabitur oris,
Et nati natorum, et qui nascentur ab illis.*

Ces deux vers ont une haute généalogie dans les anciens commentateurs. Virgile les aurait pris à Homère, Homère à Orphée, Orphée à Apollon. C'est ce que dit Servius, et Pomponius le répète en ces termes : *Hunc eundem (versum) Homerus ab Orpheo sumpsit, Orpheus ex oraculo Apollinis.* Homère dit dans l'*Iliade* (l. xx, v. 307) : « C'est Énée qui régnera sur les Troyens, lui et les fils de ses fils, jusqu'aux siècles les plus reculés. » Mais l'empire qu'Homère promet à Énée sur les Troyens, Virgile l'étend sur toutes les nations.

30. — Page 214. *Creta Jovis magni medio jacet insula ponto.*

La Crète, aujourd'hui *Candie*, est une des plus grandes et des plus belles îles de la Méditerranée. La fabuleuse antiquité plaçait dans la Crète le berceau de Jupiter, au milieu de cent villes ou de cent royaumes, qui, réunis, ne formeraient de nos jours qu'une province. La Crète fut soumise aux Romains par Metellus, et, dans le xviie siècle, elle fut enlevée par les Turcs aux Vénitiens.

31. — Page 214. *Centum urbes habitant magnas, uberrima regna.*

On peut consulter sur les cent villes de Crète, que le poète dit avoir été des royaumes florissans, *uberrima regna*, le savant ouvrage de Meursius, *de Creta*, liv. v.

Le culte des dieux paraît être passé de l'île de Crète dans la Troade. Il y aurait été apporté par une colonie de Crétois, conduite par Teucer, ou, suivant Trogue-Pompée, qui cite Servius, par Scamandre, père de Teucer. D'après une tradition assez obscure, même dans le temps de la chute de Troie, Teucer n'avait eu qu'une fille nommée *Batea*, qu'épousa Dardanus, venu de la Troade avec une colonie d'Italiens. Dardanus succéda à Teucer, son beau-père, et fut la tige des rois de Troie, bâtie par Ilus, fils de Tros. Ainsi les Troyens avaient une double origine; et comment s'étonnerait-on qu'après plus de deux mille ans elle eût embarrassé les commentateurs, puisqu'elle avait causé l'erreur d'Anchise?

32. — Page 214. *Hinc mater cultrix Cybelæ*..........

On lit, dans divers manuscrits, *Cybele*, *Cybeles*, *Cybeli*, *Cibili*, *Cibeli*, *Cybile*, *Cibelæ*, etc. On peut juger, par cet exemple, quelle confusion ces variations, portant sur des noms moins connus que celui de la mère des dieux, ont dû jeter sur le texte des classiques anciens, et sur leur interprétation.

Il était défendu de divulguer les mystères du culte de Cybèle. Eschyle fut presque déchiré par le peuple, pour en avoir parlé dans une de ses tragédies.

33. — Page 214. .... *Et Gnossia regna petamus*.

Gnosse était une des villes-royaumes de l'île de Crète.

34. — Page 214. *Taurum Neptuno, taurum tibi, pulcher Apollo*.

Plusieurs auteurs anciens ont cru que Neptune et Apollon étaient adorés, comme dieux de la patrie, chez les Troyens.

35. — Page 214. *Nigram Hyemi pecudem, Zephyrisque felicibus albam*.

Ce vers est tiré de l'*Iliade*. On voit encore Énée, dans le ve livre, ordonner le sacrifice d'une brebis aux tempêtes:

<blockquote>Tres Eryci vitulos, et tempestatibus agnam.</blockquote>

La Cerda s'est livré à de savantes recherches sur les sacrifices que les anciens faisaient aux vents.

36. — Page 214. *Fama volat pulsum regnis*............

Il est parlé dans l'*Odyssée* du retour d'Idoménée, petit-fils de Minos, dans l'île de Crète. On sait qu'il fut chassé par ses sujets, pour avoir accompli, sur son propre fils, le vœu impie qu'il avait fait aux dieux, dans une tempête, de leur sacrifier le premier mortel qui s'offrirait à ses yeux sur le rivage. Fénélon a peint, dans son *Télémaque*, les malheurs d'Idoménée, et a su les rendre in téressans. On peut consulter, sur son établissement en Italie, où il bâtit une ville dans le pays des Salentins, en Calabre, Strabon, liv. x; Servius; et Meursius, *Creta*, liv. III.

7. — Page 216. *Linquimus Ortygiæ portus*...........

Ortygie, ancien nom de l'île de Délos, vient du mot grec *ortux*, (caille), parce que les cailles étaient en grand nombre dans cette île, avant qu'elle fût habitée (*voyez* SPANHEIM, *sur Callimaque*, et les *Métamorphoses*, liv. XIII, v. 679). Ovide, dans ce même livre, a sans cesse présent le récit d'Énée, et reproduit les voyages du héros; il lutte souvent avec bonheur contre un modèle admirable pour lui, pour d'autres inimitable.

38. — Page 216. *Bacchatamque jugis Naxon*..........

Le mot *Bacchata* est consacré par les poètes. Virgile dit dans les *Géorgiques* (liv. II, v. 487): *Et virginibus bacchata Lacænis Taygeta*. On lit dans Claudien: *Ululatibus Ide bacchatur*. On voit encore à Naxos (qui fut d'abord appelé *Strongyle*, pour sa forme ronde) les ruines du temple de Bacchus. L'excellent vin que produit cette île influa sans doute sur le culte de ce dieu.

39. — Page 216. .... *Viridemque Donysam*.

Suivant Servius, l'épithète de *viridis*, donnée à l'île de Donyse, venait de la couleur de ses marbres. C'est ainsi que Paros était appelée *Nivea*, parce que ses marbres étaient blancs; et c'est l'éclat des rochers dans les Cyclades qui les faisait appeler par Horace *nitentes et fulgentes*. Heyne croit cependant que l'épithète de *viridis*, donnée à Donyse, est plus naturellement expliquée par la riche verdure de ses bois et de ses gazons.

40. — Page 216. *Olearon, niveamque Paron*.........

Olearon (aujourd'hui *Antiparos*), île fameuse par sa grotte.

Les marbres de l'Apollon du Belvédère et de la Vénus de Médicis, sont sortis des carrières de Paros. Le monument de chronologie le plus célèbre est connu sous le nom de marbres de Paros: il contient les principaux évènemens des annales de la Grèce, depuis la fondation d'Athènes, par Cécrops, jusqu'à l'archonte Diognète, et embrasse une période de 1318 années. Ces marbres, découverts et achetés par Peiresc, ne lui furent point livrés. Plus tard, le comte d'Arundel, ambassadeur anglais à Constantinople, obtint qu'ils lui fussent donnés, et ils forment aujourd'hui le plus riche ornement du Musée de l'Université d'Oxford.

41. — Page 216. .... *Et crebris legimus freta consita terris.*

On croit que Virgile désigne ici les Sporades.

42. — Page 216. *Et tandem antiquis Curetum allabimur oris.*

Les mythes des Curètes sont obscurs, et leur explication est incertaine. On croit que les Curètes, les Dactyles et les Corybantes furent dans la Crète, et peut-être dans la Phénicie, dans la Samothrace et dans la Phrygie, les premiers prêtres des autels de Cybèle et de Jupiter (*voyez* STRABON, liv. x).

43. — Page 216. *Pergameamque voco*...............

C'est la seconde ville que bâtit Énée, la première sous le nom d'*Eneade*, dans la presqu'île de Pallène; la seconde, qui fut appelée *Pergame*, dans la Crète. Pline fait mention de celle-ci dans le dénombrement des cités de cette île.

44. — Page 216. *Jamque fere sicco subductæ littore puppes.*

« Tout ce qui est dit ici, remarque Binet, suppose un séjour de quelques années. » Cette supposition peut paraître hasardée, et ne peut s'appuyer sur le vers ci-dessus. Il ne fallait qu'un jour pour mettre à sec les vaisseaux sur le rivage.

45. — Page 216. .... *Subito quum tabida membris.*

Dans cette description de la peste, Virgile a imité Ennius et Lucrèce (liv. v); il a été imité à son tour par Stace, dans le 1er livre de la *Thébaïde*. Delille croit que Virgile eût pu jeter plus d'intérêt dans quelques parties du IIIe livre. « Pourquoi, dit-il, dans la description de la peste qui chasse les Troyens de la Crète, n'a-t-il pas mis en danger les jours d'Anchise, d'Énée ou du jeune Ascagne, si cher à son père, et sur qui reposent la destinée et la grandeur future des Troyens?.....Il me semble que cet épisode eût produit un grand intérêt dans un tableau touchant de la tendresse paternelle. » Cependant le poète français dit : « C'est avec une extrême timidité que je hasarde cette observation. »

M. Tissot s'exprime plus librement : « Virgile, si fécond, si riche, si varié dans les diverses scènes de la ruine d'Ilion, n'est plus qu'un froid narrateur dans le troisième livre. Croirait-on, par exemple, qu'un poète se contente d'esquisser en six vers le tableau d'un évènement pareil à celui de la peste qui chasse Énée de la patrie d'Idoménée?....Pourquoi le jeune Ascagne n'est-il pas menacé de la mort, ou du moins d'un danger qui fasse frémir le cœur de son père?....Il devait sortir ici du cœur d'Énée quelques-unes de ces paroles qui montrent l'homme et font aimer celui qu'on admire.... Énée, s'oubliant lui-même pour sauver son peuple dans un pays étranger, pouvait paraître plus grand, exciter une pitié plus profonde, qu'Énée prêt à mourir les armes à la main dans la dernière journée d'un peuple et d'un empire. »

46. — Page 218. *Nox erat, et terris animalia somnus habebat.*

Homère appelle le sommeil *le roi des dieux et des hommes.* Il fait dormir Jupiter lui-même sur le sommet du mont Gargare. Scaliger, qui se montre trop l'ennemi de l'auteur de l'*Iliade*, a cependant raison de croire que l'arbitre souverain de l'univers perd beaucoup de sa majesté quand il dort. Mais le père des poètes donne à Jupiter toutes les faiblesses de l'humanité.

47. — Page 218. *Plena per insertas fundebat luna fenestras.*

Lucrèce, parlant des feux du soleil, dit (liv. II):

Insertim fundunt radios per opaca domorum

48. — Page 218. *Tum sic affari, et curas his demere dictis.*

Servius, qui écrivait dans le IVe siècle, dit que ce vers manquait dans un grand nombre de manuscrits.

49. — Page 218. . . . . *Tu mœnia magnis*
Magna para.

Virgile ne perd jamais de vue le sujet de son poëme, l'établissement de l'empire romain par une colonie de Troyens. Mais quelle si grande ville (*mœnia magnis magna para*) fut donc bâtie par Énée? Il n'éleva que les murs de Lavinium.

50. — Page 218. *Est locus, Hesperiam Graii cognomine dicunt,*
Terra antiqua, potens armis atque ubere glebæ :
OEnotrii coluere viri : nunc fama minores
Italiam dixisse, ducis de nomine, gentem.

Ces quatre vers se trouvent déjà textuellement dans le Ier livre de l'*Énéide* (v. 530 et suiv.) : ils font partie du discours qu'Ilionée adresse à Didon. Ici, ce sont les dieux de la patrie sauvés de Troie par Énée, qui lui apparaissent en songe, et lui tiennent le même langage.

51. — Page 218. . . . . *Hinc Dardanus ortus,*
Jasiusque pater.

Suivant Denys d'Halicarnasse, Dardanus et Jasius étaient fils de Coryte, roi d'Étrurie, qui fonda la ville de Cortonne. Après la mort de Coryte, les deux frères se disputèrent l'empire. Dardanus ayant fait assassiner son frère Jasius, le peuple se souleva contre lui, et il se réfugia d'abord dans l'île de Samothrace. Il se rendit ensuite dans la Phrygie, où il épousa la fille de Teucer. Les poètes, pour relever le fondateur de Troie, ont supposé qu'il était fils de Jupiter et d'Électre, fille de l'Océan. Virgile dit lui-même (VIIIe livre):

Dardanus, Iliacæ primus pater urbis et auctor,
Electra, ut Graii perhibent, Atlantide cretus,
Advehitur Teucros.

Suivant quelques poètes, Dardanus était fils d'Atlas. Les généalogies des personnages héroïques faites par les poètes, s'accordent assez rarement avec celles que donnent les historiens.

Troie fut successivement appelée *Teucria*, par Teucer, *Dardania*, par Dardanus, *Troja*, par Tros, *Ilium*, par Ilus, et *Pergama*, du nom de la citadelle bâtie par Priam.

52. — Page 218. . . . . *Corythum, terrasque require.*

On trouve, dans les anciens manuscrits, *Chorytum*, *Chorythum*, *Corythum*, *Coritum*, *Corintum*, etc. Telle était la négligence des

copistes que les commentateurs appellent *librariorum ludibria.*
Corythe est aujourd'hui *Cortone.*

53. — Page 220. *Agnovit prolem ambiguam, geminosque parentes.*

Heyne a fait une savante excursion sur la double origine des Troyens : *De Dardani originibus ex Arcadia, vel ex Tyrrhenia et urbe Corytho.*

54. — Page 220. *Postquam altum tenuere rates.*

C'est la seconde tempête décrite dans l'*Énéide*. Virgile imite Homère, qui a aussi deux tempêtes dans le xiie et dans le xive livres de l'*Odyssée.*

55. — Page 222. *Vela cadunt, remis insurgimus : haud mora, nautæ Adnixi torquent spumas, et cœrula verrunt.*

Ces vers sont imités du xive livre des *Annales* d'Ennius. *Voyez* les Commentaires de Merula sur les fragmens de ces *Annales.*

56. — Page 222. .... *Strophades Graio stant nomine dictæ.*

Les Strophades sont deux petites îles de la mer d'Ionie, situées vers la côte occidentale du Péloponnèse, devant l'île de Zacynthe (Zanthe). Elles étaient plus anciennement appelées *Plotæ insulæ.* On les connaît aujourd'hui sous le nom de *Strivali.*

Deux des Argonautes, Calaïs et Zéthès, fils de Borée, poursuivirent jusque dans ces îles les Harpyes, filles de Neptune et de la Terre. Elles avaient été envoyées par Jupiter dans le palais de Phinée, roi de Bithynie, pour lui-enlever, dit élégamment Catrou, *les morceaux de la bouche.* Dans le poëme des *Argonautes*, Iris appelle les Harpyes *les chiens de Jupiter.* Cette fable est rapportée par Eustathe, scoliaste d'Homère, dans ses notes sur le xe livre de l'*Odyssée.*

57. — Page 222. *Harpyæque colunt aliæ..............*

Les Harpyes sont ainsi appelées d'un mot grec qui signifie *piller, ravager.* On trouve, dans Apollonius de Rhodes, le récit un peu long de la guerre de Calaïs et de Zéthès contre les Harpyes (livre II). L'Arioste a reproduit, dans le XXXIIIe chant de l'*Orlando*, l'épisode de Virgile et de Valerius Flaccus :

> Erano sette in una schiera; e tutte
> Volto di donna avean pallide, e smorte;
> Per lunga fame attenuate, e asciutte;
> Orribili a veder più che la morte.
> L'alacce grandi avean, deformi, e brutte;
> Le man rapaci, e l'ugne incurve, e torte;
> Grande e fetido il ventre, e lunga coda
> Come di serpe, che s'aggira e snoda.

Heyne a fait une dissertation *de Harpyiis* (excursus VII).

Le jésuite Catrou prétend, dans une note, que Virgile a voulu représenter dans ce *joli épisode*, *les femmes déréglées*.

58. — Page 222. *Læta boum passim campis armenta videmus.*

Imitation d'un épisode du XIIe livre de l'*Odyssée*, où l'on voit les compagnons d'Ulysse, pressés par la faim, égorger en Sicile les bœufs du soleil. Mais, dans Homère, les cuirs de ces bœufs sont représentés se mouvant, et les chairs mugissent encore sur les brasiers.

59. — Page 224. .... *Dat signum specula Misenus ab alta.*

Misène était le trompette (*tibicen*) de la flotte des Troyens (*voyez* liv. VI, v. 164):

> Misenum Æoliden : quo non præstantior alter
> Ære ciere viros, Martemque adcendere cantu.
> Hectoris hic magni fuerat comes.

60. — Page 226. *Quam vos dira fames*....................

Suivant Varron, cette terrible faim, qui devait réduire les compagnons d'Énée à manger jusqu'à leurs tables, leur avait été prédite par l'oracle de la forêt de Dodone; mais Virgile pensa que cette prédiction serait mieux placée dans la bouche d'une Harpye. Il suivit d'ailleurs une ancienne tradition rapportée par Denys d'Halicarnasse et par Strabon. *Voyez*, pour l'accomplissement de cette prédiction, le VIIe livre.

M. Tissot trouve avec raison que Virgile a choisi dans Céléno *un singulier interprète* des oracles divins. « Je ne sais, dit-il, quelle fatalité met le comble aux fautes qui échappent à Virgile. Ce grand poète ne pèche jamais à demi ; en effet, les Troyens, trop semblables à leur maître, tremblent comme lui devant un prodige. Tout-à-l'heure nous assistions à un combat furieux contre les Harpyes : elles ont pris la fuite ; mais l'une d'elles fait une prédiction sinistre, soudain le sang des compagnons d'Énée s'arrête dans leurs veines.... A la vérité, les contrastes sont dans la nature. Chez tous les peuples, les soldats ont du penchant à la superstition, les Césars même sont portés au fanatisme, qui est aussi une superstition : mais Virgile nous a promis des mœurs héroïques ; il devait rendre le peuple troyen plus digne de ses hautes destinées.... Comment les oracles de Céléno balancent-ils dans leur cœur les paroles de Jupiter ? Thésée sacrifiait à la peur pour qu'elle ne saisît pas ses troupes ; Alexandre imita cet exemple avant la bataille d'Arbelles ; Rome elle-même rendait un culte à la peur, depuis le vœu fait par Tullus Hostilius dans une bataille contre les Albains : cependant, cette lâche divinité joue trop souvent un rôle dans l'*Énéide.* »

61. — Page 226. *Tendunt vela noti : ferimur spumantibus undis,*
. . . .
Jam medio apparet fluctu nemorosa Zacynthos.

Au lieu de *ferimur*, on lit dans plusieurs manuscrits *fugimus*. Heinsius et Heyne ont préféré la leçon que nous suivons.

Zacynthe, aujourd'hui *Zanthe*, île sur la côte occidentale de la Grèce, vis-à-vis le Péloponnèse.

62. — Page 226. *Dulichiumque, Sameque, et Neritos ardua saxis.*

Dulichium, l'une des *Echinades*, faisait partie des états d'Ulysse. C'est aujourd'hui *Dolicha*.

Samos, où Junon avait un temple célèbre, et qui fut la patrie de Pythagore.

Nérite peut paraître dans Virgile une autre île que celle d'Ithaque, dont la plus haute montagne était aussi appelée Nérite : car après avoir représenté Nérite, *ardua saxis*, le poète continue le dénombrement des îles qui sont reconnues par la flotte d'Énée, et dit :

Effugimus scopulos Ithacæ, Laertia regna.

Dulichium et Ithaque sont deux îles contiguës, qui, de loin, paraissent n'en faire qu'une. Le nom moderne d'Ithaque est *Theaki*. On compte à peine quinze mille habitans dans l'ancien royaume d'Ulysse, qui n'a guère que quarante milles de tour. On y montre encore des ruines qu'on dit avoir été le palais de Pénélope.

63. — Page 226. *Mox et Leucatæ nimbosa cacumina montis.*

Le promontoire de Leucate est célèbre par ce que Heyne appelle le noble saut, *nobile saltu*, des amans désespérés, qui venaient y suivre l'exemple de Sapho.

64. Page 228. *Lustramurque Jovi*....................

On lit, dans quelques manuscrits, *lustramurque deo*, et cette leçon est peut-être préférable : car pourquoi cette lustration aurait-elle lieu en l'honneur de Jupiter, dans des jeux consacrés à Apollon ?

65. — Page 228. *Actiaque Iliacis celebramus littora ludis.*

Ces jeux troyens, célébrés sur le promontoire d'Actium (aujourd'hui *Capo Figalo*), sont une allusion faite par le poète courtisan aux jeux *actiaques* institués par Auguste, et qui étaient célébrés tous les cinq ans, en mémoire de la victoire d'Actium sur Antoine et Cléopâtre. Cette victoire avait livré à Auguste le sceptre du monde.

66. — Page 228. *Interea magnum sol circumvolvitur annum.*

Il est ici question de l'année solaire : elle est appelée grande, parce qu'elle surpasse l'année lunaire de onze jours.

Avant de quitter le rivage d'Actium, Énée suspend dans le temple d'Apollon le bouclier, *magni gestamen Abantis*. Mais ce grand Abas est tout-à-fait inconnu, et l'action pieuse du héros n'est pas assez relevée par l'éclat du trophée.

67. — Page 228. *Protinus aerias Phæacum abscondimus arces.*

L'île des Phéaciens, Corcyre (aujourd'hui *Corfou*), dans la mer d'Ionie, vis-à-vis la ville de Buthrote, capitale de l'Épire, où régnait Helenus. Corcyre est célèbre par le séjour d'Ulysse et par les jardins d'Alcinoüs.

68. — Page 228. . . . . *Portuque subimus
     Chaonio. . . . .*

Les commentateurs comptent quatre années depuis le départ d'Énée des rivages troyens jusqu'à son arrivée en Épire.

Burmann croit que Virgile avait dit : *Portumque subimus Chaonium*. On lit dans un grand nombre d'anciens manuscrits : *Portusque subimus Chaonios*. Les commentateurs voient une erreur de copiste dans *portuque*.

L'abréviateur de Trogue-Pompée, Justin, dit que Pyrrhus donna à Hélénus, fils de Priam et son captif, la Chaonie (c'était une partie de l'Épire), et qu'il lui fit épouser Andromaque. C'est donc une tradition historique que Virgile a suivie, à moins que Justin n'ait pris son récit dans Virgile, ce qui ne serait pas impossible.

Hélénus, voulant honorer la mémoire de son frère Chaon, qu'il avait tué par imprudence à la chasse, donna son nom à la Chaonie, aujourd'hui *Chimera*. La Chaonie n'est séparée de l'île des Phéaciens que par un petit détroit.

69. — Page 228. . . . . . . *Et celsam Buthroti accedimus urbem.*

Les anciens copistes ont écrit diversement le nom de Buthrote, *Brutoti*, *Butroti*, *Bythroti*, *Biroti*, *Burrhoti*, etc. C'est aujourd'hui *Butrinto*, dans l'Albanie.

70. — Page 228. *Hic incredibilis rerum fama occupat aures.*

Cet épisode est un des plus beaux qu'il y ait dans l'*Énéide*. Heyne dit : *Est hoc episodium inter felicissima et pulcerrima*. On y voit la veuve d'Hector tout entière livrée au culte de la douleur. Ce même épisode a fourni à Racine *tout le sujet d'Andromaque*, comme il le dit lui-même dans la préface de cette tragédie.

71. — Page 228. *Ante urbem, in luco, falsi Simoentis ad undam.*

Les anciens fondateurs de colonies donnaient aux lieux et aux fleuves des terres étrangères où ils s'établissaient, les noms qu'ils aimaient dans leur première patrie, et ce pieux usage s'est conservé jusqu'à nos jours. On trouve, dans l'Amérique du nord et dans l'Océanie, la nouvelle Galles, la nouvelle Calédonie, la nouvelle France, la nouvelle Hollande, la nouvelle Zélande, etc., les villes de Portsmouth, Plymouth, New-Yorck, Brunswick, Francfort, etc.

Virgile dit plus bas : *Arentem Xanthi cognomine rivum.* Ce n'était guère qu'un ruisseau. « En les voyant (le Xanthe et le Simoïs), on s'aperçoit, dit La Condamine, de l'illusion qu'ont faite au monde les beaux vers d'Homère. »

72. — Page 230. *Heu! quis te casus dejectam conjuge tanto.*

J'ai essayé de rendre cette expression forte et hardie, *dejectam conjuge tanto* : « Mais vous, hélas! précipitée d'un si haut hyménée, etc. »

73. — Page 230. *Hectoris Andromache, Pyrrhin' connubia servas?*

On lit, dans quelques manuscrits, *Andromachen* et *Pyrrhi an.* Dans d'autres manuscrits, le mot *Hectoris* est séparé d'*Andromache* par une virgule; et alors le sens serait : « O Andromaque, êtes-vous l'épouse d'Hector ou celle de Pyrrhus! » Mais La Cerda et les meilleurs commentateurs ne séparent pas les deux mots, et le sens plus poétique est : « Et vous, l'Andromaque d'Hector, êtes-vous la femme de Pyrrhus! »

74. — Page 230. *O felix una ante alias Priameïa virgo.*

Polixène, qui fut égorgée par Pyrrhus : triste vengeance de la mort d'Achille.

Polixène et Achille, réunis dans le temple d'Apollon, à Thymbra, allaient sceller par leur hymen la réconciliation des Grecs avec les Troyens, lorsque, caché derrière l'autel de Diane, le lâche ravisseur d'Hélène atteignit d'un trait mortel Achille, dans la seule partie de son corps qui fût vulnérable. Après la prise de Troie, une voix, sortie du tombeau d'Achille, demanda que Polixène fût sacrifiée à ses mânes. Calchas s'était sans doute caché dans le tombeau d'Achille.

75. — Page 230. *Servitio enixæ*....................

Andromaque eut de Pyrrhus un fils, dont Hélénus fut tuteur, et qui avait pour nom Molossus.

76. — Page 230. *Ledæam Hermionem, Lacedæmoniosque hymenæos.*

Fille de Ménélas et d'Hélénus, Hermione, petite-fille de Léda, devait épouser Oreste, fils d'Agamemnon. Elle fut donnée à Pyrrhus. Oreste, poursuivi par les Furies depuis qu'il eut assassiné sa mère Clytemnestre, tua Pyrrhus au pied des autels de ses dieux domestiques (*patrias aras*). Virgile s'éloigne ici de la tradition historique qui fait mourir Pyrrhus à Delphes. Les interprètes ont voulu concilier le texte de l'*Énéide* avec cette tradition, en disant que, Delphes étant au centre de la Grèce, là étaient les dieux de la patrie pour tous les Grecs ; et c'est à Delphes que, par une vaine subtilité, ils placent le meurtre de Pyrrhus. Mais les poètes s'éloignaient souvent des traditions reçues, et Virgile ne les a pas toujours respectées, surtout quand il les jugeait incertaines, comme l'étaient, pour la plupart, celles des temps héroïques.

77. — Page 232. *Quem tibi jam Troja......*

C'est le seul vers de l'*Énéide* qui, parmi ceux qui sont commencés et non terminés, laisse le sens suspendu; on le trouve rempli, ou plutôt remplacé, dans quelques manuscrits, sans autorité, par ce vers, qui paraît peu virgilien :

> Quem tibi jam Troja peperit fumante Creusa.

On lit, dans d'autres manuscrits :

> Quem tibi jam Troja obsessa est enixa Creusa.
> Quem tibi jam Troja est absessa enixa.
> Quem tibi jam Troja natum fumante reliqui.

Toutes ces interpolations sont mauvaises : *omnia inepte*, dit Heyne. Le P. Catrou croit « qu'il se peut faire que Virgile ait affecté, après le mot *Troja*, d'interrompre le discours d'Andromaque par un sentiment de douleur. » *Il se peut faire*, soit : mais si le vers est resté incomplet, comme beaucoup d'autres, c'est que Virgile, en mourant, laissa son ouvrage imparfait.

78. — Page 232. *Aulaï in medio..................*

Aulaï pour *aulæ* : c'est ce qu'on appelle une diérèse, ou la division d'une diphthongue en deux syllabes. Virgile dit ailleurs : *aquaï, auraï, pictaï*, pour *aquæ, auræ, pictæ*.

79. — Page 234. *Trojugena, interpres Divum, qui numina Phœbi,*
Qui tripodas, Clarii lauros, qui sidera sentis,
Et volucrum linguas, et præpetis omina pennæ.

Le poète indique dans ces vers les divinations en usage chez les anciens, et qui se faisaient par le trépied, par la feuille de laurier jetée dans le feu, par l'inspection des astres, par le chant et par le vol des oiseaux.

Le temple d'Apollon à Claros, près de Colophon, dans l'Ionie, était célèbre par les oracles de ce dieu.

Le P. Catrou, qui donne un *sérail* à Priam, dit qu'Hélénus portait un *turban*.

80. — Page 234. . . . . *Sic fata deum rex.*

Virgile place les fondemens et la future grandeur de l'empire romain dans les décrets du destin, dont la révolution des âges amène toujours l'accomplissement, sans que rien puisse y être changé. Ce principe est tiré de la philosophie de Platon.

81. — Page 234. . . . . *Prohibent nam cetera Parcæ.*

« Ce que Junon défendait à Hélénus de découvrir à Énée, dit le P. Catrou, était sa demeure chez Didon, et ses aventures à Carthage. »

82 — Page 236. *Infernique lacus, Æææque insula Circes.*

Virgile désigne ici le lac Lucrin et le lac Averne, par où Énée doit descendre aux Enfers (liv. VI).

Circé est appelé *Æœa*, du nom d'une ville de la Colchide, où elle était née d'Æetas, roi de cette contrée. C'est sans doute par allusion à ses enchantemens, que les poètes l'ont dite fille du soleil et de la lune.

L'île de Circé, aujourd'hui *monte Circello*, dans l'ancien pays des Volsques, n'est qu'un promontoire dont les poètes firent une île, parce que du côté de la terre il est entouré de marais (*voyez* EUSTATHE, *sur l'Odyssée*).

83. — Page 236. *Littoreis ingens inventa sub ilicibus sus.*

La laie, avec ses trente petits, était, suivant Varron, une ancienne tradition historique : et c'est à l'occasion de cette laie blanche, qu'Ascagne donna le nom d'*Albe* à la ville qu'il fit bâtir.

84. — Page 236. *Effuge : cuncta malis habitantur mœnia Graiis.*

Les Locriens, qui obéissaient à Ajax, fils d'Oïlée, jetés par la tempête dans le pays des Bruttiens (aujourd'hui la Calabre), s'y étaient établis sous la conduite d'Évanthe, et avaient bâti la ville de Locres, près du cap *Zephirium*, ce qui les fit appeler Zéphyriens.

Idoménée, appelé *Lyctius*, de Lycte, ville de Crète, avait occupé le pays des Salentins, près du cap *Japygium*, à l'entrée du golfe de Tarente.

Philoctète, roi de Mélibée, dans la Thessalie, avait bâti ou réparé la ville de Pétilie (aujourd'hui *Altamura*), qui fut, dit Strabon, la capitale de la Lucanie. Elle était située près de Crotone.

Ce furent toutes ces colonies grecques, dont Justin fait le dénombrement, qui firent donner à la partie la plus méridionale du royaume de Naples le nom de *Grande-Grèce*.

85. — Page 236. *Lyctius Idomeneus*................

On lit dans les anciens manuscrits : *Lycius*, *Licius*, *Idumeneus*, *Ydomeneus*, etc.; *Melibæi* et *Melibrone*; *Philothetes* et *Philocteæ*; *Petelia*, etc. : c'est ce qu'un commentateur appelle *librariorum stupores*.

86. — Page 236. *Purpureo velare comas adopertus amictu.*

Aurelius Victor rapporte, sur l'autorité d'un historien aujourd'hui inconnu (Octavius), qu'Énée, offrant un sacrifice à Vénus sur les bords de la mer d'Italie, aperçut tout à coup Ulysse, et qu'il voila son visage pour ne pas en être reconnu. C'est peut-être en commémoration de cette tradition antique, que les prêtres Romains avaient la tête voilée dans les sacrifices, excepté lorsqu'ils sacrifiaient à Saturne, à Hercule et à l'Honneur. On a voulu expliquer cette exception, en disant que le culte de ces trois divinités, dans l'Ausonie, était antérieur à l'arrivée d'Énée.

87. — Page 238. .... *Et angusti rarescent claustra Pelori.*

Le détroit de Pélore (le phare de Messine) sépare l'Italie de la

Sicile. Par ces mots *rarescent claustra*, le poète a voulu dire qu'Énée ne verrait pas d'abord ce détroit, et qu'il n'en connaîtrait l'étendue que lorsqu'il y serait entré. En effet, de loin on ne l'aperçoit pas, et l'on croirait la Sicile jointe au continent.

88. — Page 238. *Hæc loca, vi quondam et vasta convulsa ruina.*

Les anciens croyaient que la Sicile avait été détachée de l'Italie par un tremblement de terre. Ils avaient aussi quelque idée traditionnelle de l'irruption du Pont-Euxin dans l'Égée, et peut-être de la formation de toute la Méditerranée par les eaux de l'Océan qui avaient franchi les colonnes d'Hercule. Les archipels et les autres îles de la Méditerranée ne seraient que les lieux les plus élevés d'un ancien continent.

On lit, dans Valerius Flaccus (liv. I, v. 590):

> Quum flens siculos OEnotria fines
> Perderet, et mediis intrarent montibus undæ.

Strabon rapporte que, de ce grand déchirement vint le nom de la ville de *Rhege* (*Reggio*) qui, en grec, signifie *arraché*, *séparé*. (*Voyez* ENNIUS, cité par Aulu-Gelle, IX, 14; LUCRÈCE, II, v. 68; CLUVIER, *Sicilia*, I, 1.)

89. — Page 238. *Dextrum Scylla latus, lævum implacata Charybdis.*

Virgile imite ce que dit Homère dans le XIIe livre de l'*Odyssée*. Ulysse est averti, par Circé, du danger qui le menacerait, s'il passait entre Charybde et Scylla. On peut consulter, après Cluvier, sur le détroit de Messine, les *Viaggi alle due Sicilia* de Spallanzani. Les deux écueils sont aujourd'hui appelés, l'un *Sciglio*, l'autre *Galofaro*. L'antiquité a beaucoup exagéré les dangers de ce détroit.

90. — Page 238. *Pube tenus : postrema immani corpore pistrix.*

On trouve dans plusieurs manuscrits, et dans diverses éditions, *pristis*, *pistrix* ou *pristrix*; il fallait choisir : Heinsius et Heyne ont adopté *pistrix*. Pomponius préférait *pistris*. Tous ces noms désignent un monstre marin qui avait le ventre d'un loup et la queue d'un dauphin.

91. — Page 238. . . . . *Et cœruleis canibus resonantia saxa.*

Le poète met ici des chiens où il venait de montrer des loups.

Delphinum caudas utero commissa luporum.

Catrou, qui veut toujours justifier Virgile, prétend expliquer cette ceinture de loups hurlans, remplacés par une ceinture de chiens aboyans, en disant : « C'est que ce rocher, selon qu'il est diversement frappé par les flots, imite quelquefois l'aboiement des chiens, et quelquefois le hurlement des loups. »

92. — Page 238. . . . . *Si qua est Heleno prudentia, vati
Si qua fides.* . . . .

Le déplacement d'une virgule suffit pour déranger le sens. On lit, dans divers manuscrits et dans plusieurs éditions : *Si qua est Heleno prudentia vati, si qua fides.*

La substitution d'une lettre peut aussi changer le sens. Au lieu de *vati*, on lit *fati* dans quelques manuscrits. Heinsius trouve cette faute heureuse. On voit par cet exemple, et il serait facile d'en citer mille autres, combien le texte des classiques a dû souffrir en passant, pendant un grand nombre de siècles, entre les mains des copistes.

93. — Page 240. *Junonis magnæ primum prece numen adora.*

C'est le précepte que Phinée donne à Jason dans Apollonius (liv. II, v. 425). Virgile suit ici la religion des Romains qui avaient placé, dans le Capitole, l'autel de Junon avec ceux de Jupiter et de Minerve. Le culte de la reine des dieux est encore recommandé dans le XIIe livre de l'*Énéide*.

Nec gens ulla tuos æque celebrabit honores.

94. — Page 240. . . . . *Et Averna sonantia sylvis.*

Les poètes représentent les eaux du lac Averne stagnantes et silencieuses comme celles des fleuves infernaux. Les interprètes ont dû penser que ces retentissemens de l'Averne étaient, non dans les eaux du lac, mais dans dans les forêts qui l'entouraient. Virgile peint ailleurs ce lac que les bois rendent ténébreux : *Lacu nigro nemorumque tenebris* (Æneid., lib. VI, v. 338). Le poète dit, dans le même livre (v. 704) : *Virgulta sonantia Silvis.* C'est comme s'il y avait, dit Heyne : *Avernus inter sonantes Silvas.*

On lit, dans les *Géorgiques* (liv. II, v. 163) que la mer de Toscane se mêle au lac Averne, pour former le port *Julia* :

> Julia qua ponto longe sonat unda refuso
> Tyrrhenusque fretis immititur æstus Avernis.

Quelques auteurs ont cru que cette communication de l'Averne avec la mer de Tyrrhène, avait lieu par la jonction souterraine de ses eaux avec celles du lac Lucrin.

Servius nous apprend que les lacs étaient consacrés chez les anciens : le lac Averne l'était doublement par lui-même et par le voisinage du temple de la Sibylle. Ce lac est appelé aujourd'hui *Tripergola.*

95. — Page 240. *Ipsa canat, vocemque volens atque ora resolvat.*

Cette fable de la Sibylle, écrivant, sur des feuilles, ses oracles, remonte à ces temps antiques où l'on ne connaissait, pour tracer des caractères, que les feuilles des arbres, et où les antres étaient les maisons que l'homme habitait.

96. — Page 242. *Et Phrygiam Ascanio chlamydem; nec cedit honori :*
Textilibus onerat donis, ac talia fatur.

Les anciens attribuaient aux Phrygiens l'invention de la broderie, et les disaient exceller dans cet art : c'est ce qui fit appeler les brodeurs *phrygiones.*

On lit, dans de très-anciens manuscrits, *nec cedit honore.* C'était, suivant Scaurus, la leçon de Servius, qu'on croit être un des savans qui ont fait des corrections à l'*Énéide.* Heumann pense que tout l'hémistiche *nec cedit honori* a été ajouté, et Brunck partage ce sentiment. Heyne présume que Virgile avait pu laisser ces deux vers imparfaits, ou bien que des deux vers, il n'avait peut-être fait que celui-ci :

> Et Phrygiam Ascanio vestem; tum talia fatur.

Mais il émet cette opinion avec une sage réserve : *in re tam incerta præstat nil movere.*

Hélénus donne à Énée l'armure de Pyrrhus, le destructeur de Troie, *arma Neoptolemi.* Ce trait seul révèlerait le poète. « Autant

Homère, dit Delille, est supérieur à Virgile dans l'ensemble de la marche progressive de son poëme, autant son rival l'emporte par le choix des détails et les beautés multipliées de sa composition savante. »

97. — Page 244. *Et nunc æquali tecum pubesceret ævo.*

Chaque langue a ses beautés poétiques : celle du mot *pubesceret* ne peut passer dans aucune autre langue. Racine imite Virgile, quand il fait dire à Andromaque :

Voilà ses yeux, sa bouche, et déjà son audace.

Voltaire fait aussi dire à Mérope :

Il me rappelle Egysthe, Egysthe est de son âge.

« Il faut remarquer, dit Delille, que le vers de Voltaire est plus simple, et celui de Virgile plus poétique et plus figuré. Cela devait être : l'un écrit une épopée, et l'autre une tragédie. Enfin, ce qui ajoute beaucoup à l'intérêt de cette situation, c'est que c'est une mère privée de son fils, qui parle à un fils privé de sa mère. »

98. — Page 244. *Atque idem casus, unam faciemus utramque*
Trojam animis : maneat nostros ea cura nepotes.

Lorsque Virgile écrivait, Buthrote était une colonie romaine. La ville de Nicopolis, bâtie par Auguste, près d'Actium, dans l'Épire, jouissait de tous les privilèges des villes municipales. Ainsi, le poète louait indirectement Auguste d'avoir accompli le vœu du premier de ses aïeux : car la flatterie faisait descendre Octave d'Énée.

99. — Page 244. *Provehimur pelago vicina Ceraunia juxta,*
Unde iter Italiam, cursusque brevissimus undis.

Un savant commentateur a voulu placer ces vers plus bas, après celui-ci :

Tentamusque viam, et velorum pandimus alas.

Il trouve, avec raison, que, venant de peindre la flotte d'Énée voguant sur les mers, le poète ne pouvait la montrer encore attachée au rivage.

Les mont Cérauniens bornaient l'Epire au Nord : ils commencent près d'Oricum ou Oricium, sur les bords de l'Adriatique. Ils ont été appelés Cérauniens, du mot grec *Keraunos*, parce qu'ils sont souvent frappés par la foudre. Horace dit : *Infames scopulos Acroceraunia.*

100. — Page 246. *Sidera cuncta notat tacito labentia cœlo,*
Arcturum, pluviasque Hyadas, geminosque Triones.

Virgile imite ici Homère dans l'*Odyssée;* mais il l'orne et l'embellit. Ovide a imité Virgile dans le 3e livre des *Métamorphoses:*

Et Oleniæ sidus pluviale Capellæ,
Taygetenque, Hyadasque oculis, Arctonque notavi,
Ventorumque domos, et portus puppibus aptos.

101. — Page 246. . . . . *Humilemque videmus.*
Italiam.

Lorsque, de la haute mer, on regarde les terres un peu basses, on les croirait moins élevées que les flots ; c'est ce qui fait dire à Virgile : *Humilem Italiam,* comme il dit plus loin (vers 689), *Thaspum jacentem,* parce que cette péninsule ne s'élève pas au dessus des eaux dans la mer de Sicile.

102. — Page 246. *Tum pater Anchises magnum cratera corona*
Induit.

Virgile dit dans le 1er livre (v. 724) :

Crateras magnos statuunt, et vina coronant.

Plusieurs traducteurs ont confondu le cratère où se remplissait la coupe, avec la coupe elle-même.

103. — Page 246. . . . . *Templumque apparet in arce Minervæ.*

On croit que ce temple fut bâti, par Idoménée, sur le promontoire de Japygie, aujourd'hui *Capo Santa Maria.*

Les temples des anciens étaient souvent placés sur les hauts lieux. On les élevait sur les promontoires, afin que les nautoniers pussent les apercevoir de loin, et, dans les dangers de la mer, implorer, par des vœux, le secours des divinités.

Les commentateurs ont voulu deviner dans quel port d'Italie aborda Énée : plusieurs ont cru que c'était celui de Salente; d'autres, celui qu'on appelle aujourd'hui *Porto Venere.*

104. — Page 246. *Portus ab Euroo fluctu curvatur in arcum.*

On trouve dans plusieurs manuscrits *Portus ab Eoo*; dans d'autres, on lit *Euo* ou *Eo*. Les anciens confondaient souvent l'*Eurus* et l'*Eous*.

105. — Page 248. *Et pater Anchises : bellum, o terra hospita, portas.*

Virgile montre toujours Anchise savant dans la divination : c'est ce qu'ont remarqué ceux qui ont écrit sur l'égalité des mœurs dans l'épopée. Le poète doit

<blockquote>Conserver à chacun son propre caractère.</blockquote>

106. — Page 248 *Hinc sinus Herculei, si vera est fama, Tarenti Cernitur........*

Le détroit de Tarente était voisin du promontoire de *Lacinium*. Tarente, bâtie ou augmentée par Phalante, qui y conduisit une colonie de Lacédémoniens, était peu éloignée de Crotone.

On voyait, sur le promontoire de Lacinium, le temple de Junon Lacinienne, qui était vénéré de tous les peuples (STRABON, liv. VI). Ce temple fut, dit-on, bâti à l'occasion d'un brigand, nommé *Lacinius*, qui fut tué par Hercule. S'il en a été ainsi, on peut s'étonner que le promontoire ait pris le nom de ce brigand, et surtout qu'on ait donné à la reine des dieux, à la fière épouse de Jupiter, le surnom de *Lacinienne*. Tite-Live dit (lib. XXIV, 3) que ce temple était éloigné de six milles de Crotone, et plus célèbre que cette ville même, *ipsa urbe celebrior*.

En donnant à Tarente l'épithète d'*Herculei*, Virgile semble dire qu'Hercule en fut le fondateur. Ce héros avait parcouru toute cette contrée, et la ville d'Héraclée (*Herculanum*) n'était pas éloignée de Tarente. Le poète, en ajoutant *si vera est fama*, n'a pas l'air de connaître ou de croire ce que, dans son livre *des choses admirables*, Aristote dit de la fondation de Tarente par Hercule. Certains commentateurs, voulant justifier le doute de Virgile, rapportent une autre tradition qui donne, pour fondateur, à Tarente, un des compagnons d'Hercule, appelé *Tharus*. Une troisième tradition veut que Phalante ait conduit, dans cette ville, une colonie de Laconiens, et qu'il en soit comme le second fondateur. Horace ne préférait au beau ciel de Tarente que celui de Tibur.

107. — Page 248. *Caulonisque arces, et navifragum Scylacæum.*

Caulon ou *Caulonia* fut fondée par les Achéens, suivant Strabon et Pausanias.

Scylacée, bâtie par une colonie d'Athéniens, n'est point hérissée d'écueils, comme l'a vérifié Swinburne; mais cette ville était située entre les promontoires de Japygie et de Concinte; ce qui pouvait rendre, sur ses bords, les tempêtes fréquentes et fécondes en naufrages. Du golfe de Scylacée, on découvrait la montagne et la ville de Caulon.

108. — Page 250. *Ter spumam elisam et rorantia vidimus astra.*

L'hyperbole est forte : les eaux du détroit montent jusqu'aux astres, et les astres en sont mouillés, *rorantia.* Quelques interprètes ont ridiculement prétendu qu'il fallait entendre par là, que l'onde violemment élancée dans les airs, retombait en pluie, dont les gouttes, frappées par le soleil, représentaient de petites étoiles humides.

109. — Page 250. *Ignarique viæ, Cyclopum allabimur oris.*

Tout ce qui est dit ici des Cyclopes, de leur port et de leurs terres, a été pris, par Virgile, dans l'*Odyssée* (lib. ix). Mais Homère place les Cyclopes sur la côte occidentale de la Sicile, et Virgile leur donne, pour demeures, les environs de l'Etna.

Le port des Cyclopes, comme l'ont remarqué Bembo, Sestini et d'autres, a disparu sous les laves du volcan. On voit encore les rochers qui ont été fidèlement décrits par Dolomieu.

L'Etna est le plus ancien volcan connu; les Arabes l'appelaient *Gibel*, c'est-à-dire *Mont*, d'où il suit que dire le *Mont-Gibel*, à l'exemple de plusieurs écrivains, c'est faire un pléonasme. Eschyle, Pindare, Lucrèce, Valerius Flaccus ont fait des peintures de l'Etna. L'*Etna* est le titre et le sujet d'un poëme de Corneille Sévère. On peut consulter STRABON (l. vi); JUSTIN (l. iv); et, parmi les modernes, CLUVIER (*Sicilia*), LA CERDA, BRYDONE, etc.

Virgile fait connaitre ce qu'étaient les Cyclopes suivant les poëtes. Mais les traditions historiques disent qu'on donnait ce nom aux premiers habitans de la Sicile, peuple sauvage, ennemi des étrangers que la tempête jetait sur ses côtes, et qu'on supposait antropophages.

110. — Page 250. . . . . *Sed horrificis juxta tonat Ætna ruinis*

Le poëte avait déjà tracé, dans le premier livre des *Géorgiques*, quelques traits de cette magnifique description de l'Etna, où l'on admire la grandeur des images, l'énergie des mots et souvent leur harmonie imitative. Aulu-Gelle critique vivement cette description : il ne voit qu'une ébauche où Sénèque admire un grand tableau.

111. — Page 250. *Fama est, Enceladi semiustum fulmine corpus.*

Au lieu d'Encelade que Virgile, Corneille Sévère, Stace et l'auteur de l'*Argonautique*, font gémir sous le poids de l'Etna, Eschyle et Pindare placent Typhée ou Typhon, et Callimaque y met Briarée.

112. — Page 250. . . . . *Nec, quæ sonitum det causa, videmus.*

L'Etna n'était point connu dans la premiere antiquité. Les navigateurs s'éloignaient peu des côtes, et l'Etna n'est vu que de la haute mer.

113. — Page 250. *Et lunam in nimbo nox intempesta tenebat.*

Par ces mots *nox intempesta*, on entend le milieu de la nuit, le temps où tous les travaux ont cessé sur la terre, où nul bruit ne trouble le silence des airs.

114. — Page 252. *Quum subito e sylvis, macie confecta suprema.*

Ovide raconte aussi l'histoire d'Achémenide, dans le xive livre des Métamorphoses, et, en imitant Virgile, il se montre quelquefois son rival.

On lit, dans les manuscrits, *Achaemenides*, *Achimenides*, *Agamenides*; c'est ainsi, qu'au lieu d'*Adamasto*, on trouve *Damasco*, *Damasto*, *Adamastro*.

Le tableau hideux et terrible de Polyphème est emprunté de l'*Odyssée*. Jules Scaliger, en comparant ici les deux poètes, n'hésite pas à donner la palme à Virgile.

115. — Page 252. *Si pereo, manibus hominum periisse juvabit.*

Les Cyclopes n'étaient pas regardés comme des hommes, mais comme des monstres qui avaient une autre origine.

116. — Page 252. . . . . *Comes infelicis Ulyssei.*

On retrouve, un peu plus bas (vers 690), le même hémistiche, *Comes infelicis Ulyssei.* C'est Énée qui parle du perfide roi d'Ithaque dans les mêmes termes que vient d'employer le grec Achéménide. Ainsi les malheurs d'Ulysse excitaient la compassion de ses amis et de ses ennemis. On trouve quelque ressemblance entre Achéménide et Sinon : cette ressemblance est dans la situation et un peu dans le langage. Mais si l'un est un fourbe, l'autre n'est qu'un infortuné : « il serait à souhaiter que Virgile eût inventé d'autres formes pour qu'Achéménide ne parût pas une copie trop exacte de Sinon. » (Tissot.)

117. — Page 254. *Altaque pulsat*
Sidera. . . . .

Virgile, peignant le Cyclope debout, et puis couché dans une caverne de l'Etna, exagère trop en disant qu'il frappe de son front les astres. S'il peut s'étendre dans une grotte, comment sa taille pourrait-elle atteindre les étoiles ?

118. — Page 254. *Vidi egomet, duo de numero quum corpora nostro.*

Cet épisode des compagnons d'Ulysse, dévorés par Polyphème, est tiré du ixe livre de l'*Odyssée*. Homère fait entrer quatre Grecs dans l'horrible repas du Cyclope ; Virgile n'en met que deux, et sa narration est plus épique.

119. — Page 254. . . . . *Jacuitque per antrum.*

Le poète Lucile, dans un fragment qui reste de ses ouvrages, donne à Polyphème deux cents pieds de hauteur. Virgile ne détermine point la taille du géant.

120. — Page 254. *Fundimur, et telo lumen terebramus acuto.*

C'est avec un tison qu'Euripide fait crever l'œil de Polyphème. Par le mot *telo* qu'emploie Virgile, les interprètes entendent un long pieu aiguisé dans les flammes : ce serait encore une espèce de tison.

121. — Page 254. ...... *Quod torva solum sub fronte latebat,*
Argolici clypei, aut Phœbeæ lampadis instar.

Le bouclier passait pour avoir été inventé à Argos (PAUSANIAS, II, 25; APOLLODORE, II, 1). Les boucliers des Argiens étaient sans doute ronds, tandis que ceux des autres peuples avaient la forme oblongue.

Ce n'est pas la Lune ou Phœbé, mais le Soleil ou Phœbus, qui est appelé *Phœbea lampas*.

La comparaison de Virgile pèche moins encore par l'exagération que par l'exactitude. Comment l'œil du Cyclope pouvait-il être caché sous son front (*sub fronte latebat*), s'il était semblable au disque brillant du soleil (*Phœbeæ lampadis instar*). Delille a cru devoir traduire *latebat* par *brillait* :

L'œil énorme
Qui *brillait* seul au front de ce géant difforme.

C'est une infidélité raisonnée. On pourrait remarquer encore que la comparaison avec un bouclier d'Argos, prise d'ailleurs dans Callimaque, paraissait suffisante; Ovide dit dans ses *Métamorphoses* (c'est le Cyclope qui parle) :

Unum est in media lumen mihi fronte, sed instar
Ingentis clypei.

Mais cette comparaison est hors de toute mesure quand elle s'étend au disque du soleil. Quelle proportion peut-on établir, pour l'étendue, entre le bouclier d'un soldat et le premier astre de l'univers. Cela ressemble aux yeux de Philis métamorphosés en astres. Cependant le professeur Binet trouve la comparaison juste, attendu, dit-il, que *le bouclier revêtu de cuivre poli avec soin, avait toujours un certain éclat.*

122. — Page 256. *Nam qualis quantusque cavo Polyphemus in antro*
Lanigeras claudit pecudes, atque ubera pressat,
Centum alii curva hæc habitant ad littora vulgo
Infandi Cyclopes, et altis montibus errant.

Jacques Bryant croit que ces quatre vers sont une interpolation.

D'autres critiques pensent du moins qu'ils auraient eu besoin d'être revus par Virgile.

123. — Page 256. . . . . *Ea sola voluptas,*
Solamenque mali : de collo fistula pendet.

Virgile vient de dire que Polyphème aveugle n'a d'autre consolation que celle de son troupeau : il lui en donnerait une seconde dans sa flûte. Mais cet hémistiche : *De collo fistula pendet*, ne se trouve point dans les anciens manuscrits, et doit être regardé comme un des nombeaux complémens des vers restés imparfaits dans l'Enéide, et que des critiques, plus ou moins habiles, ont voulu remplir.

124. — Page 258. *Verum, ubi nulla datur dextra affectare potestas.*

On lit dans plusieurs anciens manuscrits, et dans diverses éditions : *dextram affectare* et *dextra attrectare*. Pierius, Burmann et Heyne ne suivent pas la même leçon. Heyne dit qu'il a longtemps hésité avant de se décider pour *dextra affectare*, et il ajoute : *infinitis in locis, in tanta variæ lectionis Silva, difficile dictu est, in utram lectionem major librorum pars consentiat.* L'expression *dextram affectare*, adoptée par Binet, ne se trouve ni dans les auteurs latins, qui ont écrit avant Virgile, ni dans ceux qui sont venus après lui.

125. — Page 258. *Nec potis Ionios fluctus æquare sequendo.*

La mer d'Ionie s'étendait, suivant les poètes, des côtes de la Grèce à celles de la Sicile.

126. — Page 258. . . . . *Penitusque exterrita tellus*
Italiæ.

Au lieu d'*Italiæ*, plusieurs manuscrits portent : *Trinacriæ*, et quelques traducteurs ont suivi cette leçon. La métaphore reste encore assez grande.

127. — Page 258. *Contra jussa monent Heleni Scyllam atque Charybdim*
Inter utramque viam, lethi discrimine parvo,
Ni teneant cursus : certum est dare lintea retro.

Plusieurs critiques pensent que ces vers ont été interpolés par ceux qui ont eu la prétention d'achever le travail de Virgile. Ils penchent néanmoins à croire que l'hémistiche *contra jussa monent Heleni*, peut être de l'auteur de l'Énéide. L'hémistiche : *certum est dare lintea retro*, est le plus formellement réprouvé, *tanquam a sententia alienum*.

128. — Page 258. *Pantagiæ, Megarosque sinus, Thapsumque jacentem.*

Variations dans les anciens manuscrits : *Pentagiæ, Pantagyæ; Tassum, Taxum, Capsum, Tharsum,* etc.

Le Pantage (aujourd'hui *Fiume di Porcari*, dans le *Val di Noto*) est un ruisseau ou un torrent sur la côte orientale de la Sicile : il se perd dans la mer à travers des rochers. Claudien dit : *Saxa rotantem Pantagium.* (*Voyez* CLUVIER, *Sicilia*, 1, 11.)

Le golfe de Mégare (*Golfo di Augusta*) est non loin de Syracuse. Il ne reste rien de la ville de Mégare. C'est dans ses environs qu'on recueillait le miel d'*Hybla*, si renommé chez les anciens.

Thaspe (*Isola delli Manghisi*), péninsule, allant de Mégare à Syracuse; elle est dite *jacentem*, parce que, suivant Servius, elle ne s'élève pas au dessus des flots, *plana pæne fluctibus par.*

Les commentateurs ont remarqué que la plupart des villes montrées par Achéménide aux Troyens, n'existaient pas encore à l'époque où se passe l'action de l'Énéide, et que Virgile a voulu flatter l'orgueil de sa nation, en reculant leur origine.

129. — Page 260. *Talia monstrabat relegens errata retrorsum*
    Littora Achemenides . . . . .

Énée ne pouvait connaître ces rivages; Achéménide, qui les avait déjà parcourus avec Ulysse, les indique au héros : la vraisemblance est observée. On a remarqué la fidélité de ces descriptions géographiques et leur précision. Virgile avait visité les lieux avant de les décrire. Il suit partout les traditions de l'histoire sur les colonies antiques. On lit, dans quelques fragmens d'une Vie de Virgile, écrite en vers par le grammairien Phocas :

> Sed loca quæ vulgi memoravit tradita fama
> Æquoris et terræ, statuit percurrere vates,
> Certius ut libris, oculo dictante, notaret.

130. — Page 260. *Plemmyriumque undosum*............

Plemmyre (aujourd'hui *Massa d'Olivero*), promontoire au midi de Syracuse. Ce sont sans doute les marais dont il est environné qui lui ont fait donner l'épithète d'*undosum*.

131. — Page 260. *Ortygiam. Alphæum fama est huc Elidis amnem.*

L'île d'Ortygie est située vis-à-vis de Syracuse : elle tenait par un pont à cette ville, dont elle faisait partie, et qui était la plus florissante des colonies grecques : elle fut fondée par Archias de Corynthe : c'est sur le bord occidental de l'île d'Ortygie que les anciens plaçaient la fontaine d'Aréthuse et ses amours avec le fleuve Alphée. Suivant une fiction riante des poètes, l'Alphée, après avoir coulé dans l'Élide, s'ouvrait un chemin sous la mer, et venait mêler ses flots paisibles aux eaux de la fontaine. *Voyez* la VIIIe idylle de Moschus, et la Xe églogue de Virgile, qui commence par ce vers :

> Extremum hunc, Arethusa, mihi concede laborem.

L'île de Délos avait aussi porté le nom d'*Ortygie*.

132. — Page 262. *Exsupero præpingue solum stagnantis Helori.*

L'Hélore (maintenant l'*Atellaro*) coule un peu au delà du promontoire de Pachyne, où il se jette dans la mer. Silius Italicus l'appelle *clamosus Helorus*, parce que d'abord il précipite à travers des rochers son cours, qui devient ensuite lent et paisible. Ses eaux stagnantes fertilisent les champs vers son embouchure (*voyez* CLUVIER et FAZELLO).

133. — Page 262. .... *Projectaque saxa Pachyni.*

Pachyne (*capo Passaro*), promontoire au sud de la Sicile, bordé de rochers qui avancent dans la mer, et rendent son approche dangereuse. Les promontoires de Pachyne, de Pélore et de Lilybée (*capo di Marsalla*), terminent le triangle que forme la Sicile : ce qui lui fit donner par les anciens le nom de *Trinacrie*.

134. — Page 262. *Apparet Camarina procul, campique Geloi.*

Camarine est le nom d'un marais et d'une ville de la Sicile. Ser-

DU LIVRE TROISIÈME.

vius, Étienne de Byzance et Suidas rapportent que deux grands fléaux résultèrent du desséchement qu'on voulut faire du marais malgré l'oracle d'Apollon. La peste ravagea la contrée, et la ville fut prise par les ennemis. De là vint le proverbe *ne moveas Camarinam*, proverbe auquel Virgile fait allusion, en disant : *nunquam concessa moveri*. Desfontaines a fait un contre-sens en traduisant : « Camarine, que les destins ont pour toujours fixée sur un lac. »

Gela (aujourd'hui *Fiume di terra*). Hérodote, Claudien et Silius Italicus parlent de cette terre comme ayant été cruellement gouvernée par des tyrans. On croit qu'Hiéron et Thrasybule, frères de Gélon, tyran de Syracuse, étaient, ainsi que lui, originaires de Gela.

135. — Page 262. *Arduus inde Acragas ostentat maxima longe Mœnia.*

Acragas, ou *Agragas*, ou *Agrigentum* (aujourd'hui *Girgente*), ville riche, grande et célèbre, bâtie sur le mont *Agragante*. L'ancienne Agrigente est célèbre par les cruautés du tyran Phalaris, par le taureau d'airain, dont les flancs chauffés par degrés enfermaient et faisaient lentement expirer les victimes. On dit que le grec Pérille, inventeur de ce genre de supplice, reçut de Phalaris le digne salaire qu'il méritait : il périt le premier enfermé dans son horrible machine.

136. — Page 262. *Teque datis linquo ventis, palmosa Selinus.*

Selinunte, ancienne ville dont les environs étaient remplis de palmiers. Les anciens manuscrits portent *Selinis* et *Salinis*. *Voyez* Silius Italicus; Cicéron, dans la 5ᵉ Verrine; Cluvier, etc. Il ne reste de Selinunte que des ruines, sur les bords d'une petite rivière appelée *Madinna*.

137. — Page 262. *Et vada dura lego saxis Lilybeïa cœcis.*

Le promontoire de Lilybée (*voyez* la note 133).

138. — Page 262. *Hinc Drepani me portus et illœtabilis ora.*

On trouve dans quelques manuscrits *Dripani*.

La campagne de Drépane est stérile, presque sans arbres et sans verdure. La ville bâtie au pied du mont Éryx, au nord de Lilybée, sur la côte occidentale de la Sicile, est entourée de marais qui rendent peu agréable son aspect; mais c'est moins la tristesse de ce séjour que le souvenir de la perte d'Anchise, qui fait donner par le héros à Drépane l'épithète d'*illætabilis*. C'est aujourd'hui un bourg appelé *Trapani Vecchio* ou *Trapano*.

139. — Page 262. *Amitto Anchisen*................

M. Tissot trouve avec raison trop de froideur dans le récit de la mort d'Anchise, qui « disparaît de la scène d'une manière commune. Il semble que les Troyens ne se sont pas aperçus de la mort d'un vieillard, d'un pontife et d'un père. »

Heyne a fait une dissertation sur la mort d'Anchise (*excurs.* 17).

140. — Page 262. *Fata renarrabat*..............

On trouve dans les manuscrits ces diverses leçons : *fataque narrabat* ou *enarrabat*, *fata recensebat*. Quelques critiques ont blâmé le mot *renarrabat*, comme signifiant un second récit, qui serait fait par Énée : mais Heyne l'adopte, comme plus poétique que *narrabat*, comme remettant sous les yeux les faits et les évènemens.

D'autres critiques ont trouvé peu vraisemblable qu'Énée ait pu commencer, poursuivre et terminer, au banquet de Didon, le long récit de la prise de Troie, et celui de ses voyages, qui remplissent le deuxième et le troisième livre. Ségrais a calculé que cette narration, comprise en plus de quinze cents vers, avait pu être faite en deux heures, et qu'ayant été commencée vers minuit, à l'époque où Énée dit : *suadentque cadentia sidera somnos*, elle avait dû être achevée à deux heures du matin. L'abbé Desfontaines justifie Virgile en disant que les poètes ne sont pas tenus de *suivre en tout la nature et la raison*. « Achille, ajoute-t-il, chasse seul tous les Troyens; le seul Hector met en fuite tous les Grecs et embrase leurs vaisseaux; la tête d'Orphée, séparée de son corps, prononce encore le nom d'Eurydice :

Pictoribus atque poetis
Quidlibet audendi semper fuit æqua potestas.

LIVRE QUATRIÈME.

LIBER QUARTUS.

At Regina, gravi jamdudum saucia cura,
Vulnus alit venis, et cæco carpitur igni.
Multa viri virtus animo, multusque recursat
Gentis honos : hærent infixi pectore vultus,
Verbaque; nec placidam membris dat cura quietem.

Postera Phœbea lustrabat lampade terras,
Humentemque Aurora polo dimoverat umbram,
Quum sic unanimam alloquitur malesana sororem :
Anna soror, quæ me suspensam insomnia terrent!
Quis novus hic nostris successit sedibus hospes!
Quem sese ore ferens! quam forti pectore, et armis!
Credo equidem (nec vana fides) genus esse Deorum.
Degeneres animos timor arguit. Heu! quibus ille
Jactatus fatis! quæ bella exhausta canebat!
Si mihi non animo fixum immotumque sederet,
Ne cui me vinclo vellem sociare jugali,
Postquam primus amor deceptam morte fefellit;
Si non pertæsum thalami tædæque fuisset:

LIVRE QUATRIÈME.

Cependant la reine, atteinte déjà d'un mal cruel, nourrit un secret poison dans ses veines, et brûle de feux ignorés. La valeur du héros revient toujours à sa pensée; toujours elle voit l'éclat de son origine : ses traits se fixent gravés dans son cœur, ainsi que ses discours; et le trouble qui l'agite, bannit de ses yeux le pénible sommeil.

Déja l'Aurore avait chassé les ombres humides de la nuit, et le flambeau du jour éclairait la terre de ses premiers feux, lorsque Didon, que l'amour égare, s'adresse à sa sœur, confidente de ses pensées, et lui parle en ces mots : « Anne, ma sœur, quelles nouvelles images ont, dans la nuit, troublé mon repos, et jeté dans mon âme incertaine une terreur inconnue! Quel est cet étranger, nouvellement reçu dans mes états? quelle majesté sur son front! qu'il est grand par le cœur et par les armes! Oui, je le crois, et ce n'est point une illusion, il est du sang des dieux : toujours quelque crainte dans le danger décèle une âme dégénérée. Quels affreux destins ont poursuivi ce héros! Dans les guerres qu'il racontait, quels périls n'a point affrontés son courage? Si, dans mon cœur, n'était fixe et irrévocable la résolution de ne plus engager ma foi, depuis que la mort a déçu, pour moi, l'espoir des premières amours; si le lit de l'hy-

Huic uni forsan potui succumbere culpæ.
Anna (fatebor enim), miseri post fata Sichæi
Conjugis, et sparsos fraterna cæde Penates,
Solus hic inflexit sensus, animumque labantem
Impulit : agnosco veteris vestigia flammæ.
Sed mihi vel tellus optem prius ima dehiscat,
Vel Pater omnipotens adigat me fulmine ad umbras,
Pallentes umbras Erebi, noctemque profundam,
Ante, Pudor, quam te violo, aut tua jura resolvo!
Ille meos, primus qui me sibi junxit, amores
Abstulit : ille habeat secum, servetque sepulcro.
Sic effata, sinum lacrymis implevit obortis.

ANNA refert : O luce magis dilecta sorori,
Solane perpetua mœrens carpere juventa?
Nec dulces natos, Veneris nec præmia noris?
Id cinerem aut manes credis curare sepultos?
Esto : ægram nulli quondam flexere mariti;
Non Libyæ, non ante Tyro : despectus Iarbas,
Ductoresque alii, quos Africa terra triumphis
Dives alit : placitone etiam pugnabis amori?
Nec venit in mentem quorum consederis arvis?
Hinc Getulæ urbes, genus insuperabile bello,
Et Numidæ infreni cingunt, et inhospita Syrtis :
Hinc deserta siti regio, lateque furentes
Barcæi. Quid bella Tyro surgentia dicam,
Germanique minas?

men et ses flambeaux ne m'étaient désormais odieux, voici peut-être la seule erreur où j'aurais pu tomber. Oui, ma sœur, je l'avoue, depuis le trépas cruel de Sichée, qui fut mon époux; depuis que son sang, versé par un frère impie, a rejailli sur l'autel de nos dieux domestiques, cet étranger est le seul qui ait ému mes sens, et fait chanceler ma volonté. Je reconnais les traces du feu dont j'ai brûlé. Mais que la terre entr'ouvre, sous mes pas, ses abîmes! que le puissant maître des dieux me précipite, avec sa foudre, dans le séjour des Ombres, des pâles Ombres de l'Érèbe, et dans la nuit profonde, avant, ô Pudeur! que je viole tes lois et mes sermens! Il emporta mes amours, celui qui, le premier, s'unit à mon destin : qu'il les ait avec lui, et qu'il les garde dans sa tombe! » Elle dit, et les pleurs ont inondé son sein.

« O toi, répond sa sœur, toi qui m'es plus chère que la lumière de ma vie. veux-tu, toujours seule, et dans les ennuis, consumer ton jeune âge? renonces-tu à connaître et la douceur d'être mère et les enchantemens de l'amour? crois-tu honorer ainsi les cendres et les mânes d'un tombeau? Que, jusqu'à ce jour, aucun mortel n'ait pu, dans Tyr, ou dans la Libye, fléchir ta douleur; que tu aies dédaigné et le fier Iarbas, et tant d'autres princes que l'Afrique nourrit dans l'orgueil de ses triomphes, voudras-tu combattre aussi un penchant qui te plaît? n'arrêteras-tu pas ta pensée sur le pays où tu as fondé ton empire? Vois, autour de toi, les villes des Gétules, peuple indomptable dans la guerre, les Numides sans frein, et les Syrtes inhospitalières et les brûlans déserts, et les Barcéens qui étendent au loin leurs fureurs! Dirai-je la guerre qui, contre toi, s'allume dans la ville de Tyr, et les menaces d'un frère avide de vengeance? Oui,

Dis equidem auspicibus reor, et Junone secunda,
Huc cursum Iliacas vento tenuisse carinas.
Quam tu urbem, soror, hanc cernes, quae surgere regna
Conjugio tali! Teucrum comitantibus armis,
Punica se quantis attollet gloria rebus!
Tu modo posce Deos veniam; sacrisque litatis,
Indulge hospitio, causasque innecte morandi,
Dum pelago desaevit hyems, et aquosus Orion,
Quassataeque rates, et non tractabile coelum.

His dictis incensum animum inflammavit amore,
Spemque dedit dubiae menti, solvitque pudorem.
Principio delubra adeunt, pacemque per aras
Exquirunt : mactant lectas de more bidentes
Legiferae Cereri, Phoeboque, patrique Lyaeo;
Junoni ante omnes, cui vincla jugalia curae.
Ipsa, tenens dextra pateram, pulcherrima Dido
Candentis vaccae media inter cornua fundit;
Aut ante ora Deum pingues spatiatur ad aras,
Instauratque diem donis, pecudumque reclusis
Pectoribus inhians, spirantia consulit exta.
Heu, vatum ignarae mentes! quid vota furentem,
Quid delubra juvant? est mollis flamma medullas
Interea, et tacitum vivit sub pectore vulnus.
Uritur infelix Dido, totaque vagatur
Urbe furens : qualis conjecta cerva sagitta,
Quam procul incautam nemora inter Cressia fixit

je le crois, c'est par un bienfait des dieux, c'est par la faveur de Junon que les vents ont conduit, sur nos bords, la flotte des Troyens. O ma sœur! combien tu verras ta ville et ton empire grandir par cet hyménée! et quelle gloire vont attacher aux destins de Carthage, les armes de Tyr réunies à celles des Troyens! Implore donc, par des sacrifices, les dieux : et si leur faveur se déclare, prodigue les bienfaits de l'hospitalité, cherche tous les moyens de retenir le héros : peins-lui la tempête déchaînée sur les ondes, le nuageux Orion qui les soulève, ses vaisseaux entr'ouverts, et, dans la saison des orages, l'inclémence des mers. »

Ce discours achève d'enflammer l'amour dont la reine déjà ressentait l'empire : il ouvre à l'espérance son cœur irrésolu, et rompt les derniers liens de la pudeur. A l'instant, les deux sœurs vont chercher, dans les temples, des présages heureux : elles immolent, suivant l'usage, des brebis choisies à Cérès Législatrice, à Apollon, à Bacchus, père de la Liberté, et, avant toute autre divinité, à Junon, qui préside aux nœuds de l'hymen. Tenant, dans la main droite, une patère, la reine verse elle-même le vin entre les cornes dorées d'une blanche génisse, et marche, dans sa majesté, autour des autels qu'elle a chargés d'offrandes. Elle recommence, avec le jour, les sacrifices; et, ses regards attachés sur le flanc ouvert des victimes, interrogent avidement leurs entrailles palpitantes. Mais, ô vaine science des augures! que servent et les vœux, et les temples des dieux contre les fureurs de l'amour! Cependant une flamme subtile court dans les veines de Didon, et sa blessure secrète vit au fond de son cœur. Elle brûle, l'infortunée! et, dans le transport qui l'égare, elle parcourt toute la

Pastor agens telis, liquitque volatile ferrum
Nescius; illa fuga silvas saltusque peragrat
Dictæos : hæret lateri lethalis arundo.
Nunc media Ænean secum per mœnia ducit;
Sidoniasque ostentat opes, urbemque paratam :
Incipit effari, mediaque in voce resistit.
Nunc eadem, labente die, convivia quærit,
Iliacosque iterum demens audire labores
Exposcit, pendetque iterum narrantis ab ore.
Post, ubi digressi, lumenque obscura vicissim
Luna premit, suadentque cadentia sidera somnos;
Sola domo mœret vacua, stratisque relictis
Incubat : illum absens absentem auditque videtque;
Aut gremio Ascanium, genitoris imagine capta,
Detinet, infandum si fallere possit amorem.
Non cœptæ assurgunt turres, non arma juventus
Exercet, portusve aut propugnacula bello
Tuta parant : pendent opera interrupta, minæque
Murorum ingentes, æquataque machina cœlo.

Quam simul ac tali persensit peste teneri
Cara Jovis conjux, nec famam obstare furori;
Talibus aggreditur Venerem Saturnia dictis :
Egregiam vero laudem et spolia ampla refertis,
Tuque puerque tuus, magnum et memorabile nomen,
Una dolo Divum si fœmina victa duorum est.

ville : telle une biche imprévoyante, poursuivie dans les forêts de Crète par un jeune chasseur, qui l'atteint, de loin, d'une flèche rapide, ignore que le fer est resté dans la plaie; en vain l'animal fugitif erre sur le mont et dans les bois de Dicté : le roseau mortel reste attaché à ses flancs. Tantôt la reine conduit Énée au milieu de ses remparts, lui montre et les richesses de Tyr et la ville déjà prête.... elle commence à parler et s'arrête au milieu de ses paroles. Tantôt, quand le jour va faire place à la nuit, elle l'appelle à de nouveaux banquets, et, dans son délire, veut entendre encore le récit des malheurs d'Ilion : elle écoute, et reste suspendue aux lèvres du héros. Et lorsque la nuit les sépare, que la lune a voilé sa pâle lumière, et qu'au déclin de leur cours les astres invitent au sommeil, seule, dans la salle du banquet déserte, elle gémit, et va s'asseoir sur le lit qu'Énée vient de quitter. Elle le voit absent; absent, elle l'écoute encore. Quelquefois elle retient dans ses bras le jeune Ascagne; elle embrasse dans le fils l'image du père, et cherche à tromper, s'il se peut, son fatal amour. Et déjà, dans Carthage, les tours commencées cessent de s'élever; les jeunes Tyriens ne s'exercent plus aux armes; les travaux du port et ceux des remparts sont abandonnés : on voit tous les ouvrages suspendus, d'énormes masses de murs menaçans, et les machines s'élevant oisives dans les airs.

Dès que l'épouse de Jupiter, la fille de Saturne, voit la reine en proie au mal qui la dévore, sans que l'intérêt de sa gloire arrête ses transports, elle aborde Vénus et dit : « Eh bien ! vous l'emportez ! voilà, pour vous et pour votre fils, une noble victoire, un trophée glorieux, une puissance, grande et mémorable ! Deux divinités ont triomphé d'une femme, et triomphé par la ruse !

Nec me adeo fallit, veritam te mœnia nostra,
Suspectas habuisse domos Carthaginis altæ.
Sed quis erit modus? aut quo nunc certamina tanta?
Quin potius pacem æternam pactosque hymenæos
Exercemus? habes tota quod mente petisti :
Ardet amans Dido, traxitque per ossa furorem.
Communem hunc ergo populum, paribusque regamus
Auspiciis : liceat Phrygio servire marito,
Dotalesque tuæ Tyrios permittere dextræ.

OLLI (sensit enim simulata mente locutam,
Quo regnum Italiæ Libycas averteret oras)
Sic contra est ingressa Venus : Quis talia demens
Abnuat, aut tecum malit contendere bello?
Si modo, quod memoras, factum fortuna sequatur.
Sed fatis incerta feror, si Jupiter unam
Esse velit Tyriis urbem, Trojaque profectis;
Miscerive probet populos, aut fœdera jungi.
Tu conjux : tibi fas animum tentare precando.
Perge; sequar. Tum sic excepit regia Juno :
Mecum erit iste labor. Nunc qua ratione quod instat
Confieri possit, paucis, adverte, docebo.
Venatum Æneas unaque miserrima Dido
In nemus ire parant, ubi primos crastinus ortus
Extulerit Titan, radiisque retexerit orbem.
His ego nigrantem commixta grandine nimbum,
Dum trepidant alæ, saltusque indagine cingunt,
Desuper infundam, et tonitru cœlum omne ciebo.

Non, je ne me trompe point, vous redoutez des remparts qui me sont consacrés, et la superbe Carthage éveille vos soupçons. Mais quel sera le terme de nos haines? et pourquoi maintenant ces grands débats? pourquoi, plutôt, ne pas cimenter par l'hymen une paix éternelle? vos vœux les plus ardens sont accomplis! Didon aime, elle brûle, et son corps s'embrase de toutes vos fureurs. Gouvernons donc, sous de communs auspices, deux peuples réunis. Qu'il soit permis à Didon de s'unir par l'hymen à un prince troyen; et souffrez que les Tyriens se donnent à vous pour la dot de leur reine. »

Vénus a vu, dans l'artifice de ce discours, que Junon voudrait transporter, à Carthage, l'empire promis à la ville de Rome : « Qui serait assez insensé, dit-elle, pour refuser vos offres, et pour préférer avec vous la guerre, si toutefois votre projet peut s'accomplir, et si la fortune le sert? Mais les destins me laissent incertaine; et j'ignore si Jupiter permettra qu'une même cité réunisse les Tyriens et les Troyens; s'il approuvera le mélange des deux nations et leur alliance. Vous êtes l'épouse de Jupiter : c'est à vous qu'il est donné d'essayer, sur son cœur, le pouvoir de la prière. Commencez : je vous suivrai. » — « Ce soin me regarde, reprend la reine des dieux. Mais apprenez, en peu de mots, comment le succès suivra mon entreprise. Votre fils et l'infortunée Didon se disposent à porter ensemble demain la guerre aux hôtes des forêts, dès que les rayons naissans de l'astre du jour luiront sur l'univers. Tandis que les chasseurs s'empresseront à déployer et à tendre les toiles, j'assemblerai de noirs nuages qui verseront des torrens de pluie et de grêle, et j'ébranlerai tout le ciel des éclats du tonnerre. Enveloppés d'une nuit profonde et sou-

Diffugient comites, et nocte tegentur opaca.
Speluncam Dido, dux et Trojanus eamdem
Devenient : adero; et, tua si mihi certa voluntas,
Connubio jungam stabili, propriamque dicabo.
Hic Hymenæus erit. Non adversata petenti
Annuit, atque dolis risit Cytherea repertis.

Oceanum interea surgens Aurora reliquit.
It portis, jubare exorto, delecta juventus :
Retia rara, plagæ, lato venabula ferro,
Massylique ruunt equites, et odora canum vis.
Reginam thalamo cunctantem ad limina primi
Pœnorum exspectant : ostroque insignis et auro
Stat sonipes, ac frena ferox spumantia mandit.
Tandem progreditur, magna stipante caterva,
Sidoniam picto chlamydem circumdata limbo :
Cui pharetra ex auro, crines nodantur in aurum,
Aurea purpuream subnectit fibula vestem.
Nec non et Phrygii comites, et lætus Iulus,
Incedunt : ipse ante alios pulcherrimus omnes
Infert se socium Æneas, atque agmina jungit.
Qualis ubi hybernam Lyciam Xanthique fluenta
Deserit, ac Delum maternam invisit Apollo,
Instauratque choros; mixtique altaria circum
Cretesque Dryopesque fremunt, pictique Agathyrsi.
Ipse jugis Cynthi graditur, mollique fluentem
Fronde premit crinem fingens, atque implicat auro :

daine, tous les chasseurs fuiront dispersés dans la forêt. Énée et Didon trouveront, dans la même grotte, un refuge : je serai présente; et, si votre volonté s'accorde avec la mienne, je les unirai par des nœuds sacrés. Hyménée sera dans la grotte avec moi. » Loin de s'opposer à ce dessein, Cythérée l'approuve, et sourit de la ruse inventée par Junon.

Cependant l'Aurore, abandonnant le sein de l'Océan, se lève, et dès que le Soleil montre son disque à l'horizon, l'élite des jeunes Tyriens sort des portes de Carthage. Les cavaliers massyliens se précipitent, portant les filets, les toiles, les épieux au large fer, et suivis de l'ardente meute à l'odorat subtil. Les chefs attendent, au seuil du palais, la reine qui tarde encore à sortir de son appartement. Le coursier qui doit la porter, brillant de pourpre et d'or, dans son ardeur impatiente mord le frein blanchi de son écume. Enfin, Didon s'avance au milieu d'un cortège nombreux : les bords de sa chlamyde tyrienne sont rehaussés de riches broderies; un carquois d'or est suspendu à son épaule; des tresses d'or rassemblent ses cheveux, et sa pourpre ondoyante est retenue par une agrafe d'or. Les Phrygiens et le joyeux Iule accompagnent la reine. Énée se place à ses côtés, réunit les deux cortèges, et les efface en beauté. Tel Apollon, quand il quitte la froide Lycie et les rives du Xanthe, pour Délos, son île maternelle, renouvelle les fêtes et les chœurs qui lui sont consacrés. Tandis que, mêlés et confondus, les Crétois, les Dryopes et les Agathyrses, peints de diverses couleurs, bondissent en cercle autour de ses autels, le dieu marche, dans sa majesté, sur le sommet du Cynthe; le laurier presse mollement sa chevelure flottante, où s'entrelace un réseau d'or, et, sur son épaule,

Tela sonant humeris. Haud illo segnior ibat
Æneas; tantum egregio decus enitet ore.

POSTQUAM altos ventum in montes atque invia lustra,
Ecce feræ, saxi dejectæ vertice, capræ
Decurrere jugis : alia de parte patentes
Transmittunt cursu campos, atque agmina cervi
Pulverulenta fuga glomerant, montesque relinquunt.
At puer Ascanius mediis in vallibus acri
Gaudet equo; jamque hos cursu, jam præterit illos;
Spumantemque dari pecora inter inertia votis
Optat aprum, aut fulvum descendere monte leonem.

INTEREA magno misceri murmure cœlum
Incipit, insequitur commixta grandine nimbus.
Et Tyrii comites passim, et Trojana juventus,
Dardaniusque nepos Veneris, diversa per agros
Tecta metu petiere : ruunt de montibus amnes.
Speluncam Dido, dux et Trojanus eamdem
Deveniunt : prima et Tellus et pronuba Juno
Dant signum; fulsere ignes et conscius æther
Connubii, summoque ululxarunt vertice Nymphæ.
Ille dies primus lethi primusque malorum
Causa fuit : neque enim specie famave movetur,
Nec jam furtivum Dido meditatur amorem;
Conjugium vocat, hoc prætexit nomine culpam.

EXTEMPLO Libyæ magnas it Fama per urbes,
Fama, malum quo non aliud velocius ullum;

résonnent les traits de son carquois. Telle, et non moins éclatante, est la marche du héros; telles brillent, réunies dans ses traits, la noblesse et la grâce.

Dès qu'on est arrivé sur les hautes montagnes et dans les taillis impénétrables, les chèvres sauvages, chassées de leurs retraites escarpées, se précipitent de rochers en rochers; les cerfs abandonnent les lieux élevés, s'élancent en troupes vers la plaine, et, de leur pied rapide, font voler la poudre dans les airs. Le jeune Ascagne, plein de joie, sur son coursier ardent, presse ses pas rapides au milieu des vallons, excite les chasseurs, et les devance tour-à-tour. Il voudrait que, parmi les hôtes timides de la forêt, vînt s'offrir à son javelot un sanglier écumant, ou un lion descendu des montagnes.

Cependant, de grands bruits commencent à gronder dans les airs, et bientôt, de la nue embrasée, se précipitent et la pluie et la grêle. Dispersés par l'effroi, les Tyriens, la jeunesse troyenne et le petit-fils de Vénus cherchent, dans les champs, divers abris contre l'orage. Les eaux descendent et roulent en torrens sur les flancs des collines. Didon et Énée entrent dans la même grotte : aussitôt la Terre et Junon, qui préside à l'hymen, donnent le signal. Le ciel, témoin de cette union, brille de feux terribles, et les Nymphes, au sommet des montagnes, les remplissent de longs hurlemens. Ce jour a commencé les malheurs de Didon, et causera sa mort. Bienséances, honneur, tout est oublié : ce n'est plus un feu secret qui court dans ses veines; elle prend le titre d'épouse, et c'est du nom d'hymen qu'elle voile les faiblesses de l'amour.

Soudain la Renommée porte cette nouvelle dans les villes de la Libye : la Renommée, de tous les fléaux du

Mobilitate viget, viresque acquirit eundo :
Parva metu primo; mox sese attollit in auras,
Ingrediturque solo, et caput inter nubila condit.
Illam Terra parens, ira irritata deorum,
Extremam (ut perhibent) Cœo Enceladoque sororem
Progenuit, pedibus celerem et pernicibus alis :
Monstrum horrendum, ingens; cui quot sunt corpore
       plumæ,
Tot vigiles oculi subter, (mirabile dictu)
Tot linguæ, totidem ora sonant, tot subrigit aures.
Nocte volat cœli medio terræque, per umbram
Stridens, nec dulci declinat lumina somno :
Luce sedet custos, aut summi culmine tecti,
Turribus aut altis, et magnas territat urbes;
Tam ficti pravique tenax, quam nuntia veri.
Hæc tum multiplici populos sermone replebat
Gaudens, et pariter facta atque infecta canebat :
Venisse Ænean Trojano a sanguine cretum,
Cui se pulchra viro dignetur jungere Dido;
Nunc hyemem inter se luxu, quam longa, fovere,
Regnorum immemores, turpique cupidine captos.
Hæc passim Dea fœda virum diffundit in ora.

Protinus ad regem cursus detorquet Jarbam,
Inceditque animum dictis, atque aggerat iras.
Hic Ammone satus, rapta Garamantide Nympha,
Templa Jovi centum latis immania regnis,

monde le plus prompt. Sa vie est dans sa mobilité; elle acquiert ses forces en courant : d'abord faible et timide, bientôt s'élevant dans les airs, son pied touche la terre, et son front se cache dans la nue. On dit, qu'irritée de la vengeance des dieux, la mère des Titans enfanta cette dernière sœur de Céc et d'Encelade, lui donna des pieds légers et de rapides ailes : monstre horrible, énorme, qui, sous toutes les plumes de son corps, cache, ô prodige! un nombre pareil d'yeux toujours ouverts, de bouches toujours bruyantes, et d'oreilles qui écoutent toujours. La nuit, son vol, entre la terre et le ciel, siffle dans les ténèbres, et jamais le doux sommeil n'abaisse ses paupières : le jour, sentinelle infatigable, elle veille, assise sur le faîte des palais, ou sur le sommet des tours ; et, de là, elle sème l'épouvante dans les cités, aussi indifférente messagère du mensonge que de la vérité.

Elle se plaisait alors à répandre, dans les cités de la Libye, mille bruits confus, où le faux et le vrai se mêlaient également. Elle annonçait qu'Énée, issu du sang troyen, venait d'aborder à Carthage; que la belle Didon le trouvait digne de sa main ; que la saison des orages s'écoulait, pour eux, dans le luxe des fêtes, dans les molles voluptés; et, qu'oubliant les soins de l'empire, ils s'endormaient esclaves de honteuses amours. Telles étaient les rumeurs que semait l'odieuse déesse, et qui, passant de bouche en bouche, étonnaient les Libyens.

Tout a coup, elle dirige son vol vers le palais d'Iarbas, et par ce qu'elle raconte, excite tous les feux de la colère dans son cœur ardent et jaloux. Fils de Jupiter Ammon, et d'une nymphe enlevée au pays des Gara-

Centum aras posuit; vigilemque sacraverat ignem,
Excubias Divum æternas, pecudumque cruore
Pingue solum, et variis florentia limina sertis.
Isque amens animi, et rumore accensus amaro,
Dicitur ante aras, media inter numina Divum,
Multa Jovem manibus supplex orasse supinis:
Jupiter omnipotens, cui nunc Maurusia pictis
Gens epulata toris Lenœum libat honorem,
Aspicis hæc? an te, genitor, quum fulmina torques,
Nequidquam horremus? cæcique in nubibus ignes
Terrificant animos, et inania murmura miscent?
Fœmina, quæ, nostris errans in finibus, urbem
Exiguam pretio posuit, cui littus arandum,
Cuique loci leges dedimus, connubia nostra
Reppulit, ac dominum Ænean in regna recepit.
Et nunc ille Paris, cum semiviro comitatu,
Mæonia mentum mitra, crinemque madentem
Subnixus, rapto potitur: nos munera templis
Quippe tuis ferimus, famamque fovemus inanem.

TALIBUS orantem dictis, arasque tenentem
Audiit Omnipotens; oculosque ad mœnia torsit
Regia, et oblitos famæ melioris amantes.
Tum sic Mercurium alloquitur, ac talia mandat:
Vade age, nate, voca zephyros, et labere pennis;
Dardaniumque ducem, Tyria Carthagine qui nunc

mantes, Iarbas avait consacré à son père cent temples et cent autels dans ses vastes états. Là, le feu sacré brûlait sans jamais s'éteindre; là, le sang des victimes sans cesse arrosait le parvis, et sans cesse les portiques étaient ornés de guirlandes de fleurs. Enflammé de fureur, indigné d'un bruit qui l'offense, Iarbas s'élance, dit-on, entre les images des dieux, et, les mains tendues vers Jupiter, lui adresse cette prière : « O Jupiter tout-puissant! toi que maintenant le Maurusien, assis dans ses banquets, sur des lits somptueux, honore par les libations d'un vin pur, tu vois mon affront! Eh! quoi, les foudres que tu lances n'inspirent-ils qu'une vaine terreur? et ces feux qui, cachés dans la nue, épouvantent les mortels, ne portent-ils à l'oreille qu'un frivole murmure? Une femme fugitive, errante sur les frontières de mon empire, achète le sol où elle bâtit une petite ville; elle tient de moi le rivage qu'elle possède aux conditions que j'ai prescrites : et elle refuse l'offre de ma main! et, dans ses faibles états, elle reçoit Énée pour maître et pour époux! et, au milieu d'une cour efféminée, ce nouveau Pâris, le front ceint d'une mître phrygienne, les cheveux inondés de parfums, jouit en paix de sa conquête! Est-ce donc en vain qu'à ces autels je porte mes offrandes? est-ce donc en vain que je me glorifie de te devoir le jour? »

Ainsi parlait Iarbas, embrassant les autels de Jupiter. Le dieu entend sa prière, et, arrêtant ses regards sur la ville de Carthage, où deux amans oubliaient les soins de leur gloire, il appelle Mercure, et lui donne ces ordres : « Va, cours, mon fils! appelle les Zéphirs, descends et vole vers la terre. Va trouver le prince troyen qui s'arrête à Carthage et oublie l'empire que lui promettent les destins. Porte-lui ma volonté suprême. Dis-lui qu'il n'est

Exspectat, fatisque datas non respicit urbes,
Alloquere, et celeres defer mea dicta per auras.
Non illum nobis genitrix pulcherrima talem
Promisit, Graiumque ideo bis vindicat armis :
Sed fore qui gravidam imperiis, belloque frementem
Italiam regeret, genus alto a sanguine Teucri
Proderet, ac totum sub leges mitteret orbem.
Si nulla accendit tantarum gloria rerum,
Nec super ipse sua molitur laude laborem,
Ascanione pater Romanas invidet arces?
Quid struit? aut qua spe inimica in gente moratur?
Nec prolem Ausoniam et Lavinia respicit arva?
Naviget : hæc summa est, hic nostri nuntius esto.
Dixerat : ille patris magni parere parabat
Imperio : et primum pedibus talaria nectit
Aurea, quæ sublimem alis, sive æquora supra,
Seu terram, rapido pariter cum flamine portant.
Tum virgam capit : hac animas ille evocat Orco
Pallentes, alias sub tristia Tartara mittit ;
Dat somnos adimitque, et lumina morte resignat.
Illa fretus agit ventos, et turbida tranat
Nubila. Jamque volans apicem et latera ardua cernit
Atlantis duri, cœlum qui vertice fulcit;
Atlantis, cinctum assidue cui nubibus atris
Piniferum caput et vento pulsatur et imbri :
Nix humeros infusa tegit : tum flumina mento
Præcipitant senis, et glacie riget horrida barba.

pas ce héros que la belle Cythérée nous a promis en lui donnant le jour ; que ce n'est point pour qu'il s'abandonne à l'ivresse des plaisirs, que sa mère l'a sauvé deux fois de la fureur des Grecs : elle nous annonçait un héros, digne de régner sur la belliqueuse Italie, enceinte de l'empire du monde ; un héros, digne du sang illustre de Teucer, et dont les descendans devaient asservir à leurs lois l'univers. Si la gloire d'un avenir si grand n'enflamme point son courage ; s'il refuse d'acheter cette gloire par ses travaux, père injuste, enviera-t-il à son fils Ascagne l'immortelle fondation de l'empire romain ? Quels sont ses projets ? et quel espoir arrête ses pas chez un peuple ennemi ? Ne songe-t-il plus aux champs de Lavinium, et à la postérité qui l'attend dans l'Ausonie ? Qu'il reprenne sa course sur les mers ! c'est mon ordre absolu. Toi, porte-lui ce message. »

Il dit, et, prompt aux ordres de son père, Mercure attache à ses pieds les brodequins d'or dont les rapides ailes, frappant les airs légers, l'emportent sur la terre et sur les mers. Il prend le puissant caducée : c'est par lui qu'il ramène des Enfers les pâles Ombres, ou qu'il les plonge dans le Tartare ; par lui qu'il donne ou ravit le sommeil, et qu'il imprime sur les paupières le sceau de la mort ; par lui qu'il dissipe les vents et traverse la nue orageuse. Il vole, et déjà il découvre le sommet sourcilleux et les vastes flancs de l'Atlas, qui soutient, immobile, le ciel sur sa tête ; dont le front chargé de ténébreuses vapeurs, et couronné de pins, est battu sans cesse des vents et des orages : ses épaules blanchissent sous la neige entassée ; de sa bouche se précipitent des fleuves écumans, et sa barbe horrible se hérisse de glaçons. C'est là que le dieu de Cyllène se balance un moment sur ses ailes, et

Hic primum paribus nitens Cyllenius alis
Constitit; hinc toto praeceps se corpore ad undas
Misit, avi similis, quae circum littora, circum
Piscosos scopulos, humilis volat aequora juxta.
Haud aliter, terras inter coelumque, volabat
Littus arenosum Libyae, ventosque secabat
Materno veniens ab avo Cyllenia proles.
Ut primum alatis tetigit magalia plantis,
Aenean fundantem arces, ac tecta novantem
Conspicit : atque illi stellatus jaspide fulva
Ensis erat, Tyrioque ardebat murice laena
Demissa ex humeris, dives quae munera Dido
Fecerat, et tenui telas discreverat auro.
Continuo invadit : Tu nunc Carthaginis altae
Fundamenta locas, pulchramque uxorius urbem
Exstruis? heu! regni rerumque oblite tuarum!
Ipse Deum tibi me claro demittit Olympo
Regnator, coelum et terras qui numine torquet;
Ipse haec ferre jubet celeres mandata per auras :
Quid struis? aut qua spe Libycis teris otia terris?
Si te nulla movet tantarum gloria rerum,
Nec super ipse tua moliris laude laborem;
Ascanium surgentem, et spes haeredis Iuli
Respice, cui regnum Italiae Romanaque tellus
Debentur. Tali Cyllenius ore locutus,
Mortales visus medio sermone reliquit,
Et procul in tenuem ex oculis evanuit auram.

suspend son essor; puis, se précipitant dans les airs, s'élance vers l'humide plaine. Tel que l'oiseau des mers, dans son vol agile, glisse le long des rivages, autour des rochers poissonneux, et, de son aile, rase la surface des flots : tel, s'éloignant d'Atlas, son aïeul maternel, le messager des dieux planait entre le ciel et la terre, fendait les vents, et effleurait le sable des rivages Africains.

Dès que, de ses pieds ailés, il a touché les cabanes voisines de Carthage, il aperçoit Énée construisant de nouveaux remparts, et jetant les fondemens de nouvelles demeures. Le jaspe rayonne en étoile sur le glaive qui pend à ses côtés. Son manteau brille de la pourpre de Tyr : riche présent de Didon, qui, de sa main, conduisant l'or flexible, en embellit la trame. Le dieu l'aborde soudain : « Eh! quoi, tu jettes les fondemens de la haute Carthage! esclave d'une femme, pour elle tu embellis une ville étrangère! et tu oublies l'empire qui t'est promis et la gloire qui t'attend! C'est le maître des dieux, moteur souverain des cieux et de la terre, qui, du haut de l'Olympe, me dépêche vers toi : il m'a ordonné de fendre, d'un vol rapide, les airs, pour te porter ses suprêmes décrets. Quels sont tes desseins? et quel espoir t'enchaîne, oisif, aux rivages Africains? Si l'éclat d'un grand avenir ne peut t'émouvoir, si la gloire ne peut te plaire, achetée par les travaux, vois, du moins, croître le jeune Ascagne; ne trahis point la fortune d'un héritier si cher, à qui les destins ont promis le royaume d'Italie et le sceptre de Rome. » Il dit, et se dérobe aux regards du héros, comme une vapeur légère se dissipe dans les airs.

At vero Æneas aspectu obmutuit amens;
Arrectæque horrore comæ, et vox faucibus hæsit.
Ardet abire fuga, dulcesque relinquere terras,
Attonitus tanto monitu imperioque Deorum.
Heu! quid agat? quo nunc reginam ambire furentem
Audeat affatu? quæ prima exordia sumat?
Atque animum nunc huc celerem, nunc dividit illuc,
In partesque rapit varias, perque omnia versat.
Hæc alternanti potior sententia visa est.
Mnesthea, Sergestumque vocat, fortemque Cloanthum:
Classem aptent taciti, sociosque ad littora cogant,
Arma parent; et quæ sit rebus causa novandis
Dissimulent: sese interea, quando optima Dido
Nesciat, et tantos rumpi non speret amores,
Tentaturum aditus, et quæ mollissima fandi
Tempora, quis rebus dexter modus. Ocius omnes
Imperio læti parent, ac jussa facessunt.

At Regina dolos (quis fallere possit amantem?)
Præsensit, motusque excepit prima futuros,
Omnia tuta timens: eadem impia Fama furenti
Detulit armari classem, cursumque parari.
Sævit inops animi, totamque incensa per urbem
Bacchatur: qualis commotis excita sacris
Thyas, ubi audito stimulant trieterica Baccho
Orgia, nocturnusque vocat clamore Cithæron.

A cet aspect du dieu, Énée se trouble et demeure interdit; ses cheveux se dressent, et la voix expire sur ses lèvres. Frappé de l'avis sévère qu'il reçoit, il brûle de fuir, de quitter des rivages trop aimés, et d'obéir à l'ordre absolu des dieux. Mais, hélas! que va-t-il faire? par quel langage osera-t-il annoncer à la reine, amante éperdue, ce funeste départ? Que lui dire? et par où commencer? Son esprit, rapidement agité par des pensers contraires, s'égare en cent projets divers, et ne peut fixer un choix dans son incertitude; long-temps il balance : il se résout enfin. Il mande Mnesthée, Sergeste et le valeureux Cloanthe : il ordonne que la flotte soit équipée en secret, que les Troyens, rassemblés au rivage, s'arment en silence, et que la cause de ce mouvement imprévu reste ignorée. Lui cependant, tandis que la généreuse Didon ignore son dessein, et ne s'attend pas à voir se rompre de si tendres liens, il cherchera, pour l'instruire de la volonté des dieux, le moment le plus favorable, et les paroles qui peuvent persuader. Les chefs troyens l'écoutent avec joie, reçoivent ses ordres, et s'empressent pour qu'ils soient exécutés.

Mais la reine.... (ah! qui peut tromper les yeux d'une amante?), la reine pour qui même le calme n'est pas sans alarmes, a pressenti le projet que l'on cache encore, et la première en a connu la cause. Bientôt l'impitoyable Renommée annonce l'armement de la flotte troyenne et les apprêts du départ. Alors, égarée, en proie aux fureurs de Vénus, Didon parcourt l'enceinte de Carthage. Telle une Bacchante, quand la troisième année ramène les orgies, s'émeut à l'aspect des symboles sacrés, et, ivre du dieu qui l'agite, erre la nuit sur le Cythéron, et le remplit de ses longs hurlemens.

Tandem his Ænean compellat vocibus ultro :
Dissimulare etiam sperasti, perfide, tantum
Posse nefas, tacitusque mea decedere terra?
Nec te noster amor, nec te data dextera quondam,
Nec moritura tenet crudeli funere Dido?
Quin etiam hiberno moliris sidere classem,
Et mediis properas Aquilonibus ire per altum,
Crudelis! quid, si non arva aliena, domosque
Ignotas peteres, et Troja antiqua maneret,
Troja per undosum peteretur classibus æquor?
Mene fugis? per ego has lacrymas dextramque tuam, te
(Quando aliud mihi jam miseræ nihil ipsa reliqui)
Per connubia nostra, per inceptos hymenæos;
Si bene quid de te merui, fuit aut tibi quidquam.
Dulce meum, miserere domus labentis, et istam,
Oro, si quis adhuc precibus locus, exue mentem.
Te propter Libycæ gentes, Nomadumque tyranni
Odere; infensi Tyrii : te propter eumdem
Extinctus pudor, et qua sola sidera adibam,
Fama prior : cui me moribundam deseris, hospes?
Hoc solum nomen quoniam de conjuge restat.
Quid moror? an mea Pygmalion dum mœnia frater
Destruat? aut captam ducat Getulus Iarbas?
Saltem si qua mihi de te suscepta fuisset
Ante fugam soboles, si quis mihi parvulus aula
Luderet Æneas, qui te tamen ore referret;

Enfin, la reine est devant Énée, et, dans les transports de sa douleur : « Perfide ! s'écrie-t-elle, as-tu donc espéré pouvoir me cacher une trahison si noire, et t'éloigner en secret de mes états ! Quoi ! ni notre amour, ni ta main que tu m'as donnée, ni Didon prête à trouver un funeste trépas, n'ont pu te retenir ! Que dis-je ? sous des astres orageux, tu prépares ta flotte ! Tu te hâtes de courir sur les mers où règnent les Aquilons ! Cruel ! quand tu n'irais pas chercher des terres étrangères et des demeures inconnues, irais-tu, si Troie était debout encore, chercher Troie au milieu du courroux des mers ? Est-ce donc moi que tu fuis ? Ah ! par mes larmes et par ta foi (malheureuse ! c'est le seul bien que je me sois réservé), par les nœuds qui nous unissent, par cet hymen commencé, si jamais j'ai mérité de toi quelque reconnaissance, si quelque chose de Didon a pu t'être agréable, ah ! prends pitié de ma maison qui tombe si tu pars ! et s'il est encore dans ton cœur quelque accès à mes prières, je t'en conjure, renonce à cet affreux projet ! Pour toi, je me suis attiré la haine des peuples de Libye, la haine des rois nomades de l'Afrique, et je me suis aliéné l'affection des Tyriens ! pour toi, ma pudeur s'est éteinte, et j'ai perdu cette renommée qui, naguère, m'égalait aux dieux ! Oh ! à qui m'abandonnes-tu, mourante, hôte trop cher, seul nom dont je puisse t'appeler, n'étant pas ton épouse ? Eh ! que dois-je désormais attendre ? que Pygmalion, mon frère, vienne renverser mes remparts, ou que le Gétule Iarbas m'entraîne, captive, à sa cour ! Ah ! du moins, si, avant de fuir, tu m'avais laissé un tendre gage de ton amour ! si je voyais, jouant dans mon palais, autour de moi, un jeune Énée, qui me retraçât les traits de son père,

Non equidem omnino capta aut deserta viderer.
Dixerat. Ille Jovis monitis immota tenebat
Lumina, et obnixus curam sub corde premebat.
Tandem pauca refert : Ego te, quæ plurima fando
Enumerare vales, nunquam, Regina, negabo
Promeritam : nec me meminisse pigebit Elisæ,
Dum memor ipse mei, dum spiritus hos reget artus.
Pro re pauca loquar. Neque ego hanc abscondere furto
Speravi, ne finge, fugam; nec conjugis unquam
Prætendi tædas, aut hæc in fœdera veni.
Me si fata meis paterentur ducere vitam
Auspiciis, et sponte mea componere curas,
Urbem Trojanam primum, dulcesque meorum
Relliquias colerem : Priami tecta alta manerent,
Et recidiva manu posuissem Pergama victis.
Sed nunc Italiam magnam Grynæus Apollo,
Italiam Lyciæ jussere capessere sortes :
Hic amor, hæc patria est. Si te Carthaginis arces
Phœnissam, Libycæque aspectus detinet urbis;
Quæ tandem Ausonia Teucros considere terra
Invidia est? et nos fas extera quærere regna.
Me patris Anchisæ, quoties humentibus umbris
Nox operit terras, quoties astra ignea surgunt,
Admonet in somnis, et turbida terret imago :
Me puer Ascanius, capitisque injuria cari,
Quem regno Hesperiæ fraudo et fatalibus arvis.

je ne me croirais pas tout-à-fait trahie et abandonnée ! »

Elle dit. Docile aux ordres de Jupiter, Énée tient les yeux baissés, et s'efforce de comprimer, dans son cœur, le trouble qui l'agite. Enfin il répond : « Reine, jamais je ne désavouerai les bienfaits nombreux que vous pourriez me rappeler. Le souvenir d'Élise me sera cher tant que je me connaîtrai moi-même, et tant qu'un souffle de vie animera mon corps. Je vais m'expliquer en peu de mots : jamais (éloignez de vous ce soupçon injurieux), jamais je n'ai voulu vous cacher, comme un larcin, ma fuite; mais jamais, non plus, je ne vous ai présenté les flambeaux de l'hymen, et ce n'est pas pour les allumer dans Carthage, que les destins m'y ont conduit. S'ils m'eussent laissé seul arbitre de ma vie, régler mon sort au gré de mes désirs, fidèle, avant tout, au culte d'Ilion et aux cendres des miens, déjà serait relevé le palais du superbe Priam, et Pergame, rebâtie par mes soins, pourrait offrir un asile aux vaincus. Mais aujourd'hui c'est dans la grande Italie que m'appelle Apollon Grynien; c'est l'Italie que les oracles de la Lycie m'ordonnent d'occuper : là, tendent tous mes vœux ; là est pour moi la patrie. Si les murs de Carthage et si l'aspect d'une ville de Libye ont eu le pouvoir de vous arrêter, vous que Tyr a vu naître, pourquoi envier aux Troyens l'empire qui les attend dans l'Ausonie? Nous aussi, il nous est permis de chercher des royaumes étrangers. Mon père Anchise, chaque fois que l'ombre humide de la nuit enveloppe la terre, et que le feu des astres brille dans les cieux, m'apparaît en songe, terrible, menaçant, et m'ordonne de partir. Et mon fils Ascagne, si cher à mon amour ! sans cesse je vois le tort que je lui fais, en le privant du trône que les des-

Nunc etiam interpres Divum, Jove missus ab ipso,
(Testor utrumque caput) celeres mandata per auras
Detulit: ipse Deum manifesto in lumine vidi
Intrantem muros, vocemque his auribus hausi.
Desine meque tuis incendere, teque querelis:
Italiam non sponte sequor.

Talia dicentem jamdudum aversa tuetur,
Huc illuc volvens oculos, totumque pererrat
Luminibus tacitis, et sic accensa profatur:
Nec tibi Diva parens, generis nec Dardanus auctor,
Perfide: sed duris genuit te cautibus horrens
Caucasus, Hyrcanaeque admorunt ubera tigres.
Nam quid dissimulo? aut quae me ad majora reservo?
Num fletu ingemuit nostro? num lumina flexit?
Num lacrymas victus dedit? aut miseratus amantem est?
Quae quibus anteferam? jam jam nec maxima Juno,
Nec Saturnius haec oculis Pater aspicit aequis.
Nusquam tuta fides. Ejectum littore, egentem
Excepi, et regni demens in parte locavi;
Amissam classem, socios a morte reduxi:
Heu! furiis incensa feror! Nunc augur Apollo,
Nunc Lyciae sortes, nunc et Jove missus ab ipso
Interpres Divum fert horrida jussa per auras.
Scilicet is Superis labor est, ea cura quietos
Sollicitat! Neque te teneo, neque dicta refello.

tins lui ont promis dans la riche Hespérie. En ce moment encore l'interprète des dieux, envoyé par Jupiter (j'en atteste votre tête et la mienne), est venu, traversant d'un vol rapide les airs, m'apporter des ordres suprêmes. J'ai vu moi-même entrer, dans vos murs, le dieu éclatant de lumière, et sa voix a frappé mon oreille! Cessez donc d'irriter, par vos plaintes, votre douleur et la mienne : ce n'est point ma volonté qui me porte en Italie. »

Tandis qu'il parlait, Didon détourne la tête avec un froid dédain, et de ses yeux qui roulent, étincelans, dans un sombre silence, elle le parcourt tout entier. Enfin, sa fureur éclate en ces mots : « Non, perfide! tu n'es pas le fils d'une déesse! non, tu n'es pas le sang de Dardanus! L'affreux Caucase t'engendra dans ses plus durs rochers, et les tigresses d'Hircanie t'offrirent leurs mamelles. Car, enfin, qu'ai-je à dissimuler? et quel plus grand outrage pourrait m'être réservé? A-t-il seulement gémi de mes pleurs? a-t-il daigné tourner les yeux vers moi? Vaincu par ma douleur, m'a-t-il accordé quelques larmes? a-t-il eu pitié de son amante? Ah! de toutes ses cruautés, quelle est la plus coupable? Mais, que dis-je? ni la grande Junon, ni le fils tout-puissant de Saturne ne voient ces perfidies avec les yeux de la justice! La bonne foi n'est plus nulle part! Jeté par la tempête sur ce rivage, dénué de tout, j'ai accueilli sa misère : insensée! je lui ai donné place dans mon empire; j'ai sauvé sa flotte qu'il avait perdue; j'ai ramené ses compagnons des bras de la mort. Ah! je me sens transportée par les Furies!.... Et maintenant il me parle d'Apollon, dieu des augures, et des oracles de Lycie! C'est l'interprète des dieux, envoyé par Jupiter lui-

I, sequere Italiam ventis, pete regna per undas.
Spero equidem mediis, si quid pia numina possunt,
Supplicia hausurum scopulis, et nomine Dido
Sæpe vocaturum. Sequar atris ignibus absens;
Et quum frigida mors anima seduxerit artus,
Omnibus umbra locis adero : dabis, improbe, pœnas.
Audiam, et hæc Manes veniet mihi fama sub imos.

His medium dictis sermonem abrumpit, et auras
Ægra fugit, seque ex oculis avertit et aufert,
Linquens multa metu cunctantem, et multa parantem
Dicere. Suscipiunt famulæ, collapsaque membra
Marmoreo referunt thalamo, stratisque reponunt.
At pius Æneas, quamquam lenire dolentem
Solando cupit, et dictis avertere curas,
Multa gemens, magnoque animum labefactus amore;
Jussa tamen Divum exsequitur, classemque revisit.
Tum vero Teucri incumbunt, et littore celsas
Deducunt toto naves : natat uncta carina,
Frondentesque ferunt remos, et robora sylvis
Infabricata, fugæ studio
Migrantes cernas, totaque ex urbe ruentes :

même, qui, à travers les airs, lui apporte des ordres affreux ! En effet, c'est de tels soins que s'occupent les dieux ! et le sort d'un mortel vient ainsi troubler leur auguste repos ! Je ne te retiens plus, je ne combats plus tes vaines paroles. Va : poursuis l'Italie sous le caprice des vents ; va chercher ton empire à travers les ondes. Si les dieux, vengeurs des crimes, ont encore quelque pouvoir, tu trouveras, je l'espère, ton supplice au milieu des écueils, et souvent tu invoqueras le nom de la malheureuse Didon. Absente, je te suivrai avec des brandons funèbres ; et quand la froide mort aura dégagé mon âme de ses liens, ombre sanglante, je serai partout devant toi. Perfide ! tu porteras la peine de ton crime : je l'apprendrai, et le bruit de ton châtiment viendra me consoler jusqu'au fond du séjour des Mânes. »

Alors elle s'interrompt, au milieu de ses plaintes, et, succombant à sa douleur, elle fuit le jour qui l'importune, elle se dérobe aux yeux d'Énée, et le laisse tremblant, irrésolu, s'apprêtant à répondre. Les femmes de la reine soutiennent sa faiblesse, l'emportent défaillante sous ses riches lambris, et la déposent sur sa couche royale.

Cependant Énée voudrait calmer la douleur d'une amante, et consoler ses ennuis. Il gémit : mais, quoiqu'il porte dans son cœur la blessure de l'amour, il veut exécuter les ordres des dieux, et va rejoindre sa flotte. A sa vue, les Troyens pressent avec plus d'ardeur les travaux : tous les vaisseaux descendent du rivage, et la carène, qu'a noircie le bitume, flotte sur les ondes. On apporte, des forêts voisines, des avirons garnis encore de leurs feuillages, et des mâts grossièrement ébauchés : tant est grande l'ardeur du départ ! On voit, de tous les quartiers de la ville, les Troyens accourir au port. Ainsi

Ac veluti ingentem formicæ farris acervum
Quum populant, hyemis memores, tectoque reponunt;
It nigrum campis agmen, prædamque per herbas
Convectant calle angusto; pars grandia trudunt
Obnixæ frumenta humeris; pars agmina cogunt,
Castigantque moras : opere omnis semita fervet.

Quis tibi tunc, Dido, cernenti talia sensus?
Quosve dabas gemitus, quum littora fervere late
Prospiceres arce ex summa, totumque videres
Misceri ante oculos tantis clamoribus æquor?
Improbe amor, quid non mortalia pectora cogis!
Ire iterum in lacrymas, iterum tentare precando
Cogitur, et supplex animos submittere amori;
Ne quid inexpertum frustra moritura relinquat.

Anna, vides toto properari littore; circum
Undique convenere : vocat jam carbasus auras;
Puppibus et læti nautæ imposuere coronas.
Hunc ego si potui tantum sperare dolorem,
Et perferre, soror, potero. Miseræ hoc tamen unum
Exsequere, Anna, mihi : solam nam perfidus ille
Te colere, arcanos etiam tibi credere sensus;
Sola viri molles aditus et tempora noras.
I, soror, atque hostem supplex affare superbum :
Non ego cum Danais Trojanam exscindere gentem
Aulide juravi, classemve ad Pergama misi;
Nec patris Anchisæ cineres manesve revelli;

quand, prévoyant l'hiver, les fourmis pillent les trésors de Cérès, et les portent sous leurs toits souterrains, le noir bataillon traverse la plaine, et, par un sentier étroit sous l'herbe, voiture son butin : les unes, le dos chargé d'un énorme grain, s'avancent avec effort ; les autres ferment la marche, rallient les traîneurs, gourmandent leur paresse, et tout le sentier s'anime par un travail diligent.

Quels étaient tes pensers, ô Didon ! et quels tes gémissemens, quand, du haut de ton palais, tu voyais, au loin, tout s'agiter sur le rivage, et que la mer retentissait de confuses clameurs ? Cruel amour ! quel pouvoir tyrannique n'as-tu pas sur le cœur des mortels ! Elle est donc réduite à recourir encore aux larmes, à s'abaisser encore à la prière ! Le feu qui la consume rend sa fierté suppliante : elle veut, même sans espoir, tout tenter avant que de mourir.

« Ma sœur, dit-elle, tu vois que tout s'empresse sur le rivage : ils sont accourus de toutes parts. Déjà la voile appelle les vents, et les matelots, dans leur joie, ont couronné les poupes. Si j'ai pu attendre cette grande douleur pour récompense, ô ma sœur ! j'aurai sans doute aussi la force de la supporter. Cependant, rends encore un dernier office à une infortunée. Anne, pour toi seule le perfide eut toujours des égards : même il te confiait ses plus secrètes pensées ; seule tu connaissais, pour obtenir de lui un doux accueil, les momens favorables. Va, ma sœur ; cours, aborde en suppliante ce superbe ennemi. Dis-lui que je n'ai pas, dans l'Aulide, juré avec les Grecs la ruine des Troyens ; que je n'ai pas envoyé mes vaisseaux contre Pergame : dis-lui que je n'ai point arraché la cendre et les mânes de son père Anchise à leur

Cur mea dicta negat duras demittere in aures?
Quo ruit? extremum hoc miseræ det munus amanti :
Expectet facilemque fugam, ventosque ferentes.
Non jam conjugium antiquum, quod prodidit, oro;
Nec pulchro ut Latio careat, regnumque relinquat :
Tempus inane peto, requiem spatiumque furori,
Dum mea me victam doceat fortuna dolere.
Extremam hanc oro veniam, miserere sororis :
Quam mihi quum dederit, cumulatum morte remittam.

TALIBUS orabat, talesque miserrima fletus
Fertque refertque soror : sed nullis ille movetur
Fletibus, aut voces ullas tractabilis audit.
Fata obstant; placidasque viri Deus obstruit aures.
Ac veluti annoso validam quum robore quercum
Alpini Boreæ, nunc hinc, nunc flatibus illinc
Eruere inter se certant, it stridor, et alte
Consternunt terram, concusso stipite, frondes :
Ipsa hæret scopulis; et quantum vertice ad auras
Æthereas, tantum radice in Tartara tendit.
Haud secus assiduis hinc atque hinc vocibus heros
Tunditur, et magno persentit pectore curas :
Mens immota manet, lacrymæ volvuntur inanes.
TUM vero infelix fatis exterrita Dido
Mortem orat : tædet cœli convexa tueri.
Quo magis inceptum peragat, lucemque relinquat,

tombeau. Pourquoi donc, cruel envers moi, ferme-t-il ses oreilles à mes paroles? où court-il? Que du moins il accorde, à sa malheureuse amante, une faveur dernière! qu'il attende une fuite plus facile et des vents plus favorables! L'hymen qu'il a trahi, je ne le réclame plus; je ne demande plus qu'il renonce, pour moi, à son beau Latium et à l'empire qui lui est promis : je ne veux qu'un stérile délai, qu'une trêve et le temps nécessaire pour amortir le feu dont je brûle; pour attendre que, vaincue par le malheur, le malheur m'ait appris à souffrir. C'est la dernière grâce que j'implore (prends pitié de ta sœur!), et quand il l'aura accordée, je m'acquitterai avec usure : ma mort en sera le salaire. »

Telles étaient les prières, et tels les douloureux gémissemens de Didon : sa sœur les porte tristement à Énée, et souvent les reporte encore. Mais ni les pleurs de Didon ne peuvent l'arrêter, ni aucune prière ne peut le fléchir. Un dieu ferme à la pitié l'oreille sensible du héros. Ainsi, quand, au sommet des Alpes, les Aquilons conjurés luttent contre un chêne antique, durci par les ans, et, dans leur souffle impétueux, s'efforcent de le renverser, l'air mugit, la cime s'agite, et la terre est jonchée au loin de son feuillage : lui reste inébranlable sur son roc; et, autant son front altier s'élève vers les astres, autant ses pieds descendent vers l'empire des morts. Tel le héros est assailli long-temps par les plaintes et par la prière. En vain sa grande âme est émue : sa volonté demeure inflexible, et dans ses yeux roulent des larmes inutiles.

Alors Didon s'épouvante de son affreuse destinée : elle implore la mort, et l'aspect des cieux l'importune. De tristes présages viennent l'affermir dans son projet

Vidit, thuricremis quum dona imponeret aris,
(Horrendum dictu) latices nigrescere sacros,
Fusaque in obscenum se vertere vina cruorem.
Hoc visum nulli, non ipsi effata sorori.
Præterea fuit in tectis de marmore templum
Conjugis antiqui, miro quod honore colebat,
Velleribus niveis et festa fronde revinctum.
Hinc exaudiri voces et verba vocantis
Visa viri, nox quum terras obscura teneret;
Solaque culminibus ferali carmine bubo
Sæpe queri, et longas in fletum ducere voces.
Multaque præterea vatum prædicta priorum
Terribili monitu horrificant. Agit ipse furentem
In somnis ferus Æneas: semperque relinqui
Sola sibi, semper longam incomitata videtur
Ire viam, et Tyrios deserta quærere terra.
Eumenidum veluti demens videt agmina Pentheus,
Et solem geminum, et duplices se ostendere Thebas:
Aut Agamemnonius scenis agitatus Orestes,
Armatam facibus matrem et serpentibus atris
Quum fugit, ultricesque sedent in limine Diræ.
Ergo ubi concepit furias evicta dolore,
Decrevitque mori, tempus secum ipsa modumque
Exigit, et mœstam dictis aggressa sororem,
Consilium vultu tegit, ac spem fronte serenat:
Inveni, germana, viam, gratare sorori,
Quæ mihi reddat eum, vel eo me solvat amantem.

d'abandonner la vie. Tandis qu'elle charge d'offrandes les autels où l'encens fume pour les dieux, elle a vu (spectacle horrible!) l'eau pure et sacrée couler en onde noire, et le vin du sacrifice se changer en sang impur. Elle seule a vu ce prodige : elle le taît même à sa sœur. C'est peu. Dans son palais, s'élevait un temple consacré à son premier époux, sanctuaire d'une longue douleur, et où des tissus d'une blancheur de neige étaient relevés par des festons de fleurs : elle a cru entendre, quand la nuit couvre la terre de ses ténèbres, des sons plaintifs sortir du monument, et la voix de Sichée qui l'appelle. Elle a cru entendre, sur le toît du palais, le hibou solitaire répéter son chant de mort, et traîner ses cris lugubres en longs gémissemens. Énée lui-même vient troubler ses songes, et réveiller ses fureurs. Elle se voit toujours seule et abandonnée, toujours errante, sans guide, en de longs chemins, et cherchant ses Tyriens dans d'immenses solitudes. Tel, dans son délire, Penthée voit les Euménides, un double soleil et deux villes de Thèbes s'offrir à ses regards ; ou, tel le fils d'Agamemnon, Oreste, se montre sur la scène, fuyant devant sa mère armée de torches et de serpens, vers le temple où les Furies vengeresses l'attendent, assises sur le seuil.

LORSQUE égarée par son désespoir, et vaincue par la douleur, Didon a résolu de mourir, elle médite en elle-même le moment et l'appareil de son trépas. Elle aborde sa sœur qui gémit affligée ; elle cache, sous un air calme, son funeste projet, et l'espérance semble briller sur son front serein : « Félicite-moi, ma sœur ! j'ai trouvé le moyen de ramener le perfide, ou de m'affranchir du moins de mon fatal amour. Vers les bornes de l'Océan,

Oceani finem juxta solemque cadentem,
Ultimus Æthiopum locus est, ubi maximus Atlas
Axem humero torquet stellis ardentibus aptum.
Hinc mihi Massylæ gentis monstrata sacerdos,
Hesperidum templi custos, epulasque draconi
Quæ dabat, et sacros servabat in arbore ramos,
Spargens humida mella soporiferumque papaver.
Hæc se carminibus promittit solvere mentes
Quas velit, ast aliis duras immittere curas;
Sistere aquam fluviis, et vertere sidera retro;
Nocturnosque ciet manes. Mugire videbis
Sub pedibus terram, et descendere montibus ornos.
Testor, cara, Deos, et te, germana, tuumque
Dulce caput, magicas invitam accingier artes.
Tu secreta pyram tecto interiore sub auras
Erige, et arma viri, thalamo quæ fixa reliquit
Impius, exuviasque omnes, lectumque jugalem
Quo perii, superimponas. Abolere nefandi
Cuncta viri monumenta jubet monstratque sacerdos.
Hæc effata silet; pallor simul occupat ora.
Non tamen Anna novis prætexere funera sacris
Germanam credit; nec tantos mente furores
Concipit, aut graviora timet, quam morte Sichæi.
Ergo jussa parat.

At regina, pyra penetrali in sede sub auras
Erecta ingenti, tædis atque ilice secta,
Intenditque locum sertis, et fronde coronat

aux lieux où le soleil descend dans les ondes, sont les confins de l'Éthiopie où le grand Atlas soutient, sur ses épaules, le ciel couronné d'astres étincelans. De là est arrivée, dans nos murs, une prêtresse massylienne, qui gardait le temple des Hespérides, veillait sur les fruits d'or de l'arbre sacré, et nourrissait le dragon de miel liquide et de pavots assoupissans. Elle peut, dit-elle, par ses enchantemens, affranchir les cœurs de leurs peines, ou verser, dans d'autres cœurs, les chagrins amers; elle peut suspendre les fleuves dans leur cours, changer dans les cieux la route des astres, et arracher les mânes de leurs monumens. Tu entendras, ma sœur, la terre mugir sous ses pieds; tu verras descendre, à sa voix, les arbres des montagnes. J'en jure, par les dieux, par toi-même, ô ma sœur! et par ta tête qui m'est si chère, c'est malgré moi que je vais recourir à l'art des enchantemens. Toi, dans la cour intérieure du palais, la plus solitaire, élève en secret un bûcher; place, sur le faîte, avec les armes que le perfide a laissées suspendues près de sa couche, tout ce qui me reste de lui, et ce lit d'hymen qui m'a perdue : détruire tout ce qui rappellerait le souvenir du parjure, tel est le conseil et tel l'ordre de la prêtresse. » A ces mots, elle se taît, et la pâleur couvre son front. Anne, cependant, est loin de soupçonner que sa sœur cache, dans les apprêts d'un sacrifice, l'appareil de son trépas. Sa pensée ne peut concevoir de si grandes fureurs; elle ne craint point un autre désespoir que celui qui suivit la mort de Sichée. Elle prépare donc ce que sa sœur a ordonné.

Cependant, dans un lieu retiré et sous un ciel découvert, s'élève un immense bûcher, où le chêne se mêle au pin résineux. La reine décore l'enceinte de festons de

Funerea; super exuvias, ensemque relictum,
Effigiemque toro locat, haud ignara futuri.
Stant aræ circum; et crines effusa sacerdos
Ter centum tonat ore Deos, Erebumque, Chaosque,
Tergeminamque Hecatem, tria virginis ora Dianæ.
Sparserat et latices simulatos fontis Averni.
Falcibus et messæ ad Lunam quæruntur ahenis
Pubentes herbæ, nigri cum lacte veneni.
Quæritur et nascentis equi de fronte revulsus,
Et matri præreptus amor.
Ipsa mola manibusque piis, altaria juxta,
Unum exuta pedem vinclis, in veste recincta,
Testatur moritura Deos, et conscia fati
Sidera : tum, si quod non æquo fœdere amantes
Curæ numen habet, justumque memorque, precatur.
Nox erat, et placidum carpebant fessa soporem
Corpora per terras; sylvæque et sæva quierant
Æquora, quum medio volvuntur sidera lapsu;
Quum tacet omnis ager, pecudes, pictæque volucres,
Quæque lacus late liquidos, quæque aspera dumis
Rura tenent, somno positæ sub nocte silenti
Lenibant curas, et corda oblita laborum.
At non infelix animi Phœnissa; neque unquam
Solvitur in somnos, oculisve aut pectore noctem
Accipit: ingeminant curæ, rursusque resurgens
Sævit amor, magnoque irarum fluctuat æstu.
Sic adeo insistit, secumque ita corde volutat :

cyprès, couronne le bûcher de rameaux funèbres, place au sommet le lit nuptial, la dépouille d'Énée, le glaive qu'il a laissé, l'image du perfide, et dans ces tristes apprêts voit l'avenir qui l'attend. Les autels sont dressés ; la prêtresse, les cheveux épars, d'une voix tonnante, invoque les trois cents divinités du Ténare, et l'Érèbe et le Chaos, et la triple Hécate, ou les trois fronts de la chaste Diane. Elle verse une eau lugubre qui représente les eaux de l'Averne; elle exprime des sucs noirs et vénéneux d'herbes adolescentes que, dans un clair de lune, a moissonnées une faucille d'airain. Elle y joint l'hippomane arraché du front d'un coursier naissant, et soustrait à l'avidité de sa mère. Didon elle-même, à côté des autels, un pied nu, la robe sans ceinture, tenant, dans ses pieuses mains, l'offrande sacrée, prête à mourir, atteste les dieux et les astres, témoins de sa destinée ; et, s'il est quelque divinité qui s'intéresse aux amans trahis, elle invoque et sa justice et sa vengeance.

La nuit régnait, et tout dormait sur la terre : les bois étaient muets, les mers immobiles, et les astres, dans le ciel, au milieu de leur course, roulaient silencieux. C'était l'heure où tout se taît dans les champs, où les troupeaux et les hôtes émaillés des airs, ceux qui voltigent sur les lacs, et ceux qui peuplent les forêts, livrés au sommeil, dans l'ombre et le silence, suspendaient leurs peines, et oubliaient les travaux de la vie. Mais, pour l'infortunée Didon il n'est plus de repos : pour elle il n'est plus de sommeil, plus de nuit qui abaisse sa paupière, et vienne endormir sa douleur. Alors ses sens ont plus d'égarement : sa passion se réveille avec tous ses transports, et fermente dans l'orage de ses fureurs. C'est ainsi que s'irritent les feux dont elle brûle, et qu'elle

En quid ago? rursusne procos irrisa priores
Experiar? Nomadumque petam connubia supplex,
Quos ego sum toties jam dedignata maritos?
Iliacas igitur classes atque ultima Teucrum
Jussa sequar? quiane auxilio juvat ante levatos,
Et bene apud memores veteris stat gratia facti?
Quis me autem, fac velle, sinet? ratibusque superbis
Invisam accipiet? nescis heu! perdita, necdum
Laomedonteæ sentis perjuria gentis?
Quid tum? sola fuga nautas comitabor ovantes?
An Tyriis, omnique manu stipata meorum,
Insequar? et quos Sidonia vix urbe revelli,
Rursus agam pelago, et ventis dare vela jubebo?
Quin morere, ut merita es, ferroque averte dolorem.
Tu lacrymis evicta meis, tu prima furentem
His, germana, malis oneras, atque objicis hosti.
Non licuit thalami expertem sine crimine vitam
Degere more feræ, tales nec tangere curas?
Non servata fides cineri promissa Sichæo.

Tantos illa suo rumpebat pectore questus.
Æneas celsa in puppi, jam certus eundi,
Carpebat somnos, rebus jam rite paratis.
Huic se forma Dei vultu redeuntis eodem

roule, dans son esprit, ces pensées : « Hélas! que faire? irai-je recourir, après un tel affront, aux amans qui, les premiers, ont recherché ma main? irai-je, suppliante, implorer l'hyménée des rois nomades que j'ai tant de fois dédaignés pour époux? ou bien, me faudra-t-il suivre les Troyens sur leurs vaisseaux, et me mettre, captive, à leur merci? Sans doute j'ai à m'applaudir de les avoir secourus, et le souvenir de mes bienfaits a été long-temps conservé! Les suivre! mais quand je pourrais le vouloir, qui me le permettrait? qui voudrait recevoir, dans son navire, une femme odieuse à des ingrats? Malheureuse! eh! ne connais-tu pas les parjures accoutumés de la race de Laomédon? Mais pourquoi, seule, irais-je accompagner des matelots triomphans de ma fuite? et pourquoi ne pas les poursuivre moi-même avec tous mes vaisseaux, avec tous mes guerriers?.... Mais ceux qu'il me fallut, par tant d'efforts, arracher de la ville de Tyr, voudront-ils, si je l'ordonne, s'exposer encore à la merci des ondes, et livrer la voile au caprice des vents? Ah! plutôt meurs, comme tu l'as mérité, et que le fer termine tes douleurs! C'est toi, ma sœur, qui, vaincue par mes larmes, et trop indulgente à mon délire, c'est toi qui, la première, as rassemblé tous ces maux sur ma tête, et m'as livrée à mon cruel ennemi. Il ne m'a point été permis, libre des nœuds de l'hymen, comme l'hôte des forêts, de vivre sans crime dans ma liberté, et d'ignorer ces tourmens affreux. Ah! elle n'a point été gardée la foi promise aux mânes de Sichée! »

TELLES étaient les plaintes que laissait éclater sa douleur. Cependant Énée, qui a résolu son départ, et tout préparé pour reprendre sa course sur les mers, cédait, sur sa poupe élevée, aux charmes du sommeil.

Obtulit in somnis, rursusque ita visa monere est;
Omnia Mercurio similis, vocemque, coloremque,
Et crines flavos, et membra decora juventæ :
Nate Dea, potes hoc sub casu ducere somnos?
Nec quæ circumstent te deinde pericula, cernis?
Demens! nec zephyros audis spirare secundos?
Illa dolos dirumque nefas in pectore versat,
Certa mori, varioque irarum fluctuat æstu.
Non fugis hinc præceps, dum præcipitare potestas?
Jam mare turbari trabibus, sævasque videbis
Collucere faces, jam fervere littora flammis,
Si te his attigerit terris Aurora morantem.
Eia age, rumpe moras : varium et mutabile semper
Fœmina. Sic fatus, nocti se immiscuit atræ.

Tum vero Æneas, subitis exterritus umbris,
Corripit e somno corpus, sociosque fatigat :
Præcipites vigilate, viri, et considite transtris;
Solvite vela citi : Deus æthere missus ab alto,
Festinare fugam, tortosque incidere funes
Ecce iterum stimulat. Sequimur te, sancte Deorum,
Quisquis es, imperioque iterum paremus ovantes.
Adsis o, placidusque juves, et sidera cœlo
Dextra feras. Dixit : vaginaque eripit ensem
Fulmineum, strictoque ferit retinacula ferro.
Idem omnes simul ardor habet : rapiuntque, ruuntque;
Littora deseruere : latet sub classibus æquor :
Adnixi torquent spumas et cærula verrunt.

L'image du dieu qui déjà s'était montrée à ses regards, lui apparaît en songe, sous les mêmes traits, et réitère l'ordre de Jupiter. Semblable en tout à Mercure, cette image a sa voix, son teint, sa blonde chevelure, son corps brillant de jeunesse et de grâce. « Quoi ! fils de Vénus, tu peux dormir dans ces affreux instans ! tu ne vois pas quels dangers t'environnent ? Insensé ! tu n'entends pas le souffle heureux du Zéphyr ! Prête à mourir, cette femme médite de nouveaux artifices ; et son cœur, plein des transports qui l'égarent, roule le crime et d'horribles vengeances. Et tu ne hâtes pas ta fuite, quand tu peux fuir encore ! Tu verras la mer écumer sous les rames, la torche allumée briller à tes regards, et les flammes couvrir tout le rivage, si, demain, l'aurore te retrouve arrêté sur ces bords. Pars donc, sans différer, et souviens-toi que la femme varie et change toujours. » Le dieu dit, et s'efface dans les vapeurs de la nuit.

Effrayé de cette vision soudaine au milieu des ténèbres, Énée s'arrache au sommeil, et presse ses compagnons : « Hâtez-vous ! levez-vous ! déployez les voiles ! un dieu, envoyé du haut de l'Éther, vient, une seconde fois, presser notre fuite. Nous te suivons, dieu puissant, qui que tu sois ! nous obéissons, avec joie, à tes ordres absolus ! Et toi, sois-nous propice, et fais briller, dans le ciel, des astres heureux ! » Il dit, arrache du fourreau son épée foudroyante, et frappe le câble qui retient son navire. La même ardeur anime les Troyens : tout s'ébranle et se précipite ; le rivage s'éloigne, la mer disparaît sous les vaisseaux, la rame tourmente l'onde blanchie d'écume, et la carène rapide fend les flots azurés.

Et jam prima novo spargebat lumine terras
Tithoni croceum linquens Aurora cubile.
Regina e speculis ut primum albescere lucem
Vidit, et æquatis classem procedere velis,
Littoraque et vacuos sensit sine remige portus,
Terque quaterque manu pectus percussa decorum,
Flaventesque abscissa comas : Proh Jupiter! ibit
Hic, ait, et nostris illuserit advena regnis?
Non arma expedient? totaque ex urbe sequentur,
Diripientque rates alii navalibus? ite :
Ferte citi flammas, date vela, impellite remos.
Quid loquor? aut ubi sum? quæ mentem insania mutat?
Infelix Dido! nunc te fata impia tangunt.
Tum decuit, quum sceptra dabas. En dextra fidesque!
Quem secum patrios aiunt portare Penates,
Quem subiisse humeris confectum ætate parentem!
Non potui abreptum divellere corpus, et undis
Spargere? non socios, non ipsum absumere ferro
Ascanium, patriisque epulandum apponere mensis?
Verum anceps pugnæ fuerat fortuna. Fuisset.
Quem metui moritura? faces in castra tulissem,
Implessemque foros flammis; natumque patremque
Cum genere exstinxem : memet super ipsa dedissem.

Sol, qui terrarum flammis opera omnia lustras,
Tuque harum interpres curarum et conscia Juno;
Nocturnisque Hecate triviis ululata per urbes;

Déjà, quittant la couche dorée de Tithon, l'Aurore versait sur la terre ses premières clartés : la reine, du haut de son palais, voit en même temps blanchir l'aube du jour, la flotte qui s'éloigne sous des vents propices, le port silencieux et le rivage désert. Alors, trois et quatre fois, d'une main égarée, meurtrissant son sein, et arrachant sa blonde chevelure : « O Jupiter ! s'écrie-t-elle, il fuira donc ! et ce lâche étranger se sera joué de nous, au sein de notre empire ! Et tout ne s'arme pas pour nous venger ? et les vaisseaux ne sont pas arrachés du port ! et Carthage tout entière ne poursuit point le perfide sur les mers ! Allez ! volez ! portez les feux vengeurs ! livrez les voiles et fatiguez la rame !...... Que dis-je ? insensée ! et quel transport m'égare ! Malheureuse Didon ! te voilà luttant avec les tristes destinées !.... C'est quand tu donnais ton sceptre, qu'il fallait combattre ! Voilà donc cette foi si vantée, et cette main qui porta, dit-on, les pénates de Troie ! et ce fils pieux qui se courba sous un père accablé par les ans ! Et je n'ai pu, quand il fuyait, saisir le parjure, déchirer son corps, et semer dans les ondes ses membres palpitans ! je n'ai pu consumer par le glaive ses compagnons, égorger son Ascagne, et lui en faire un horrible festin ! Mais, dans ce combat, la fortune pouvait être douteuse ? N'importe ! qu'avais-je à craindre, résolue de mourir ? j'aurais porté la flamme dans son camp, embrasé ses vaisseaux, immolé et le fils et le père, et toute sa race, et moi-même après eux !

« Soleil, qui éclaires tout de tes feux sur la terre ! toi, Junon, auteur et témoin de mes douleurs ! Hécate, pour qui, dans chaque carrefour, les villes retentissent de nocturnes hurlemens ! et vous, Furies vengeresses ! et

Et Diræ ultrices; et Dî morientis Elisæ,
Accipite hæc, meritumque malis advertite numen,
Et nostras audite preces. Si tangere portus
Infandum caput, ac terris adnare necesse est,
Et sic fata Jovis poscunt, hic terminus hæret:
At bello audacis populi vexatus et armis,
Finibus extorris, complexu avulsus Iuli,
Auxilium imploret, videatque indigna suorum
Funera; nec, quum se sub leges pacis iniquæ
Tradiderit, regno, aut optata luce fruatur:
Sed cadat ante diem, mediaque inhumatus arena.
Hæc precor: hanc vocem extremam cum sanguine fundo.
Tum vos, o Tyrii, stirpem et genus omne futurum
Exercete odiis; cinerique hæc mittite nostro
Munera: nullus amor populis, nec fœdera sunto.
Exoriare aliquis nostris ex ossibus ultor,
Qui face Dardanios ferroque sequare colonos,
Nunc, olim, quocumque dabunt se tempore vires.
Littora littoribus contraria, fluctibus undas
Imprecor, arma armis: pugnent ipsique nepotes.

Hæc ait: et partes animum versabat in omnes,
Invisam quærens quamprimum abrumpere lucem.
Tum breviter Barcen nutricem affata Sichæi;
Namque suam patria antiqua cinis ater habebat.
Annam, cara mihi nutrix, huc siste sororem:
Dic corpus properet fluviali spargere lympha,

vous, dieux d'Élise mourante! écoutez ma voix : Que vos châtimens mérités poursuivent les coupables! Exaucez ma dernière prière! et s'il faut que le perfide touche au port désiré, et qu'il échappe à la fureur des ondes; si c'est la volonté de Jupiter, et l'immuable arrêt du destin, que du moins, assailli par les armes d'un peuple belliqueux, chassé de son asile, arraché des bras de son Iule, il mendie le secours des peuples étrangers! qu'il voie les tristes funérailles de ses guerriers! et qu'après avoir subi la loi d'une paix honteuse, il ne puisse retenir ni le sceptre, ni la vie : mais qu'il meure avant le temps, et que son corps reste, sur la terre, abandonné sans sépulture! Voilà mes derniers vœux! voilà les dernières paroles qui s'échappent avec mon sang! Et vous, ô Tyriens! poursuivez, d'une haine éternelle, sa race et tous ses descendans! tels sont les honneurs qu'attendra de vous mon ombre irritée. Jamais d'amitié! jamais de paix entre les deux peuples! Sors de ma cendre, qui que tu sois, vengeur de mon trépas! suis ces enfans de Dardanus, la flamme et le fer à la main, dès ce jour, dans la suite des âges, en quelque temps que tu puisses les rencontrer et les combattre! Dieux! entendez mes imprécations : que toujours nos rivages soient opposés à leurs rivages, nos flots à leurs flots, nos armes à leurs armes; et que nos derniers neveux se déchirent encore! »

Elle dit, et roule, dans son âme, cent projets divers, impatiente de la vie, et cherchant à briser sa trame. Elle appelle Barcé, nourrice de Sichée, car la sienne avait laissé sa cendre dans le pays de ses pères : « Chère nourrice, va chercher Anne, ma sœur! dis-lui qu'elle se hâte de répandre sur son corps l'eau lustrale; qu'elle vienne, amenant avec elle les victimes et les of-

Et pecudes secum et monstrata piacula ducat.
Sic veniat : tuque ipsa pia tege tempora vitta.
Sacra Jovi Stygio, quæ rite incepta paravi,
Perficere est animus, finemque imponere curis;
Dardaniique rogum capitis permittere flammæ.
Sic ait. Illa gradum studio celerabat anili.
At trepida, et cœptis immanibus effera Dido,
Sanguineam volvens aciem, maculisque trementes
Interfusa genas, et pallida morte futura,
Interiora domus irrumpit limina, et altos
Conscendit furibunda rogos, ensemque recludit
Dardanium, non hos quæsitum munus in usus.
Hic, postquam Iliacas vestes notumque cubile
Conspexit, paulum lacrymis et mente morata,
Incubuitque toro, dixitque novissima verba :
Dulces exuviæ, dum fata Deusque sinebant,
Accipite hanc animam, meque his exsolvite curis.
Vixi, et quem dederat cursum fortuna, peregi :
Et nunc magna mei sub terras ibit imago.
Urbem præclaram statui; mea mœnia vidi;
Ulta virum, pœnas inimico a fratre recepi;
Felix, heu! nimium felix, si littora tantum
Nunquam Dardaniæ tetigissent nostra carinæ!
Dixit, et os impressa toro : Moriemur inultæ!
Sed moriamur, ait : sic, sic juvat ire sub umbras.
Hauriat hunc oculis ignem crudelis ab alto
Dardanus, et nostræ secum ferat omina mortis.

frandes prescrites pour l'expiation. Toi-même, ceins ta tête du bandeau sacré. Je veux achever le sacrifice que j'ai préparé au dieu des Enfers; et, pour trouver le terme de mes peines, livrer aux feux du bûcher l'image du Troyen. » A ces mots, la nourrice, n'écoutant que son zèle, presse ses pas appesantis par les ans.

Alors frémissante, et, dans le transport de l'affreux dessein qu'elle a conçu, Didon, les yeux égarés et sanglans, les joues tremblantes et semées de taches livides, le front où déjà s'imprime la pâleur de sa mort prochaine, se précipite vers le fond du palais, monte, furieuse, au sommet du bûcher, dégage du fourreau l'épée du Troyen, présent qu'elle avait fait, et destiné pour un autre usage. Alors, regardant ces vêtemens phrygiens, et ce lit, hélas! trop connu, elle donne un moment à ses larmes et à ses pensées, se place sur le lit funèbre, et laisse tomber ces derniers mots : « Gages, qui me fûtes si chers, tant que le destin et les dieux le permirent, recevez mon âme, et affranchissez-moi des tourmens que j'endure! J'ai vécu : j'ai rempli la carrière que m'ouvrit la fortune; et maintenant ma grande ombre va descendre au ténébreux empire. J'ai fondé une ville puissante, et j'ai vu s'élever ma Carthage. J'ai vengé mon époux, et puni le crime d'un frère inhumain. Heureuse, hélas! trop heureuse, si jamais les vaisseaux phrygiens n'avaient touché mes rivages! » Elle dit, et imprimant son visage sur sa couche : « Quoi! mourir sans vengeance!..... Oui, mourons! oui, même à ce prix, il m'est doux de descendre parmi les Ombres! Que, fuyant sur les mers, le cruel Troyen repaisse ses yeux des flammes de ce bûcher, et qu'il emporte le présage assuré de ma mort! »

DIXERAT: atque illam media inter talia ferro
Collapsam aspiciunt comites, ensemque cruore
Spumantem, sparsasque manus. It clamor ad alta
Atria : concussam bacchatur fama per urbem;
Lamentis, gemituque, et fœmineo ululatu
Tecta fremunt; resonat magnis plangoribus æther.
Non aliter quam si immissis ruat hostibus omnis
Carthago, aut antiqua Tyros; flammæque furentes
Culmina perque hominum volvantur perque Deorum.

AUDIIT exanimis, trepidoque exterrita cursu,
Unguibus ora soror fœdans, et pectora pugnis,
Per medios ruit, ac morientem nomine clamat:
Hoc illud, germana, fuit? me fraude petebas!
Hoc rogus iste mihi, hoc ignes aræque parabant!
Quid primum deserta querar? comitemne sororem
Sprevisti moriens? eadem me ad fata vocasses :
Idem ambas ferro dolor atque eadem hora tulisset.
His etiam struxi manibus, patriosque vocavi
Voce Deos, sic te ut posita, crudelis, abessem!
Extinxti te meque, soror, populumque, patresque
Sidonios, urbemque tuam. Date, vulnera lymphis
Abluam; et extremus si quis super halitus errat,
Ore legam. Sic fata, gradus evaserat altos,
Semianimemque sinu germanam amplexa fovebat
Cum gemitu, atque atros siccabat veste cruores.

A peine elle achevait, et ces derniers accens s'échappaient dans les airs, ses suivantes l'ont vue tomber sous le coup mortel : elles voient l'épée fumante, et ses mains ensanglantées étendues sans mouvement. Des cris soudains s'élèvent dans le palais. Soudain la Renommée sème le bruit de ce trépas dans la ville, et la remplit d'épouvante. Partout on n'entend que plaintes lamentables, que voix gémissantes, et hurlemens de femmes éplorées. Tout le ciel retentit de clameurs funèbres : on dirait qu'un vainqueur impitoyable détruit Carthage ou l'ancienne Sidon, et que les flammes roulent en fureur sur les toits des hommes et sur les temples des dieux.

A ce tumulte horrible, Anne éperdue, précipitant dans sa terreur des pas tremblans, déchirant son visage, se meurtrissant le sein, fend la foule éplorée, et appelant par son nom sa sœur mourante : « C'était donc là ton dessein ! Quoi ! tu voulais tromper ma tendresse ! et voilà donc ce que me préparaient ce bûcher, ces feux et ces autels ! Quand tu me laisses seule, abandonnée, combien j'ai à me plaindre de toi ! Pourquoi as-tu dédaigné de faire ta sœur compagne de ta mort ? pourquoi ne m'as-tu pas appelée à partager ton destin ? le même fer, la même douleur, le même instant eût terminé notre vie ! Mes mains ont donc élevé ce funeste bûcher ! et tu ne voulais, cruelle ! en me faisant invoquer, loin de toi, nos dieux paternels, que t'assurer mon absence, et monter seule sur ce lit de mort ! Ah ! tu as tout frappé du même coup, toi, ma sœur, et moi-même, et ton peuple, et ton sénat et ta ville ! Donnez cette eau limpide ! que je lave sa blessure : et s'il erre encore un dernier soupir sur ses lèvres, que ma bouche puisse le recueillir ! » Elle dit, et déjà elle avait franchi les hautes marches du bû-

Illa graves oculos conata attollere, rursus
Deficit : infixum stridet sub pectore vulnus.
Ter sese attollens cubitoque inixa levavit :
Ter revoluta toro est; oculisque errantibus, alto
Quaesivit coelo lucem, ingemuitque reperta.

Tum Juno omnipotens, longum miserata dolorem,
Difficilesque obitus, Irim demisit Olympo,
Quae luctantem animam, nexosque resolveret artus.
Nam, quia nec fato, merita nec morte peribat,
Sed misera ante diem, subitoque accensa furore,
Nondum illi flavum Proserpina vertice crinem
Abstulerat, Stygioque caput damnaverat Orco.
Ergo Iris croceis per coelum roscida pennis,
Mille trahens varios adverso sole colores,
Devolat, et supra caput adstitit : Hunc ego Diti
Sacrum jussa fero, teque isto corpore solvo.
Sic ait, et dextra crinem secat : omnis et una
Dilapsus calor, atque in ventos vita recessit.

cher. Déjà elle serrait, dans ses bras, sa sœur expirante ; elle la réchauffait, en gémissant, contre son sein, et de son voile étanchait le sang qui s'écoulait avec la vie. Didon entr'ouvre péniblement des yeux appesantis qui se referment soudain. Le sang bouillonne et murmure dans sa plaie profonde. Trois fois, avec effort, elle se relève appuyée sur son bras, trois fois elle retombe : d'un œil errant vers le ciel, elle cherche la lumière, et gémit de l'avoir rencontrée.

Alors, la puissante Junon, ayant pitié de ses douleurs prolongées et de son pénible trépas, fait descendre de l'Olympe Iris, pour dégager cette âme qui luttait contre ses liens : car la mort de Didon n'étant ni ordonnée par le destin, ni méritée par un crime, et cette infortunée périssant, avant le terme fixé, victime d'une fureur soudaine, Proserpine n'avait pas encore enlevé à son front le cheveu d'or, ni dévoué sa tête au ténébreux empire. Déployant donc dans les airs ses ailes brillantes de rosée, et que l'opposition des rayons du soleil nuance de mille couleurs, la messagère des cieux vole et descend sur la tête de Didon : « Je vais, suivant l'ordre qui m'est donné, porter à Pluton ce tribut qui lui appartient, et je te délivre des liens du corps. » Elle dit, et sa main coupe le cheveu fatal : soudain se dissipe la chaleur de la vie, et l'âme de Didon s'évanouit dans les airs.

NOTES

DU LIVRE QUATRIÈME.

---

1. Page 305. — *At regina gravi jamdudum saucia cura.*

Le mot *jamdudum* ne signifie pas ici *depuis long-temps*, comme l'a cru le professeur Binet. Vingt-quatre heures ne s'étaient pas encore écoulées depuis l'arrivée d'Énée à Carthage. Servius s'est trompé en disant que par *jamdudum* il faut entendre *multum*. Ce mot signifie aussi *déjà* (*jam antea*). On voit, dans le second livre, qu'il est employé pour le moment présent, lorsque Sinon, interrompant son perfide discours, s'écrie :

> Idque audire sat est : jamdudum sumite pœnas.

Virgile a voulu dire que Didon s'était déjà enflammée pour le héros troyen, avant qu'il eut achevé son récit.

Plusieurs savans croient que Virgile a pris le sujet de son ive livre dans le iiie des *Argonautes* d'Apollonius. Il est certain, du moins, que l'amour de Didon pour Énée, offre quelques imitations de l'amour de Médée pour Jason.

Les expressions métaphoriques *saucia, cura, vulnus, cœco igni* peignent l'amour, ses transports et ses égaremens.

« L'inimitable peinture des amours de Didon et d'Énée a servi de modèle à tous ceux qui ont depuis peint la passion de l'amour » (Delille). Mais la plupart des poètes, même le Tasse, dans l'épisode d'Armide abandonnée par Renaud, sont restés au dessous de leur modèle.

Heyne a fait une savante dissertation : *De Didone, ejusque amoribus et ætate.* (*Excursus* i.)

2 — Page 305. *Multa viri virtus animo, multusque recursat*
　　　　　　Gentis honos, hærent infixi pectore vultus.

L'abbé de Saint-Remy, qui, parmi les traducteurs de Virgile, a long-temps joui d'une grande estime, paraphrase ainsi ces deux vers en style de roman : « Elle a toujours devant les yeux l'image du héros qui l'enchante, la gloire de sa naissance, l'éclat de ses vertus, et ce qui fait encore de plus vives impressions, les grâces de sa personne, le charme de son entretien : tout cela se présente à son esprit et demeure gravé dans son cœur. »

Dans le poëme des Argonautes, Apollonius peint Médée qui s'enflamme aussi soudainement pour Jason. « Tout représentait à ses yeux l'image qui l'avait frappée, l'air du héros, ses vêtemens, et ses discours, et son maintien lorsqu'il était assis, et sa démarche au sortir de la salle (du festin). Son amour lui montrait Jason au dessus de tous les mortels. Sa voix surtout, et ses paroles pleines de douceur retentissent sans cesse à ses oreilles. » (Ch. III, v. 443 et suiv.)

Ovide, dans le second livre des Fastes (v. 769-778), imite Virgile en représentant Tarquin occupé des souvenirs de Lucrèce :

> Carpitur attonitos absentis imagine sensus
> 　Ille : recordanti plura magisque placent.
> Sic sedit, sic culta fuit, sic stamina nevit ;
> 　Neglectæ collo sic jacuere comæ ;
> Hos habuit vultus ; hæc illi verba fuere ;
> 　Hic decor, hæc facies, hic color oris erat.
> Ut solet a magno fluctus languescere flatu,
> 　Sed tamen a vento, qui fuit ante, tumet :
> Sic, quamvis aberat placitæ præsentia formæ,
> 　Quem dederat præsens forma, manebat amor.

3. — Page 305....... *Quam forti pectore et armis !*

La reine Viriate dit, dans le *Sertorius* de Corneille, act. II, sc. 1 :

> J'aime en Sertorius ce grand art de la guerre,
> Qui soutient un banni contre toute la terre :
> J'aime en lui ces cheveux tout couverts de lauriers,
> Ce front qui fait trembler les plus braves guerriers,
> Ce bras qui semble avoir la victoire en partage, etc.

C'est le même enthousiasme, excité par la valeur des héros, qui enflamme, dans Racine, Hermione pour Pyrrhus, Phèdre pour Hippolyte, Bérénice pour Titus; dans Voltaire, Zaïre pour Orosmane; dans Shakespeare, Desdemona pour Othello.

> Rien ne plaît tant aux yeux des belles
> Que le courage des guerriers.

4. — Page 305. *Huic uni forsan potui succumbere culpæ.*

Dans l'antiquité, les secondes noces n'étaient point regardées comme un crime, mais elles portaient atteinte à l'honneur d'une femme. Tertullien, né en Afrique, dit que, suivant une ancienne tradition de son pays, Didon aima mieux se brûler sur un bûcher, que d'épouser Iarbas : *Maluit uri quam nubere.* Virgile connaissait sans doute cette tradition.

5. — Page 306. . . . . *Agnosco veteris vestigia flammæ.*

Racine a heureusement traduit ce vers, en faisant dire à Oreste, dans *Andromaque*, act. I, sc. I :

> De mes feux mal éteints je reconnus la trame.

M. de Loynes d'Autroche fait parler ainsi Didon, dans sa traduction de l'*Énéide* :

> Hélas! chère Anne, hélas! j'ai retrouvé mon cœur.

Et lui-même, admirant ce vers, dit dans une note : « Quand il faut lutter à la fois contre Virgile et contre Racine, la position est embarrassante. *Nous en sommes-nous bien tirés ?* le public en est juge. »

6. — Page 306. *Ille meos primus qui me sibi junxit, amores*
Abstulit : ille habeat secum, servetque sepulcro.

Racine se souvenait de ces vers quand il faisait dire à son Andromaque, act. III, sc. 4 :

> Ma flamme par Hector fut jadis allumée :
> Avec lui, dans la tombe, elle s'est enfermée.

« Peut-être qu'une *flamme jadis allumée* a moins de naturel, de douceur et d'élégance, que *primus qui me sibi junxit, amores abstulit.* » (Delille.)

7. — Page 306. *Anna refert : ó luce magis dilecta sorori.*

Plusieurs auteurs (Delille, Lefranc de Pompignan, etc.) trouvant le nom d'*Anne* trop vulgaire, lui ont substitué le nom d'Élise, qui est celui de Didon elle-même. Servius dit : *Dido vero nomine Elisa ante dicta est. Sed post interitum, a Pœnis Dido appellata, id est virago punica lingua.* Didon invoque les dieux d'Élise mourante : *Di morientis Elisæ* (lib. IV, v. 610).

On peut comparer ce discours de la sœur de Didon à celui d'OEnone dans Phèdre ; mais, en imitant Virgile, Racine va plus loin : la situation de Phèdre l'exigeait. La confidente des coupables amours de la femme de Thésée s'autorise de l'exemple des dieux :

> Les dieux même, les dieux de l'Olympe habitans,
> Qui d'un bruit si terrible épouvantent les crimes,
> Ont brûlé quelquefois de feux illégitimes.

8. — Page 306...... *Placitone etiam pugnabis amori ?*

Racine dit :

> Combattrez-vous encore un penchant qui vous plaît ?

On est étonné de voir, dans Phèdre, le sage Théramène tenir, à peu près, le même langage au fils de l'Amazone :

> Enfin d'un chaste amour pourquoi vous effrayer ?
> S'il a quelque douceur, n'osez-vous l'essayer ?
> En croirez-vous toujours un farouche scrupule ?
> Craint-on de s'égarer sur les traces d'Hercule ?
> Quels courages Vénus n'a-t-elle pas domptés ?
> Vous-même où seriez-vous, vous qui la combattez,
> Si toujours Antiope, à ses lois opposée,
> D'une pudique ardeur n'eût brûlé pour Thésée ?

Pétrone, dans son histoire de la matrone d'Éphèse, dit : *Quid proderit hoc tibi, si soluta inedia fueris, si te vivam sepelieris, si ante quam fata poscant, indemnatum spiritum effuderis ?*

> Id cinerem aut Manes credis curare sepultos ?

Vis tu reviviscere reluctantibus fatis extinctum ? Ainsi déjà quand Pétrone écrivait, le vers de Virgile *Id cinerem*, etc., était devenu une espèce de proverbe.

9. — Page 306. *Hinc Getulæ urbes, genus insuperabile bello,*
Et Numidæ infreni cingunt, et inhospita Syrtis.

Les Gétules étaient au midi de Carthage; les Numides ou Nomades, à l'occident. Les Numides, peuples errans avec leurs tentes et leurs troupeaux, sont appelés *infreni*, soit pour leur férocité, que ne réfrénaient point les lois, soit parce qu'ils ne se servaient pas de frein pour guider leurs chevaux. Virgile peint, dans le IIIe livre des *Géorgiques*, vers 339-345, les peuples nomades de la Libye :

> Omnia secum
> Armentarius afer agit, tectumque, laremque,
> Armaque, etc.

La Numidie répond aujourd'hui, en grande partie, au royaume d'Alger.

A l'orient de Carthage étaient deux Syrtes, golfes de sables mouvans : la grande, qui baignait la Cyrénaïque, et la petite, qui était plus rapprochée de la ville de Didon. Ce fut dans cette dernière que l'Eurus jeta les vaisseaux d'Énée.

> Tres Eurus ab alto
> In brevia et Syrtes urget, miserabile visu !
> Illiditque vadis, atque aggere cingit arenæ.
> *Æneid.*, lib. I, v. 112.

Il fallut que Neptune les dégageât avec son trident :

> Levat ipse tridenti,
> Et vastas aperit Syrtes.
> V. 145.

10. — Page 306 . . . . *Lateque furentes*
Barcæi.

On lit dans divers manuscrits : *Brachæi, Barchæi, Bachei,* etc.
Les Barcéens habitaient, à l'orient de Carthage, dans la Cyrénaïque, la ville de Barcé, dont l'origine est postérieure au temps de Didon. Le désert de Barca a retenu le nom de ce peuple. C'est une région aride et brûlante, *deserta siti regio.*

11. — Page 308. *Tu modo posce Deos veniam, sacrisque litatis.*

Le pardon des dieux était donc jugé nécessaire pour les veuves qui se remariaient. Le poète a mis *sacris litatis* pour *diis litatis*. Macrobe dit : *Litare enim est sacrificio facto placare numen.*

12 — Page 308. *Dum pelago desævit hiems et aquosus Orion....*

Binet traduit ainsi ce vers : « Prétextez..... la mer en proie aux fureurs de l'hiver. » Mais *hiems* veut dire souvent *orage*, *tempête*, quand il s'agit de la mer. L'erreur du professeur est d'autant plus irréfléchie, qu'il dit lui-même, dans une note : « *Hiems* n'est pas ici pour l'hiver, mais pour un *temps pluvieux*, tel qu'on en voit surtout en hiver, mais aussi dans d'autres saisons. »

Suivant les quatre professeurs, le lever d'Orion, qui concourt avec le coucher du soleil, arrive au mois de novembre, et dure six semaines. Mais, suivant Ovide, cité par Lalande dans son *Astronomie*, le lever héliaque d'Orion arrivait le 26 juin, en même temps que le solstice. (Voy. *Fastes*, liv. vi, 717 et 787). Énée était arrivé à Carthage à l'époque où le nuageux Orion soulève les flots.

<blockquote>Quum subito assurgens fluctu nimbosus Orio.
lib. i, v. 533.</blockquote>

C'est-à-dire vers le solstice d'été. D'ailleurs Didon dit à Énée, à la fin du 1er livre : voilà le septième été qui vous voit errant, *te jam septima portat œstas*. *Hiems* signifie donc ici orage. Virgile peint un nuage qui recèle la nuit et la tempête, *noctem hiememque ferens* (lib. iii, v. 195); il dit encore (lib. iv, v. 193) qu'Énée et Didon passent la saison des orages dans les molles voluptés : *nunc hiemem inter se luxu, etc.* Enfin ce vers : *Frondentesque ferunt remos* (lib. iv, v. 399) prouve que l'hiver n'était pas encore arrivé quand Énée, s'éloignant de Carthage, reprit le cours de ses voyages sur les mers.

13. — Page 308............. *Solvitque pudorem.*

Le Bossu, dans son *Traité du poème épique*, critique vivement la conduite de Didon, et sa pudeur si vite effacée. M. Tissot dit : « Il m'est survenu un scrupule sur le fond même des choses : Didon devait-elle être ainsi transformée à nos yeux ? Je sais que sa passion a été allumée par le plus puissant des dieux, et qu'elle doit être portée aux dernières extrémités; mais ne fallait-il pas conserver à la vertu quelque respect d'elle-même? Une femme si courageuse, une si grande reine, ne devait-elle pas garder quelque soin de sa gloire!..... Dans Valérius Flaccus, une légère précaution suffit pour éviter tout reproche au poète. Il nous peint Médée semblable à la Bacchante qui résiste à son premier transport, et s'abandonne ensuite au dieu (liv. VII)... Dans l'Hippolyte de Sénèque, Phèdre exprime ainsi les combats de sa raison avec la fatale passion qui l'égare : « Ce que tu me représentes est vrai, « je le sais, ô ma nourrice! mais une fureur aveugle m'entraîne « vers le mal. Mon esprit se précipite volontairement vers le dan- « ger; il revient à lui, et cherche en vain à s'attacher aux conseils « de la sagesse. Je ressemble au malheureux nocher qui lutte vai- « nement contre les vagues, et dont le vaisseau vaincu finit par « s'engloutir sous les ondes. Ce que la raison demande, une pas- « sion furieuse et souveraine le rejette; un dieu puissant domine « sur mon âme tout entière. » (Act. II, sc. II.)

14. — Page 308. . . . . *Pacemque per aras Exquirunt.*

Lucrèce dit (liv. V) *Divum pacem votis adit.*

15. — Page 308. *Legiferæ Cereri* . . . .

Servius cite, dans son commentaire, ces vers du poète Calvus, qu'il nous a conservés :

> Et leges sanctas docuit, et cara jugavit
> Corpora connubiis, et magnas condidit urbes.

Cérès était appelée législatrice par les Grecs et par les Latins, parce qu'elle avait enseigné l'agriculture aux hommes, qui commencèrent alors à quitter les forêts où ils se nourrissaient de gland, pour vivre en société et pour obéir à des lois. Apollon, *qui expers uxoris est*, et Bacchus sont aussi invoqués par Didon. Est-ce parce qu'ils étaient honorés d'un culte particulier à Carthage, ou parce qu'ils étaient comptés parmi les dieux protecteurs de l'hyménée? Le dieu Hyménée était fils de Bacchus et de Vénus. (*Voyez* MACROBE, *Saturnales*, liv. III, ch. 12.)

16. — Page 308. *Aut ante ora Deum pingues spatiatur ad aras.*

Quelques interprètes font danser Didon autour des autels, parce que les dames romaines exécutaient, dans les temples, des danses graves et modestes, suivant le témoignage d'Horace : *Ut festis matrona moveri jussa diebus.* Mais il s'agit ici, non d'une danse, comme le croit Turnèbe, mais d'une marche lente et solennelle, faite par la reine de Carthage autour des autels de ses dieux.

17. — Page 308. *Pectoribus inhians, spirantia consulit exta.*

Les anciens cherchaient l'avenir dans les entrailles palpitantes des victimes; et, selon que les parties leur paraissaient entières ou défectueuses, grandes ou petites, ils en tiraient des présages heureux ou malheureux; c'est ce qu'on appelait *Haruspicia*, et *Haruspicina*.

Racine a imité Virgile quand il fait dire à Clytemnestre, dans Iphigénie :

> Un prêtre environné d'une foule cruelle,
> Portera sur ma fille une main criminelle!
> Déchirera son sein, et, d'un œil curieux,
> Dans son cœur palpitant consultera les dieux!

Phèdre, à l'exemple de Didon, consulte, dans des sacrifices, les entrailles des victimes :

> De victimes moi-même à toute heure entourée,
> Je cherchais dans leurs flancs ma raison égarée.
> D'un incurable amour remèdes impuissans!
> En vain sur les autels ma main brûlait l'encens.
> Quand ma bouche implorait le nom de la déesse,
> J'adorais Hippolyte; et, le voyant sans cesse,
> Même au pied des autels que je faisais fumer,
> J'offrais tout à ce dieu que je n'osais nommer.

18. — Page 308. . . . . *Et tacitum vivit sub pectore vulnus.*

Ce vers, comme le remarque Delille, est tellement intraduisible, que Racine même n'a pas tenté de l'imiter.

19. — Page 310. . . . . *Qualis conjecta cerva sagitta,*
    Quam procul incautam nemora inter Cressia fixit.

Solin dit qu'il n'y avait point de biches dans la Crète, mais qu'on y trouvait un grand nombre de chèvres.... *Agrum Creticum silvestrium caprarum copiosum fuisse, cervo eguisse* (cap. XVII).

Voyez aussi PLINE, liv. VIII, chap. 58. Ces erreurs, dit Heyne, sont excusables *(excusanda)* dans les poètes; mais il faut prendre garde de les louer *(non commendanda).*

Cette comparaison, généralement admirée, est tirée de l'Iliade. Fénélon l'a imitée quand il représente Télémaque brûlant d'amour pour Eucharis : « Je courais errant çà et là dans le sacré bocage, semblable à une biche que le chasseur a blessée : elle court au travers des vastes forêts pour soulager sa douleur; mais la flèche qui l'a blessée la suit partout, elle porte partout avec elle le trait meurtrier. »

20. — Page 310. . . . . *Illa fuga silvas saltusque peragrat Dictæos.*

C'est dans un antre de la montagne de Dicté que Jupiter fut secrètement élevé par les Curètes. Dicté a donné son nom au *dictame*, plante qui croissait sur cette montagne, et que les anciens regardaient comme un remède souverain pour les plaies : Vénus s'en servit pour guérir une blessure qu'Énée avait reçue dans le combat (liv. XII, v. 412).

21. — Page 310. *Nunc media Æneam secum per mœnia ducit.*

Cette peinture des rapides progrès de l'amour n'a été surpassée par aucun autre poète : « les connaisseurs, dit M. Tissot, reprochent des imperfections ou demandent quelque chose de plus au chef-d'œuvre de Raphaël, à sa Transfiguration par exemple. Mais quand Virgile est inspiré par son propre génie, quand il peint les passions qui étaient innées en lui, comme l'amour, la pitié pour le malheur, alors la nature et l'art se réunissent pour faire de ses tableaux le modèle de la perfection. »

22 — Page 310. *Sidoniasque ostentat opes, urbemque paratam.*

Didon semble dire à Énée que sa ville est déjà prête à le recevoir, et qu'il peut renoncer au dessein d'en fonder une autre. Desfontaines traduit ainsi ce vers : « tantôt la reine lui fait remarquer les ouvrages presque achevés, etc., » et il ne croit pas que le P. Catrou ait eu raison de traduire : « elle lui fait remarquer que Carthage est capable de contenir plus d'une colonie. » Le sens de Virgile est du moins saisi par Catrou. « Ces deux seuls mots (*urbemque paratam*), dit M. Tissot, font beaucoup entendre : la ville, le palais, le lit d'hyménée, tout attend le prince troyen. Virgile indique ici ce que Didon n'ose pas dire, et par un repos après les mots *urbemque paratam*, et par le trait suivant, « elle commence à parler et s'arrête au milieu de ses paroles. »

> Incipit effari, mediaque in voce resistit.

23. — Page 310. *Iliacosque iterum demens audire labores
Exposcit.*

Voici la traduction de M. de Loynes :

> Elle demande encor l'histoire de Pergame,
> Et des feux d'Ilion nourrit encor son âme.

Il a ajouté au texte ce derniers vers, parce qu'il *nous a semblé*, dit-il, *aussi expressif que vrai*.

24. — Page 310.......... *Pendetque iterum narrantis ab ore.*

Image belle et hardie qui n'aurait pas dû être rejetée, comme elle l'a été par la plupart des traducteurs de l'*Énéide*; l'abbé Desfontaines dit : « *Didon écoute avec avidité tout ce qu'Énée lui raconte.* » Telle est aussi la version des quatre professeurs.

25. — Page 310. *Sola domo mœret vacua, stratisque relictis
Incubat: illum absens absentem auditque videtque.*

Ovide dit (*Epist. Heroidum*, x, *Ariadne Theseo*, v. 51) :

> Sæpe torum repeto qui nos acceperat ambos.....;
> Et tua, qua possum, pro te vestigia tango ;
> Strataque, quæ membris intepuere tuis.

26. — Page 310. .... *Pendent opera interrupta, minæque
Murorum ingentes.*

« Toutes les grandes constructions imparfaites ont un air de menace, parce qu'elles font naître l'idée d'un écroulement prochain, *minæque murorum ingentes.* » (Delille.)

« Ces beaux vers sur l'interruption des grands travaux de Carthage, expriment, de la manière la plus vive, comment les passions des princes nuisent à la prospérité des empires, et que l'exemple de leur mollesse peut répandre dans une nation l'oubli des plus grands intérêts.

« Avant l'arrivée des Troyens, Didon était tout entière à ses devoirs de reine ; maintenant, quoiqu'environnée d'ennemis et de périls, quoiqu'elle ait à craindre la fureur de Pygmalion et les rois d'Afrique, elle oublie de fortifier sa ville naissante. Son génie ne veille plus sur les Tyriens, et tout le monde tombe dans le découragement. » (Tissot.)

Racine fait dire à Phèdre (acte III, scène I) :

> Moi régner ! moi, ranger un État sous ma loi,
> Quand ma faible raison ne règne plus sur moi !
> Lorsque j'ai de mes sens abandonné l'empire !
> Quand sous un joug honteux à peine je respire !
> Quand je me meurs !

27. — Page 310. .... *Magnum et memorabile nomen,*
Una dolo Divum si fœmina victa duorum est.

C'est ainsi qu'heureux imitateur du poète latin, Racine fait dire à Phèdre (acte II, scène V) :

> Ces dieux qui se sont fait une gloire cruelle
> De séduire le cœur d'une faible mortelle.

« Emprunté peut-être d'une riante fiction de l'Iliade, cette scène peu digne de la gravité épique, n'a ni ce naturel exquis, ni cette grâce naïve, ni ces traits d'imagination qui donnent du charme à tout dans Homère. L'invention est pauvre et les détails mesquins ; le rire malin de Vénus suffit seul pour faire la critique d'une invention convenable tout au plus dans une épopée comique. Junon, il faut l'avouer, se prépare à jouer un rôle assez étrange ; Vénus elle-même en est étonnée. » (Tissot.)

28. — Page 312. *Ardet amans Dido, traxitque per ossa furorem.*

Per ossa, expression forte qui paraîtrait hasardée en passant dans notre langue, et si l'on disait, comme un des derniers traducteurs de Virgile : « Didon brûle d'amour ; et son ardeur a pénétré jusqu'à la moelle de ses os. » Fénélon a pu dire : « Hercule s'étant revêtu de cette tunique, sentit bientôt le feu dévorant qui se glissait jusque dans la moelle de ses os » (*Télémaque,* liv. XV). Il est ici question d'un effet physique produit par un objet matériel, et d'un feu communiqué par la robe du centaure Nessus.

DU LIVRE QUATRIÈME.

Il y a de l'ironie dans ces paroles de Junon : *liceat phrygio servire marito.* Depuis la chute de Troie, la plupart des esclaves étaient des Phrygiens, comme on le voit dans Athénée. Le mot *servire* est un sarcasme de la déesse.

29. — Page 312. *Dum trepidant alœ, saltusque indagine cingunt.*

Par le mot *alœ*, Virgile désigne les piqueurs ou cavaliers : ils entouraient les chasseurs qui tendaient les toiles : ainsi l'infanterie, placée entre deux lignes de cavalerie, s'en trouve couverte comme les oiseaux le sont de leurs ailes.

30. — Page 314. *Massylique ruunt equites............*

Les manuscrits offrent les variations suivantes : *Massylii, Masilii, Messali, Massali, Massili.* Les Massyliens étaient des peuples numides ou nomades qui confinaient à la Mauritanie et à Carthage. Massinissa les réunit tous sous ses lois.

31. — Page 314. .... *Et odora canum vis.*

M. de Loynes met dans sa traduction en vers *des milliers de chiens*, et s'autorise de l'exemple de Racine. Mais l'auteur d'*Athalie*, qui fait entrer dans un vers *des chiens dévorans*, aurait-il osé y introduire *des milliers de chiens ?*

32. — Page 314. *Reginam thalamo cunctantem ad limina primi Pœnorum expectant.*

Servius dit que Didon se faisait attendre par coquetterie. *Morabatur studio placendi.* (Heyne.)

33. — Page 314. *Sidoniam picto chlamydem circumdata limbo.*

L'abbé Desfontaines fait de la chlamyde un *mantelet* : « son mantelet d'une étoffe de Tyr, etc. » Le P. Catrou en fait une *juppe*. C'est avec la même élégance qu'il dit un peu plus bas : « la trousse dorée d'Apollon pend *dessus* ses épaules. »

La chlamyde était un manteau court que les soldats grecs portaient sur la tunique, ce qui les faisait appeler *chlamydati*. On croit qu'elle fut inventée dans la Macédoine, d'où elle passa dans la Grèce et en Italie; elle était faite d'une laine épaisse et grossière pour les soldats, et d'un tissu plus fin pour les chefs. Les empereurs romains portaient la chlamyde de soie, couleur de pourpre. Celle de Caligula, lorsqu'il marchait en triomphe de Bayes jusqu'à Pouzzol, était ornée d'or et de pierreries. La chlamyde était attachée avec une agrafe, sur l'épaule droite, afin que le mouvement du bras fût libre. Quoique la chlamyde ne convînt qu'aux hommes, Virgile la donne à Didon, et Tacite à Agrippine, assistant, avec Claude, à la représentation d'une naumachie : *ipse insigni paludamento, neque procul Agrippina, curata chlamyde.* Le *paludamentum* était, suivant quelques auteurs, un vêtement plus long et plus large que la chlamyde. Nonnius dit que c'était le premier nom de la chlamyde chez les Romains. *Paludamentum est vestis quæ nunc chlamys dicitur.*

34. — Page 314. *Cui pharetra ex auro, crines nodantur in aurum, Aurea purpuream subnectit fibula vestem.*

Par cette répétition des mots, *auro, aurum, aurea,* Virgile a voulu peindre la richesse des habits de Didon.

35. — Page 314. *Qualis ubi Hybernam Lyciam Xanthique fluenta.*

Cette belle comparaison se trouve dans le 1er livre des *Argonautes* d'Apollonius.

La Lycie, province maritime de l'Asie Mineure, avait pour capitale la ville de Patare, célèbre par l'oracle d'Apollon. Le Xanthe, qui coulait dans son enceinte, était un autre fleuve que celui de la Troade.

36. — Page 314. *Cretesque Dryopesque fremunt, pictique Agathyrsi.*

Les Dryopes, peuples de la Doride, originaires de Thessalie, habitaient la vallée du Parnasse et honoraient Apollon.

Les Agathyrses étaient des Sarmates d'Europe, voisins des Gélons, et qui, comme eux, peignaient leur corps en bleu. Pomponius Mela dit (ch. 11) : *Agathyrsi ora, artusque pingunt.* C'est aussi ce que rapportent Solin et Ammien Marcellin. Les anciens Bretons peignaient aussi leur corps, ce qui les fit appeler de *Brit* (peint), *Britones* et *Picti.* Hérodote appelle les Agathyrses les plus efféminés des hommes : cependant ils n'avaient ni palais ni maisons; ils vivaient dans des huttes roulantes avec leurs femmes et leurs enfans; ils occupaient la rive septentrionale du Borysthène, s'étendaient jusqu'au Palus-Mœotide, et adoraient Apollon Hyperborée.

37. — Page 314. *Ipse jugis Cynthi graditur.*

Le Cynthe, montagne de l'île de Délos, où naquirent Apollon et Diane.

38. — Page 316. *Transmittunt cursu campos, atque agmina cervi*
Pulverulenta fuga glomerant, montesque relinquunt.

Virgile semble avoir imité ces vers de Lucrèce (liv. II, 325):

<blockquote>Et circum volitant equites, mediosque repente
Transmittunt valido quatientes impete campos.</blockquote>

L'auteur de l'*Énéide* peint non-seulement par le choix des expressions, mais aussi par le son des mots; et, sous ce rapport, il est souvent intraduisible dans une langue qui n'a qu'une prosodie incomplète. C'est seulement par le concours et par la combinaison des syllabes que la poésie française peut exprimer une marche lente, comme dans ce vers :

<blockquote>Le bœuf trace à pas lents un pénible sillon.</blockquote>

ou une marche rapide, comme dans celui-ci :

<blockquote>Le chagrin monte en croupe et galoppe avec lui.</blockquote>

39. — Page 316. *At puer Ascanius mediis in vallibus acri*
Gaudet equo.

Le caractère du jeune Ascagne est conforme à celui qu'Horace donne à la jeunesse, dans son *Art poétique :*

<blockquote>Imberbis juvenis, tandem custode remoto,
Gaudet equis, canibusque, et aprici gramine campi.</blockquote>

40. — Page 316. *Speluncam Dido, dux et Trojanus eamdem*
Deveniunt.

Steele et Addison ont remarqué que Virgile n'appelle plus son héros *pius Æneas*, quand il le fait entrer avec Didon dans la grotte, et qu'il ne le désigne que comme chef des Troyens, *dux trojanus*. Cette observation est peut-être plus ingénieuse que solide.

41. — Page 316. . . . . . . *Prima et Tellus et pronuba Juno
Dant signum.*

Le poète fait intervenir en ce moment tous les funestes présages des malheurs de Didon : la terre est ébranlée, l'air troublé par le cri des vents, par la voix du tonnerre ; des clameurs, et les hurlemens des nymphes sont entendus sur les montagnes, et se mêlent au bruit de la tempête et à la confusion des élémens.

M. de Loynes dit que Virgile a voulu donner à l'aventure de la grotte *un caractère saint et religieux.* « L'hymen exige un autel, des flambeaux, un prêtre et des témoins. Eh bien ! la grotte devient un temple ; la terre offre l'autel ; le ciel, par ses éclairs, fournit les flambeaux ; Junon fait l'office de pontife ; et les chastes nymphes servent de témoins. »

42. — Page 316. . . . . *Primusque malorum
Causa.*

Homère appelle ainsi le vaisseau de Pâris qui servit à l'enlèvement d'Énée, et qui fut la première cause des malheurs d'Ilion.

43. — Page 316. *Fama, malum quo non aliud velocius ullum.*

Cette belle description de la Renommée appartient tout entière à Virgile, et aucun poète ne l'a égalée. Mais en décrivant le monstre aux cent bouches, l'auteur de l'*Énéide* a songé plus à l'effet qu'à la vérité du tableau. Comment la Renommée peut-elle s'asseoir sur le faîte des palais ou sur le sommet des tours, elle qui vient d'être représentée comme un monstre énorme *(ingens)*, qui touche du pied la terre et cache son front dans les nuages ?

> Ingrediturque solo, et caput inter nubila condit.

De tous les poètes de l'antiquité qui ont voulu peindre la Renommée, Ovide est celui qui, après Virgile, a le mieux réussi. Il ne décrit que le palais de la déesse (*Métamorphoses,* livre XII).

> Orbe locus medio est inter terrasque, fretumque,
> Cœlestesque plagas, triplicis confinia mundi ;
> Unde, quod est usquam, quamvis regionibus absit,
> Inspicitur ; penetratque cavas vox omnis ad aures.
> Fama tenet, summaque domum sibi legit in arce :
> Innumerosque aditus, ac mille foramina tectis

Addidit, et nullis inclusit limina portis.
Nocte dieque patent : tota est ex ære sonanti :
Tota fremit; vocesque refert; iteratque quod audit.
Nulla quies intus, nullaque silentia parte.
Nec tamen est clamor, sed parvæ murmura vocis :
Qualia de pelagi, si quis procul audiat, undis
Esse solent; qualemve sonum, quum Jupiter atras
Increpuit nubes, extrema tonitrua reddunt.
Atria turba tenent : veniunt leve vulgus, euntque;
Mixtaque cum veris passim commenta vagantur
Millia rumorum : confusaque verba volutant.
E quibus hi vacuas implent sermonibus aures;
Hi narrata ferunt alio : mensuraque ficti
Crescit, et auditis aliquid novus adjicit auctor.
Illic credulitas, illic temerarius error,
Vanaque lætitia est, consternatique timores,
Seditioque repens, dubioque auctore susurri.
Ipsa quid in cœlo rerum, pelagoque geratur,
Et tellure, videt, totumque inquirit in orbem.

« Entre le ciel et la terre, et le vaste océan, s'élève un antique palais au milieu de l'univers, aux confins des trois mondes. Là, l'œil peut tout découvrir dans les régions les plus éloignées; là, l'oreille peut entendre la voix de tous les humains : c'est le séjour de la Renommée; incessamment elle veille sur la plus haute tour de ce palais, dont nulle porte ne ferme l'entrée. On y voit mille portiques jour et nuit ouverts, et le toit qui le couvre laisse, par mille issues, passer le jour. Ses murs sont un airain sonore qui frémit au moindre son, le répète et le répète encore. Le repos est banni de ce palais; on n'y connaît point le silence. Ce ne sont pas cependant des cris, mais les murmures de plusieurs voix légères, pareils aux lointains frémissemens de la mer mugissante; pareils au roulement sourd qui, dans les noires nuées de la tempête, lorsque Jupiter les agite et les presse, prolonge les derniers éclats de la foudre mourante. Une foule empressée sans cesse assiège ces portiques, sans cesse va, revient, semant mille rumeurs, amas confus de confuses paroles, mélange obscur du mensonge et de la vérité. Les uns prêtent une oreille oisive à ces récits frivoles, les autres les répandent ailleurs. Chacun ajoute à ce qu'il vient d'entendre, et le faux croît toujours. Là, résident la crédulité facile et l'erreur téméraire, la vaine joie, la crainte au front consterné, la sédition en ses fureurs soudaines, et les bruits vagues qui naissent des rapports incertains. De là, la Renommée voit tout ce qui se passe dans le ciel, sur la terre, sur l'onde, et ses regards curieux embrassent l'univers. »

Stace, dans le troisième livre de la *Thébaïde*, et Valerius Flaccus dans le second de l'*Argonautique*, ont encore décrit la renommée. Parmi les poètes français, ceux qui ont le plus heureusement imité Virgile, sont Boileau dans le *Lutrin* (ch. II); Voltaire dans la *Henriade* (ch. VIII), et J.-B. Rousseau dans son *Ode au prince Eugène*. Heyne a fait une courte dissertation *De famæ specie* (excurs. 3).

44. — Page 318. *Parva metu primo : mox sese attollit in auras.*

Ce que le poète latin dit ici de la Renommée, Homère, dans l'*Iliade*, l'avait dit de la Discorde : « D'abord petite et faible, elle s'élève par degrés; mais bientôt sa tête est dans le ciel, tandis que ses pieds marchent sur la terre. »

45. — Page 318. . . . . . . *Cœo Enceladoque sororem.*

On trouve, dans les anciens manuscrits, *Caco, Ceo, Celeoque, Enceladoque, Encheladoque,* etc.

C'est par une fiction poétique que la Renommée, *monstrum horrendum, ingens,* est comprise, par Virgile, dans la famille des géans, et qu'elle est dite sœur de Cée et d'Encelade.

46. — Page 318. . . . . *Ira irritata deorum.*

Les poètes supposent que la Terre, voulant se venger des dieux, qui avaient foudroyé ses enfans Cée, Encelade, Briarée et les autres Titans, engendra la Renommée pour publier les crimes des dieux. C'est un avertissement donné aux rois et aux grands de la terre. Tout ce qu'ils font est vu, entendu, répété. « Les personnes nées dans l'élévation deviennent, dit Massillon, comme un spectacle public sur lequel tous les regards sont attachés : ce sont des maisons bâties sur la montagne, qui ne sauraient se cacher, et que leur situation toute seule découvre. C'est le malheur de la grandeur et des dignités : vous ne vivez plus pour vous seuls; vos actions ont le même éclat que vos titres; il ne vous est

plus permis de vous égarer à l'insu du public; et le scandale est toujours le triste privilège que votre rang ajoute à vos fautes. »
(*Petit Carême.* — Vices et vertus des grands.)

Voltaire fait dire à la reine Jocaste, dans OEdipe :

> Crois-tu qu'une princesse
> Puisse jamais cacher sa haine ou sa tendresse?
> Des courtisans sur nous les inquiets regards
> Avec avidité tombent de toutes parts.
> A travers les respects, leurs trompeuses souplesses
> Pénètrent dans nos cœurs, et cherchent nos faiblesses.
> A leur malignité rien n'échappe et ne fuit :
> Un seul mot, un soupir, un coup d'œil nous trahit ;
> Tout parle contre nous, jusqu'à notre silence ;
> Et quand leur artifice et leur persévérance
> Ont enfin malgré nous arraché nos secrets,
> Alors avec éclat leurs discours indiscrets
> Portant sur notre vie une triste lumière,
> Vont de nos passions remplir la terre entière.

47. — Page 318. *Hæc tum multiplici populos sermone replebat.*

Au lieu de *tum*, on lit, dans divers manuscrits : *dum, cum tunc.*

48. — Page 318. *Protinus ad regem cursus detorquet Iarbam.*

Les anciens manuscrits offrent les variations suivantes : *Hiarbam, Hiarban, Hiarba.*

C'est Iarbas, roi de Gétulie ou de Mauritanie, qui vendit à Didon la terre où Carthage fut bâtie. (*Voy.* JUSTIN, liv. XVIII.) Ce prince était religieux à la manière des barbares. Il bâtissait des temples, il élevait des autels, il faisait des sacrifices : mais si les dieux ne servaient point ses passions, il ne les épargnait pas. Son discours à Jupiter est moins une prière qu'un reproche; il l'accuse d'injustice ou d'impuissance. *Cæcique in nubibus ignes, Terrificant animos, et inania murmura miscent!*

49. — Page 318. *Hic Ammone satus, rapta Garamantide Nympha.*

Le temple de Jupiter Ammon, qui s'élevait au milieu des sables de la Libye, entre l'Égypte et la Cyrénaïque, est décrit par Lucain dans le ixe chant de la Pharsale. La célébrité de ses oracles augmenta lorsqu'Alexandre-le-Grand fut venu les consulter (*Voyez* Quinte-Curce, liv. iv). Jupiter Ammon était représenté sous la forme d'un bélier, ou avec une tête portant des cornes de bélier.

Les Garamantes étaient un peuple de la Libye, voisin de l'Éthiopie. Plusieurs traducteurs ont donné le nom de *Garamantis* à la nymphe, mère d'Iarbas. Les autres disent simplement que cette nymphe avait été enlevée au pays des Garamantes.

50. — Page 320 *Centum aras posuit; vigilemque sacraverat ignem.*

Vénus avait aussi cent autels à Paphos. *Centumque Sabæo ture calent aræ.* (*Æneid.*, lib. 1, v. 416.)

Plutarque rapporte, dans son traité de la cessation des oracles, qu'une lampe brûlait continuellement dans le temple de Jupiter Ammon. Des feux perpétuels étaient entretenus dans d'autres lieux sacrés. Cet usage du culte des payens est passé dans le christianisme, et s'y est conservé.

51. — Page 320. . . . . *Cui nunc Maurusia pictis*
Gens epulata toris.

Les Maurusiens ou Maures habitaient la partie occidentale de l'Afrique, qui s'étend de la Numidie à l'Océan. Ce sont aujourd'hui les royaumes de Fez et de Maroc. Les Maurusiens sont aussi appelés *Maxitani*, *Mazyes* ou *Maxyes*, *Nomades* ou *Numidi*. Ces deux derniers noms désignent moins un peuple, que le genre de vie commun à plusieurs peuples.

52. — Page 320. *Mæonia mentum mitra, crinemque madentem.*

La Mæonie ou Lydie touchait à la Phrygie.

La mitre mæonienne ou lydienne était une espèce de bonnet conique assez élevé, qui se nouait sous le menton, et servait de coiffure aux femmes dans plusieurs contrées de l'Asie Mineure. (*Voyez* les *Monumens inédits* de Winkelmann.)

Iarbas, comparant Énée à Pâris, voit, dans l'un et dans l'autre, des ravisseurs : Pâris avait enlevé l'épouse de Ménélas; Énée enlevait à Iarbas l'épouse qu'il avait demandée. C'est par mépris que le Maure représente le chef des Troyens coiffé d'une mitre lydienne, et les cheveux inondés de parfums, *crinemque madentem*. Pâris est le seul des héros de l'Iliade, à qui Homère attribue l'usage des parfums.

53. — Page 320. *Talibus orantem dictis, arasque tenentem.*

On lit, dans Macrobe (*Saturn.*, lib. III), que la prière, adressée aux dieux, n'était favorablement reçue qu'autant que celui qui les invoquait tenait, en même temps, l'autel embrassé de ses mains. *Litare sola non potest oratio, nisi et is qui deos precatur, etiam aram manibus apprehendat.* Voyez aussi VARRON, livre V. Le roi Latinus dit, dans le XIIe livre de l'*Énéide* (v. 201) :

  Tango aras, mediosque ignes, et numina testor.

54. — Page 322. . . . . *Graiumque ideo bis vindicat armis.*

Vénus avait enlevé son fils, blessé par Diomède (*Iliade*, liv. V). Elle l'avait préservé de la fureur des Grecs dans le sac de Troie : *Descendo, ac ducente deo* (*Æneid.*, lib. II, v. 632). *Deo* est mis ici pour divinité.

Dans un autre danger, Énée avait dû la vie à Neptune, qui le couvrit d'un nuage pour le dérober à la fureur d'Achille (*Iliade*, liv. XX).

55. — Page 322. *Sed fore qui gravidam imperiis, belloque frementem*
    Italiam regeret. . . . .

Cette expression forte et hardie, *gravidam imperiis*, montre l'Italie enceinte de l'empire du monde. (*Voyez* SERVIUS, LA CERDA et BURMANN.) Delille, Gaston et M. Tissot n'ont point osé conserver cette grande image dans leur traduction.

Virgile n'oublie point qu'Auguste, maître de l'univers, voulait qu'on le crût descendant d'Énée. S'il y avait quelque chose de peu élevé dans le flatteur, il y avait du grandiose dans la flatterie. Le poète avait mieux dit ailleurs : *Populum late regem* (*Æneid.* lib. I, v. 21).

56. — Page 322. *Dat somnos adimitque, et lumina morte resignat.*

Cette description, pleine de poésie, est imitée du Ve livre de l'*Odyssée*. Horace dit à Mercure (od. X, lib. I) :

  Tu pias lætas animas reponis

> Sedibus, virgaque levem coerces
> Aurea turbam.

L'antiquité payenne croyait que Mercure, chargé de conduire les âmes aux enfers, touchait de son caducée les yeux des humains qui avaient cessé de vivre, et ajoutait ainsi un second sceau, *resignat*, à celui qu'avait déjà imprimé la mort.

Les commentateurs et les traducteurs ne s'accordent pas sur le sens de ces mots *numina morte resignat*. Par *resignat*, les uns entendent *claudit*; les autres, *aperit*; plusieurs, *solvit*. Quelques manuscrits, au lieu de *morte*, portent *nocte* : mais l'explication ne devient pas plus facile.

M. Becquey traduit ainsi cet hémistiche :

> Et marque la paupière
> Du sceau qui pour jamais la ferme à la lumière.

Delille dit :

> Imprime de la mort le redoutable sceau.

Le professeur Binet a mal rendu le texte, en traduisant : « Et rouvre les yeux que la mort avait fermés. » Il ne s'agit pas ici de rappeler les morts à la vie, puisque cette vertu du caducée se trouve déjà exprimée dans ce vers :

> . . . . Hac animas ille evocat Orco
> Pallentes.

Quelques interprètes voudraient retrancher l'hémistiche *lumina morte resignat*, comme inutile après celui-ci : *Sub tristia Tartara mittit*.

57. — Page 322. . . . . *Latera ardua cernit*
Atlantis duri. . . . .

Le P. Catrou dit, dans une note : « Mercure se détourna un peu, pour aller rendre visite à Atlas, son grand père. »

Eschyle, dans son *Prométhée*, peint Atlas, « qui, sans relâche, porte sur son dos un poids énorme, le pôle du monde... Les flots qui se brisent à ses pieds en mugissent, l'abîme en gronde, l'antre noir de Pluton en frémit sous l'épaisseur du monde, et les sources limpides des fleuves en murmurent. »

Ovide, dans le IV⁰ livre des *Métamorphoses*, raconte comment Atlas fut changé en montagne à l'aspect de la tête de Méduse, que lui présenta Persée :

> Quantus erat, mons factus Atlas. Jam barba comæque
> In sylvas abeunt : juga sunt humerique manusque.
> Quod caput ante fuit, summo est in monte cacumen :
> Ossa lapis fiunt. Tum partes auctus in omnes,
> Crevit in immensum (sic, Di, statuistis), et omne
> Cum tot sideribus cœlum requievit in illo.

M. Parceval de Grandmaison a poétiquement imité, dans ses *Amours épiques*, les beaux vers de Virgile :

> Bientôt il aperçoit, en s'éloignant des cieux,
> Les gigantesques flancs et le front sourcilleux
> D'Atlas, du grand Atlas, qui, courbé sous les pôles,
> Porte le poids des cieux sur ses vastes épaules.
> Par de noires vapeurs sans cesse environné,
> De grands pins chevelus son front est couronné ;
> La pluie à flots pressés bat ses flancs qu'elle assiège ;
> Son large dos blanchit sous des torrens de neige,
> Et cent fleuves grondans, de sa bouche chassés,
> Sur sa barbe en glaçons s'arrêtent hérissés.

La chaîne des hautes montagnes de l'Atlas traverse, d'Orient en Occident, une grande partie de l'Afrique, et s'étend jusqu'à l'Océan occidental dans les royaumes de Maroc et de Fez. On croit qu'Atlas fut un roi de Mauritanie, savant astronome, ce qui donna lieu aux poètes de feindre qu'il portait le ciel sur ses épaules. La fable le fait père des Hyades et des Pléiades. La plus belle de ces dernières, Maïa, fut mère de Mercure, dont elle accoucha sur le mont Cyllène, en Arcadie : ce qui fait appeler ce dieu *Cyllenius* et *Cyllenia proles*.

58. — Page 322. *Piniferum caput et vento pulsatur et imbri*.

Il est douteux, dit Heyne, qu'il y ait des pins dans la Libye. On lit, dans trois anciens manuscrits, *penniferum*.

59. — Page 324. *Haud aliter terras inter cœlumque volabat*
    Littus arenosum ad Libyæ, ventosque secabat
    Materno veniens ab avo Cyllenia proles.

Ces vers, dont les deux premiers sont rimés, et qui tous offrent, dans les mots, une construction pénible, ont paru suspects d'interpolation à plusieurs commentateurs. D'autres ont pensé qu'on trouve dans l'*Énéide* des vers qui ne sont pas plus polis, et qu'il est vraisemblable que Virgile n'avait pas mis à ceux-ci la dernière main. Mais Jacques Bryant juge les trois vers tout-à-fait indignes du prince des poètes latins : *Sunt autem versus tam jejuni et salebrosi, ut vix de fraude facta dubitare liceat.*

Au lieu de *volabat*, Bentley a adopté *legebat*; et cette correction, que n'autorisent point les anciens manuscrits, a été suivie par les quatre professeurs et par M. Binet.

60. — Page 324. . . . . *Pulchramque uxorius urbem*
    Exstruis ?

Ici le mot *uxorius* signifie *esclave d'une femme*. Horace, parlant du Tibre, dit *uxorius amnis* (od. 11, lib. 1).

61. — Page 324. *Nec super ipse tua moliris laude laborem;*

Ce vers manque dans plusieurs manuscrits, entre autres dans celui de Médicis.

62. — Page 326. *Atque animum nunc huc celerem, nunc dividit illuc,*
    In partesque rapit varias, perque omnia versat.

Ces deux vers se trouvent textuellement répétés dans le VIIIe livre de l'*Énéide* (v. 20 et 21). Brunck a cru devoir les retrancher du IVe livre dans son édition.

63. — Page 326. *Mnesthea, Sergestumque vocat, fortemque Cloanthum.*

Variation dans les manuscrits : *Mnesthea, Anthea, Mestea; Sergestum, Serestum; Cloanthum, Cloanta.*

64. — Page 326. . . . . *Et quæ mollissima fandi*
    Tempora. . . . .

Dans le même livre (v. 423), Didon dit à sa sœur :

Sola viri molles aditus et tempora noras.

Ces expressions *mollissima tempora, molles aditus*, ont, dans le latin, un charme qui ne peut passer dans aucune autre langue. Virgile offre un grand nombre de ces mots heureux qui font le désespoir du traducteur.

65. — Page 326. *Thyas, ubi audito stimulant trieterica Baccho*
Orgia.

Variations dans les manuscrits : *Thyas, Thyias, Theias, Thias; trieterica, triaterica, triatericha.*

Les fêtes *triétériques*, ainsi nommées parce qu'elles se célébraient tous les trois ans, dans la Thrace, et ensuite à Thèbes, en l'honneur de Bacchus, différaient des *Dionysiaques*, instituées à Athènes en l'honneur du même dieu.

Pendant les *Triétériques*, on tirait du sanctuaire la statue et les symboles de Bacchus, le van, la flûte, les cymbales, etc. A cette vue, *commotis sacris*, les bacchantes échevelées, portant sur l'épaule des peaux de tigre, tenant en main le thyrse et des flambeaux, couraient, la nuit, dans les bois et sur les montagnes, hurlant et criant : *Evohe, Bacche!*

Les Bacchanales ou Orgies, appelées aussi *Nyctelia*, parce qu'on les célébrait pendant la nuit, furent d'abord célébrées, dans la Béotie, sur le mont Cythéron; elles passèrent à Rome, où leur extrême licence les fit enfin supprimer.

66. — Page 328. *Te propter Libycæ gentes, Nomadumque tyranni*
Odere.

Servius raconte que lorsque Virgile récita le ive livre de son *Énéide*, en présence d'Auguste et de quelques familiers du palais, il dit, avec une émotion profonde, ces vers...... *Dicitur ingenti affectu hos versus pronuntiasse, quum privatim, paucis præsentibus, recitavit Augusto; nam recitavit primum libros tertium et quartum.*

67. — Page 328. .... *Si quis mihi parvulus aula*
Luderet Æneas........

Ovide, dans l'héroïde de Didon à Énée, fait parler cette reine avec moins de délicatesse :

Forsitan et gravidam Dido, scelerate, relinquas;

Parsque tui lateat corpore clausa meo....

Cumque parente sua frater morietur Iuli.

Juvénal dit, dans sa v^e satire (v. 138) : Veux-tu devenir le maître de ton roi :

> . . . . . . Nullus tibi parvulus aula
> Luserit Æneas.

68. — Page 330. . . . . *Nec conjugis unquam*
Prætendi tædas, aut hæc in fœdera veni.

Virgile, qui exprime si bien les fureurs d'une amante abandonnée, peint Énée trop froid, peu ingénieux à se justifier, et même il lui donne une rudesse qui paraît sans nécessité comme sans excuse. Énée semble dire, dans tout son discours, comme Jason dans la *Médée* de Corneille :

> J'accommode ma flamme au bien de mes affaires.

Il ne sait opposer aux tendres reproches de la reine de Carthage, que les ordres de Jupiter et les arrêts du destin. Aucun regret n'est dans sa conduite, aucune bienséance dans ses discours. Tandis qu'il sait son amante livrée aux douleurs les plus violentes, au plus affreux désespoir, il dort tranquillement dans son vaisseau jusqu'à ce que Mercure le réveille.

> Æneas celsa in puppi, jam certus eundi,
> Carpebat somnos.

Jupiter et le destin lui ordonnaient-ils cette outrageante insensibilité ! On ne voit ici ni l'homme, ni le héros.

69. — Page 330. *Me si fata meis paterentur ducere vitam.*

Dans nos mœurs, ce langage d'Énée est celui d'un barbare. Qu'avait-il besoin de dire à son amante, à cette reine infortunée, qui l'a accueilli dans sa propre infortune, qui lui a tout sacrifié : « Si les destins m'eussent laissé seul arbitre de ma vie...., fidèle avant tout au culte d'Ilion et aux cendres des miens, déjà serait relevé le palais du superbe Priam, et Pergame, rebâtie par mes soins, pourrait offrir un asile aux vaincus. » Ne lui suffisait-il pas d'alléguer les ordres inflexibles du destin ! Sans doute, quelque vive expression qu'il eût mise dans ses regrets, Énée n'eût pas encore satisfait Didon; mais le lecteur ne pourrait du moins l'accuser d'insensibilité et d'ingratitude.

Lefranc de Pompignan, qui cependant n'a pu rendre ce héros intéressant, lui fait dire :

> Hélas ! si de mon sort j'avais ici le choix,
> Bornant à vous aimer le bonheur de ma vie,
> Je tiendrais de vos mains un sceptre, une patrie.
> Les dieux m'ont envié le seul de leurs bienfaits
> Qui pouvait réparer tous les maux qu'ils m'ont faits.

70. — Page 330. *Sed nunc Italiam magnam Grynæus Apollo.*

Variations dans les manuscrits : *Grineus, Crineus, Crynaeus,* qui se rapportent au même lieu; *Cyrrheus,* qu'il faut entendre de Cyrrha, près de Delphes; *crinitus,* qui indiquerait la chevelure d'Apollon. Ce dieu était surnommé *Grynéen,* parce qu'il avait un temple à *Grynium* ou *Gryna,* près de Clazomènes, dans l'Éolide, province de l'Asie mineure.

Virgile dit dans la vi^e églogue (v. 72) :

> Hic tibi Grynæi nemoris dicatur origo ;
> Ne quis sit lucus quo se plus jactet Apollo.

71. — Page 330. *Italiam Lyciæ jussere capessere sortes.*

Les sorts étaient un genre de divination qui se faisait en tirant d'une urne de petits morceaux de bois sur lesquels étaient gravés quelques mots, ou quelques lettres, dont on cherchait l'explication dans des tablettes sacrées. L'oracle de Dodone s'expliquait quelquefois par les sorts. Le temple de la Fortune, à Préneste, était fameux par cette sorte de divination. Cicéron fait connaître la fabuleuse origine des sorts de Préneste, et ajoute qu'ils furent inventés par les prêtres, pour entretenir la superstition des peuples : *Tota res est inventa fallaciis aut ad quæstum, aut ad superstitionem* (*de Divinat.*, l. ii, c. 41). Les poètes emploient quelquefois le mot *sortes* pour *oracles*. *Nunc Lyciæ sortes,* s'écrie Didon (v. 377).

Les *sorts virgiliens* n'étaient pas moins fameux, dans le moyen âge, que ne l'avaient été, dans le Latium, les *sorts de Préneste*. Virgile était alors regardé comme un grand magicien, et dans ses vers, lus au hasard, nos pères cherchaient l'avenir. C'est avec des vers de Virgile, que, dans le 16e siècle, Ignace de Loyola délivrait les possédés. « On prétend, dit Bayle, qu'en sa bouche les paroles de Virgile avaient la vertu de consterner les démons, et de les contraindre à crier merci. » C'est ce que raconte Hasen Muller, dans son *Histoire des jésuites*, et il était jésuite lui-même : *Ex Turriano refert quod aliquando Romæ fœmina quædam a diabolo obsessa, Ignatium Loyolam secuta sit, et clamaret : tu solus me liberare et juvare potes. Tunc Loyolam recitasse versum Virgilii :*

> Speluncam Dido, dux et trojanus eandem.

Qua voce audita dæmonem mulierem prostravisse, ac egredientem clamasse : O FILI, LOYOLA, TU CEU LEO ME AD SPELUNCAM INFERNI ABIRE COGIS ; SED ROGO TE, NE ME ÆTERNÆ SPELUNCÆ INJICIAS. *Postea Ignatius illi dixisse :* VADE QUOCUMQUE VOLUERIS, MODO NULLUM AMPLIUS HOMINEM OBSIDEAS. *Ac statim dæmonium magno cum strepitu egressum esse* (cap. VIII, p. 296).

72. — Page 332. *Testor utrumque caput..............*

J'en jure par votre tête et par la mienne, *meum et tuum*, dit La Cerda. D'autres interprètes pensent, avec moins de raison, qu'Énée jurait ici par les têtes de Jupiter et de Mercure. Ce serment par les personnes qu'on aimait, était un usage chez les anciens. Didon, s'adressant à sa sœur, lui dit (v. 492) :

> Testor, cara, deos, et te, Germana, tuumque
> Dulce caput.

Virgile dit encore (lib. IX, v. 300) :

> Per caput hoc juro, per quod pater ante solebat.

Ces sermens par les têtes les plus chères, se trouvent souvent dans les poètes de l'antiquité. Briséis dit, dans Ovide :

> Perque tuum, nostrumque caput, quod junximus una
> Juro.

73. — Page 332. *Desine meque tuis incendere, teque querelis.*

Ces expressions figurées *incendere, incensus, incendia* sont fréquemment employées par les poètes pour peindre les égaremens et les fureurs de l'amour. Valerius Flaccus dit (lib. VII, v. 243) :

> Perpetior duræ jamdudum incendia mentis.

DU LIVRE QUATRIÈME.

On lit dans Catulle (lib. XI, v. 226):

> Nostros ut luctus, nostræque incendia mentis.

Didon, quand le froid Énée l'engage à ne point s'enflammer, s'écrie (v. 376):

> Heu! furiis incensa feror!

74. — Page 332. *Italiam non sponte sequor.*

Ce vers, resté incomplet dans le texte, pourrait faire croire que Virgile se proposait d'ajouter au discours d'Énée quelque trait qui en eût adouci la dureté.

Delille imite souvent plus qu'il ne traduit. Il rend ainsi la fin du discours d'Énée : *Italiam non sponte sequor.*

> Je vous quitte à regret pour l'empire du monde.

75. — Page 332. *Nec tibi Diva parens*............

Catulle fait dire par Ariane à Thésée :

> Quænam te genuit sola sub rupe leæna!
> Quod mare conceptum spumantibus exspuit undis!
> Quæ Syrtis, quæ Scylla rapax, quæ vasta Charybdis,
> Talia qui reddis pro dulci præmia vita!

On a long-temps admiré et récité, dans les collèges, cette version de Segrais :

> Non, cruel, tu n'es pas le fils d'une déesse,
> Tu suças, en naissant, le lait d'une tigresse,
> Et le Caucase affreux t'engendrant *en courroux*,
> Te fit l'*âme et le cœur* plus durs que ses *cailloux*.

« Rien de plus ridicule, dit Gaston, que cette colère du Caucase, qui *fait une âme et un cœur*, et je voudrais savoir quelle matière il emploie pour les faire plus durs que ses *cailloux*. »

Lefranc de Pompignan a imité les mêmes vers dans sa tragédie de Didon :

> Non tu n'es point du sang des héros ni des dieux :
> Au milieu des rochers tu reçus la naissance ;
> Un monstre des forêts éleva ton enfance ;

> Et tu n'as *rien d'humain* que l'*art* trop dangereux
> De séduire une amante et de trahir ses feux.

Ces deux derniers vers appartiennent à Lefranc, et ne sont pas les meilleurs. A-t-on jamais dit que l'*art* était quelque chose d'*humain* !

Boileau avait parodié tout le discours de Didon, dans le second chant de son *Lutrin*; mais on ne trouve cette parodie que dans les éditions qui précédèrent celle de 1683. Le poète faisait parler ainsi la perruquière :

> Non, ton père à Paris ne fut point boulanger,
> Et tu n'es point du sang de Gervais l'horloger ;
> Ta mère ne fut point la maîtresse d'un coche ;
> Caucase, dans ses flancs, te forma d'une roche ;
> Une tigresse affreuse, en quelque autre écarté,
> Te fit sucer son lait avec sa cruauté.
> Car pourquoi désormais flatter cet infidèle ?
> En attendrai-je encor quelque injure nouvelle ?
> L'ingrat a-t-il du moins, en violant sa foi,
> Balancé quelque temps entre un lutrin et moi !
> A-t-il pour me quitter témoigné quelque alarme ?
> A-t-il pu de ses yeux arracher une larme ?
> Mais que servent ici ces discours superflus !
> Va, cours à ton lutrin, je ne te retiens plus.

On voit que ce sont les tours de Virgile; et la perruquière les suit encore dans le reste de son discours :

> Mon ombre chaque jour reviendra dans ces lieux,
> Un pupître à la main se montrer à tes yeux,
> Rôder autour de toi dans l'horreur des ténèbres,
> Et remplir ta maison de hurlemens funèbres.
> C'est alors, mais trop tard, qu'en proie à tes chagrins,
> Ton cœur froid et glacé maudira les lutrins ;
> Et mes mânes, contens au bord de l'onde noire,
> Se feront de ta peur une agréable histoire.

76. — Page 332. . . . . *Hyrcanæque admorunt ubera tigres.*

L'Hyrcanie, province de Perse, dans l'ancienne Parthie, au midi de la mer Caspienne. Servius, par une erreur inconcevable, fait de l'Hyrcanie une province de l'Arabie : *Nam Hyrcania silva est Arabiæ*. Le P. Catrou croit que Didon place l'Hyrcanie en Arabie, parce que, dit-il, *dans la colère, on confond tout*. Mais, comme le remarque Desfontaines, le jésuite « impute à la colère de Didon, ce qui doit être imputé à son ignorance. »

77. — Page 332. . . . . *Te cautibus horrens
   Caucasus*. . . . .

Le Caucase est une longue chaîne de montagnes, dans la Scythie, entre le Pont-Euxin et la mer Caspienne ou d'Hyrcanie. C'est sur un rocher du Caucase que Prométhée fut enchaîné pour être la proie éternelle d'un vautour. *(Voyez* STRABON, POMPONIUS MELA, PTOLÉMÉE, etc.)

78. — Page 332. *Num fletu ingemuit nostro? num lumina flexit?*

Ce mouvement a été imité, par Racine, dans *Bajazet*:

> En ai-je pu tirer un seul gémissement?
> Tranquille à mes soupirs, muet à mes alarmes,
> Semblait-il seulement qu'il eût part à mes larmes?

79. — Page 332. *Scilicet is Superis labor est, ea cura quietos
   Sollicitat!* . . . .

Ce dogme d'Épicure est ainsi exposé par Lucrèce (liv. I, v. 58 et suiv.):

> Omnis enim per se divum natura necesse est
> Immortali ævo summa cum pace fruatur,
> Semota ab nostris rebus, sejunctaque longe;
> Nam privata dolore omni, privata periclis,
> Ipsa suis pollens opibus, nihil indiga nostri,
> Nec bene promeritis capitur, nec tangitur ira.

C'est d'après cette doctrine, qu'Horace dit : *Quietis ordinibus deorum.*

Lefranc de Pompignan fait dire à Didon :

> Tranquilles dans les cieux, contens de nos autels,
> Les dieux s'occupent-ils des amours des mortels?
> Ou si de nos ardeurs leur majesté blessée
> Abaisse jusqu'à nous leurs soins et leur pensée,
> Ce n'est que pour punir des traîtres comme toi,
> Qui d'une faible amante ont abusé la foi.

> Crains d'attester encor leur puissance suprême ;
> Leur foudre ne doit plus gronder que sur toi-même.
> Mais tu ne connais point leur austère équité ;
> Tes dieux sont le parjure et l'infidélité.

80. — Page 234. *Supplicia hausurum scopulis*.......

Les anciens poètes disaient *haurire* ou *exhaurire pœnas*, pour *luere; vocem haurire*, pour *recipere, bibere*. Cette métaphore hardie : *Tu avaleras ton supplice sur les écueils*, est dans le génie oriental. Les livres saints offrent souvent ce style figuré : on trouve dans le livre de Job : « Il boit l'iniquité comme l'eau, » *qui bibit quasi aquam iniquitatem ;* on y trouve aussi : *qui bibis subsanationem ; de furore omnipotentis bibet* : « Il boira de la fureur du tout-puissant. » On lit dans l'*Apocalypse* : « Il boira du vin de la colère de Dieu, » *bibet de vino iræ Dei*.

81. — Page 336. *Ac veluti ingentem formicæ farris acervum.*

Quelques commentateurs ont trouvé cette belle comparaison peu digne de l'épopée : ils n'ont pas fait attention qu'Homère tire une comparaison des mouches dans l'*Iliade*; et que, dans son poëme des *Argonautes*, Apollonius prend pour sujet d'une de ses comparaisons, les mouches et les fourmis (liv. IV).

Rien n'est plus plaisant que les efforts faits par quelques interprètes, et, entre autres, par le professeur Binet, pour faire aux Troyens l'application de presque tous les mots de la comparaison des fourmis. Le professeur trouve que Virgile a voulu désigner, par les trésors de Cérès, *ingentem farris acervum*, les immenses trésors de Sichée, apportés de Sidon, et que *pillent* les Troyens avant de se rembarquer. Car ces mots, *tectoque reponunt* (et les portent sous leurs toits souterrains), signifient que les Troyens, reconnaissans de l'hospitalité qu'ils ont reçue, enlèvent sans obstacle les richesses de Carthage, et les déposent dans leurs vaisseaux. Il faut entendre par *hiemis memores* (prévoyant l'hiver), la prévision d'une longue navigation, ce qui rend le pillage plus grand.

Si le poète ajoute : *it nigrum campus agmen* (le noir bataillon traverse la plaine), c'est qu'il veut signaler, surtout par la couleur, les matelots troyens, ouvriers laborieux, qui marchent en foule de la ville au port, couverts de sueur et de poussière. Quand les fourmis voiturent sur l'herbe leur butin, *prædamque per herbas convectant*, « vous croyez voir, dit le professeur Binet, les Troyens voiturant leurs provisions; » et, si ces mots, *per herbas*, vous embarrassent, admettez qu'ils traversent une plaine que « l'on peut supposer être une prairie proche la mer. » Il est évident que par *calle angusto* (sentier étroit), Virgile « représente les Troyens formant une file depuis la ville jusqu'au rivage : » le mot *angusto* ne doit pas nous embarrasser : car la file « est étroite pour qui la regarde de loin, comme Didon. » Or, il y avait des traînards parmi les Troyens; voilà pourquoi le poète dit que les chefs dirigent et hâtent leur marche, *pars agmina cogunt;* et qu'ils les corrigent même, *castigantque moras*. Et cependant, dans l'étroit sentier, l'ardeur est générale, *opere omnis semita fervet.* Donc, « cette comparaison est admirable pour la justesse des applications dans toutes ses parties. » Ce qui est plus admirable encore, c'est l'analyse du professeur Binet.

82. — Page 336. *Puppibus et læti nautæ imposuere coronas.*

Les anciens grammairiens critiquaient ce vers, peut-être parce qu'il se trouve tout entier dans le 1er livre des *Géorgiques* (v. 304). On lit dans Servius : *Probus sane sic adnotavit : si hunc versum omitteret, melius fecisset.*

Les nautoniers couronnaient de fleurs la poupe de leurs vaisseaux lorsqu'ils mettaient à la voile, et lorsqu'ils rentraient dans le port.

83. — Page 336. *Aulide juravi..................*

Aulis ou Aulide était une petite ville maritime dans la Béotie, en face de Chalcis, sur le détroit qui sépare l'île d'Eubée du continent. C'est du port d'Aulis que la flotte des Grecs partit pour le siège de Troie : on devrait donc dire les Grecs réunis à Aulide, et non en Aulide, puisque c'était un port et non une province : l'usage contraire a prévalu.

84. — Page 338. *Non jam conjugium antiquum, quod prodidit, oro.*

Ce discours est peut-être le plus touchant de ceux que le poète a mis dans la bouche de Didon; vaincue par l'excès du désespoir cette reine infortunée ne menace plus, elle s'humilie et s'abaisse à la prière : c'est ainsi que la fière Hermione dit à Pyrrhus (*Andromaque*, act. IV, sc. V) :

> Ordonnez votre hymen, j'y consens ; mais du moins
> Ne forcez pas mes yeux d'en être les témoins.
> Pour la dernière fois je vous parle peut-être :
> Différez-le d'un jour, demain vous serez maître.

85. — Page 338. *Quam mihi quum dederit, cumulatam morte remittam.*

Ce vers a été singulièrement défiguré par les copistes. Les manuscrits portent diverses leçons : *quum dederis* et *quum dederit*; *cumulatam, cumulata, cumulatum* ; *remittam* et *relinquam*.

Si l'on admet *cumulatum* avec le P. La Rue, Didon dit alors à sa sœur : *Dimittam illum, expletum morte mea.* « Je laisserai partir Énée, satisfait d'avoir causé ma mort. »

Si l'on se décide pour *dederit*, c'est à sa sœur que Didon demanderait un délai, une trêve à sa douleur, tandis qu'elle la charge d'obtenir d'Énée qu'il retarde son départ.

> I, soror, atque hostem supplex affare superbum.

Ce n'est pas sa sœur qui peut lui accorder le vain délai qu'elle demande, *tempus inane peto*. Si elle obtient cette grâce, elle en sera reconnaissante, et la paiera par sa mort, *cumulatum morte remittam*.

Servius et Pomponius Sabinus ont été incertains sur la véritable leçon de ce vers. Ils s'accordent à dire, je ne sais sur quel fondement, que la version *si dederis* avait été approuvée par Tucca et Varius; Heyne l'a adoptée. Mais on trouve *si dederit* dans le *Codex* Médicis et dans les plus anciens manuscrits.

Les nombreux traducteurs de l'*Énéide* ont varié suivant la leçon qu'ils ont suivie. MM. Binet, Morin, de Guerle, Delestre, et les quatre professeurs, ont adopté *cumulatam*, et ils font dire à Didon que sa reconnaissance pour sa sœur ne finira qu'avec sa vie. MM. Delille, Tissot et Mollevault se sont décidés pour *cumulatum*. C'est ainsi que le premier dit :

> Je lui paierai le prix d'une faveur si chère :
> Ma mort, puisqu'il le veut, en sera le salaire.

DU LIVRE QUATRIÈME.

Voici la version de M. Tissot : « C'est la dernière grâce que j'implore : et quand je l'aurai obtenue, je la lui rendrai avec usure par le bienfait de ma mort. »

M. Mollevault se contente de dire : « et ma mort comblera ses vœux. »

Gaston, pour éviter la difficulté, n'a traduit ni ce vers, ni celui qui le précède.

86. — Page 338. *Ac veluti annoso validam quum robore quercum.*

M. Tissot pense, avec raison, que cette comparaison, tirée de l'Iliade, n'est judicieuse ni dans le fond ni dans la forme. « Ce serait Anchise que l'on pourrait comparer à un vieux chêne, et non pas Énée dans la force de l'âge; Énée, rendu à tout l'éclat de la jeunesse par sa mère. D'ailleurs, le héros a trop peu de grandeur dans cette circonstance, pour mériter un parallèle si ambitieux. Deux femmes qui pleurent et qui prient ne ressemblent point aux aquilons déchaînés sur les Alpes. A peine pourrait-on souffrir cette image, s'il s'agissait ici de deux amantes furieuses et désespérées, comme Camille et Hermione.... L'exagération dans les détails aggrave encore la faute du poète ; il y met le comble, en ajoutant qu'Énée, en butte à des assauts continuels, ressent une douleur profonde ; supposition démentie au moment même par ces mots :
« Mais il reste inébranlable, et seulement quelques larmes inutiles
« coulent de ses yeux. »

Mens immota manet, lacrymæque volvuntur inanes.

87. — Page 338. . . . . *Et quantum vertice ad auras*
Æthereas, tantum radice in Tartara tendit.

Ces mêmes vers se trouvent textuellement dans le second livre des *Géorgiques* (v. 292); ils ont été fort bien traduits par Lafontaine, dans la fable du *Chêne et du Roseau :*

Celui de qui la tête au ciel était voisine,
Et dont les pieds touchaient à l'empire des morts.

88. — Page 340. . . . . *Latices nigrescere sacros.*

Quelques interprètes ont cru mal à propos que *Latices sacros* signifiaient *vina sacra*. *Latex* exprime l'eau qui sort d'un lieu où elle était cachée.

89. — Page 340. *Solaque culminibus ferali carmine bubo.*

Pline décrit ainsi le hibou : *bubo funebris, et maxime abominatus, publicis præcipue auspiciis, deserta incolit; nec tantum desolata, sed dira etiam et inaccessa; noctis monstrum; nec cantu aliquo vocalis, sed gemitu* (lib. x).

90. — Page 340. *Eumenidum veluti demens videt agmina Pentheus.*

Penthée, petit-fils de Cadmus, roi de Thèbes, avait défendu de célébrer dans ses états les fêtes de Bacchus. Ce dieu le livra, pour se venger, aux terribles Euménides : il croyait voir devant lui deux soleils et deux villes de Thèbes. Il fut mis en pièces par sa mère et par ses tantes, qui célébraient les orgies.

Euripide chez les Grecs, et Pacuve, chez les Latins, avaient mis sur la scène Penthée furieux : *Pentheus auctor, secundum tragediam Pacuvii etiam ipse furit.* (SERVIUS.)

Apud Pacuvium inducitur Pentheus furens qui videt duos soles et duas Thebas. (POMPONIUS SABINUS.)

91. — Page 340. *Aut Agamemnonius scenis agitatus Orestes.*

Oreste, après son parricide, se rend à Delphes pour consulter l'oracle. Il croit voir sa mère Clytemnestre qui le poursuit, et les Furies vengeresses qui l'empêchent de sortir du temple.

Dans Euripide, Oreste s'écrie : « ô ma mère, je t'en conjure, n'anime pas contre moi ces femmes aux yeux sanglans, au front hérissé de vipères !... les voilà, les voilà qui s'élancent près de moi !... O Apollon, elles vont m'immoler, ces femmes dont l'aspect est celui des chiens dévorans, ces femmes qui lancent d'affreux regards, ces prêtresses de la mort, ces formidables déesses. » (*Oreste*, act. I, sc. I et v.)

On lit, dans Servius : *à Pacuvio Orestes inducitur, Pyladis admonitu, propter vitandas furias ingressus Apollinis templum; unde quum vellet exire invadebatur a furiis.* (Voyez ESCHYLE, EURIPIDE, ENNIUS, RACINE, dans *Andromaque*, BOTTIGER, *Furien maske.*)

92. — Page 340. *Consilium vultu tegit, ac spem fronte serenat.*

Didon a long-temps médité sa mort : « c'est, dit M. Tissot, un long enfantement de la douleur qui l'a conçue. » *Concepit.... consilium vultu tegit, ac spem fronte serenat.*

Racine représente Phèdre réduite, comme Didon, à cacher, au milieu de sa cour, ses larmes et son désespoir :

> Je n'osais dans mes pleurs me noyer à loisir,
> Je goûtais en tremblant ce funeste plaisir;
> Et sous un front serein déguisant mes alarmes,
> Il fallait bien souvent me priver de mes larmes.

Didon feint de préparer un sacrifice magique qui ressemble à celui qui est décrit dans la viii *églogue* :

> Effer aquam, et molli cinge hæc altaria vitta :
> Verbenasque adole pingues, et mascula thura ;
> Conjugis ut magicis sanos avertere sacris
> Experiar sensus, etc.

On trouve aussi la description d'un sacrifice magique dans Apollonius, liv. iv; dans Tibulle, etc.

93. — Page 342. *Ultimus Æthiopum locus est.......*

L'Éthiopie, ainsi nommée du teint de ses habitants, brûlé par le soleil, comprenait la partie méridionale de l'Afrique, depuis le mont Atlas jusqu'au delà de la ligne équinoxiale ; elle est connue aujourd'hui sous le nom d'Abyssinie. Les Romains l'appelaient *India* ou *Inde moyenne*. D'ailleurs, les Grecs appelaient Éthiopiens tous les peuples dont la peau était noire et basanée.

C'est vers l'extrémité occidentale de l'Afrique que les anciens poètes ont placé les confins du soleil et de la nuit, le siège de la mort, les enfers, le Tartare, l'Élysée, les fables d'Atlas, des Gorgones et du jardin des Hespérides.

94. — Page 342. *Hinc mihi Massylæ gentis monstrata sacerdos.*

Variations dans les manuscrits : *Massyliæ, Massilio, Massaliæ, massile, Massillæ.*

95. — Page 342. *Hesperidum templi custos...........*

Hésiode nomme les Hespérides *Eglé, Aréthuse et Hespéréthuse.*

Elles étaient filles d'Hespérus, frère d'Atlas. Les poètes placent leur temple et leur jardin, qui étaient consacrés à Junon ou à Vénus, au delà de l'Océan. D'après cette vague indication, les mythographes ont vu le jardin des Hespérides, les uns dans la Mauritanie Tingitane, les autres dans les îles Fortunées (aujourd'hui *Canaries*).

96. — Page 342. *Spargens humida mella soporiferumque papaver.*

On ne comprend pas pourquoi la prêtresse du temple des Hespérides nourrissait de pavots assoupissans *(soporiferum papaver)* le dragon qui gardait les fruits d'or de l'arbre sacré? Servius dit : *incongrue videtur positum ut soporifera species* (papaver) *pervigili detur draconi.* On sait que les Grecs donnaient pour nourriture aux serpens, du miel et des pavots. Heyne croit que *soporiferum* est employé par Virgile comme ornement : *tantum ornet... poeta docte loqui maluit.* D'autres commentateurs pensent que, par le mot *spargens,* Virgile a voulu dire que la prêtresse écartait du dragon le miel et les pavots assoupissans, afin qu'il ne fût point envahi par le sommeil. Jean Schrader, dans son édition, a condamné et rejeté ce vers.

97. — Page 342. *Hæc se carminibus promittit solvere mentes
Quas velit, ast aliis duras immittere curas.*

Virgile paraît avoir emprunté sa magicienne du troisième livre d'Apollonius de Rhodes : « Dans le palais d'Eétès, habite une jeune princesse (Chalciope, sœur de Médée) à qui la divine Hécate a révélé ses secrets les plus cachés. Elle connaît toutes les productions de la terre et des eaux, et sait, en les préparant avec adresse, composer des charmes capables d'apaiser l'ardeur de la flamme, de suspendre le cours des fleuves impétueux, et d'arrêter, dans leur marche, la lune et les étoiles. » (*Traduction de* M. Caussin.)

Tibulle, contemporain de Virgile, parle, dans la seconde *Élégie* de son premier livre, d'une magicienne qui opérait de semblables prodiges :

> Hanc ego de cœlo ducentem sidera vidi;
> Fluminis hæc rapidi carmine vertit iter.
> Hæc cantu finditque solum, manesque sepulcris
> Elicit, et tepido devocat ossa rogo.

> Jam ciet infernas magico stridore catervas,
>   Jam jubet aspersas lacte referre pedem
> Quum libet, hæc tristi depellit nubila cœlo ;
>   Quum libet, æstivo convocat orbe nives.
> Sola tenere malas Medeæ dicitur herbas :
>   Sola fera Hecates perdomuisse canes....
> Quid credam ? nempe hæc eadem se dixit amores
>   Cantibus, aut herbis, solvere posse meos.

Dans l'*Hercule au mont OEta* de Sénèque, la nourrice de Dejanire dit : « Avec mon art j'ordonne aux bois de reprendre leur verdure au milieu de l'hiver, et j'arrête la foudre élancée de la nue ; je soulève les flots en l'absence des vents ; j'apaise la mer battue par la tempête ; je fais jaillir des sources nouvelles sur une terre aride ; à ma voix les rochers s'agitent, les portes s'ouvrent, les ombres arrivent des enfers, les mânes parlent, et Cerbère fait entendre sa voix. La mer, le ciel, la terre, le Tartare me sont soumis. Quand je veux, la nuit la plus obscure a vu le soleil, et le jour a vu la nuit. Aucune loi de la nature ne résiste à mes chants. »

98. — Page 342. .... *Magicas invitam accingier artes.*

Servius nous apprend que les Romains regardaient la magie comme un art criminel : *quum multa sacra susciperent Romani ; magica semper damnarunt.* On lit dans la loi des Douze-Tables : *qui fruges excantasit, etc. ; per malum carmen incantasit, etc.* (Voyez PLINE, liv. XXVIII, chap. 2). Constantin-le-Grand fit une constitution contre les magiciens. La loi la plus sévère fut celle de Constance et de Valentinien (*Voyez* le Code Théodosien, *de Maleficiis*).

99. — Page 342. *At regina, pyra penetrali in sede sub auras.*

Il y avait alors, comme aujourd'hui, dans le palais des rois, des appartemens secrets et retirés. Virgile dit encore dans le même livre (v. 494) :

> Tu secreta pyram tecto interiore sub auras
> Erige.

Il avait déjà parlé de ces appartemens intérieurs dans le premier livre de l'*Énéide :*

> At domus interior regali splendida luxu
> Instruitur.

Ces appartemens étaient appelés *cenacles* par les anciens : il y avait des autels pour les sacrifices.

100. — Page 344. *Effigiemque toro locat*........

Cette image d'Énée devait être de terre ou de cire.

Les magiciennes exposaient, sur la flamme, une image représentant celui contre qui était fait le sortilège.

On lit, dans la VIII *Églogue* de Virgile, ces vers :

> Limus ut hic durescit, et hæc ut cera liquescit
> Uno eodemque igni : sic nostro Daphnis amore
> Sparge molam, et fragiles incende bitumine lauros.

101. — Page 344. *Ter centum tonat ore Deos, Erebumque, Chaosque, Tergeminamque Hecatem, tria virginis ora Dianæ.*

La plupart des commentateurs et des traducteurs ont cru que la prêtresse massylienne invoquait ici trois cents divinités du Ténare. Desfontaines traduit *ter centum* par *une foule*; De Guerle, par *les dominations de l'enfer*; les quatre professeurs, Binet, qui suit leurs traces, et MM. Morin et Mollevault, adoptent les trois cents divinités infernales. Dans la traduction de Delille, la prêtresse n'*invoque* que *Pluton*,

> Et la triple Diane et l'ardent Phlégéton.

Gaston dit que la magicienne

> Évoque le Chaos, les ombres infernales,
> Le Styx, la triple Hécate et les Parques fatales.

Servius croit que la magicienne de Virgile n'invoque point trois cents divinités, mais qu'elle appelle trois cents fois, l'Érèbe, le Chaos et la triple Hécate. Cependant le poète fait invoquer les dieux du Ténare, *Deos*, et puis l'Érèbe, *Erebumque*, et le Chaos, *Chaosque, etc.* Heyne dit, que la prêtresse récite les noms des divinités infernales *longo ordine*, comme c'était l'usage dans les hymnes et dans les formules sacrées des anciens.

Le sacrifice magique décrit par Virgile, a fourni à J.-B. Rousseau l'idée de sa plus belle cantate *(Circé)*. L'imitation est évidente dans ces vers :

> Elle invoque à grands cris tous les dieux du Ténare,
> Les Parques, Némésis, Cerbère, Phlégéton,
> Et l'inflexible Hécate, et l'horrible Alecton.
> Sur un autel sanglant l'affreux bûcher s'allume, etc.

102. — Page 344. *Falcibus et messæ ad Lunam quæruntur ahenis.*

Macrobe, qui s'attache trop à signaler, comme des larcins, les imitations faites par Virgile, dit que le poète a pris de Sophocle la faucille d'airain.

103. — Page 344. *Quæritur et nascentis equi de fronte revulsus,*
Et matri præreptus amor.

L'hippomane ou hippomanès était regardé par les anciens comme une espèce de philtre, ou charme puissant pour se faire aimer. Aristote parle de l'hippomanès, dans son histoire des animaux (livre VI); Pline dit (liv. VIII, ch. 66): « le cheval en naissant apporte, sur le front, le philtre qu'on a nommé hippomanès, de la grosseur d'une noix et de couleur noire, que la mère dévore aussitôt, sans quoi elle ne veut pas nourrir son poulain. Si on a pu le soustraire à son avidité, on peut rendre frénétiques d'amour les jumens auxquelles on en fera respirer l'odeur. » (*Traduction de* M. AJASSON DE GRANDSAGNE.)

« L'hippomanès, dit M. Cuvier, est une concrétion qui se trouve quelquefois dans l'eau de l'amnios des jumens. Les vertus que les anciens lui attribuaient dans la composition des philtres, sont fabuleuses. La jument qui vient de mettre bas le dévore, mais par le même instinct qui fait dévorer l'arrière-faix à la plupart des femelles de quadrupèdes; et ce n'est pas assurément l'hippomanès qui est la cause de l'attachement qu'elle porte à son poulain. »

Virgile parle d'une autre espèce d'hippomanès dans le IIIe livre des *Géorgiques* (v. 280 et suiv.) :

> Hinc demum, hippomanes vero quod nomine dicunt
> Pastores, lentum distillat ab inguine virus :
> Hippomanes, quod sæpe male legere novercæ,
> Miscueruntque herbas, et non innoxia verba.

104. — Page 344. *Unum exuta pedem vinclis, in veste recincta,*
Testatur moritura Deos..........

C'était un usage chez les anciens, lorsqu'un hymen était rompu, de retirer un pied de sa chaussure. Cet usage s'est conservé chez les Turcs, suivant les relations de l'ambassadeur Busbec (*De rebus Turcicis*, epist. III).

105. — Page 344. *Rura tenent, somno positæ sub nocte silenti.*

Ce vers manque dans le *Codex* Médicis et dans d'autres manuscrits : Heinsius le croit supposé. Burmann dit que ce vers lui paraît *jugulare sententiam, structuram evertere et nervos orationis præcidere*. Mais Brunck pense que ce même vers est de Virgile : *est profecto tam a Virgilii manu quam quivis alius e laudatissimis.* Il trouve que, si on le retranchait, cette belle description de la nuit serait tronquée et incomplète, *manca et mutila*. On est cependant étonné de voir les troupeaux, les oiseaux et les poissons délivrés par le sommeil de leurs soucis, *lenibant curas :* les soucis semblent n'appartenir qu'à l'homme.

On trouve la même image du repos de la nuit dans le VIIIe livre (v. 26) :

> Nox erat : et terras animalia fessa per omnes
> Alituum pecudumque genus sopor altus habebat.

Et dans le IXe livre (v. 224, *Épisode* de Nisus et Euryale) :

> Cetera per terras omnes animalia somno
> Laxabant curas, et corda oblita laborum.

106. — Page 346. *Laomedonteæ sentis perjuria gentis.*

Les poètes disent que Laomédon refusa de payer Apollon et Neptune qui avaient relevé les murailles de Troie. Il refusa aussi de donner à Hercule les chevaux qu'il lui avait promis, s'il délivrait Hésione du monstre marin envoyé par Neptune. Indigné de sa perfidie, Hercule le tua, et donna Hésione à Télamon.

107. — Page 346. *Tu lacrymis evicta meis, tu prima furentem.*

C'est ainsi que Phèdre dit à OEnone (act. IV, sc. 6) :

> Malheureuse ! voilà comme tu m'as perdue !
> Au jour que je fuyais c'est toi qui m'a rendue ;
> Tes prières m'ont fait oublier mon devoir :
> J'évitais Hippolyte, et tu me l'as fait voir.

Virgile fait dire à Didon : *non licuit thalami expertem sine crimine vitam degere more feræ*. Delille a corrigé ainsi l'inconvenance du *thalami expertem :*

> Que n'ai-je pu, grands dieux, dans un chaste veuvage,
> Conserver de mon cœur la rudesse sauvage !

108. — Page 346. *Tantos illa suo rumpebat pectore questus.*

L'ancien *Codex Vratislaviensis* contient, après ce vers, celui-ci :

> Thuraque magnorum longe dat jussa deorum.

109. — Page 348. *Omnia Mercurio similis, vocemque, coloremque, Et crines flavos, et membra decora juventæ.*

Les anciens s'accordaient à regarder Mercure comme un des plus beaux dieux de leur Panthéon.

110. — Page 348. *Nate Dea, potes hoc sub casu ducere somnos.*

Comment Énée pouvait-il dormir en un pareil moment, *hoc sub casu?* Ce sommeil, qui étonne les dieux, accuse, dans le héros, l'homme insensible et le chef imprudent. Heyne dit : *dormire Æneam insolens et mirum erat.*

111. — Page 348. *Tum vero Æneas, subitis exterritus umbris.*

Le mot *umbris* est-il employé ici pour *tenebris,* comme l'ont cru quelques traducteurs, ou pour *ombre, vision, apparition?* Voici la traduction des quatre professeurs : « Énée, dans ce moment, effrayé d'être tombé tout à coup de la lumière dans les ténèbres. » Telle est aussi la version de Binet : « Énée effrayé de retomber tout à coup dans les ténèbres. » Heyne croit que ce sens est le meilleur, c'est-à-dire, qu'Énée fut effrayé de voir succéder soudain les ténèbres à la vive lumière qui accompagnait, dans la nuit, l'apparition des dieux. Énée avait dit (v. 358) : *deum manifesto in lumine vidi.* On peut admettre que cette vision soudaine d'un dieu effraye un héros : mais conçoit-on un héros qui est saisi de terreur, *exterritus,* dans les ténèbres?

112. — Page 350. *Tithoni croceum linquens Aurora cubile.*

Tithon, fils de Laomédon, enlevé par l'Aurore, lui demanda l'immortalité : elle lui fut accordée. Mais il avait oublié de demander aussi une jeunesse éternelle. Il vieillit, et, tombé dans la caducité, il maudissait le don qu'il avait imploré. Les dieux eurent quelque pitié de sa longue misère, et le fils d'un roi, triste amant de l'Aurore, fut changé en cigale. (*Voyez* le 1er livre de l'*Iliade*.)

113. — Page 350. *Regina e speculis ut primum albescere lucem.*

Ce vers a paru, aux commentateurs, imité du vieil Ennius, qui avait dit : *ut primum tenebris abjectis inalbebat dies.*

Virgile a fait aussi quelques emprunts à l'*Ariane abandonnée* de Catulle, poëme qui avait été publié avant la composition du IVe chant de l'*Énéide* ; et, malgré la supériorité de son talent, Virgile est resté inférieur dans plusieurs passages. Les deux poètes ont peint la douleur de deux amantes abandonnées, quand elles voient le rivage silencieux et désert. Catulle dit :

. . . . Omnia muta,
Omnia sunt deserta, ostentant omnia mortem.

Ces vers semblent l'emporter pour les images et pour l'harmonie sur ce vers de Virgile :

Littoraque et vacuos sensit sine remige portus.

Cependant le mot *sensit* pour *vidit* est d'une grande beauté. Didon ne voit pas la solitude du rivage, elle la sent.

La douleur d'Ariane, après le départ de Thésée, peut paraître exprimée avec plus de force, que celle de Didon après le départ d'Énée. Didon regarde, du haut de son palais, la flotte troyenne qui s'éloigne : Ariane s'élance furieuse, égarée, sur le haut d'un rocher, d'où ses yeux suivent le vaisseau qui emporte son amant. Quand il disparaît à sa vue, elle tombe sans connaissance, et le poète la compare alors à la statue de marbre d'une Bacchante. « Image admirable, dit Delille, parce qu'elle peint à la fois la fureur de l'amour désespéré, et l'immobilité de la douleur stupide : *saxea ut effigies Bacchantis.* »

114. — Page 350. . . . . *Et nostris illuserit advena regnis.*

Tous les traducteurs, dit M. Morin, ont pris *nostris regnis* pour *meis regnis,* et ils regardent l'injure comme personnelle à Didon. Mais, dans le latin, Didon parle comme une reine insultée avec ses sujets, par un étranger qui a abusé des droits de l'hospitalité : *nostris illuserit advena regnis*. Ce langage est plus conforme à sa dignité, et il amène très-naturellement l'appel à tous les Tyriens : *non arma expedient, etc.*

115. — Page 350. *Infelix Dido, nunc te fata impia tangunt.*

Au lieu de *fata*, on lit *facta* dans le *Codex* Médicis, et dans plusieurs autres : Heyne suit cette leçon, et cherche à la justifier. Mais dans la plupart des manuscrits on trouve *fata*, expression plus poétique : Didon est poursuivie, atteinte par un destin injuste et cruel.

116. — Page 350. *Tum decuit quum sceptra dabas* . . . . . .

Racine, qui a dû souvent à Virgile d'heureuses inspirations, fait dire à Roxane (*Bajazet*, act. IV, sc. 3) :

> Tu pleures, malheureuse! ah! tu devais pleurer
> Lorsque d'un vain désir à ta perte poussée,
> Tu conçus de le voir la première pensée.

117. — Page 350. . . . . *En dextra fidesque*
Quem subiisse humeris aiunt portasse Penates!

Voltaire fait dire à Orosmane (*Zaïre*, act. IV, sc. 5) :

> Voilà ce Nerestan, ce héros plein d'honneur,
> Ce chrétien si vanté, qui remplissait Solyme
> De ce faste imposant de sa vertu sublime!

118. — Page 350. *Non potui abreptum divellere corpus.*

Variations dans les manuscrits *areptum, arreptum, abrutum*; et c'est ce que les commentateurs appellent encore *librariorum ludibria*.

119. — Page 350. *Sol qui terrarum flammis opera omnia lustras.*

C'était, chez les anciens, une croyance religieuse que les imprécations des mourans devaient être exaucées. On lit dans Horace : *Dira detestatio nulla expiatur victima*. Les imprécations de Didon contre Énée font allusion aux longues guerres puniques et à la rivalité de Rome et de Carthage.

120. — Page 352. *Et Diræ ultrices, et Di morientis Elisæ.*

Diræ, les Furies. Virgile les peint dans le xiie livre (v. 845 et suiv.) :

> Dicuntur geminæ pestes, cognomine Diræ;
> Quas, et tartaream nox intempesta Megæram,
> Uno eodemque tulit partu, paribusque revinxit
> Serpentum spiris, ventosasque addidit alas.
> Hæ Jovis ad solium, sævique in limine regis
> Apparent, acuuntque metum mortalibus ægris,
> Si quando lethum horrificum morbosque deum rex
> Molitur, meritas aut bello territat urbes.

Par *Di morientis Elisæ*, Heyne entend les génies de Didon, qui vont devenir ses mânes. C'est aussi à peu près le sens que donne au texte Servius ; mais Pomponius Sabinus croit que Didon mourante invoque les mânes de Sichée, qui sont devenus ses dieux, et ce sens peut être reçu.

121. — Page 352. . . . . *Quum se sub leges pacis iniquæ.*

La paix que fit Énée dans le Latium peut sembler honteuse, parce qu'il s'engagea à recevoir, pour les Troyens, les lois, les coutumes, les dieux, et le nom même du peuple Latin qu'il avait vaincu. Ce fut à cette condition que Junon permit, enfin, l'établissement des Troyens en Italie.

122. — Page 352. *Sed cadat ante diem, mediaque inhumatus arena.*

Énée ne régna qu'un petit nombre d'années, quoique, dans la descente aux enfers (liv. vi, v. 764), Anchise lui prédise qu'il deviendra, dans sa vieillesse, père de Sylvius qui sera roi :

> Quem tibi longævo serum Lavinia conjux
> Educet silvis regem.

Trois ans après son arrivée en Italie, Énée fut tué dans un combat, et son corps, englouti dans les flots du Numicus, ne fut point retrouvé, ce qui fit dire que le héros avait été reçu parmi les dieux. (Tite-Live, liv. i.)

« Quel rôle joue, en ce moment, un héros qui s'est attiré de si cruelles menaces, et qui n'a rien fait d'avance pour en détourner l'horreur, ou en laisser voir la profonde injustice? Cet Énée, à qui Jupiter, lui-même, a fait de si magnifiques promesses, l'homme des destinées, fuit de Carthage, chargé, ainsi que tout son peuple, des malédictions d'une amante et d'une reine. La colère de Didon mourante, *fœdat, funestat omne fatum Æneæ.* » (M. Tissot.)

123. — Page 352. *Exoriare aliquis nostris ex ossibus ultor.*

Didon semble invoquer ici prophétiquement le plus terrible ennemi des Romains, Annibal, qui gagna, contre eux, dans la seconde guerre punique, les célèbres batailles du Tésin, de Trébie, de Trasymène, de Cannes, et qui se maintint en Italie pendant seize ans. Cette imprécation, justement admirée, est pleine d'énergie et d'emportement. Et, comme si ce vengeur terrible ne suffisait pas à la fureur de Didon, cette reine outragée appelle la nature, les élémens et les peuples d'Afrique à conspirer la ruine de Rome :

> Littora littoribus contraria, fluctibus undas
> Imprecor, arma armis : pugnent ipsique nepotes.

Philippe Strozzi, chef de la faction opposée à celle de Médicis, ayant été fait prisonnier, résolut de se donner la mort qu'il allait perdre dans les tourmens. Il saisit l'épée qu'un soldat avait laissée, par mégarde ou par pitié, dans sa prison, et écrivit, sur le manteau de la cheminée, avec la pointe du glaive, qu'il fit ensuite descendre dans son sein, ce vers :

> Exoriare aliquis nostris ex ossibus ultor.

124. — Page 352. . . . . *Pugnent ipsique nepotes.*

Dans le *Codex* Médicis, et dans les meilleurs manuscrits, on lit *ipsique, nepotesque:* ce que a beaucoup embarrassé les commentateurs. Les uns ont cru que les copistes s'étaient trompés ; les autres, que tout l'hémistiche était suspect d'interpolation, *tanquam assutum* (Heumann, Trappius et Jo. Shrader); ceux-ci ont entendu, par *nepotes*, le roi Juba ; ceux-là, Bocchus et Jugurtha, quoiqu'ils ne fussent pas Carthaginois. Mais tout ces commentateurs auraient pu se mettre d'accord en écartant le *que*, et voir alors dans *nepotes* toute la postérité des Carthaginois.

Delille, en traduisant les terribles imprécations de Didon, ajoute au texte de Virgile des traits de sa façon :

> Que l'épuisement seul accorde le pardon !
> Énée est à jamais l'ennemi de Didon !
> Que la guerre détruise, et que la paix menace !

« On a épuisé les termes de l'admiration, dit M. Tissot, sur cette allusion sublime à la querelle de Rome et de Carthage, se disputant l'empire du monde. Jamais peut-être un poète ne s'empara plus habilement de l'enthousiasme d'un peuple, en mettant sous ses yeux le plus imposant souvenir de son histoire; jamais la vérité ne reçut de la fiction des ornemens plus magnifiques et plus dignes d'elle. Les siècles obscurs se découvrent devant Didon inspirée par la mort, comme devant Joad éclairé par l'esprit divin.... Les trois guerres puniques, la haine immortelle d'Annibal, ses sermens devant les dieux à son père Amilcar, les extrémités auxquelles la ville éternelle fut réduite par ce grand capitaine, la guerre sur la terre et sur la mer entre ces deux nations rivales, tout se trouve réuni dans quelques vers de Virgile. »

125. — Page 352. *Tum breviter Barcen nutricem affata Sichœi.*

Variations dans les manuscrits : *Barcem, Bachem, Bachen, Braccen, Barchen.*

Les nourrices jouent un grand rôle dans les tragédies des anciens. Regardées comme de secondes mères, elles devenaient les amies, les confidentes des enfans qu'elles avaient élevés, et ne les quittaient plus. La nourrice d'Énée l'avait suivi dans ses voyages : il lui fit rendre les honneurs funèbres, et voulut que le lieu où il éleva son tombeau, portât désormais son nom, *Caieta* : c'est aujourd'hui la ville de Gaëte.

> Tu quoque littoribus nostris, Æneia nutrix,
> Æternam moriens famam, Caieta, dedisti.
> (Liv. vii, v. 1.)

126. — Page 352. *Namque suam patria antiqua cinis ater habebat.*

Ce vers est suspect d'interpolation à plusieurs commentateurs ; on y trouve *sua* pour *ejus*. C'est la cendre qui avait sa nourrice dans sa patrie : *cinis suam in patria nutricem habebat.*

127. — Page 354. *Sacra Jovi Stygio, quæ rite incepta paravi,*
Perficere est animus, finemque imponere curis;
Dardaniique rogum capitis permittere flammæ.

Voici les vers que Delille a substitués à ceux du poëte latin, car je ne crois pas qu'on puisse dire qu'ils en sont la traduction :

> Je veux pour achever de guérir ma raison
> Finir le sacrifice attendu par Pluton,
> Et d'un parjure amant livrer au feu l'image.

128. — Page 354. . . . . *Et pallida morte futura.*

Annibal Caro traduit ainsi ce vers :

> Et tutto di color di morte aspersa.

129. — Page 354. *Interiora domus erumpit limina.*

Variations dans les manuscrits : *irrumpit, perrumpit, prorumpit, abrumpit.*

130. — Page 354 . . . . *Ensemque recludit*
Dardanium, non hos quæsitum munus in usus.

C'est l'épée qui avait été donnée par Didon à Énée, et que le héros avait laissée en partant; Didon l'avait placée sur le bûcher :

> . . . . . . Super exuvias ensemque relictum
> Effigiemque toro locat.

Delille, qui donne assez souvent à Virgile l'esprit français, traduit ce trait simple et touchant : *non hos quæsitum munus in usus,* par ces deux vers :

> Ce glaive à qui son cœur demande le repos,
> Ce fer à la beauté donné par le courage.

131. — Page 354. *Incubuitque toro.* . . . .

Les commentateurs comparent ce tableau avec celui qu'on trouve dans les *Trachiniennes* de Sophocle, et dans l'*Alceste* d'Euripide. Déjanire se tue sur le lit d'Hercule, et Alceste sur le lit de son époux. Silius Italicus a osé, dans son viiie livre, entrer en lice avec Virgile.

132. — Page 354. *Vixi, et, quem dederat cursum fortuna, peregi.*

Ce vers est ainsi rendu par Delille :

J'ai vécu, j'ai rempli *mes glorieux momens.*

Énée dit, dans le IIIe livre (v. 493), à Hélénus et à Andromaque :

Vivite felices, quibus est fortuna peracta
Jam sua.

133. — Page 354. *Hauriat hunc oculis ignem crudelis ab alto
Dardanus, et nostræ secum ferat omina mortis.*

Delille défigure, dans sa traduction, ces deux vers, surtout le dernier :

Que ces feux sur les eaux éclairent le parjure !
Frappons; fuis, malheureux, sous cet affreux augure.

134. — Page 356. *Collapsam aspiciunt comites, ensemque cruore
Spumantem, sparsasque manus.*

Le poète ne représente pas Didon se donnant la mort. Servius fait, à ce sujet, la remarque suivante : *non induxit occidentem se, sed ostendit occisam, et hoc tragico fecit exemplo, apud quos* (Tragicos) *non videtur quemadmodum fit cædes, sed facta narratur.*

Quelques traducteurs ont traduit *sparsasque manus* par *les mains étendues.* Il fallait suppléer après le mot *sparsas, cruore.* C'est ainsi que, dans ce même IVe livre (v. 21), Virgile dit : *sparsos fraterna cæde penates.*

Le poète représente les femmes de Didon, *comites,* présentes lorsqu'elle monte furieuse sur le bûcher : elles la voient tomber, *collapsam aspiciunt.* Le poète semble oublier ici que Didon avait écarté toutes les femmes du palais, et tous les témoins de l'affreux sacrifice qu'elle méditait.

Le poète ne parle point de l'incendie du bûcher de Didon; il n'en est question que dans le Ve livre, où il entre dans le récit des faits (v. 3 et suiv.) :

Mœnia respiciens, quæ jam infelicis Elisæ
Collucent flammis. Quæ tantum accenderit ignem
Causa latet; duri magno sed amore dolores
Polluto, notumque furens quid fœmina possit,
Triste per augurium Teucrorum pectora ducunt.

135. — Page 356. *Non aliter quam si immissis ruat hostibus omnis
          Carthago, aut antiqua Troja*.........

Macrobe, qui ne laisse échapper aucune occasion de signaler les larcins de Virgile, remarque qu'il a pris cette comparaison dans l'*Iliade*.

Quelques critiques ont imaginé que Virgile avait voulu faire allusion à la chute de Carthage, après la troisième guerre punique (*voyez* Orosius, liv. iv, ch. 6).

136. — Page 356. .... *Sic te ut posita, crudelis, abessem.*

Les mots *sic te ut posita* rappellent ce trait de Bossuet, sur Henriette, reine d'Angleterre : *la voilà comme la mort nous l'a faite.*

137. — Page 358. *Quæsivit cœlo lucem, ingemuitque reperta.*

Ovide a voulu imiter ce vers dans le iiie livre des *Métamorphoses* :

> Ad nomen Thisbes, oculos jam morte gravatos
> Pyrame erexit, visaque recondidit illa.

On retrouve d'habiles imitations de Virgile dans le portrait que Boileau fait de la Mollesse (*Lutrin*), et dans le tableau de la mort de Clorinde, par le Tasse (chant xii).

138. — Page 358. .... *Irim demisit Olympo.*

Virgile s'écarte ici des traditions mythologiques. Iris est envoyée par la reine des dieux, pour délivrer l'âme de Didon : c'était une des fonctions de Mercure, comme on le voit dans le même livre, *lumina morte resignat.* C'était aussi Proserpine qui coupait elle-même le cheveu fatal.

139. — Page 358. *Nondum illi flavum Proserpina vertice crinem
          Abstulerat.*

Les anciens croyaient que la vie était attachée à un cheveu blond ou doré; la fable de *Nisus et de Scylla*, et plusieurs autres, n'ont pas d'autre fondement.

La mort n'arrivait que lorsque le cheveu fatal avait été coupé par Proserpine. Néanmoins, dans Euripide, c'est la mort qui coupe le cheveu d'Alceste, lorsqu'elle a dévoué sa vie pour sauver celle d'Admète.

Quand une victime était consacrée, on coupait ses cheveux qui étaient consumés par les flammes.

Virgile dit (liv. vi, v. 246) :

> Et summas carpens media inter cornua setas,
> Ignibus imponit sacris, libamina prima.

Dès ce moment la victime était dite consacrée. Ainsi le mortel, dont le cheveu avait été coupé, était comme une victime consacrée au dieu des enfers.

Stace a imité Virgile dans le viiie livre de la *Thébaïde*.

140. — Page 358. . . . . *Hunc ego Diti*
Sacrum jussa fero. . . . .

Les Latins avaient appelé *Dis* ou Dieu des richesses, le Dieu des enfers, que les Grecs, par la même raison, avaient nommé Pluton, et qui était aussi appelé *Jupiter stygien, Orcus*, etc.

141. — Page 358. . . . . *Omnis et una*
Dilapsus calor, atque in ventos vita recessit.

Virgile développe plus clairement, dans le ive livre des *Géorgiques* (v. 220 et suiv.), le système philosophique qui faisait sortir les âmes de tout être vivant (même les abeilles) de l'âme du monde, dont elles étaient une partie, *partem divinæ mentis*, et qui les y faisait rentrer après la mort :

> Esse apibus partem divinæ mentis, et haustus
> Æthereos dixere : Deum namque ire per omnes
> Terrasque, tractusque maris, cœlumque profundum :
> Hinc pecudes, armenta, viros, genus omne ferarum,
> Quemque sibi tenues nascentem arcessere vitas.
> Scilicet huc reddi deinde, ac resoluta referri
> Omnia : nec morti esse locum ; sed viva volare
> Sideris in numerum, atque alto succedere cœlo.

Delille a traduit ainsi ces beaux vers :

> Frappés de ces grands traits, des sages ont pensé
> Qu'un céleste rayon dans leur sein fut versé :
> Dieu remplit, disent-ils, le ciel, la terre et l'onde ;
> Dieu circule partout, et son âme féconde
> A tous les animaux prête un souffle léger :
> Aucun ne doit périr, mais tous doivent changer ;

DU LIVRE QUATRIÈME.

> Et retournant aux cieux en globe de lumière,
> Vont rejoindre leur être à la masse première.

Cette traduction manque d'exactitude et de vérité.

Delille ne dit point, comme le poète latin, que les âmes des hommes et des animaux sont des portions de l'âme universelle du monde : il fait passer, dans un vers de Virgile, la version de ce trait de la messe des morts : *vita mutatur, non tollitur.*

> Aucun ne doit périr, mais tous doivent changer.

Le *partem divinæ mentis* est loin d'être rendu par

> Un céleste rayon dans leur sein fut versé.

Et sans *la masse première*, qui semble employée singulièrement pour *mens divina*, on croirait que Delille a voulu christianiser le système de Pythagore et de Platon. Ce système est plus développé dans le vi^e livre de l'*Énéide* (v. 724 et suiv.) :

> Spiritus intùs alit; totamque infusa per artus
> Mens agitat molem, et magno se corpore miscet. etc.

FIN DU TOME DEUXIÈME.

www.ingramcontent.com/pod-product-compliance
Lightning Source LLC
Chambersburg PA
CBHW070922230426
43666CB00011B/2272